国家中等职业教育改革发展示范学校建设教材

桥梁施工安全

张明锋　主编

西南交通大学出版社
·成　都·

图书在版编目（C I P）数据

桥梁施工安全 / 张明锋主编. —成都：西南交通大学出版社，2014.7（2018.8 重印）

国家中等职业教育改革发展示范学校建设教材

ISBN 978-7-5643-3149-8

Ⅰ. ①桥… Ⅱ. ①张… Ⅲ. ①桥梁施工－安全管理－中等专业学校－教材 Ⅳ. ①U445

中国版本图书馆 CIP 数据核字（2014）第 142109 号

国家中等职业教育改革发展示范学校建设教材

桥梁施工安全

张明锋　主编

责任编辑	张　波
助理编辑	胡晗欣
封面设计	墨创文化
出版发行	西南交通大学出版社 （四川省成都市二环路北一段 111 号 西南交通大学创新大厦 21 楼）
发行部电话	028-87600564　028-87600533
邮政编码	610031
网　址	http: //www.xnjdcbs.com
印　刷	四川玖艺呈现印刷有限公司
成品尺寸	185 mm × 260 mm
印　张	23.25
字　数	581 千字
版　次	2014 年 7 月第 1 版
印　次	2018 年 8 月第 2 次
书　号	ISBN 978-7-5643-3149-8
定　价	65.00 元

前　言

“桥梁施工安全”知识是桥梁工作者必备的知识。改革开放以后，特别是近年来，国家大力发展基础设施，桥梁建设的发展速度非常迅猛，大量的桥梁涌现在祖国的大地上，为祖国的交通事业做出了巨大贡献。随着桥梁事业的发展，桥梁建设中的安全问题也越来越突出。为适应桥梁建设单位和职业教育的需要，我们结合当前国家制定的与安全相关的法律法规、施工规范、标准等，编写了本书。

本书以工程建设中的安全问题为研究对象，以培养学习者的安全知识和安全意识为目标。本书编著过程中的着重点在于通过“案例引入，行动导向”的教、学方法，把安全知识与案例、图片结合，使生硬死板的安全知识变得通俗易懂，使学习者能轻松地理解掌握桥梁建设过程中的安全知识。同时还设计了技能训练和相关知识环节，以提高学习者的技能水平，拓展学习者的知识积累。本书可作为大中专土木工程专业施工安全课程的教学用书，同时也可作为从事桥梁施工或其他工程建设人员进行安全作业和安全管理的参考用书。

本书由武汉铁路桥梁学校张明锋主编。武汉铁路桥梁学校卢刚编写了情境一、四、九，武汉铁路桥梁学校张明锋编写了情境二，武汉铁路桥梁学校周华编写了情境三，武汉铁路桥梁学校张震宇编写了情境五，武汉铁路桥梁学校王伟编写了情境六，中建三局路桥分公司毛晓晴编写了情境七，武汉铁路桥梁学校李金星编写了情境八。全书由中铁大桥局集团公司安全监察部副部长高云高级工程师主审。

本书在编写过程中得到了武汉铁路桥梁学校许多老师和领导的关心和帮助，同时也得到了中铁大桥局、中建三局路桥分公司等单位的领导和专家们的支持和帮助，在此对他们表示衷心的感谢，同时也感谢本书所列参考文献的诸位作者。

由于编者的水平有限，书中的不足和疏漏在所难免，谨请广大读者提出批评和改进意见，以便进一步提高本书的质量，更好地服务于读者。

编　者

2014年2月

目　录

情境一

安全生产基础知识教育

“知识就是力量”。随着社会经济的发展，施工事故不断发生，究其原因，主要是由于从业人员缺乏安全知识和安全意识淡薄。因此，对于施工行业而言，“安全生产知识就是预防事故发生的保障”。学好安全生产基础知识，人人有责。

学习目标

1. 知道安全生产基本术语的含义。
2. 能够验收、选择、合理使用和保存劳动保护用品。
3. 能够辨识常用的安全色和设置常用的安全标志。
4. 能够养成一般的安全行为习惯。

安全生产 人人有责

学习任务一

安全生产基本术语和施工人员安全行为习惯

事故案例

案例一：2003 年 05 月 18 日，天津一男青年于某为保持发型漂亮，不压乱头发，施工时不戴安全帽，结果被空中坠落木板砸晕，跌地摔伤。经查：于某左臂、左腿均骨折。

案例二：2011 年 9 月 21 日清晨 6 点 20 分左右，杭州丁桥东路与明珠街路口的一个建筑工地内，一位姓付工人站在塔吊下用铅丝捆材料，百斤吊钩从 10 多米高处掉落打到了他的后脑勺中央，当场昏倒，经医生诊断付师傅只得轻微脑震荡，幸亏戴了安全帽，要不然就一命呜呼了。

思考一下

什么叫做“四口”和“五临边”？施工人员进入工地现场工作要养成哪些安全行为习惯？

任务描述

我们即将走上工作岗位，我们的工作现场危险性又比较高，随时有发生危险的可能。因此，我们要掌握一些安全生产的基本知识。例如一些基本的术语和一些基本的安全行为习惯。只有重视细节，养成良好的工作习惯才能够杜绝事故的发生，保障安全生产。

任务分析

一、安全生产基本术语

（一）五大伤害

五大伤害是指在建筑工地上经常发生的高处坠落、物体打击、触电、机械伤害和坍塌伤害这几种事故。

1. 高处坠落。

高处坠落又叫高空坠落，是指在进行高处作业时发生坠落造成的伤亡事故。

2. 物体打击。

物体打击是指失控的物体在惯性力或重力等其他外力的作用下产生运动，打击人体而造成人身伤亡事故。不包括主体机械设备、车辆、起重机械、坍塌等引发的物体打击。

3. 触电。

触电是指人身直接接触电源后，电流通过人体内部器官，会破坏人的心脏、肺部、神经系统等，使人出现痉挛、窒息、心室纤维性颤动、心跳骤停甚至死亡的事故。

4. 机械伤害。

机械伤害主要指机械设备运动（静止）部件、工具、加工件直接与人体接触引起的夹击、碰撞、剪切、卷入、绞、碾、割、刺等形式的伤害。

5. 坍塌伤害。

建筑物、构造物、堆置物、土石方等因设计、堆置、摆放或施工不合理、不正确，所发生倒塌造成伤害、伤亡的事故。

（二）三级安全教育

每个刚进企业的新工人必须接受首次安全生产方面的基本教育，即三级安全教育。

三级安全教育一般是指公司（企业）级教育、项目（或工程处、施工队、工区）级教育和班组级教育。

三级安全教育一般是由企业的安全、教育、劳动、技术等部门配合进行的。受教育者必须经过考试，合格后才准予进入生产岗位；考试不合格者不得上岗工作，必须补课并进行补考，合格后方可工作。

公司级教育

项目级教育

班组级教育

（三）三　违

“三违”是“违章指挥，违章操作，违反劳动纪律”的简称。

1. 违章指挥。

违章指挥主要是指生产经营单位的生产经营者违反安全生产方针、政策、法律、条例、规程、制度和有关规定指挥生产的行为。违章指挥具体包括：不遵守安全生产规程、制度和安全技术措施或擅自变更安全工艺和操作程序，指挥者未经培训上岗，使用未经安全培训的劳动者或无专门资质认证的人员；指挥工人在安全防护设施或设备有缺陷、隐患未解决的条件下冒险作业；发现违章不制止等。

2. 违章作业。

违章作业主要是指现场操作工人违反劳动生产岗位的安全规章和制度，如安全生产责任制、安全操作规程、工人安全守则、安全用电规程、交接班制度等以及安全生产通知、决定等作业行为。违章作业具体包括：不遵守施工现场的安全制度，进入施工现场不戴安全帽、高处作业不系安全带和不正确使用个人防护用品；擅自动用机械、电气设备或拆改挪用设施、设备；随意爬脚手架和高空支架等。

不正确使用个人防护用品

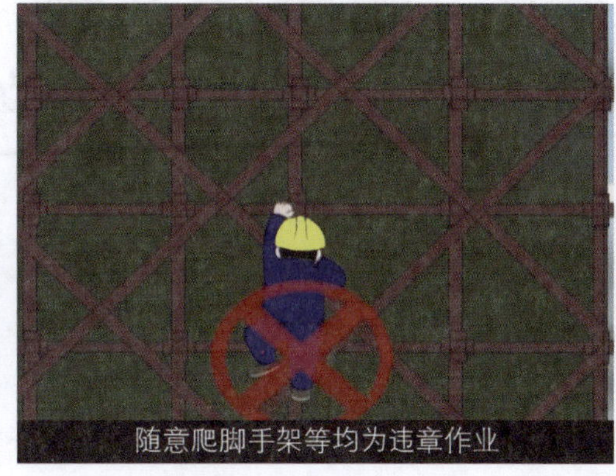
随意爬脚手架等均为违章作业

3. 违反劳动纪律。

违反劳动纪律主要是指工人违反生产经营单位的劳动规则和劳动秩序，即违反单位为形成和维持生产经营秩序、保证劳动合同得以履行，以及与劳动、工作紧密相关的其他过程中必须共同遵守的规则。违反劳动纪律具体包括：不履行劳动合同及违约承担的责任，不遵守考勤与休假纪律、生产与工作纪律、奖惩制度、其他纪律等。

比如不坚守岗位 乱窜岗等行为

（四）三　宝

建筑施工防护使用的安全网、个人防护佩戴的安全帽和安全带，坚持正确使用和佩戴，可减少操作人员的伤亡事故，因此称之为“三宝”。

（五）三不伤害

三不伤害是指不伤害自己、不伤害他人、不被他人伤害。

（六）四不放过

四不放过是指国家对发生事故后的“四不放过”处理原则，其具体内容是：

1. 事故原因未查清不放过；
2. 事故责任人未受到处理不放过；
3. 事故责任人和相关人员没有受到教育不放过；
4. 未采取防范措施不放过。

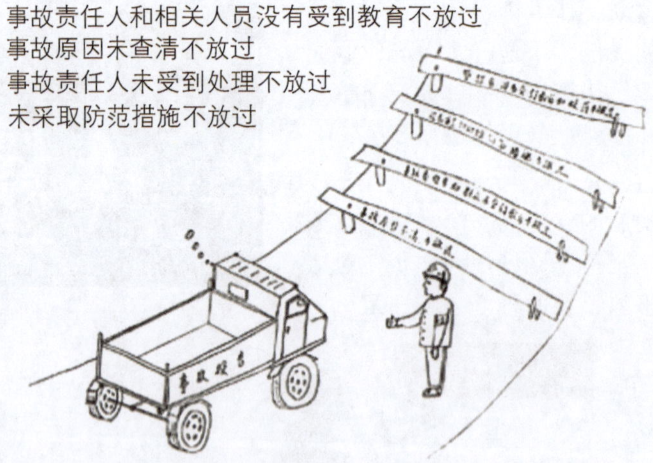

事故处理的“四不放过”原则是要求对安全生产工伤事故必须进行严肃认真的调查处理，接受教训，防止同类事故重复发生。

（七）四　口

“四口”即在建工程的预留洞口、电梯井口、通道口、楼梯口，有人说这是张着的老虎嘴，多数事故都是在这四口发生的。

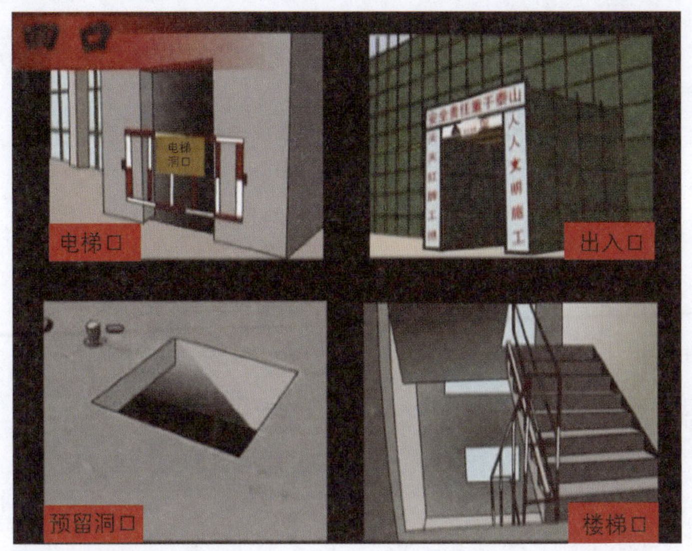

(八)五临边

五临边是指在建工程的楼面临边、屋面临边、阳台临边、升降口临边、基坑临边。

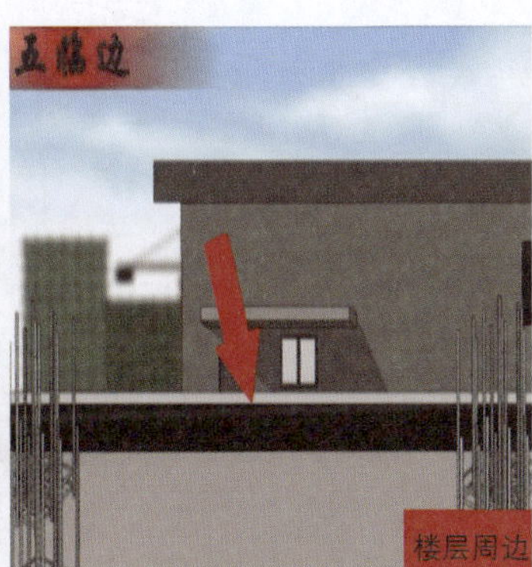

二、施工人员一般安全行为习惯

1. 进入施工现场前必须经过安全教育，新入场的工人必须经过三级安全教育，考核合格后，方可上岗作业。

2. 特种作业人员如电工、焊工、起重工、架子工、信号工、机械驾驶员、司炉工、爆破工等，必须经过专门的培训，考核合格取得操作证后方准独立上岗。

3. 严禁酒后上班。

4. 严禁穿拖鞋或光脚进入施工现场，严禁穿带钉易滑的鞋进入高处作业。

5. 必须佩戴安全帽。

6. 现场施工时必须走安全通道。

7. 不随意进入危险场所，不随意触摸非本人操作的设备。

8. 严禁随意拆除防护设施及安全标志。

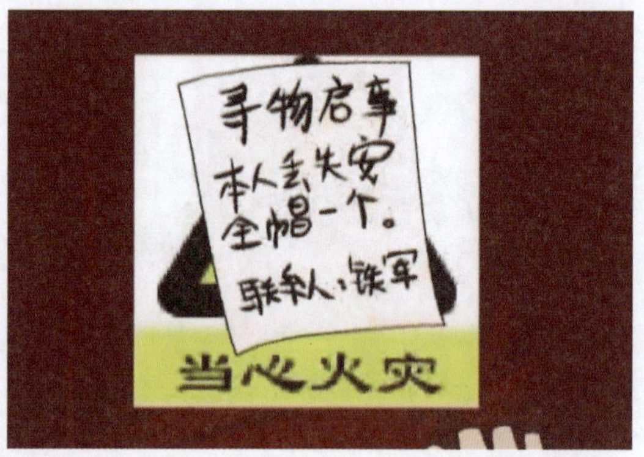

9. 工地上严禁吸烟。

10. 工作时要思想集中，坚守岗位，遵守劳动纪律。严禁现场随意乱窜。

11. 在施工现场行走或上下要坚持做到“十不准”：

① 不准从正在起吊、运吊中的物件下通过，以防物体突然脱钩，砸伤下方人员；

② 不准从高处往下跳；

③ 不准在没有防护的外墙和外壁板等建筑物上行走；

④ 不准站在小推车等不稳定的物体上操作；

⑤ 不得攀登起重臂、绳索、脚手架、井字架、龙门架和随同运料的吊盘或吊篮及吊装物上下；

⑥ 不准进入挂有“禁止出入”或设有危险警示标志的区域（如有高空作业的下方）等；

⑦ 不准在重要的运输通道或上下行走通道上逗留；

⑧ 不准未经允许私自进入非本单位作业区域或管理区域，尤其是存有易燃易爆物品的场所；

⑨ 严禁夜间在无任何照明设施的工地现场区域内行走；

⑩ 不准无关人员进入施工现场。

相关知识

常言道，十次事故九次违章。这不是一句名言，而是无数人用鲜血和生命换取的教训。在建筑企业中，有很多的事故都与习惯性的坏行为有关，这种行为我们在工作中称之为“习惯性违章”。而习惯性违章发生的根本原因，就是行为人的安全思想认识不深，存在侥幸心理，错误地认为习惯性违章不算违章，殊不知这种细小的违章行为，却埋下了安全事故发生的苗头，成为灾难发生的根源。

著名的海因里法则告诉我们：在违章 300 次中，必须有 29 起轻伤或故障发生，在这 29 起轻伤或故障中，必然有 1 起重伤、死亡或重大事故发生。法则的本意是告诫我们：要想确保事故为零的目标，就必须杜绝违章行为和消除一切事故隐患，从源头上去遏制事故。但是，在实际工作中，这一规律却被曲解了——一次两次违章没有什么，不一定发生事故。于是，对违章行为习以为常，能捂就捂，“大事化小，小事化了”，慢慢地就形成了习惯性违章。

习惯性违章是一个逐渐形成的过程，因其特有的隐蔽性而往往不被人们所认识，对潜在的危险毫无警觉性，直到发生了事故才追悔莫及。就如同一个操作行为不规范的人加入到一个操作行为规范的班组里，其操作行为很快就会变得规范起来；反之，一个操作行为很规范的人到了一个操作行为不规范的班组里，那么他的操作行为也会变得不规范。因为在他看来，“我的师傅就是这么干的，别人都是这么干，领导也是这样干的，我当然也可以这样干”。一些员工的习惯性违章行为，不仅对安全生产构成威胁，而且对周围的员工也会带来不良影响，如果不及时制止，很快在其他员工中得到效仿，尤其是对新员工更是这样，“老师傅都这样干，我也跟着学”。这种行为，由师传徒，由甲传乙，由侥幸变“经验”，长此以往，习惯性违章行为就会蔓延开来。

习惯性违章是安全生产的顽症，不下工夫是很难克服的，在车间生产装置运行的各个环节都有可能出现习惯性违章，我们只有认认真真地从细微处着手，严格遵守各项操作规程和作业规范，习惯性违章才会远离我们，安全生产才能得到可靠的保障。习惯决定安危，培育良好习惯，更需持之以恒。我希望从现在开始，从每一个操作开始，养成处处遵章守纪的好习惯，共建一个安全祥和的工作环境，让“安全发展，预防为主”成为时代的最强音！

技能训练

技能训练一 “三不伤害”事故预防

（一）不伤害自己

① 保持正确的工作态度及良好的身体心理状态，保护自己的责任主要靠自己。

② 掌握自己操作的设备或活动中的危险因素及控制方法，遵守安全规则，使用必要的防护用品，不违章作业。

③ 任何活动或设备都可能是危险的，确认无伤害威胁后再实施，三思而后行。

④ 杜绝侥幸、自大、逞能、想当然心理，莫以患小而为之。

⑤ 积极参加安全教育训练，提高识别和处理危险的能力。

⑥ 虚心接受他人对自己不安全行为的纠正。

（二）不伤害他人

他人生命与你的一样宝贵，不应该被忽视，保护同事是你应尽的义务。

① 你的活动随时会影响他人安全，尊重他人生命，不制造安全隐患。

② 对不熟悉的活动、设备、环境多听、多看、多问，必要的沟通协商后再做。

③ 操作设备尤其是启动、维修、清洁、保养时，要确保他人在免受影响的区域。

④ 你所知、造成的危险及时告知受影响人员、加以消除或予以标识。

⑤ 对所接受到的安全规定/标识/指令，认真理解后执行。

⑥ 管理者对危害行为的默许纵容是对他人最严重的威胁，安全表率是其职责。

（三）不被他人伤害

人的生命是脆弱的，变化的环境蕴含多种可能失控的风险，你的生命不应该由他人来随意伤害。

① 提高自我防护意识，保持警惕，及时发现并报告危险。

② 你的安全知识及经验与同事共享，帮助他人提高事故预防技能。

③ 不忽视已标识的/潜在的危险并远离之，除非得到充足防护及安全许可。

④ 纠正他人可能危害自己的不安全行为，不伤害生命比不伤害情面更重要。

⑤ 冷静处理所遭遇的突发事件，正确应用所学安全技能。

⑥ 拒绝他人的违章指挥，即使是你的主管所发出的，不被伤害是你的权利。

技能训练二 “三违”事故预防

违章不一定出事（故），出事（故）必是违章。根据对全国每年上百万起事故原因进行的分析证明，95%以上是由于违章而导致的。违章是发生事故的起因，事故是违章导致的后果。

事故带来的影响是深远的，损失是难以估量的，会对个人、家庭带来巨大的伤痛，对企业、社会、国家带来不可弥补的损失。因此，要保障个人的身心健康和家庭的幸福，要保障企业的长治久安和社会的和谐稳定，就要控制各类事故的发生，而控制事故发生的关键就是杜绝违章。

那么如何开展好反违章活动呢？

首先要领导重视，全员参与。要坚持“以人为本、从我做起”的理念，以完善“三项制度”为核心，以杜绝“三违行为”为重点，以实现“三个转变”为标准，以形成先进安全文化为目的。其次，是做好反违章的基础工作。要通过各种形式，如用形象生动的事故录像片、典型的事故案例或发生在身边的违章事故，经常对班员进行教育，使全体员工认识到，违章就是走向事故，靠近伤害，甚至断送生命；事故的后果是 “一害个人、二害家庭、三害集体、四害企业、五害国家”。另外，要明确反违章的工作方法。着眼于重点区域、重点部位、重要环节，全方位做好安全管理工作的预控、可控、在控。还有，要在活动期间进行监督检查，要认识到：制止违章是对违章者最大的关心和爱护，是对工作、对集体极其负责的表现。处理违章人员时，要公平、公正、公开，做到“处理一个人，教育一大片”，人人警钟长鸣。

技能训练三 “四口”安全防护的设置

在楼梯口、电梯口、预留洞口设置围栏、盖板、架网，正在施工的建筑物出入口和井字架，门式架进出料口，必须搭设符合要求的防护棚，并设置醒目的标志。

具体措施如下：

1. 楼面预留洞口大于 1.5 m 以上，周围用双层钢管护栏，中间兜设安全网，小于 1.5 m 的洞口也可采用木板严密封闭牢固。

2. 梯口采用双层钢管防护，如能利用结构护栏防护更好。

3. 电梯井口应采用自制焊接钢筋自动门（上下开启式），既能开关又固定牢固。

4. 施工现场的通道口上部搭设安全防护棚。

技能训练四 “五临边”防护设置

“五临边”必须设置 1.0 m 以上的双层围栏或搭设安全网。具体安全控制要点如下：

1. 深基础临边、楼梯口边、屋面周边、采光井周边、转料平台周边、阳台边、人行通道两侧边、卸料平台两侧边必须统一用两道钢管防护，并在钢管上涂红白标记。

2. 绑钢筋边梁、柱用的临时架子外侧，必须架设两道防护栏杆。

3. 井字架提升机和人货电梯卸料平台的侧边必须安装防护门。防护门必须是用钢筋焊接的开关门，不准使用弯曲钢筋作防护门。

4. 临边作业时，必须设置安全警示标志。

5. 临边作业外侧靠近街道时，除设防护栏杆、挡脚板，封挂安全立网外，立面还应采取荆笆等硬封闭措施，防止施工中落物伤人。

任务完成

（一）小组练习

将班上学生分成小组，各小组选一位组长带领组员，盖住书里面的文字，给组员看图片，完成基本术语的辨识工作。

（二）小组评价

进入工地现场应养成哪些行为习惯?

（三）综合评价

综合评价包括小组之间的互评和老师对各小组工作的系统评价。主要评价项目见附录。

作 业

1. 简述几个安全生产基本术语含义?

2. 简述施工人员要养成的一般行为习惯?

学习任务二

劳动保护用品的使用和安全标志的设置

事故案例

重庆江津大桥在主体工程基本完成以后，开始进行南引桥下部板梁支架的拆除工作。1997 年 10 月 7 日下午 3 时，该项目部领导安排部分作业职员进行拆除作业。杨某（木工）被安排上支架拆除万能杆件。杨某不系安全带就爬上支架，在用割枪切断连接弦杆的钢筋后，就用左手往下推被切断的一根弦杆（弦杆长 1.7 m，重 80 kg），弦杆在着落的过程中，其上有个焊刺将杨某的左手套挂住（帆布手套），杨某被下坠的弦杆拉扯着从 18 m 的高处坠落，头部着地，当即死亡。

思考一下

施工过程中劳保用品该如何使用？施工现场有哪些安全标志？各标志的含义是什么？该如何设置安全标志？

任务描述

安全生产关系到人民群众生命和财产安全，是社会文明和进步的重要标志，也是社会经济稳定发展的重要保障。据统计，2006 年上海市发生安全生产事故 951 起，死亡 397 人，伤 613 人，直接经济损失达 1 个多亿，其中因缺乏有效安全防护设施和个体防护装备而造成的事故约占 50%以上。

任务分析

一、劳动保护用品定义和作用

劳动防护用品（又称“个人防护用品”）是指劳动者在生产过程中为免遭或减轻事故伤害或职业危害的所配备的一种防护性装备。如下图中工人头上戴的安全帽、身上穿的束口轻便工作服、腰上戴的安全带、脚上穿的软底防滑鞋等。

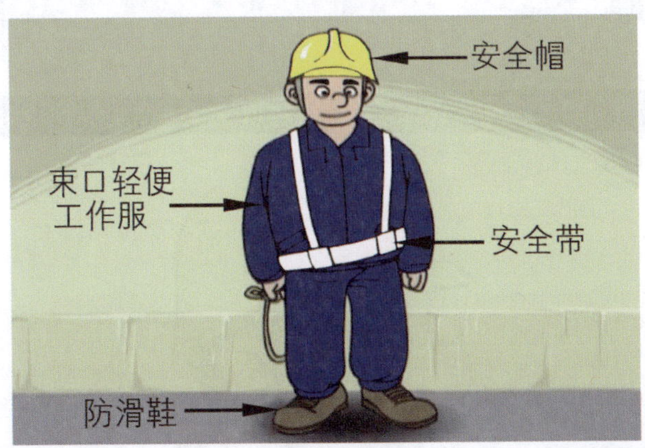

使用劳动保护用品，通过采取阻隔、封闭、吸收、分散、悬浮等措施，能起到保护机体的局部或全部免受外来侵害的作用，防护用品严格保证质量，安全可靠，而且穿戴要舒适方便，经济耐用。用人单位应按规定给职工配备劳动防护用品，职工也应根据其所从事的作业类别，正确选用劳动防护用品。

二、常见情况劳动防护用品的选择

作业类别名称	不可使用的防护品	必须使用的防护品
易燃易爆场所作业（如火工材料、易挥发、易燃液体及化学品、可燃性气体）	的确良、尼龙等着火焦结的衣物，聚氯乙烯塑料鞋、底面钉铁件的鞋等	棉布防护服，防静电服，防静电鞋
高处作业	底面钉铁件的鞋	安全帽，安全带
存在物体坠落、撞击的作业		安全帽，防砸安全鞋
有碎屑飞溅的作业（如破碎、锤击、铸件切削、砂轮打磨）	手套	防异物伤害护目镜，一般防护服
操纵转动机械（如机床传动机械及传动带）	手套	护发帽，防异物伤害护目镜，一般防护服
人工搬运（如抬、扛、搬移）	底面钉铁件的鞋	防滑手套
水上作业（如船台、水上平台作业、水上装卸运输）		防滑防护鞋，救生衣（圈）

三、常见情况劳动保护用品的使用

（一）安全帽的选择和佩戴

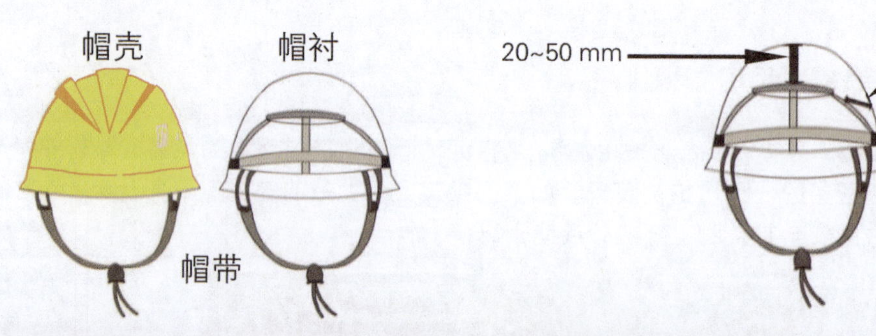

（二）安全带的使用方法

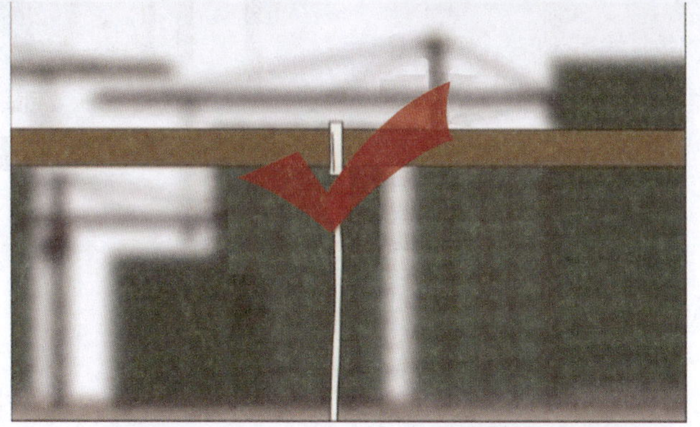

（三）安全网的使用

安全网是用来防止人、物坠落，或用来避免、减轻坠落及物体打击伤害的网具。安全网一般由网体、边绳、系绳等构件组成。

安全网的用途：用于各种建筑工地，特别是高层建筑，可全封闭施工。能有效地防止人身、物体的坠落伤害，防止电焊火花所引起的火灾，降低噪音灰尘污染，达到文明施工、保护环境、美化城市的效果。

安全网的使用规范：

（1）高处作业部位的下方必须挂安全网；当建筑物高度超过 4 m 时，必须设置一道随墙体逐渐上升的安全网，以后每隔 4 m 再设一道固定安全网；在外架、桥式架，上、下对孔处都必须设置安全网。安全网的架设应里低外高，支出部分的高低差一般在 50 cm 左右；支撑杆件无断裂、弯曲；网内缘与墙面间隙要小于 15 cm；网最低点与下方物体表面距离要大于 3 m。安全网架设所用的支撑，木杆的小头直径不得小于 7 cm，竹杆小头直径不得小于 8 cm，撑杆间距不得大于 4 m。

（2）使用前应检查安全网是否有腐蚀及损坏情况。施工中要保证安全网完整有效、支撑合理，受力均匀，网内不得有杂物。搭接要严密牢靠，不得有缝隙，搭设的安全网，不得在施工期间拆移、损坏，必须到无高处作业时方可拆除。因施工需要暂时拆除已架设的安全网时，施工单位必须通知、征求搭设单位同意后方可拆除。施工结束必须立即按规定要求由施工单位恢复，并经搭设单位检查合格后，方可使用。

（3）要经常清理网内的杂物，在网的上方实施焊接作业时，应采取防止焊接火花落在网上的有效措施；网的周围不要有长时间严重的酸碱烟雾。

（4）安全网在使用时必须经常地检查，并有跟踪使用记录，不符合要求的安全网应及时处理。安全网在不使用时，必须妥善地存放、保管，防止受潮发霉。新网在使用前必须查看产品的铭牌：首先看是平网还是立网，立网和平网必须严格地区分开，立网绝不允许当平网使用，架设立网时，底边的系绳必须系结牢固；生产厂家的生产许可证；产品的出厂合格证。若是旧网在使用前应做试验，并有试验报告书，试验合格的旧网才可以使用。

（四）电工防护

凡直接从事带电作业的劳动者，必须穿绝缘鞋、戴绝缘手套，防止发生触电事故。

防止发生触电事故

（五）电气焊防护

从事电、气焊作业的电、气焊工人，必须戴电、气焊手套，穿绝缘鞋，使用护目镜及防护面罩。

电气焊防护

防　尘

（六）其他防护用品的使用

从事有尘、有毒、噪声等有害作业的劳动者，需要佩戴防尘、防毒口罩和防噪声耳塞等防护用品。

四、安全色

安全色是表达安全信息的颜色，表示禁止、警告、指令、提示等意义。正确使用安全色，可以使人员能够对威胁安全和健康的物体和环境作出尽快的反应；迅速发现或分辨安全标志，及时得到提醒，以防止事故、危害发生。

安全色用途广泛，如用于安全标志牌、交通标志牌、防护栏杆及机器上不准乱动的部位等。安全色的应用必须是以表示安全为目的和有规定的颜色范围。我国已制定了安全色国家标准。规定用红、黄、蓝、绿四种颜色作为全国通用的安全色，分别用来表示禁止、指令、警告、提示等。四种安全色的含义和用途如下：

红色：用来表示禁止、停止，也表示防火。主要用于禁止标志，如禁止合闸、高压危险；也用于停止信号，如停止按钮。

蓝色：表示指令、必须遵守的规定，如指令标志、交通指示标志等。

黄色：表示警告、注意。如警告标志、交通警告标志、皮带轮及其防护罩的内壁、防护栏杆及警告信号旗等。

绿色：表示安全、通行，也用于启动按钮。

五、安全标志

根据国家标准规定，由安全色、几何图形和图形符号构成的，用以表达特定安全信息的标记称为安全标志。

安全标志是向工作人员警示工作场所或周围环境的危险状况，指导人们采取合理行为标志的。安全标志能够引起人们对不安全因素的注意，提醒工作人员预防危险，从而避免事故发生；当危险发生时，能够指示人们尽快逃离，或者指示人们采取正确、有效、得力的措施，对危害加以遏制。

安全标志分为禁止标志、警告标志、命令标志、提示标志和其他补充标志。

（一）禁止标志

主要用来表示不准或制止人们的某些行为，如禁放易燃物、禁止吸烟、禁止通行等。禁止标志的几何图形是带斜杠的圆环，斜杠与圆环相连用红色，图形符号用黑色，背景用白色。

（二）警告标志

主要用来提醒人们注意周围环境，避免可能发生的危险。如注意安全、当心火灾、当心触电、当心坠落等。警告标志的几何图形是黑色的正三角形，黑色符号，黄色背景。

（三）命令标志

用来表示必须遵守的命令，强制人们必须作出某种动作或采用某种防范措施。如必须戴安全帽、必须系安全带等。命令标志的几何图形是圆形，蓝色背景，白色图形符号。

（四）提示标志

提示标志向人们提供某一信息，用来示意目标地点或方向，如标明安全设施或安全场所。

一、安全网

在施工中，如工作平面高于坠落高度基准面 3 m 及 3 m 以上，对人群坠落进行防护时，应在存在坠落危险的部位下方张挂安全网。

在施工中，如工作平面高于坠落高度基准面 3 m 及 3 m 以上，对人群坠落进行防护时，应在存在坠落危险的部位外侧垂直张挂安全立网，或垂直张挂 A 级密目式安全立网。

安全网可以分为平网（用“P”标记）、立网（用“L”标记）和密目式安全立网（用“ML”标记）

1. 安全平网：安装平面不垂直于水平面，用来防止人、物坠落，或用来避免、减轻坠落及物体打击伤害的安全网，简称平网。

2. 安全立网：安装平面垂直于水平面，用来防止人、物坠落，或用来避免、减轻坠落及物体打击伤害的安全网，简称立网。

3. 密目式安全网：网眼孔径不大于 12 mm，垂直于水平面安装，用于阻挡人员、视线、自然风、飞溅及失控小物体的网，简称密目网。密目网一般由网体、开眼环扣、边绳和附加系绳组成。密目式安全网还分为 A 级密目式安全网立网（在有坠落风险的场所使用的密目式安全立网，简称为 A 级密目网）和 B 级密目式安全立网（在没有坠落风险或配合安全立网（护栏）完成坠落保护功能的密目式安全立网，简称为 B 级密目网）。

自 1999 年 5 月 1 日，《建筑施工安全检查标准》（JGJ 59—99）实施后，P3×6 的大网眼的安全平网就只能在电梯井里、外脚手架的跳板下面、脚手架与墙体间的空隙等处使用。要求在建筑物四周用密目式安全网全封闭，它意味着两个方面的要求：① 在外脚手架的外侧用密目式安全网全封闭；② 无外脚手架时，在楼层里将楼板、阳台等临边处用密目式安全网全封闭。

密目式安全网的规格有两种：ML1.8 m×6 m 或 ML1.5 m×6 m。1.8 m×6 m 的密目网重量大于或等于 3 kg。密目式安全网的目数为在网上任意一处的 10 cm×10 cm = 100 cm^2 的面积上，大于 2 000。那些重量相同小于 2 000 目（眼）的密目网或者是 800 目的安全网，只能用于防风、治沙，遮阳和水产养殖，如果用于建筑物或外脚手架的外侧，它的强度不足以防止人员或物体坠落。

二、建筑施工现场常用安全标志表

禁止入内
禁止停留
禁止通行
禁止靠近
禁止吊篮乘人
禁止堆放
禁止抛物
禁止戴手套
化纤
禁止穿化纤服装
禁止穿带钉鞋
禁止饮水
注意安全
当心火灾
当心爆炸
当心腐蚀
当心中毒
当心感染
当心触电
当心电缆
当心机械伤人

当心伤手
当心扎脚
当心吊物
当心坠落
当心落物
当心坑洞
当心烫伤
当心弧光
当心塌方
当心冒顶
瓦斯
当心瓦斯
当心电离辐射
当心裂变物质
当心激光
当心微波
当心车辆
当心火车
当心滑跌
当心绊倒
必须戴防护眼镜

技能训练

技能训练一　安全帽的选择、验收、使用和保存

安全帽的佩戴要符合标准，使用要符合规定。如果佩戴和使用不正确，就起不到充分的防护作用。一般应注意下列事项：

1. 戴安全帽前应将帽后调整带按自己头型调整到适合的位置，然后将帽内弹性带系牢。缓冲衬垫的松紧由带子调节，人的头顶和帽体内顶部的空间垂直距离一般在 25 ~ 50 mm，至少不要小于 32 mm 为好。这样才能保证当遭受到冲击时，帽体有足够的空间可供缓冲，平时也有利于头和帽体间的通风。

2. 不要把安全帽歪戴，也不要把帽沿戴在脑后方。否则，会降低安全帽对于冲击的防护作用。

3. 安全帽的下领带必须扣在颌下，并系牢，松紧要适度。这样不至于被大风吹掉，或者是被其他障碍物碰掉，或者由于头的前后摆动，使安全帽脱落。

4. 安全帽体顶部除了在帽体内部安装了帽衬外，有的还开了小孔通风。但在使用时不要为了透气而随便再行开孔。因为这样做将会使帽体的强度降低。

5. 由于安全帽在使用过程中，会逐渐损坏。所以要定期检查，检查有没有龟裂、下凹、裂痕和磨损等情况，发现异常现象要立即更换，不准再继续使用。任何受过重击、有裂痕的安全帽，不论有无损坏现象，均应报废。

6. 严禁使用只有下颌带与帽壳连接的安全帽，也就是帽内无缓冲层的安全帽。

7. 施工人员在现场作业中，不得将安全帽脱下，搁置一旁，或当坐垫使用。

8. 由于安全帽大部分是使用高密度低压聚乙烯塑料制成，具有硬化和变蜕的性质。所以不易长时间地在阳光下曝晒。

9. 新领的安全帽，首先检查是否有劳动部门允许生产的证明及产品合格证，再看是否破损、薄厚不均，缓冲层及调整带和弹性带是否齐全有效。不符合规定要求的立即调换。

10. 在现场室内作业也要戴安全帽，特别是在室内带电作业时，更要认真戴好安全帽，因为安全帽不但可以防碰撞，而且还能起到绝缘作用。

11. 平时使用安全帽时应保持整洁，不能接触火源，不要任意涂刷油漆，不准当凳子坐，防止丢失。如果丢失或损坏，必须立即补发或更换。无安全帽一律不准进入现场。

技能训练二　安全网的选择、验收、使用和储存

一、安全网的选择、验收

1. 安全网是涉及国家财产和人身安全的特种劳动防护用品，其产品质量必须经国家指定的监督检验部门检验合格并取得生产许可证后，方可生产。每批安全网出厂，都必须有监督检验部门的检验报告。每张安全网应分别在不同位置，附上国家监督部门检验合格证及企业自检合格证。同时应有标牌，标牌上应有永久性标志，标志内容应包括生产企业名称、制造日期、批号、材料、规格、重量及生产许可证编号。

2. 安全网分为平网（P）、立网（L）、密目式安全网（ML）。安全网主要由边绳、系绳、筋绳、网绳组成。密目式安全网由网体、环扣、边绳及附加系绳构成。安全网物理力学性能，是判别安全网质量优劣的主要指标。其内容包括边绳、系绳、网绳、筋绳断裂强力。密目式安全网主要有断裂强力、断裂伸长、接缝抗拉强力、撕裂强力、耐贯穿性、老化后断裂强力保留率、开眼环扣强力尾阻燃性能。平网和立网都应具有耐冲击性。立网不能代替平网，应根据施工需要及负载高度分清用平网还是立网。平网负载强度要求大于立网，所用材料较多，

重量大于立网。一般情况下，平网大于 5.5 kg，立网大于 2.5 kg。

3. 安全网主要使用露天作业场所。所以，必须具有耐候性。具有耐候性材料主要有锦纶、维纶和涤纶。同一张网所用材料应相同，其湿干强力比应大于 75%，每张网总重量不超过 15 kg。阻燃安全网的续燃、阴燃时间不得超过 4 s。

4. 平网宽度不小于 3 m，立网和密目式安全网宽度不小于 1.2 m。系绳长度不小于 0.8 m。安全网系绳与系绳间距不应大于 0.75 m。密目式安全网系绳与系绳间距不应大于 0.45 m，安全网筋绳间距离不得太小，一般规定在 0.3 m 以上。安全网可分为手工编结和机械编结。机械编结可分为有结编结和无结编结。一般情况，无结网结节强度高于有结网结节强度。网结和节头必须固定牢固，不得移动，避免网目增大和边长不均匀。出现上述情况，将导致应力不集中，直至网绳断裂。

5. 检验方法：

（1）耐贯穿性试验。用长 6 m、宽 1.8 m 的密目网，紧绑在与地面倾斜 30°的试验框架上，网面绷紧。将直径 48 ~ 51 mm、重 5 kg 的脚手管，距框架中心 3 m 高度自由落下，钢管不贯穿为合格标准。

（2）冲击试验。用长 6 m、宽 1.8 m 的密目网，紧绷在刚性试验水平架上。将长 100 cm，底面积 2 800 m^2，重 100 kg 的人形沙包 1 个，沙包方向为长边平行于密目网的长边，沙包位置为距网中心高度 1.5 m 自由落下，网绳不断裂。

二、安全网的安装和使用

（一）安装事项

1. 安全网上的每根系绳都应与支架系结，四周边绳（边缘）应与支架贴紧，系结应符合打结方便、连接牢靠又容易解开，工作中受力后不会散脱的原则，有筋绳的安全网安装时还应把筋绳连接在支架上。

2. 平网网面不宜绷得过紧，当网面与作业高度大于 5 m 时，其伸出长度应大于 4 m；当网面与作业面高度差小于 5 m 时，其伸出长度应大于 3 m；平网与下方物体表面的最小距离应不小于 3 m，两层网间距不得超过 10 m。

3. 立网网面应与水平垂直，并与作业面边缘最大间隙不超过 10 cm。

4. 安装后的安全网应经专人检验后，方可使用。

（二）使用注意事项

1. 立网或密目网栓挂好后，人员不应依靠在网上或将物品堆积靠压立网或密目网。

2. 平网不应用作堆放物品的场所，也不应作为人员通道，作业人员不应在平网上站立或行走。

3. 不应将安全网在粗糙或有锐边（角）的表面拖拉。

4. 焊接作业应尽量原理安全网，应避免焊接火花落入网中。

5. 应及时清理安全网上的落物，当安全网受到较大冲击后应及时更换。

6. 平网下方的安全区域内不应堆放物品，平网上方有人工作时，人员、车辆、机械不应进入此区域。

三、安全网的现场检查、修理及储存

对使用中的安全网，应有专人每周进行一次现场检查，并对检查情况进行记录，如发现下列问题，则视情况严重程度立即对安全网进行修理或更换：

1. 网体、网绳及支撑框架是否有严重变形或磨损；
2. 安全网是否承接过坠落或其他形式的负载（通常表现为网的变形）；
3. 所有挂点装置是否完好且工作正常，有无系绳松脱等现象；
4. 网上是否有碎物或附着物，如有，是否对安全网造成损伤；
5. 安全网是否发生霉变；
6. 网上是否有破洞或绳断裂现象；
7. 对安全网的修理工作应由专业人士进行，修理安全网使用的材料应与原网相配，修理后安全网的强度应不低于原网强度，修理完成后必须经专业人士确认合格后方可继续使用；
8. 同一张安全网上的修理部位不应超过 2 处，否则应立即更换；
9. 安全网在修理、更换过程中，应设立明显的警告标志，警示上方的作业人员不应进入由此安全网保护的区域；
10. 对于不使用的安全网，应由专人保管、储存，储存要求如下：

① 通风、避免阳关直射；

② 储存于干燥环境；

③ 不应在热源附近储存；

④ 避免接触腐蚀性物质或化学品，如酸、染色剂、有机溶剂、汽油等。

四、安全网的使用期限及定期检验

平网、立网使用期限不超过 3 年，密目网不超过 2 年。如发生人员坠落事故或质量大于 50 kg 的物体坠落事故，则应立即更换。

平网、立网每 2 年同批次抽 2 张抽检，不合格停止使用，此后每年抽检；密目网每年同批次抽 2 张，不合格停止使用。

技能训练三　安全标志的使用

一、安全标志的设置

1. 安全标志应设置在与安全有关的明显地方，并保证人们有足够的时间注意其所表示的内容。

2. 设立于某一特定位置的安全标志应被牢固地安装，保证其自身不会产生危险，所有的标志均应具有坚实的结构。

3. 当安全标志被置于墙壁或其他现存的结构上时，背景色应与标志上的主色形成对比色。

4. 对于那些所显示的信息已经无用的安全标志，应立即由设置处卸下，这对于警示特殊的临时性危险的标志尤其重要，否则会导致观察者对其他有用标志的忽视与干扰。

二、安全标志的安装位置

1. 防止危害。首先要考虑：所有标志的安装位置都不可存在对人的危害。

2. 可视性。标志安装位置的选择很重要，标志上显示的信息不仅要正确，而且对所有的观察者要清晰易读。

3. 安装高度。通常标志应安装于观察者水平视线稍高一点的位置，但有些情况置于其他水平位置则是适当的。

4. 危险和警告标志。危险和警告标志应设置在危险源前方足够远处，以保证观察者在首次看到标志及注意到此危险时有充足的时间，这一距离随不同情况而变化。例如，警告不要接触开关或其他电气设备的标志，应设置在它们近旁，而大厂区或运输道路上的标志，应设置于危险区域前方足够远的位置，以保证在到达危险区之前就可观察到此种警告，从而有所准备。

5. 安全标志不应设置于移动物体上，例如门，因为物体位置的任何变化都会造成对标志观察变得模糊不清。

6. 已安装好的标志不应被任意移动，除非位置的变化有益于标志的警示作用。

三、安全标志的维护与管理

为了有效地发挥标志的作用，应对其定期检查，定期清洗，发现有变形、损坏、变色、图形符号脱落、亮度老化等现象存在时，应立即更换或修理，从而使之保持良好状况。安全管理部门应做好监督检查工作，发现问题，及时纠正。

另外要经常性地向工作人员宣传安全标志使用的规程，特别是那些需要遵守预防措施的人员，当建议设立一个新标志或变更现存标志的位置时，应提前通告员工，并且解释其设置或变更的原因，从而使员工心中有数，只有综合考虑了这些问题，设置的安全标志才有可能有效地发挥安全警示的作用。

100% 任务完成

（一）小组练习

将班上学生分成小组，各小组选一位组长带领组员，完成安全帽、安全带的选择、验收、使用和保存工作，并随堂面向大家进行演示或讲解。

（二）小组评价

安全标志该如何设置?

（三）综合评价

综合评价包括小组之间的互评和老师对各小组工作的系统评价。主要评价项目见附录。

作 业

1. 判断下图哪一种安全帽的佩戴方式是正确的。

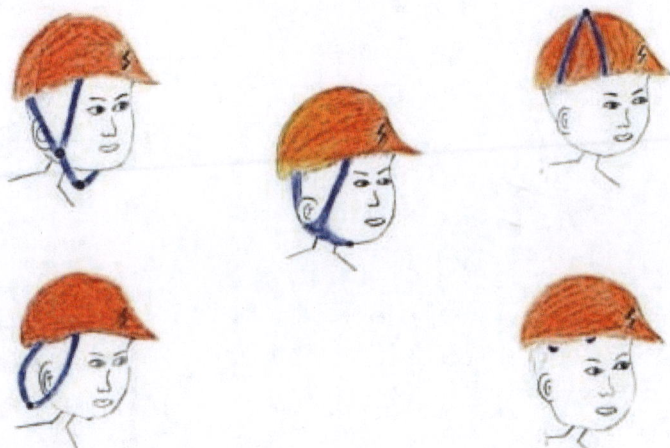

2. 简述安全网的使用注意事项。

情境二

施工现场作业安全控制

施工作业的场所称为“施工现场”，也叫工地。随着我国经济的高速发展，建筑企业随之壮大，建筑业已成为我国国民经济的支柱产业之一，建筑行业从业人员众多，施工工地上由于施工人员较为复杂，在施工过程中危险事故较多，而施工人员的安全意识又较为偏低，所以安全事故频频发生，造成了经济和财产等较大的损失。所以施工现场管理工作是一项工程中非常重要的部分，只有在施工现场管理上进一步加强，才能保证工程质量降低成本、缩短施工的时间，使企业的形象提高声誉在今后的发展中起着非常重要的作用。

学习目标

1. 能够就施工现场各种作业，指出其可能发生的事故类型。
2. 能够就施工现场各种作业，分析造成事故发生的几点原因。
3. 能够就施工现场各种作业，提几点预防事故发生的预防措施。

学习任务一

高处作业的安全事故预防

事故案例

2008 年 7 月 27 日下午 17 点 20 分左右，上海宝冶建设梅钢高炉项目部所属外协队（上海跃兴建筑安装公司）职工杜某（男，39 岁，安装工）在梅钢 $1^{\#}$、$3^{\#}$高炉易地大修工地热风炉西侧行车梁上调整行车轨道，双钩安全带挂在行车梁的安全绳上，因行车梁狭窄（宽约 40 cm），其身体失衡不慎滑倒，安全带的下坠力将固定安全绳的立桩与行车梁侧边焊接点（2 处）全部拉脱，导致其从行车梁上（约 43.5 m）处坠落至下方防雨棚顶（4.4 m）处，坠落高度约为 39.1 m，送至南京市江宁区人民医院抢救无效死亡。

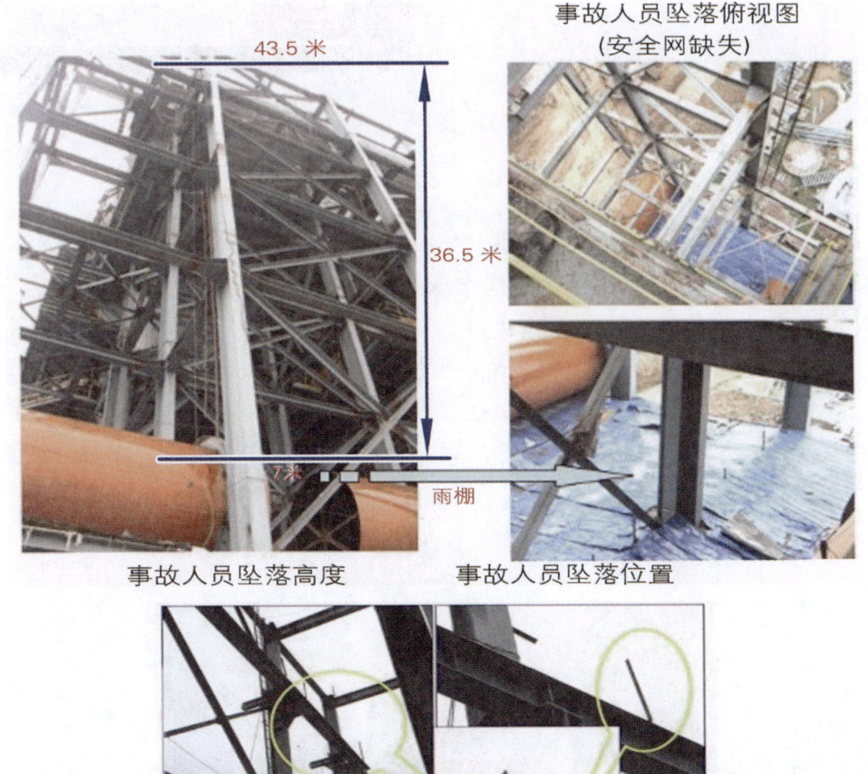

思考一下

什么是高处作业？哪些作业是高处作业呢？高处作业中经常会发生的安全事故类型有哪些？如何避免或者减少高处作业安全事故的发生？

任务描述

一直以来，都以为高处作业是很高的，也离我身边很远，但随着近年工程技术水平的提高，高架桥、高层建筑不断涌现，高空作业越来越多，随之而来的高空作业安全事故时有发生，据有关统计资料表明，施工现场 40%的死亡是由高处坠落而造成的。每年的坠落事故造成高于 11 000 例死亡事故和超过 200 000 例的伤残事故。如何避免如上例中的安全事故发生呢？

任务分析

一、高处作业安全事故预防的一般安全措施

1. 从事高处作业人员要定期进行体格检查。未成年人，患有心脏病、高血压、低血压、癫痫病等不适合高空作业的人不得从事高空作业；酒后禁止高处作业。

2. 施工前，应逐级进行安全技术教育及交底，落实所有安全技术措施和人身防护用品，未经落实时不得进行施工。高处作业人员在作业时要身穿紧口工作服，脚穿防滑鞋，头戴安全帽，腰系安全带。不要穿不灵便的衣服。禁止赤脚，禁止穿硬底鞋、拖鞋、高跟鞋以及带钉易滑鞋从事高处作业。

3. 高处作业中的安全标志、工具、仪表、电气设施和各种设备，必须在施工前加以检查，确认其完好，方能投入使用。

4. 高处作业之前，应进行安全防护设施的逐项检查和验收。验收合格后，方可进行高处作业。验收也可分层进行，或分阶段进行。

5. 攀登和悬空高处作业人员以及搭设高处作业安全设施的人员，必须经过专业技术培训及专业考试合格，持证上岗，并必须定期进行体格检查。

6. 施工作业场所有坠落可能的物件，应一律先行撤除或加以固定。高处作业中所用的物料，均应堆放平稳，不妨碍通行和装卸。作业中的走道、通道板和登高用具，应随时清扫干净；拆卸下的物件及余料、废料均应及时清理运走，不得任意乱置或向下丢弃。传递物件禁止抛掷。

7. 高处作业暂时不用的工具，应装入工具袋，随用随拿。

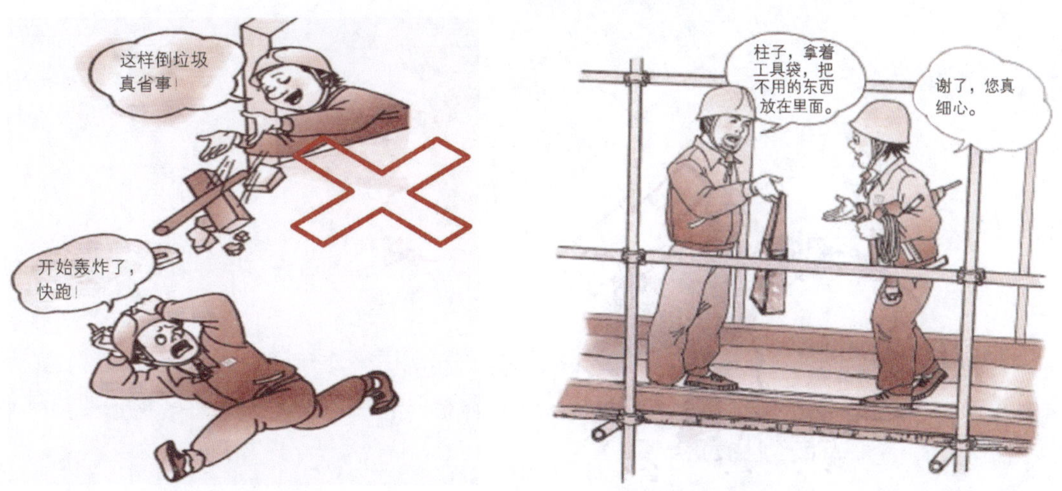

8. 雨天和雪天进行高处作业时，必须采取可靠的防滑、防寒和防冻措施。凡水、冰、霜、雪均应及时清除。对进行高处作业的高耸建筑物，应事先设置避雷设施。遇有六级以上强风、浓雾等恶劣气候，不得进行露天攀登与悬空高处作业。暴风雪及台风暴雨后，应对高处作业安全设施逐一加以检查，发现有松动、变形、损坏或脱落等现象，应立即修理完善。

9. 高处作业安全设施的主要受力杆件，力学计算按一般结构力学公式，强度及挠度计算按现行有关规范进行，但钢受弯构件的强度计算不考虑塑性影响，构造上应符合现行的相应规范的要求。

10. 作业人员应从规定的通道上下，不得在阳台、脚手架大横杆上等非规定通道进行攀登，也不得任意利用吊车臂架及非载人提升设备进行攀登。

11. 高处作业平台四周要有高 1 ~ 1.2 m 的防护栏杆，栏杆外挂密目网封闭。底部四周铺 18 cm 高挡脚板。平台板为 5 cm 厚木脚手板。平台设梯子，供作业人员上下。梯子要与平台骨架固定牢固，踏板间距为 30 cm。

二、临边与洞口作业事故防范措施

1. 基坑周边，须设置防护栏杆。可采用钢管并打入地面 50 ~ 70 cm 深。钢管离边口的距离，不应小于 50 cm。当基坑周边采用板桩时，钢管可打在板桩外侧。

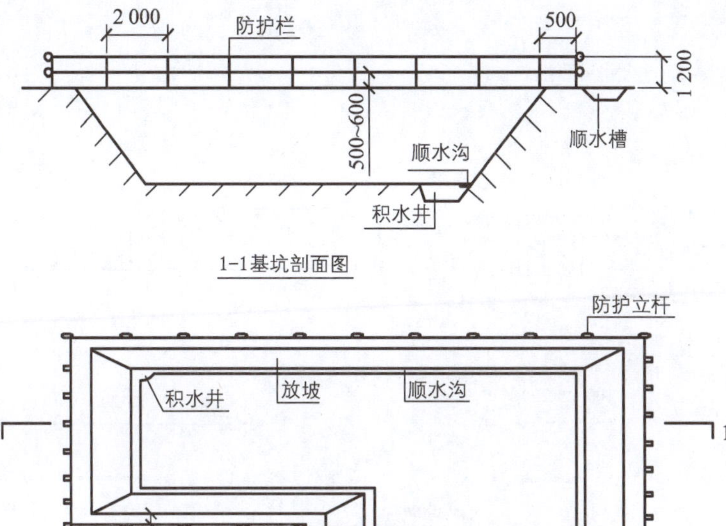

2. 各种垂直运输接料平台，除两侧设防护栏杆外，平台口还应设置安全门或活动防护栏杆。

3. 当临边的外侧面临街道时，除防护栏杆外，敞口立面必须采取满挂安全网或其他可靠措施作全封闭处理。

4. 钢管桩、钻孔桩等桩孔上口，杯形、条形基础上口，未填土的坑槽，以及人孔、天窗、地板门等处，均应按洞口防护设置稳固的盖件。

（1）楼板、屋面和平台等面上短边尺寸小于 20 cm 但大于 2.5 cm 的孔口，必须用坚实的盖板盖没。盖板应防止挪动移位。

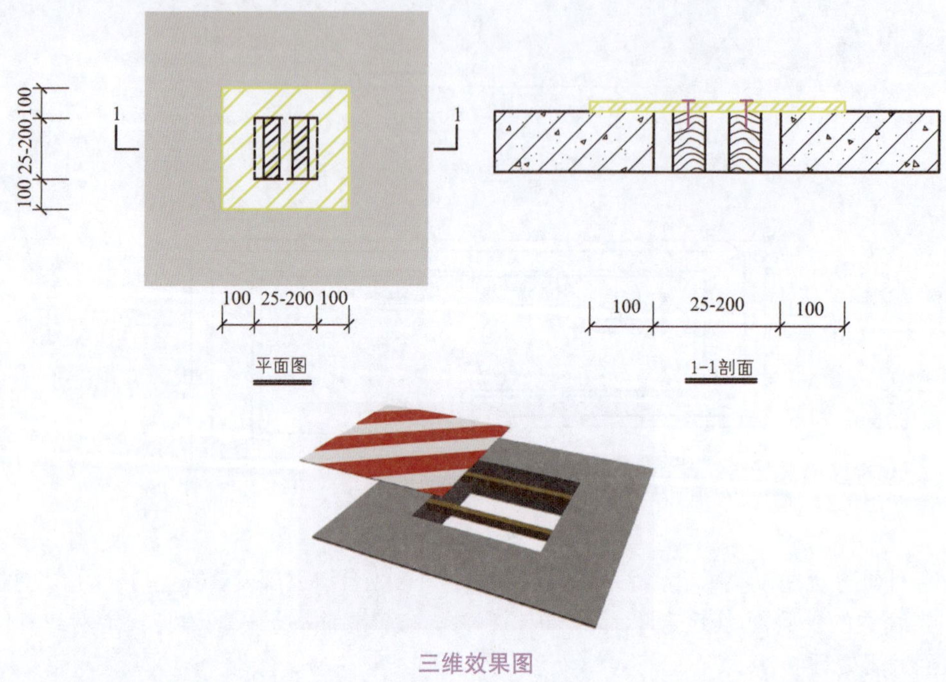

三维效果图

（2）楼板面等处边长 20～50 cm 的洞口、安装预制构件时的洞口以及缺件临时形成的洞口，可用竹、木等作盖板盖住洞口。盖板须能保持四周搁置均衡，并有固定其位置的措施。

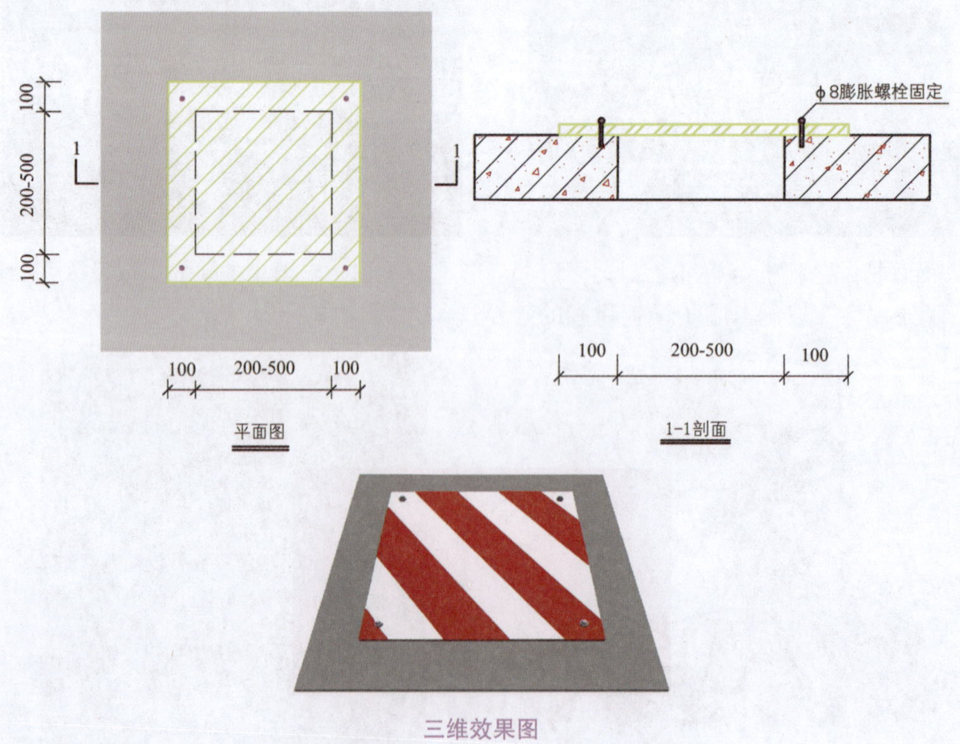

三维效果图

（3）边长为 50 ~ 150 cm 的洞口，必须设置以扣件扣接钢管而成的网格，并在其上满铺竹笆或脚手板。也可采用贯穿于混凝土板内的钢筋构成防护网，钢筋网格间距不得大于 20 cm。

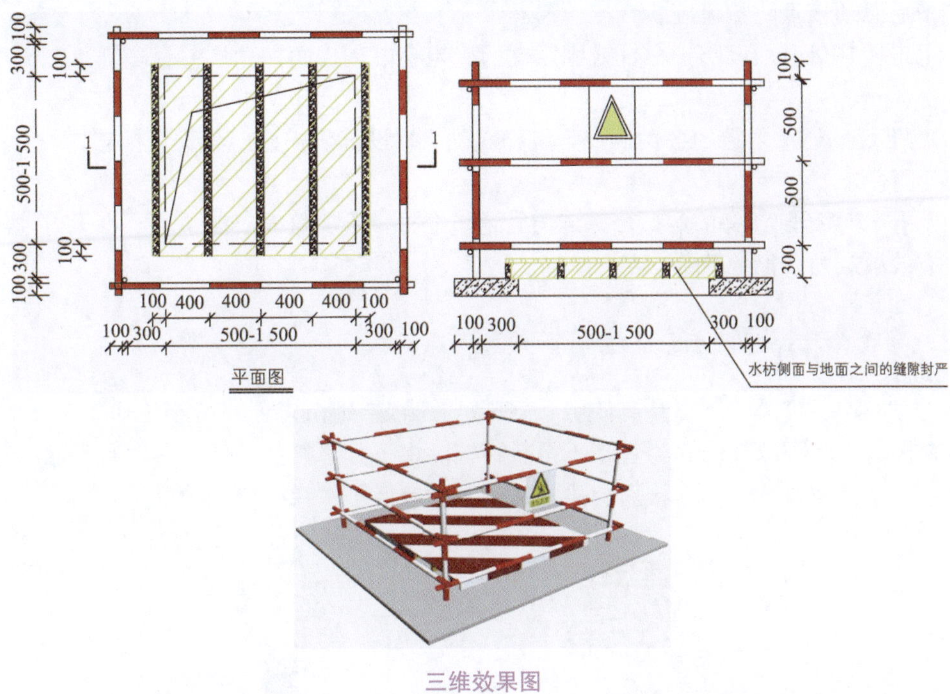

三维效果图

（4）边长在 150 cm 以上的洞口，四周设防护栏杆，洞口下张设安全平网。

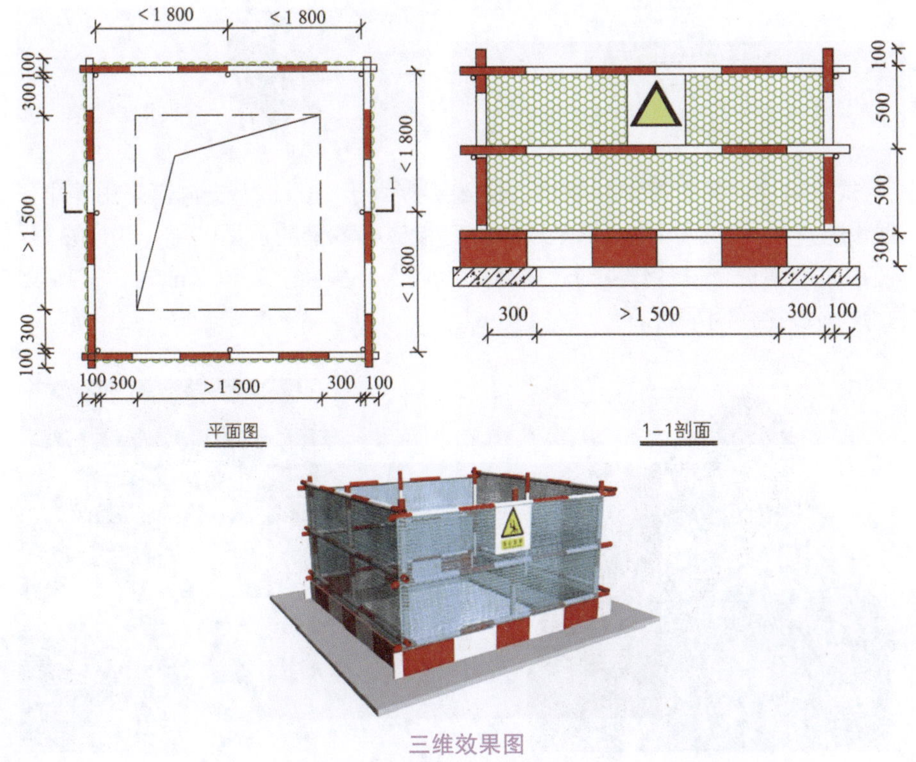

三维效果图

（5）垃圾井道和烟道，应随楼层的砌筑或安装而消除洞口，或参照预留洞口作防护。管道井施工时，除按上办理外，还应加设明显的标志。如有临时性拆移，需经施工负责人核准，工作完毕后必须恢复防护设施。

（6）电梯井口必须设防护栏杆或固定栅门；电梯井内应每隔两层并最多隔 10 m 设一道安全网。

5. 施工现场通道附近的各类洞口与坑槽等处，除设置防护设施与安全标志外，夜间还应设红灯示警。

6. 位于车辆行驶道旁的洞口、深沟与管道坑、槽，所加盖板应能承受不小于当地额定卡车后轮有效承载力 2 倍的荷载。

三、攀登与悬空作业的安全防护措施

1. 梯脚底部应坚实，不得垫高使用。梯子的上端应有固定措施。立梯工作角度以 75° ± 5° 为宜，踏板上下间距以 30 cm 为宜，不得有缺档。梯子如需接长使用，必须有可靠的连接措施，且接头不得超过 1 处。连接后梯梁的强度，不应低于单梯梯梁的强度。

2. 固定式直爬梯应用金属材料制成。梯宽不应大于 50 cm，支撑应采用不小于 L70 × 6 的角钢，埋设与焊接均必须牢固。梯子顶端的踏棍应与攀登的顶面齐平，并加设 1 ~ 1.5 m 高的扶手。使用直爬梯进行攀登作业时，攀登高度以 5 m 为宜。超过 2 m 时，宜加设护笼，超过 8 m 时，必须设置梯间平台。

3. 作业人员应从规定的通道上下，不得在阳台之间等非规定通道攀登、翻跃。

4. 上下梯子时必须面对梯子，双手扶牢，不得手持物件攀登。

5. 禁止在阳台栏杆、钢筋和管架、模板及其支撑杆上作业。

6. 禁止沿屋架上弦、檩条及没固定的物件上行走和作业。

7. 人员上下脚手架应走专用通道，禁止攀爬脚手架杆件上下，在脚手架上作业和行走要注意脚下探头板。

8. 悬空作业处应有牢靠的立足处，并必须视具体情况，配置防护栏网、栏杆或其他安全设施。

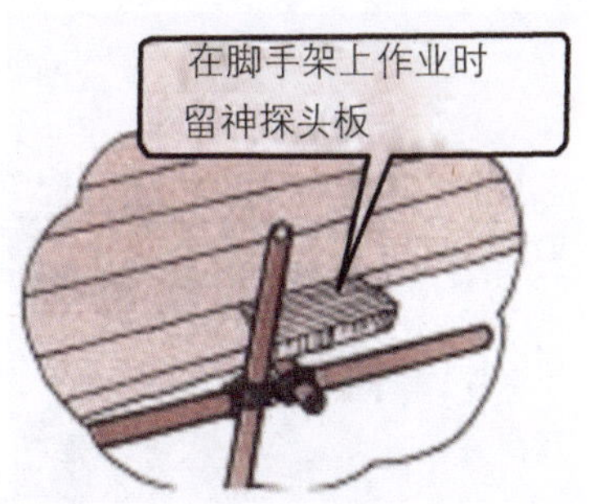

9. 悬空安装大模板、吊装第一块预制构件、吊装单独的大中型预制构件时，必须站在操作平台上操作。

10. 支模应按规定的作业程序进行，模板未固定前不得进行下一道工序。严禁在连接件和支撑件上攀登上下，并严禁在上下同一垂直面上装、拆模板。结构复杂的模板，装、拆应严格按照施工组织设计的措施进行。

11. 支设高度在 3 m 以上的柱模板，四周应设斜撑，并应设立操作平台。低于 3 m 的可使用马凳操作。

12. 悬空绑扎钢筋和安装钢筋骨架时，必须搭设脚手架。

13. 浇筑离地 2 m 以上的混凝土时，应设操作平台，不得直接站在模板或支撑件上操作。特殊情况下如无可靠的安全设施，必须系好安全带并扣好保险钩，或架设安全网。

14. 进行预应力张拉的悬空作业时，应搭设站立操作人员和设置张拉设备用的牢固可靠的脚手架或操作平台。雨天张拉时，还应架设防雨棚。应力张拉区域应标示明显的安全标志，禁止非操作人员进入。预张拉钢筋的两端必须设置挡板。挡板应距所张拉钢筋的端部 1.5 ~ 2 m，且应高出最上一组张拉钢筋 0.5 m，其宽度应距张拉钢筋两外侧各不小于 1 m。

四、操作平台与交叉作业的安全防护措施

1. 操作平台面积应符合有关规定，还应进行稳定验算，四周必须按临边作业要求设置防护栏杆，并应布置登高扶梯。

2. 钢模板、脚手架等拆除时，下方不得有其他操作人员。

3. 立体交叉作业时，不得在同一垂直方向上操作。下层作业的位置，必须处于依上层高度确定的可能坠落范围半径之外。不符合以上条件时，应设置安全防护层。

4. 禁止下层作业人员在防护栏杆、平台等的下方休息。

相关知识

一、高处作业

根据《建筑施工高处作业安全技术规范》(JGJ 80—1991)，凡在坠落高度基准面 2 m 以上(含 2 m)有可能坠落的高处进行的作业均称为高处作业。所谓坠落高度基准面，即通过可能坠落范围内最低处的水平面，如从作业位置可能坠落到的最低点的地面、楼面、楼梯平台、相邻较低建筑物的屋面、基坑的底面、脚手架的通道板等。高处作业的涵义有两个：一是相对概念，可能坠落的底面高度大于或等于 2 m；也就是说不论在单层、多层或高层建筑物作业，即使是在平地，只要作业处的侧面有可能导致人员坠落的坑、井、洞或空间，其高度达到 2 m 及其以上，就属于高处作业。二是高低差距标准定为 2 m，因为一般情况下，当人在 2 m 以上的高度坠落时，就很可能会造成重伤、残废或死亡。

因此，对高处作业的安全技术措施在开工以前就须特别留意以下有关事项：

1. 技术措施及所需料具要完整地列入施工计划；
2. 进行技术教育和现场技术交底；
3. 所有安全标志、工具和设备等在施工前逐一检查；
4. 做好对高处作业人员的培训考核；
5. 安全施工高处作业防护的费用等。

以作业位置为中心，6 m 为半径，划出一个垂直于水平面的柱形空间，此柱形空间内最低处与作业位置间的高度差称为基础高度。

以作业位置为中心，可能坠落范围半径为半径划成的与水平面垂直的柱形空间，称为可能坠落范围。

作业区各作业位置至相应坠落高度基准面的垂直距离的最大值，称为该作业区的高处作业高度，简称作业高度，以 H 表示。作业高度越高，危险性也就越大。不同高度作业时，其安全平网的防护宽度不同。坠落半径与高处作业的基础高度 h 相关。

高处作业基础高度与坠落半径表

高处作业基础高度（h）/m	坠落半径/m	高处作业基础高度（h）/m	坠落半径/m
2 ~ 5	3	15 ~ 30	5
5 ~ 15	4	>30	6

高处作业的级别：

高处作业的级别可分为四级，即高处作业在 2 ~ 5 m 时，为一级高处作业；高处作业在 5 ~ 15 m 时，为二级高处作业；高处作业在 15 ~ 30 m 时，为三级高处作业；在大于 30 m 时，为特级高处作业。

高处作业又分为一般高处作业和特殊高处作业，其中特殊高处作业又分为 8 类。特殊高处作业的 8 类：

1. 在阵风风力六级（风速 10.8 m/s）以上的情况下进行的高处作业，称为强风高处作业；
2. 在高温或低温环境下进行的高处作业，称为异温高处作业；

3. 降雪时进行的高处作业，称为雪天高处作业；

4. 降雨时进行的高处作业，称为雨天高处作业；

5. 室外完全采用人工照明时进行的高处作业，称为夜间高处作业；

6. 在接近或接触带电体条件下进行的高处作业，称为带电高处作业；

7. 在无立足点或无牢靠立足点的条件下进行的高处作业，称为悬空高处作业；

8. 对突然发生的各种灾害事故进行抢救的高处作业，称为抢救高处作业。

我们平时说的一般高处作业是指除特殊高处作业以外的高处作业

二、临边作业

在施工现场，当高处作业中工作面的边沿设有维护设施，但维护设施的高度低于 80 cm 时，这类作业称为临边作业。例如在沟、坑、槽边、深基础周边、楼层周边梯段侧边平台或阳台边、屋面周边等地方施工，还有挖坑、挖地沟、挖地槽的地面工程，这些都称为临边施工。在进行临边作业时设置的安全防护设施主要为防护栏杆和安全网。

《建筑施工高处作业安全技术规范》关于孔、洞的定义是：

孔——楼板、屋面、平台等面上，短边尺寸小于 25 cm 的，墙上高度小于 75 cm 的孔洞。

洞——楼板、屋面、平台等面上，短边尺寸等于或大于 25 cm 的孔洞；墙上高度大于或等于 75 cm，宽度大于 45 cm 的孔洞。

洞口作业，是指洞与孔边口旁的高处作业，包括施工现场及通道旁深度在 2 m 或 2 m 以上的桩孔、人孔、沟槽与管道、孔洞等边沿上的作业。施工现场因工程和工序需要而产生洞口，常见的有楼梯口、电梯井口、预留洞口、井架通道口，即常称的“四口”。

三、攀登与悬空作业

攀登与悬空作业是指在施工现场借助登高用具或登高设施，在攀登条件下进行的高处作业。

四、交叉作业

两个或以上的工种在同一个区域同时施工称为交叉作业。

施工现场常会有上下立体交叉的作业。因此，凡在不同层次中，处于空间贯通状态下同时进行的高处作业，属于交叉作业。

进行交叉作业时，必须遵守下列安全规定：

1. 支模、砌墙、粉刷等各工种，在交叉作业中，不得在同一垂直方向上下同时操作。下层作业的位置必须处于依上层高度确定的可能坠落范围半径之外。不符合此条件的，中间应设安全防护层。

2. 拆除脚手架与模板时，下方不得有其他操作人员。

3. 拆下的模板、脚手架等部件，临时堆放处离楼层边缘应不小于 1 m。堆放高度不得超过 1 m。楼梯口、通道口、脚手架边缘等处，严禁堆放卸下物件。

4. 结构施工至二层起，凡人员进出的通道口（包括井架、施工电梯的进出口）均应搭设安全防护棚。高层建筑高度超过 24 m 的层次上交叉作业，应设双层防护设施。

5. 由于上方施工可能坠落物体，以及处于起重机把杆回转范围之内的通道，其受影响的范围内，必须搭设顶部能防止穿透的双层防护廊或防护棚。

五、安全带知识

安全带是预防高处作业工人坠落事故的个人防护用品，由带子、绳子和金属配件组成，总称安全带。适用于围杆、悬挂、攀登等高处作业用，不适用于消防和吊物。

（一）安全带品种分类及符号代号

安全带按使用方式，分为围杆安全带和悬挂、攀登安全带两类。

围杆作业安全带适用于电工、电信工、园林工等杆上作业。主要品种有：电工围杆带单腰带式、电工围杆带防下脱式、通用Ⅰ型围杆绳单腰带式、通用Ⅱ型围杆绳单腰带式、电信工围杆绳单腰带式和牛皮电工保安带等。

悬挂及攀登作业安全带适用于建筑、造船、安装、维修、起重、桥梁、采石、矿山、公路及铁路调车等高处作业。其式样较多，按结构分为单腰带式、双背带式、攀登式三种。其中单腰带式有架子工Ⅰ型悬挂安全带、架子工Ⅱ型悬挂安全带、铁路调车工悬挂安全带、电信工悬挂安全带、通用Ⅰ型悬挂安全带、通用Ⅱ型悬挂自锁式安全带等六个品种；双背带式有通用Ⅰ型悬挂双背带式安全带、通用Ⅱ型悬挂双背带式安全带、通用Ⅲ型悬挂双背带式安全带、通用Ⅳ型悬挂双背带式安全带、全丝绳安全带等五个品种；攀登式有通用Ⅰ型攀登活动带式安全带、通用Ⅱ型攀登活动式安全带和通用攀登固定式等三个品种。

安全带按品种系列，采用汉语拼音字母，依前、后顺序分别表示不同工种、不同使用方法、不同结构。

符号含意如下：D——电工；DX——电信工；J——架子工；L——铁路调车工；T——通用（油漆工、造船、机修工等）；W——围杆作业：W1——围杆带式；W2——围杆绳式；X——悬挂作业；P——攀登作业；Y——单腰带式；F——防下脱式；B——双背带式；S——自锁式；H——活动式；G——固定式。

符号组合表示举例如下：DW1Y——电工围杆带单腰带式；TPG——通用攀登固定式。

（二）安全带的养护

经常检查安全带缝制件是否受潮或开线；检查金属配件是否生锈，要保证处于完好状态；保持安全带的清洁，存放在干燥无腐蚀的库房中，不可接触高温、明火、强酸、强碱和尖锐的坚硬物体，更不能长期曝晒雨淋。

（三）安全带的使用期限

在确定安全带使用期限时应注意：安全带使用2年后，应按批量购入情况抽检一次，若合格，该批安全带可继续使用。对抽检过的样带，必须更换安全绳后才可继续使用。频繁使用的，要经常做外观检查，发现异常时，应立即换成新绳。带子的使用期限为3～5年。

技能训练

技能训练一　安全带的使用

（一）安全带的选择

必须根据作业人员的用途选择符合标准的安全带产品，如架子工、油漆工、电焊工种选用悬挂作业安全带，电工选用围杆作业安全带，在不同岗位应注意正确选用。

选择安全带应检查安全带的部件是否完整、有无损伤，金属配件不得是焊接件，边缘应光滑，产品上应有合格证、安监证。

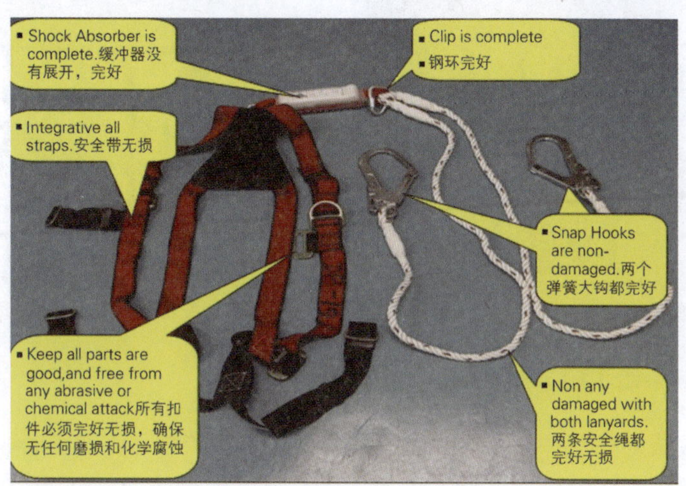

（二）安全带的使用

1. 安全带使用前要检查各部位是否完好无损。

2. 高处作业如无固定挂处，应采用适当强度的钢丝绳或采取其他方法悬挂。禁止挂在移动或带尖锐棱角或不牢固的物件上。

3. 高挂低用。将安全带挂在高处，人在下面工作就叫高挂低用。它可以使有坠落发生时的实际冲击距离减小。与之相反的是低挂高用。因为当坠落发生时，实际冲击的距离会加大，人和绳都要受到较大的冲击负荷。所以安全带必须高挂低用，杜绝低挂高用。

4. 安全带要拴挂在牢固的构件或物体上，要防止摆动或碰撞，绳子不能打结使用，钩子要挂在连接环上。

5. 安全带绳保护套要保持完好，以防绳被磨损。若发现保护套损坏或脱落，必须加上新套后再使用。

6. 安全带严禁擅自接长使用。如果使用 3 m 及以上的长绳时必须要加缓冲器，各部件不得任意拆除。

7. 安全带在使用后，要注意维护和保管。要经常检查安全带缝制部分和挂钩部分，必须详细检查捻线是否发生裂断和残损等。

磨损破裂 ①
② 磨损破裂
③ ④ 踏缝脱线
⑤ 带子破损
⑥ 编织变形
⑦ 受热变形
螺钉脱落 ⑧
⑨
外壳破裂 ⑩
D型环断裂变形 ⑪
⑫ 铆钉脱落
锁扣失控⑬
⑭ 锁扣失控
⑮ 铆钉脱落
⑯ 挂钩断开

8. 安全带不使用时要妥善保管，不可接触高温、明火、强酸、强碱或尖锐物体，不要存放在潮湿的仓库中保管。

9. 安全带在使用 2 年后应抽验一次，频繁使用应经常进行外观检查，发现异常必须立即更换。定期或抽样试验用过的安全带，不准再继续使用。悬挂安全带用 80 kg 重的沙人自 1 m 高自由坠落进行冲击试验，若无破损则可继续使用。安全带正常使用期为 3 年，但发现异常应提前报废。

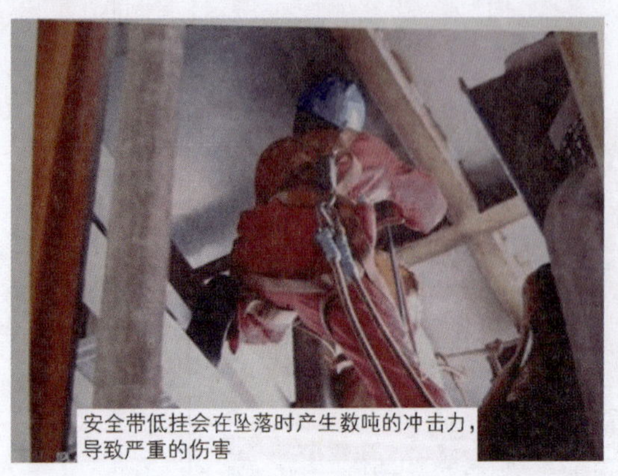
安全带低挂会在坠落时产生数吨的冲击力，导致严重的伤害

技能训练二　高处作业的安全隐患辨识

海因里希事故法则揭示了事故与隐患的关系：千万次的隐患，对应着330起意外事故，而这330起意外事故，包含着300起无伤害、无损失或险肇事件，29起轻伤或低损失事故和1起死亡、重伤或重大损失事故。因此隐患排查是预防事故、减少事故发生的基础工作，也是安全管理工作的前提，只有切实将隐患排查清楚，才能有针对性地制订措施对策防范事故。

导致高处坠落的危险隐患很多，从钢板预处理、切割下料到船台（船坞）搭载合龙，再到码头调试，试航完工交船，需要全面了解所有施工工艺和作业方法，才能充分识别。前期的识别基本为预测，存在不全面、不切合实际的弊端，但可以此确定重大事项的控制措施和方案，施工过程中再全面、精细地识别，采取恰当的控制措施和方案，因此对危险隐患的识别是持续进行的。

由危险度分析法分析得出，在船舶制造高处作业中危险隐患主要有以下四个方面：

1. 从发生地点上主要是：临边地带，如船旁，横舱壁；洞口，如楼梯口、工艺孔；作业平台，如外板链架、舱口围支架；垂直运输设备，如高空吊篮、合龙口挂笼；脚手架，如外脚手架、安装架等。

2. 从人的行为上是：高处作业人员未佩带（ 或不规范佩带）安全带；使用不规范的操作平台；使用不可靠立足点；冒险或认识不到危险的存在；身体或心理状况不健康；不了解作业点的危险等。

3. 从事故成因上是：没有或不正确使用个人防护用品；借助、立足的工具、设备不稳固；被外力冲击后坠落；立足不稳等。

4. 从管理方面上是：未及时为作业人员提供合格的个人防护用品；监督管理不到位或对危险源视而不见；教育培训（包括安全交底）未落实、不深入或教育效果不佳；未明示现场危险。

由事故树分析法分析得出，高处作业发生事故的主要原因是：在临边洞口处施工无防护或防护设施不严密、不牢固；违章搭设脚手架或操作平台；脚手架或操作平台紧扣件紧固不牢；安全带未严格按规定使用，且没有应急措施；操作者违反按规程规范作业；操作者违章作业，安全意识不强；防护措施不足。

高处作业安全检查表

受检单位：　　　　　　　　　　　　　　　　负 责 人：

检查地点：　　　　　　　　　　　　　　　　检查时间：

序号	检 查 内 容	是	否
1	高处作业是否有安全措施		
①	安全措施是否经批准		
②	是否严格执行措施		
2	高处作业人员是否经体检合格		
3	作业人员的个人防护是否符合以下要求		
①	正确戴合格安全帽		
②	防护服灵便		
③	衣袖、裤脚扎紧		
④	穿软底防滑鞋		
⑤	系好安全带		
⑥	安全带挂在上方牢固可靠处		
4	高处作业现场防护是否符合以下要求		
①	作业区周围的孔洞、沟道均设盖板（安全网或围栏）		
②	脚手板绑扎牢固		
5	特殊高处作业的无隔离层危险处是否做到以下几点		
①	设围栏		
②	设“严禁靠近”的警告牌		
③	严禁人员逗留或通行		
④	通信联系畅通		
6	作业区域附近有带电体时，传递绳是否使用干燥的麻绳或尼龙绳		
7	在轻型或简易结构的屋面上作业时是否有可靠防坠措施		
8	现场照明是否能满足施工要求		
9	露天高处作业的防护是否符合以下要求		
①	气温低于 −10 °C 时，附近设取暖休息室		
②	取暖设施符合防火规定		
③	气温高于 35 °C 时，施工集中区设凉棚		
④	遇有六级及以上大风或恶劣气候应停止高处作业		
⑤	在霜冻或雨雪天气，必须采取防滑措施		
10	高处作业人员是否遵守以下规定		
①	高处作业人员上、下脚手架走斜道或梯子		
②	作业人员配带工具袋		
③	较大的工具设保险绳		
④	工作人员作业或休息时位于安全处		
⑤	传递物品时，用专用工具吊运		
⑥	吊运物下方无人		

检查记录：

检查人：

任务完成

（一）小组讨论

将班上学生分成小组，各小组选一位组长带领组员，完成对事故案例的分析，找出事故发生的原因，总结事故教训和编制简单的高处作业安全事故预防措施，形成各小组的成果，并上台讲解展示。

（二）小组评价

预防高处作业安全事故发生应知应会的知识有哪些?

（三）综合评价

综合评价包括小组内的自评、互评和老师对各小组工作的综合评价。主要评价项目见附录。

作　业

1. 给大家讲述一下什么是高处作业，它有哪几种分类?
2. 简述安全带的使用方法。
3. 简述高处作业安全技术措施。
4. 会用高处作业安全检查表检查安全隐患。

学习任务二

搬运、堆放物品安全事故预防

事故案例

1997 年 2 月 25 日，广州市化学产业总公司吉山仓库，因农民工从卡车上卸油桶时，油桶互相碰撞，打起火花，引燃漏在地上的石油醚起火，烧毁石油醚、甲苯、汽油、化工原料等 137 t 和一栋 300 m^2 的仓库、两辆卡车，损失折款 452 万余元。

思考一下

搬运、堆放物品时会发生哪些安全事故？如何避免或者减少搬运、堆放物品时发生安全事故？

任务描述

不管是在生活中还是在工地上，搬运和堆放都是一项很平常的事情或工作，但在平常的事中往往也会发生一些不平常的事故，例如物品倾覆被重物砸伤等，那么，如何正确地进行搬运和堆放物品呢？

任务分析

1. 在我们做搬运工作前，首先要穿戴好规定的劳动保护用品，然后检查搬运工具是否完整和安全可靠。搬运时使用的工具、构件一定要放平、放稳，防止滑动和滚动，绝对不允许竖立，以防倒下发生伤人或砸坏设备等事故。如果是多人一起操作，须由一个人统一指挥，步调一致，紧密配合。在堆积物品时，要稳固、齐整，堆放高度不能超过规定高度，以防倒塌。在车辆通行的道路上，不得放置物件或堆积杂物，以保持道路畅通。

2. 对危险物品要按标准装卸，以免造成事故。

3. 外用电梯必须有专人操作，等候外用电梯时，严禁将身体的任何部位，伸进电梯运行占用的空间。

4. 不得随同运料的吊盘或吊篮及吊装物上下，井架吊篮禁止乘人。

相关知识

危化品装卸搬运安全操作基础知识及危险化学品的包装与贮运相关知识

（一）化学危险物品的装卸搬运安全操作基础知识

1. 在装卸搬运化学危险物品前，要预先做好准备工作，了解物品性质，检查装卸搬运的工具是否牢固，不牢固的应予更换或修理。如工具上曾被易燃物、有机物、酸、碱等污染的，必须清洗后方可使用。

2. 操作人员应根据不同物资的危险特性，分别穿戴相应合适的防护用具，工作对毒害、腐蚀、放射性等物品更应加强注意。防护用具包括工作服、橡皮围裙、橡皮袖罩、橡皮手套、长筒胶靴、防毒面具、滤毒口罩、纱口罩、纱手套和护目镜等。操作前应由专人检查用具是否妥善，穿戴是否合适。操作后应进行清洗或消毒，放在专用的箱柜中保管。

3. 操作中对化学危险物品应轻拿轻放，防止撞击、摩擦、碰摔、震动。液体铁桶包装下垛时，不可用跳板快速溜放，应在地上，垛旁垫旧轮胎或其他松软物，缓慢下。标有不可倒置标志的物品切勿倒放。发现包装破漏，必须移至安全地点整修，或更换包装。整修时不应使用可能发生火花的工具。化学危险物品撒落在地面、车板上时，应及时扫除，对易燃易爆物品应用松软物经水浸湿后扫除。

4. 在装卸搬运化学危险物品时，不得饮酒、吸烟。工作完毕后根据工作情况和危险品的性质，及时清洗手、脸，漱口或淋浴。装卸搬运毒害品时，必须保持现场空气流通，如果发现恶心、头晕等中毒现象，应立即到新鲜空气处休息，脱去工作服和防护用具，清洗皮肤沾染部分，重者送医院诊治。

5. 装卸搬运爆炸品、一级易燃品、一级氧化剂时，不得使用铁轮车、电瓶车（没有装置控制火星设备的电瓶车），及其他无防爆装置的运输工具。参加作业的人员不得穿带有铁钉的鞋子。禁止滚动铁桶，不得踩踏化学危险物品及其包装（指爆炸品）。装车时，必须力求稳固，不得堆装过高，如氯酸钾（钠）；车后亦不准带拖车，装卸搬运一般宜在白天进行，并避免日晒。在炎热季节，应在早晚作业，晚间作业应用防爆式或封闭式的安全照明。雨、雪、冰封时作业，应有防滑措施。

6. 装卸搬运强腐蚀性物品，操作前应检查箱底是否已被腐蚀，以防脱底发生危险。搬运时禁止肩扛、背负或用双手揽抱，只能挑、抬或用车子搬运。搬运堆码时，不可倒置、倾斜、震荡，以免液体溅出发生危险。在现场须备有清水、苏打水或醋酸等，以备急救时应用。

7. 装卸搬运放射性物品时，不得肩扛、背负或揽抱，并尽量减少人体与物品包装的接触，应轻拿轻放，防止摔破包装。工作完毕后以肥皂和水清洗手脸和淋浴后才可进食饮水。对防护用具和使用工具，须经仔细洗刷，除去射线污染。对沾染放射性的污水，不得随便流散，应引入深沟或进行处理。废物应挖深坑埋赶掉。

8. 两种性能互相抵触的物品，不得同地装卸，同车（船）并运。对怕热、怕潮物品，应采取隔热、防潮措施。

（二）化学危险物品的安全贮存措施

1. 贮存大量化学危险物品的仓库，除应有消防保卫设施外，根据物品不同性质，应进行分区分类隔离贮存。个别性质极为特殊的物品，应单独贮存。

2. 对爆炸品、剧毒品和放射性物品，必须单独存放于专门的仓库中，起爆器不得与炸药在同一库房内存放。

3. 对相互接触能引起燃烧、爆炸的物品，或灭火方法不同的危险品，不得在同一库房内贮存，如：有机物、易燃物品与氧化剂，氧化剂与强酸性腐蚀物品，氰化物与酸性腐蚀物品等不得存放在一起。苯类与醇类因灭火方法不同，亦不宜存放在一起。食用原料（如小苏打等）应与有毒品分开，以防沾染发生中毒。

4. 遇水燃烧和怕晒的危险品，不得在露天堆放。怕冻的物品，应在较暖库房中存放。

5. 不准在库房内或露天堆垛附近进行试验、串倒换桶、焊修、整修、分装和其他可能引起火灾的操作。

6. 容器包装应密闭完好无损，如果发现破损渗漏，必须进行安全处理，改装换桶必须在库房外安全地点进行。对易燃物、爆炸品应使用不发生火花的工具。

7. 加强平时检查工作，对性质不稳定、易分解、易变质、易燃烧以及易爆炸的物品，除一日三查外，应该定期进行测温、化验，并相应地采取安全措施（如稳定剂含量减少的即添加补足，分解、变质、黏结、发热的堆垛立即倒垛分开存放，催请货主处理），防止发生自燃或爆炸。

8. 换装危险品的空容器，在使用前必须进行检查，彻底清洗，以防遗留物质与装入物质发生抵触引起燃烧爆炸和中毒；对遗留在地上和垫仓板上的危险品，必须及时清除处理，保持库房清洁。

技能训练

堆放物品的安全隐患辨识

物品堆放安全检查表

受检单位：　　　　　　　　　　　　　　负 责 人：

检查地点：　　　　　　　　　　　　　　检查时间：

序号	检 查 内 容	是	否
1	装卸工野蛮装卸		
2	装卸水泥、粉煤灰、速凝剂等粉状材料无防护措施		
3	围挡、堆料架等的支护不当		
4	存放水泥等袋装材料或片料等散装材料靠墙码放		
5	物资对围墙侧压力过大		
6	物资存放地面不平		
7	作业面材料超量存放		
8	高处抛扔料具		
9	木材离火源太近		
10	在脚手架下方堆码材料		
11	基坑周边 1.5 m 以内堆放物料		
12	配电箱（盘）下方堆放物品及废料		
13	传递物料配合不默契		
检查记录： 检查人：			

任务完成

（一）小组讨论

将班上学生分成小组，各小组选一位组长带领组员，完成对事故案例的分析，找出事故发生的原因，总结事故教训和编制简单的高处作业安全事故预防措施，形成各小组的成果，并上台讲解展示。

（二）小组评价

搬运、堆放物品时应注意哪些知识?

（三）综合评价

综合评价包括小组内的自评、互评和老师对各小组工作的系统评价。主要评价项目见附录。

作　业

1. 会用物品堆放安全检查表检查物品堆放安全隐患。
2. 简述搬运、堆放物品的安全注意事项。

学习任务三

拆除作业安全事故预防

事故案例

案例一：2008 年 12 月 9 日晚 7 时 30 分许，昆明北郊的在拆小庄立交桥，部分匝道突然发生垮塌，垮塌桥面约 200 m。事故造成 2 人死亡、4 人受伤。

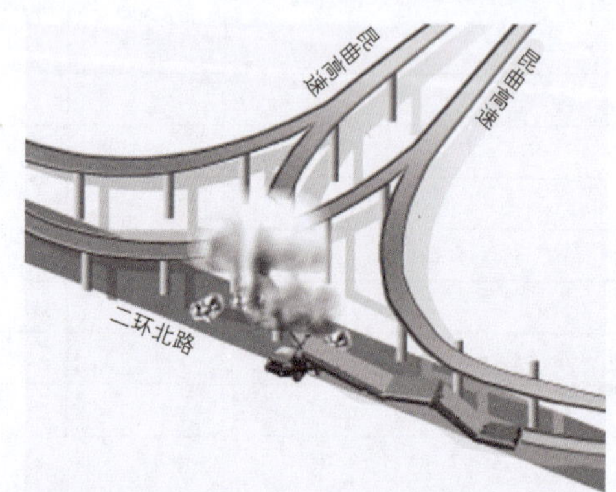

案例二：2004 年 2 月 16 日，贵州省一工地，由私人包工队承接一花园前期拆除工程，施工人员采用挖墙脚的方法拆除墙体时，墙体坍塌，造成 3 人死亡。

思考一下

拆除作业时会发生哪些安全事故？如何避免或者减少拆除作业时发生安全事故？

胥河大桥危桥爆破拆除

西大桥破碎拆除

任务描述

随着我国城市现代化建设的加快，旧建筑拆除工程也日益增多。拆除物的结构也从砖木结构发展到了混合结构、框架结构、板式结构等，从房屋拆除发展到烟囱、水塔、桥梁、码头等建筑物或构筑物的拆除。因而建（构）筑物的拆除施工近年来已形成一种行业的趋势。随着拆除业的发展，拆除安全问题也日益严峻。

任务分析

1. 拆除工程的施工企业必须具有拆除工程专业承包资质，并严格按施工方案拆除。施工人员必须经专业安全培训，考试合格，才允许上岗作业。

2.《中华人民共和国建筑法》(以下简称《建筑法》) 规定:“对专业性较强的工程项目，应编制施工组织设计，并采取安全技术措施。”因此在拆除之前必须首先编制拆除施工组织方案。

3. 拆除工程施工区应设置硬质围挡，围挡高度不得低于 1.8 m，非施工人员不得进入施工区。当临街的被拆除建筑与交通道路的安全距离不能满足要求时，必须采取相应的安全隔离措施。在作业区外规定范围内建立拆除警戒区域，挂警告牌，并派专人监护。禁止非拆除人员进入拆除场地。

4. 应检查建筑内各类管线情况（如电线、天然气管道、供热管道等通往拆除建筑物的支线、支管），确认全部切断后方可施工。在拆除工程作业中，发现不明物体，应停止施工，采取相应的应急措施，保护现场并应及时向有关部门报告。

5. 拆除施工采用的脚手架、安全网，必须由专业人员搭设。由有关人员验收合格后，方可使用。安全防护设施验收时，应按类别逐项查验，并应有验收记录。

6. 拆除的顺序，原则上按受力的主次关系，或者说按传力关系的次序来确定。即先拆非承重构件，然后拆次要受力构件，最后拆主要受力构件。房屋拆除顺序一般为：屋顶板—屋架或梁—承重砖墙或柱—基础。要由上而下，一层一层往下拆，禁止数层同时拆除。严禁采用掏挖（即先拆部分下部结构，后用推倒或拉倒的拆除方法。）

7. 拆除施工严禁立体交叉作业。水平作业时，各工位间应有一定的安全距离。

8. 作业人员必须配备相应的劳动保护用品，并应正确使用（如拆除作业时，要做好防粉尘淋水工作，作业人员应戴好口罩、护眼罩等防护用品）。施工场所设置相关的安全标志。

9. 拆除过程中，为确保未拆除部分建筑的稳定，应根据结构特点，有的部位应先进行加固，再继续拆除，且有专业技术人员现场监督指导。防止其在拆除过程中突然倒塌。

10. 不准将墙体推倒在楼板上，防止将楼板压塌，发生事故。拆下的物料，不准向下抛掷，拆除较大构件要用吊绳或起重机吊下运走，散碎材料用溜放槽溜下，清理运走。

11. 拆除建筑物时，楼板上不得多人聚集和集中堆放材料，以免楼板结构超载发生倒塌。

12. 拆除横梁时，应确保其下落有效控制时，方可切断两端的钢筋，逐端缓慢放下。

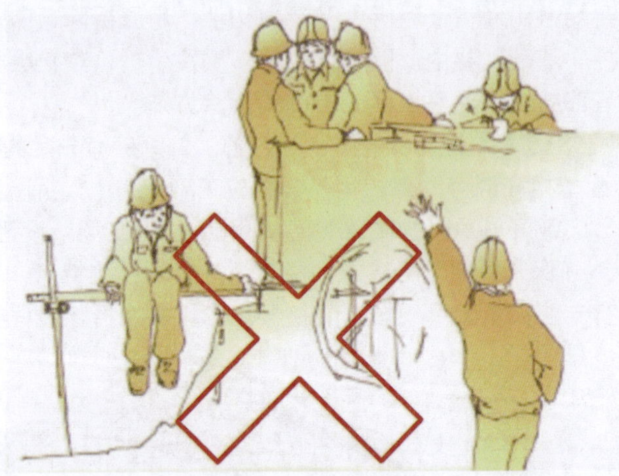

13. 拆除柱子时，应沿柱子底部剔凿出钢筋，使用手动倒链定向牵引，采用气焊切割柱子三面钢筋，保留牵引方向正面的钢筋。

14. 拆除管道及容器时，必须查清其残留物的种类、化学性质，采取相应措施后，方可进行拆除施工。

15. 机械拆除时，要紧超载作业或任意扩大使用范围，工机械设备使用的场所必须保证足够的承载力。作业中不得同时回转、行走。机械不得带故障运转。

16. 拆除施工应分阶段进行，不得垂直交叉作业。作业面的孔洞应封闭。

17. 拆除建筑物一般不采用推倒方法，遇有特殊情况必须采用推倒方法时，应按规定制订安全措施，推倒前，发出信号，待全体工作人员避至离建筑物高度 2 倍以上的距离或有保证的安全地带后，方准进行。

18. 爆破拆除的预拆除施工应确保建筑安全和稳定。预拆除施工可采用机械和人工方法拆除非承重的墙体或不影响结构稳定的构件。

19. 爆破时应限制一次同时爆破的用药量。建筑爆破拆除施工时，应对爆破部位进行覆盖和遮挡防护，覆盖材料和遮挡设施应牢固可靠。

20. 爆破拆除应采用电力起爆网路和非电导爆管起爆网路。必须采用爆破专用仪表检查起爆网路电阻和起爆电源功率，并应满足设计要求；非电导爆管起爆应采用复式交叉封闭网路。爆破拆除工程不得采用导爆索网路或导火索起爆方法。

21. 装药前，应对爆破器材进行性能检测。试验爆破和起爆网路模拟试验应选择安全部位和场所进行。

22. 爆破拆除工程时实施应在当地政府主管部门领导下成立爆破指挥部，并应按设计确定的安全距离设置警戒。

23. 采用静力破碎作业时，灌浆人员必须戴防护手套和防护眼镜。孔内注入破碎剂后，严禁人员在注孔区行走，并应保持一定的安全距离。

24. 静力破碎作业时在相邻的两孔之间，严禁钻孔与注入破碎剂施工同步进行。

25. 拆除过程中，发生异常情况，必须停止作业。查清原因并采取相应措施后，方可继续施工。

相关知识

拆除工程是指对已经建成或部分建成的建筑物进行拆除的工程。拆除工程可以分成人工拆除、机械拆除、爆破拆除、静力拆除。

（一）人工拆除

1. 当采用手动工具进行人工拆除建筑时，施工程序应从上至下，分层拆除，作业人员应在脚手架或稳固的结构上操作，被拆除的构件应有安全的放置场所。

2. 拆除施工应分阶段进行，不得垂直交叉作业。作业面的孔洞应封闭。

3. 人工拆除建筑墙体时，不得采用掏掘或推倒的方法。楼板上严禁多人聚集或堆放材料。

4. 拆除建筑的栏杆、楼梯、楼板等构件，应与建筑结构整体拆除进度相配合，不得先行拆除。建筑的承重梁、柱，应在其所承载的全部构件拆除后，再进行拆除。

5. 拆除横梁时，应确保其下落有效控制时，方可切断两端的钢筋，逐端缓慢放下。

6. 拆除柱子时，应沿柱子底部剔凿出钢筋，使用手动倒链定向牵引，采用气焊切割柱子三面钢筋，保留牵引方向正面的钢筋。

7. 拆除管道及容器时，必须查清其残留物的种类、化学性质，采取相应措施后，方可进行拆除施工。

8. 楼层内的施工垃圾，应采用封闭的垃圾道或垃圾袋运下，不得向下抛掷。

（二）机械拆除

1. 当采用机械拆除建筑时，应从上至下，逐层、逐段进行；应先拆除非承重结构，再拆除承重结构。对只进行部分拆除的建筑，必须先将保留部分加固，再进行分离拆除。

2. 施工中必须由专人负责监测被拆除建筑的结构状态，并应做好记录。当发现有不稳定状态的趋势时，必须停止作业，采取有效措施，消除隐患。

3. 机械拆除时，不要超载作业或任意扩大使用范围，工程机械设备使用的场所必须保证足够的承载力。作业中不得同时回转、行走。机械不得带故障运转。

4. 当进行高处拆除作业时，对较大尺寸的构件或沉重的材料，必须采用起重机具及时吊下。拆卸下来的各种材料应及时清理，分类堆放在指定场所，严禁向下抛掷。

5. 拆除框架结构建筑，必须按楼板、次梁、主梁、柱子的顺序进行施工。

6. 桥梁、钢屋架拆除应符合下列规定：

① 先拆除桥面的附属设施及挂件、护栏；

② 按照施工组织设计选定的机械设备及吊装方案进行施工，不得超负荷作业；

③ 采用双机抬吊作业时，每台起重机载荷不得超过允许载荷的 80%，且应对第一吊进行试吊作业，作业过程中必须保持两台起重机同步作业；

④ 拆除吊装作业的起重机司机，必须严格执行操作规程；信号指挥人员必须按照现行标准《起重吊运指挥信号》（GB 5082）的规定作业；

⑤ 拆除钢屋架时，必须采用绳索将其拴牢，待起重机吊稳后，方可进行气焊切割作业；吊运过程中，应采用辅助绳索控制被吊物处于正常状态；作业人员使用机具时，严禁超负荷使用或带故障运转。

（三）爆破拆除

1. 爆破拆除工程应根据周围环境条件、拆除对象类别、爆破规模，并应按照国家现行国家标准《爆破安全规程》分为 A、B、C 三级。爆破拆除工程设计必须经当地有关部门审核，作出安全评估批准后方可实施。

2. 从事爆破拆除工程的项目经理部，必须持有所在地有关部门核发的《爆炸物品使用许可证》，承担相应等级或低于企业级别的爆破拆除工程。爆破拆除设计人员应具有承担爆破拆除作业范围和相应级别的爆破工程技术人员作业证。从事爆破拆除施工的作业人员应持证上岗。

3. 爆破拆除需采用的爆破器材，必须向当地有关部门申请《爆破物品购买证》，到指定的供应点购买。严禁赠送、转让、转卖、转借爆破器材。

4. 运输爆破器材时，必须向所在地有关部门申请领取《爆破物品运输证》。应按照规定路线运输，并应派专人押送。

5. 爆破器材临时保管地点，必须经当地有关部门批准。严禁同室保管与爆破器材无关的物品。

6. 爆破拆除的预拆除施工应确保建筑安全和稳定。预拆除施工可采用机械和人工方法拆除非承重的墙体或不影响结构稳定的构件。

7. 爆破时应限制一次同时爆破的用药量。建筑爆破拆除施工时，应对爆破部位进行覆盖和遮挡防护，覆盖材料和遮挡设施应牢固可靠。

8. 爆破拆除应采用电力起爆网路和非电导爆管起爆网路。必须采用爆破专用仪表检查起爆网路电阻和起爆电源功率，并应满足设计要求；非电导爆管起爆应采用复式交叉封闭网路。爆破拆除工程不得采用导爆索网路或导火索起爆方法。

9. 装药前，应对爆破器材进行性能检测。试验爆破和起爆网路模拟试验应选择安全部位和场所进行。

10. 爆破拆除工程时应在当地政府主管部门领导下成立爆破指挥部，并应按设计确定的安全距离设置警戒。

（四）静力破碎拆除

静力破碎是利用静力破碎剂固化膨胀力破碎混凝土、岩石等的一种技术。

一般操作程序：钻孔—注入静力破碎剂—固化膨胀—破裂。破碎过程一般持续 30～120 min，部分也有可能超过 120 min。

该技术多用于不宜采用爆破技术拆除的大体积混凝土结构，也可用于石材的开采加工等

1. 采用静力破碎作业时，灌浆人员必须戴防护手套和防护眼镜。孔内注入破碎剂后，严禁人员在注孔区行走，并应保持一定的安全距离。

2. 静力破碎剂严禁与其他材料混放。

3. 在相邻的两孔之间，严禁钻孔与注入破碎剂施工同步进行。

4. 拆除地下构筑物时，应了解地下构筑物情况，切断进入构筑物的管线。

5. 建筑基础破碎拆除时，挖出的土方应及时运出现场或清离工作面，在基坑边沿 1 m 内严禁堆放物料。

6. 破碎时，发生异常情况，必须停止作业。查清原因并采取相应措施后，方可继续施工。

技能训练

技能训练一　区分下列图片中哪些拆除施工是错误的，哪些是正确的

A

B

C

D

哈哈这办法又
省力又安全!

E

工作类别不一样，环境不一样，其实我们都是在讨生活

F

危险
绕行
公告
东大街里面房屋
正在拆除，为了安全
请过往行人绕行。

G

行人小心
危险勿近

H

I

J

技能训练二　指出上图 A ~ J 中错误拆除方法中的具体错误

任务完成

（一）小组讨论

将班上学生分成小组，各小组选一位组长带领组员，完成对事故案例的分析，找出事故发生的原因，总结事故教训和提炼几点预防拆除作业事故发生的措施，并就技能训练一和二进行分析讨论，得到各小组的结论，各小组派出代表到讲台讲解小组的结论。

（二）小组评价

进行施工拆除时应知应会哪些知识?

（三）综合评价

综合评价包括小组内的自评、互评、小组评和老师评价。详细评价表见附表评价体系。

作 业

1. 简述常用的拆除方法。
2. 简述拆除时应注意的安全事项。

学习任务四

模板、支架和脚手架安全事故预防

事故案例

2003 年 8 月 9 日，厦门某公司的两层砖混结构仓库工程，层高分别为 5 m 和 4.5 m，没有办理任何手续，仅凭一张平面示意图就雇佣民工动工兴建。在二层楼板浇筑 7 天后，就拆除其下模板支架，移支上层，在仅完成屋面混凝土浇筑的 20%时，模板支撑系统失稳，屋面板突然坍塌，对二层楼面造成严重冲击和震动，又导致其下砖柱错位断裂，引发仓库整体坍塌，将现场 80 名作业人员中的 45 人压埋在坍塌的建筑下面，造成死亡 7 人、38 人受伤。

思考一下

在现浇混凝土作业中可能会发生哪些安全事故？如何避免或者减少这些事故发生？

西西工程坍塌现场

任务描述

据有关资料的不完全统计：在 1992 年至 1995 年上半年我国共发生的 83 起各类坍塌事故中，楼板（支架）坍塌为 16 起，占 19.3%；在 1992 年全国发生一次死亡 3 人以上的重大事故中，仅楼板倒塌就造成死亡 59 人和重伤 20 人，分别占总数的 38%和 59%；在《建筑工程重大安全事故警示录》一书收集的 2000 年到 2003 年 6 月发生的 100 起一次死亡 3 人以上的重大事故中，脚手架和支架坍塌事故为 15 起，死亡 66 人、重伤 137 人（平均每起亡 4.4 人，重伤 9.1 人）。模板支架坍塌在重大工程建设事故中一直占有较高的比例。高大厅堂楼（屋）盖模板支架由于作业面上施工管理人员较多，在发生坍塌时，伤亡人数往往会超过 20 人。因此，建设部王树平副司长在总结 2008 年的建设安全工作情况时说，在事故总量和死亡总人数下降的同时，一次死亡 3 人以上事故反而上升了 17.14%。这其中就有模板坍塌事故伤亡人数的作用，同时也反映出防止重大事故发生的工作不容松懈。

法门寺工程模板坍塌事故现场

任务分析

一、模板工程安全知识

模板是新浇混凝土成型用的模型。为建造各种钢筋混凝土构件，在浇筑混凝土前，必须按照构件的形状和规格安装坚固的模板，以确保混凝土浇筑作业的顺利进行，待混凝土达到设计和规定的强度时，方可拆除模板。

（一）模板作业场地安全知识

1. 模板作业场地必须符合安全要求，木料、钢模、模板半成品的堆放，废料堆集和场内道路的修建，应做到统筹安排，合理布局。

2. 模板作业场地应搭设简易作业棚，修有防火通道，配备必需的防火器具。四周应设置围栏，作业场内严禁烟火。相关人员均应了解防火要求，会使用防火器材，有相应的防火知识。

3. 钢模、木材应堆放平稳，原木垛高不得超过 3 m，垛距不得小于 1.5 m，成材垛高一般不得超过 4 m，每增加 0.5 m 应加设横木。垛距不得小于 1 m。作业场地应避开高压线路。

4. 下班前应将锯末、木屑、刨花等杂物清除干净，并要运出场地进行妥善处理。

5. 大模板堆放应有固定的堆放架，必须成对、面对面存放，防止碰撞或大风刮倒。大模板的拆除工作，应注意模板的稳定性。防止碰撞。

（二）模板制作过程中的安全知识

1. 制作模板时应细致选料。制作钢模不得使用扭曲严重、螺钉孔过多、开裂等材料，木模不得使用腐朽、扭裂和大横节疤等木料。

2. 制作钢木结合模板时，其钢木结合部位的强度、刚度应符合设计要求。

3. 制作中应随时检查工具，如发现松动、脱落现象，应立即修好。

4. 用旧木料制作模板时，应将钉子、扒钉拔掉收集好，不得随地乱扔 。

（三）模板支立及拆除安全知识

1. 模板安装必须按模板的施工方案进行，严禁任意变动。

2. 安装模板遇有预留洞口的地方，应作临时封闭，以防误踏和坠物伤人。

3. 安装模板应该按照规定的程序进行，本道工序模板未固定之前，不能进行下一道工序的施工。模板的支柱必须支撑在牢靠处，底部用木板垫牢，不准使用脆性材料铺垫。

4. 支模时，上下层立柱应在同一垂直线上，使其受力合理。当模板高度在 4 m 以上时，施工人员应在操作平台上作业；不足 4 m 时，可在高凳上作业。不准站在模板、钢筋上操作或在梁底模板上行走，更不准从模板的支撑杆上上下攀登。

5. 绑扎钢筋或安装钢筋骨架时，必须在操作平台上作业，施工人员上下必须在斜道上行走，不得在钢筋骨架上工作或上下攀登。浇筑离地面 2 m 以上的框架、过梁、雨罩、小平台混凝土时，应在操作平台上作业，不得直接站在模板和支撑杆上作业。

6. 在基坑或围堰内支模时，应检查基坑有无塌方现象，围堰是否坚固，确认无误后方可操作。

7. 向基坑内吊送材料和工具时，应设溜槽或绳索系放，不得抛掷。机械吊送应有专人指挥。模板要捆绑结实，基坑内的操作人员要避开吊送的料具。

8. 用人工搬运、支立较大模板时，应有专人指挥，所用的绳索要有足够的强度，绑扎牢固。支立模板时，底部固定后再进行支立，防止滑动倾覆。

9. 支立模板要按工序操作。当一块或几块模板单独竖立和竖立较大模板时，应设立临时支撑，上下必须顶牢。操作时要搭设脚手架和工作台。整体模板合龙后，应及时用拉杆斜撑固定牢靠，模板支撑不得钉在脚手架上。

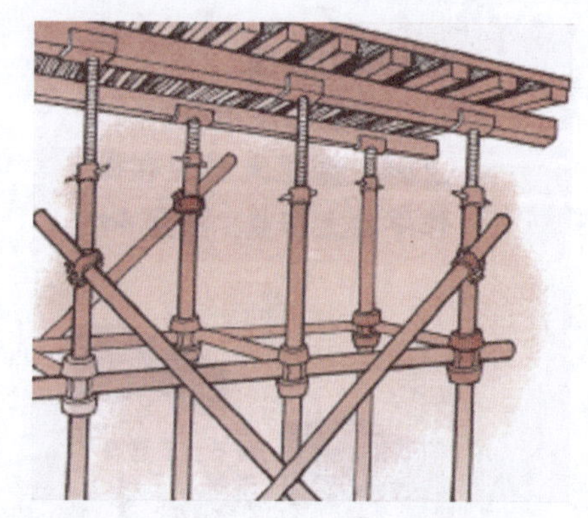

10. 用机械吊运模板时，应先检查机械设备和绳索的安全性和可靠性，起吊后下面不得站人或通行。模板下放，距地面 1 m 时，作业人员方可靠近操作。

11. 高处作业应将所需工具装在工具袋内。传递工具不得抛掷或将工具放在平台和木料上，更不得插在腰带上。

12. 当下层楼板未达到规定强度要求的情况，支设上层模板时，下层的模板支柱不能提前拆除。为保证模板的稳定性，除按照规定加设立柱外，还应在沿立柱的纵向及横向加设水平支撑和剪力撑。

13. 模板拆除前，必须确认混凝土强度已经达到要求，经工地负责人批准，方可进行拆除。拆除模板时应按照规定的顺序进行，并有专人指挥。高处拆除的模板和支撑，不准乱扔。

14. 拆模现场要有专人负责监护，禁止无关人员进入拆模现场。禁止拆模人员在上下同一垂直面上作业，防止发生人员坠落和物体打击事故。

15. 拆除模板作业时，应制订安全措施，按顺序分段拆除，不得留有松动或悬挂的模板，严禁硬砸或用机械大面积拉倒。拆下的带钉木料，应随即将钉子拔掉。

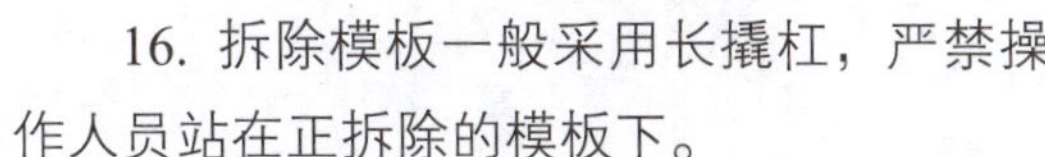

16. 拆除模板一般采用长撬杠，严禁操作人员站在正拆除的模板下。

17. 拆下的模板应及时清理、分类堆放。不能留有悬空模板，防止突然落下伤人。

18. 在用斧锤作业时，应照顾四周和上下的安全，防止误伤他人。斧头刃口处应配刃口皮套。

19. 拆除模板不得双层作业。3 m 以上模板在拆除时，应用绳索拉住或用起重设备拉紧，缓缓送下。

二、支架工程安全知识

1. 支架所用的桩木、万能杆件应详细检查，不得使用腐朽、劈裂、大节疤的圆木及锈蚀、扭曲严重的万能杆件和钢管等。

2. 地基承载能力应符合设计标准，否则应采取加固措施，使其达到设计要求。

3. 根据施工季节，支架工程应采取防冲刷或防冻胀等安全措施。

4. 支立排架要按设计要求施工，应有足够的承载能力和稳定性。并要与支保桩连接牢固，防止不均匀沉落、失稳和变形。

5. 支立排架时，应设专人统一指挥。支立排架以整排竖立为宜。排架竖立后，用临时支撑固定后再竖立第二排。两排架间的水平和剪力撑用螺丝拧紧，形成整体。

6. 用吊机竖立排架时，应用溜绳控制排架起吊时的摆动。

7. 支立排架时，不得与便桥或脚手架相连，防止支架失稳。

三、脚手架安全知识

1. 木、竹脚手架的捆扎材料，应使用 8～10 号镀锌铅丝和直径不小于 10 mm 的三股白麻绳或水葱竹篾。水竹脚手架采用质地新鲜、坚韧带青的新水竹劈制而成，厚度为 0.6～0.8 mm，宽度 5 mm 左右为宜。断腰、大节疤和受潮发霉的竹篾不得使用。

2. 钢管脚手架连接材料应使用扣件，接头应错开，螺栓要紧固，立杆底端需使用立杆底座。铅丝和白麻绳不得连接钢脚手架。

3. 脚手板要铺满、绑牢，无探头板，并要牢固地固定在脚手架的支撑上。脚手架的任何部分均不得与模板相连。

4. 脚手架要设置栏杆：敷设的安全设施应经常检查，确保操作人员和小型机械安全通行。

5. 脚手架的材料和工具要堆放整齐，积雪和杂物应及时清除；有坡度的脚手板，要加设防滑木条。

6. 搭设作业人员应穿防滑鞋和正确佩挂好安全带。

7. 搭设作业人员应佩戴工具袋，用完工具应放入工具袋中，切勿放在架子上，以免掉落伤人。

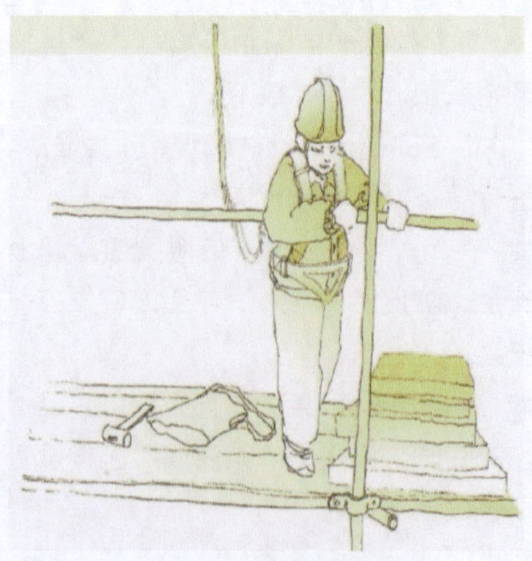

8. 每次下班以前，所有上架材料应全部搭设完毕，不要存留在架子上。

9. 在搭设和拆卸现场应设有可靠的安全隔离区，并设专人看管，严禁非作业人员进入作业区内。作业进行中，地面上的施工人员应避开可能发生落物的区域。

10. 严禁在脚手架上打闹、跑跳、抢道或靠、坐在防护栏杆上休息。

11. 在脚手架上严禁悬挂起重设备。不得将模板支架、缆风绳、输送混凝土和砂浆的管道固定在脚手架上。

12. 在脚手架上需要用力操作时，要注意站稳，并用手抓牢稳固的结构或支持物，以免用力过猛，使身体失去平衡而坠落。

13. 在脚手架上作业时，应及时清理掉落在架子上的材料，严禁在架子上集中堆放物料，防止压塌架子和掉物伤人。

14. 作业人员应走搭设好的脚手架斜道或建筑物的楼梯，不得攀爬脚手架上落。

15. 架上作业时，不要随意拆除基本结构杆件和连墙件，因作业的需要必须拆除某些杆件和连墙件时，必须取得技术人员的同意，并采取可靠的加固措施后方可拆除。

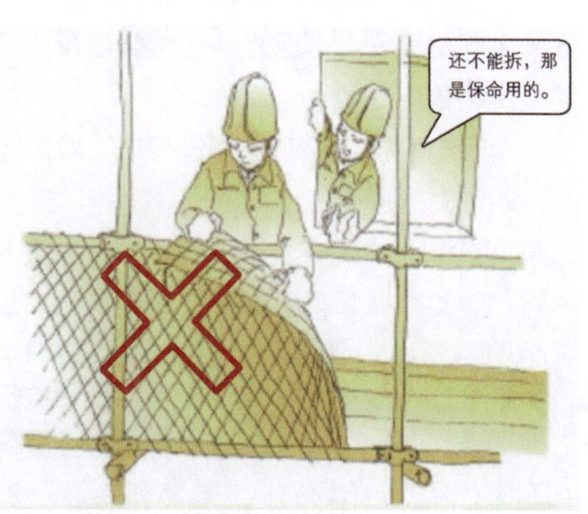

16. 架上作业时，不得随意拆除安全防护设施。没有设置安全防护设施或设置不符合要求时，必须经过补设或改善后，才能上架作业。

17. 拆除脚手架时，应按照先上后下、先外后里、先架面材料后构架材料、先辅件后结构件和先结构件后附墙件的顺序，一件一件地松开杆件、连接件和其他材料。严禁将拆卸下的材料直接向地而抛掷。

18. 因拆除上部或一侧的连接件而使架子不稳时，应加设临时撑拉措施，以防因架子晃动影响作业安全。

19. 拆卸脚手板、杆件、门架及其他较长、较重、有两端连接的部件时，必须两人或多人一组进行。禁止单人拆卸作业，以防把持杆件不稳、失衡而发生事故。

20. 搭设在水中的脚手架，应经常检查受水冲刷情况，发现松动、变形或沉陷应及时加固。在脚手架上作业人员应配带救生设备。

21. 搭设钢管架相邻的两立杆的接头应错开，横杆和剪力撑要同时安装。滑轨必须保持垂直，两轨间距误差不得超过 10 mm。

22. 吊篮应严格按照设计要求施工。悬挂吊篮的钢丝绳围绕挑梁不得少于 3 圈，卡子不得少于 3 个。一个吊篮的保险绳索不得少于 2 根。钢丝绳不得与构造物或其他物件相摩擦。

23. 脚手架高度在 10 ~ 15 m 时应设置一组缆风绳（4 ~ 6 根），每增高 10 m 应再加设一组，缆风绳与地面夹角为 45° ~ 60°，缆风绳的地锚应设围栏，防止碰撞破坏。

24. 拆除脚手架时，周围应设置护栏或警戒标志，并应从上而下地拆除，不得上下双层作业。拆除的脚手杆、板应用人工传递或吊机吊送，严禁随意抛掷。

相关知识

脚手架（scaffold）指施工现场为工人操作并解决垂直和水平运输而搭设的各种支架。建筑界的通用术语，指建筑工地上用在外墙、内部装修或层高较高无法直接施工的地方。主要为了施工人员上下干活或外围安全网维护及高空安装构件等。脚手架制作材料通常有竹、木、钢管或合成材料等。有些工程也用脚手架当模板使用，此外在广告业、市政、交通路桥、矿山等部门也被广泛使用。

中国在 1949 年前和 50 年代初期，施工脚手架都采用竹或木材搭设的方法。60 年代起推广扣件式钢管脚手架。

80 年代起，中国在发展先进的、具有多功能的脚手架系列方面的成就显著，如门式脚手架系列，碗扣式钢管脚手架系列，年产已达到上万吨的规模，并已有一定数量的出口。

长期以来，由于架设工具本身及其构造技术和使用安全管理工作处于较为落后的状态，致使事故的发生率较高。有关统计表明：在中国建筑施工系统每年所发生的伤亡事故中，大约有 1/3 直接或间接地与架设工具及其使用的问题有关。

随着中国建筑市场的日益成熟和完善，竹木式脚手架已被逐步淘汰出建筑市场，只有一些偏远落后的地区仍在使用；而门式脚手架、碗扣式脚手架等只在市政、桥梁等少量工程中使用。

20 世纪 80 年代初，我国先后从国外引进门式脚手架、碗扣式脚手架等多种型式脚手架。门式脚手架在国内许多工程中也曾大量应用过，取得较好的效果，但由于门式脚手架的产品质量问题，这种脚手架没有得到大量推广应用。后来，在国内又建了一批门式脚手架生产厂，其产品大部分是按外商来图加工。碗扣式脚手架是新型脚手架中推广应用最多的一种脚手架，但使用面还不广，只有部分地区和部分工程中应用。

90 年代以来，国内一些企业引进国外先进技术，开发了多种新型脚手架，如插销式脚手架、CRAB 模块脚手架、圆盘式脚手架、方塔式脚手架，以及各种类型的爬架。至 2013 年，国内专业脚手架生产企业百余家，主要在无锡、广州、青岛等地。从技术上来讲，我国脚手架企业已具备加工生产各种新型脚手架的能力。但是国内市场还没有形成，施工企业对新型脚手架的认识还不足。

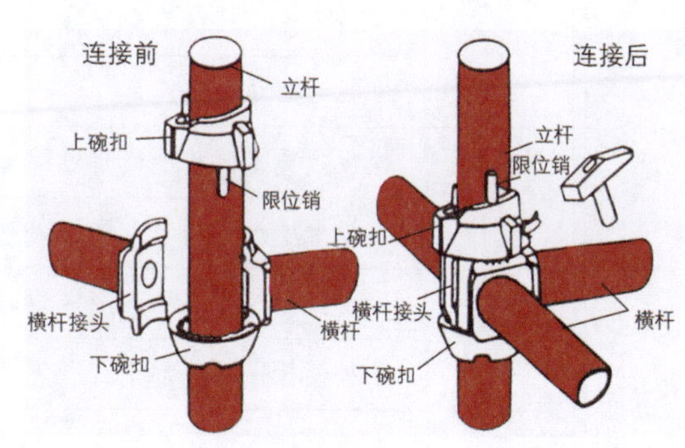

碗扣脚手架使用演示图

随着我国大量现代化大型建筑体系的出现，扣件式钢管脚手架已不能适应建筑施工发展的需要，大力开发和推广应用新型脚手架是当务之急。实践证明，采用新型脚手架不仅施工安全可靠，装拆速度快，而且脚手架用钢量可减少 33%，装拆工效提高 2 倍以上，施工成本明显下降，施工现场文明、整洁。

技能训练

技能训练一　模板工程的安全检查

模板工程安全检查表

检查日期：　　　年　　月　　日　　　　检查人员：

监　　理：　　　　　人员　　　　　　　承 包 商：　　　　　人员

序号	检查项目	检 查 内 容	有	无	备注
1	施工方案	模板工程有施工方案且施工方案经审批			
		根据混凝土输送方法制订有针对性的安全措施			
		单独编制安全专项施工方案			
2	支撑系统	现浇混凝土模板的支撑系统有设计计算			
		支撑系统符合设计要求			
		立柱接长使用时，接头不能超过两处			
		支撑系统材质须选用坚韧、无腐朽、无扭裂、无劈裂且平直的材料			
		高支模严禁使用竹木作立柱			
		立柱的间距须符合设计要求			
		立柱高度超过 2 m 时，须设两道水平拉结及剪力撑			

序号	检查项目	检 查 内 容	有	无	备注
3	立柱稳定	支撑模板的立柱材料须符合要求			
		立柱底部须有垫板或用砖垫高			
		须按规定设置纵横向支撑			
		立柱间距须符合规定			
4	施工荷载	模板上施工荷载严禁超过规定			
		模板上堆料须均匀，严禁大量集中堆放			
5	模板存放	大模板存放须有防倾倒措施			
		各种模板存须放整齐、严禁过高等不符合安全要求情况出现			
		木模板加工作业及时清理木屑、刨花，并配置消防设备			
		模板存放须预留有人行通道			
6	支拆模板	2 m 以上高处作业须设置可靠立足点			
		模板吊运、支立须专人指挥			
		拆模严禁上下交叉作业			
		严禁抛扔模板或工具			
		拆除区域须设置警戒线且有监护人			
		严禁留有未拆除的悬空模板			
		拆除后的模板临时堆放离临边面不得小于 1 m 且高度不得大于 1 m			
7	模板验收	模板拆除前须经拆模申请批准			
		模板工程须有验收手续			
		验收单须有量化验收内容			
		支拆模板须进行安全技术交底			
8	混凝土强度	模板拆除前须有混凝土强度报告			
		严禁混凝土强度未达规定提前拆模			
9	运输道路	在模板上运输混凝土须铺设走道垫板			
		走道垫板稳定牢固			
10	作业环境	作业面孔洞及临边须有防护措施			
		垂直作业上下须有隔离防护措施			

技能训练二 脚手架的安全检查

脚手架安全检查表

受检单位： 受检人： 检查时间： 年 月 日
检查单位： 检查人： 月检 □ 周检□ 日检□

项目	序号	检查内容	合格	不合格	备注
作业管理		作业单位应编制脚手架作业方案，并经建设单位审查批准，方可进行脚手架的搭设工作；脚手架的搭设作业必须办理高处作业票，搭设必须严格依照审批方案内容进行			
		从事脚手架搭设作业的人员必须经专业培训，考试合格后，持有效操作证上岗			
		按照要求使用脚手架警示牌：① 绿色表示脚手架已经过检查且符合要求，可以使用；② 红色表示脚手架搭设不合格、正在搭设或待拆除，除搭设人员外，任何人不得攀爬和使用			
		脚手架搭设人员必须戴安全帽、系安全带、穿防滑鞋，并正确使用工具袋			
		作业层下方 10 m 以内应设置安全平网			
		脚手架搭设完成后应进行检查和验收，未验收合格的脚手架不得擅自投入使用			
		在脚手架使用期间，严禁拆除主节点处的纵、横向水平杆，纵、横向扫地杆和连墙件			
钢管		钢管不应锈蚀、硬弯，存在焊缝、裂纹；钢管上严禁打孔			
扣件		扣件规格必须与钢管外径相同；对接扣件开口应朝上或朝内			
脚手板		各杆件端头伸出扣件盖板边缘长度不应小于 100 mm			
		冲压钢脚手板应有防滑措施，木脚手板厚度不应小于 50 mm			
		作业层脚手板应铺满、铺稳			
		对接平铺时，接头处必须设 2 根横向水平杆，脚手板外伸长应取 130～150 mm			
		搭接铺设时，接头必须支在横向水平杆上，搭接长度应大于 200 mm			
		作业层端部脚手板探头长度应为 150 mm，探头应可靠地固定在支承杆件上			
纵向水平杆		脚手架底层步距不应大于 2 m			
		搭接长度不应小于 1 m，应等间距设置 3 个旋转扣件固定			
横向水平杆		主节点处必须设置一根横向水平杆			
		当使用脚手板时，双排脚手架的横向水平杆两端均应采用直角扣件固定在纵向水平杆上			
立杆		脚手架必须设置纵、横向扫地杆；每根立杆底部应设置底座或垫板			
		立杆纵向间距不应大于 2 m			
		立杆接长除顶层顶步可采用搭接外，其余各层各步接头必须采用对接扣件连接			
连墙件		偏离主节点的距离不应大于 300 mm；一字型、开口型脚手架的两端必须设置连墙件			

项目	序号	检 查 内 容	合格	不合格	备注
剪力撑		每道剪力撑宽度不应小于4跨，且不应小于6 m			
		剪力撑斜杆应用旋转扣件固定在与之相交的横向水平杆的伸出端或立杆上			
斜道及作业层栏杆		斜道拐弯处应设置其宽度不小于斜道宽度的平台			
		斜道两侧及平台外围均应设置栏杆，高度应为1.2 m			
		人行斜道和运料斜道的脚手板上应每隔 250～300 mm 设置一根防滑木条			
		作业层、斜道的栏杆和挡脚板均应搭设在外立杆的内侧，上栏杆上皮高度应为1.2 m，挡脚板高度不应小于180 mm，中栏杆应居中设置			
其他要求		脚手架作业过程中禁止高空抛物、上下同时拆卸；禁止携带物品上下脚手架，所有物品应使用绳索或其他传送设备传递			
		脚手架外侧应采用密目式安全网做全封闭，不得留有空隙			
		脚手架上不得放置任何活动部件、垃圾杂物			
		脚手架无扶手、腰杆和完整的踏板时，脚手架使用者应使用防坠落措施			
		使用者应通过安全爬梯（斜道）上下脚手架，脚手架横杆不可用作爬梯，除非其按照爬梯设计			
		不得将模板支架、缆绳、泵送混凝土和砂浆的输送管等固定在脚手架上			
		脚手架上严禁悬挂重物；严禁作为起重设备使用			
		当脚手架的高度超过其最小基础尺寸的4倍时，应在其顶部采取防倾倒的措施			
		不得在脚手架基础及其邻近处进行挖掘作业			
		遇六级以上强风、浓雾、大雪及雷雨等恶劣气候，不得进行露天脚手架搭设作业			

任务完成

（一）小组讨论

将班上学生分成小组，各小组选一位组长带领组员，完成对事故案例的分析，找出事故发生的原因和总结事故教训，形成各小组的成果，并向班上同学展示。

（二）小组评价

预防模板、支架和脚手架坍塌事故发生应知应会的知识有哪些?

（三）综合评价

综合评价包括小组内的自评、互评和老师对各小组工作的系统评价。主要评价项目见附录。

作　业

1. 简述模板、支架和脚手架施工中可能发生的安全事故类型。
2. 简述模板、支架和脚手架施工中应注意的安全事项。
3. 用模板和脚手架安全检查表查模板和脚手架的施工隐患。

学习任务五

钢筋加工安全事故预防

事故案例

2006 年 3 月 19 日上午，在由衢州建工集团有限公司承包的宁波京能泵业有限公司建筑工地（宁波出口加工区内）的钢筋拉直施工场地内，钢筋班班长刘某和死者赵某在对 10 余卷 $\phi8$ 钢筋进行拉直操作。操作正常过程应为：两人先把盘圆钢筋抬上转盘，然后由刘某将钢筋的头拉到卷扬机一端交给赵某，赵某将钢筋头卡在卷扬机钢丝绳的接头上，同时在另一端刘某将钢筋剪断，剪断的钢筋头卡在一个固定的地锚上，然后由赵某启动卷扬机正转按钮，将钢筋拉直。拉直后由赵某按卷扬机停止按钮关掉卷扬机，再启动反转按钮，使卷扬机的钢丝绳倒出来，接头与钢筋失去拉力松动，关掉卷扬机，两人分别在两头将钢筋卸下，完成一根钢筋拉直工作。当事人在操作至最后一卷钢筋时赵某操作失误，右手被卷扬机卷入断裂，连带头部左侧被卷扬机的滚筒边沿挤压破裂，导致其当场死亡。

思考一下

在钢筋加工作业中可能会发生哪些安全事故？如何避免或者减少这些事故发生？

任务描述

由于钢筋结构对混凝土结构的质量高低起着重要作用。因此，钢筋结构的标准化加工则显得格外重要，钢筋的安全加工则成为钢筋加工中的一个主要主题。提高钢筋加工的安全保障有利于提高钢筋加工质量和施工进度，加工场地每一个作业人员均有义务为现场的安全负责人。班组长对现场安全总负责，员工应自觉遵守安全操作规程，履行安全生产责任。

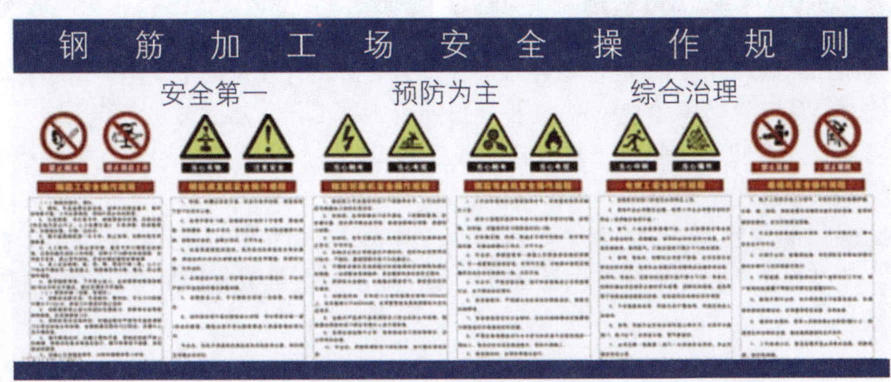

任务分析

1. 钢筋施工场地应满足作业需要，机械设备的安装要牢固、稳定，作业前应对机械设备进行检查，机械应由专人管理。使用前必须检查电气、机身接零（地），漏电保护器必须灵敏可靠，安全防护装置必须完好。方可使用。

2. 使用调直机应加一根长度为 1 m 左右的钢管，被调直的钢筋应先穿过钢管，再穿入导向管和调直筒，防止钢筋尾头弹出伤人。

3. 使用切断机时应握紧钢筋，冲切刀片向后退时，将钢筋送入刀口，切短料应用钳子送料，以防伤人。

4. 使用弯曲机弯曲钢筋时，必须先将钢筋调直，加工较长的钢筋。应派专人扶稳钢筋；扶钢筋者与操作者动作协调一致，不得任意拉拽。

5. 加工较长的钢筋时，应有专人帮扶，并听从操作人员指挥，不得任意推拉。切短料时要用钳子或套管夹牢。不得因钢筋直径小而集束切割。

6. 采用人工锤击切断钢筋时，钢筋直径不宜超过 20 mm，使锤人员和把扶钢筋、剪切工具人员身位要错开，并防止断下的短头钢筋弹出伤人。

7. 室外作业应设置机棚，机旁应有堆放原料、半成品的场地。

8. 钢筋加工机械在使用前应检查各零部件是否完整、有没有破损缺陷（钢筋弯曲机检查芯轴、挡块、转盘应无损坏和裂纹），防护装置能否正常使用。然后开机，空运转，检查机械运行是否异常，发现机械运转不正常有异响或其他情况，应立即停机检修、排除故障后方可作业。

9. 钢筋加工机械在运转中，严禁更换芯轴、销子和变换角度以及调速等作业，亦不得加油或清扫。严禁用手直接消除切刀附近的断头和杂物。钢筋摆动周围和切刀附近，非操作人员不得停留。

10. 钢筋加工机械不能超载使用（钢筋切断机不得剪切直径及强度超过机械铭牌规定的钢筋一次切断多根钢筋时，总截面积应在规定范围内剪切低合金钢时，应换高硬度切刀，直径应符合铭牌规定）。

11. 钢筋切断机切断短料时，手和切刀之间的距离应保持 150 mm 以上，如手握端小于 400 mm 时，应用套管或夹具将钢筋短头压住或夹牢。

12. 钢筋加工机械作业后，用钢刷消除切刀间的杂物，进行整机清洁保养。

13. 冷拉场地在两端地锚外侧设置警戒区，装设防护栏杆及警告标志。严禁无关人员在此停留。操作人员在作业时必须离开钢筋至少 2 m 以外。

14. 使用钢筋冷拉设备时，应将冷拉作业区进行围挡防护，严禁人员穿越作业区；卷扬机的作业位置应与拉伸钢筋方向成垂直，防止钢筋拉断时伤人。

15. 卷扬机操作人员必须看到指挥人员发出信号，并待所有人员离开危险区后方可作业。冷拉应缓慢、均匀地进行，随时注意停车信号或见到有人进入危险区时，应立即停拉，并稍稍放松卷扬钢丝绳。

16. 用延伸率控制的装置，必须装有明显的限位标志，并要有专人负责指挥。

17. 工作完毕，应堆放好成品。清理场地，拉闸断电，锁好闸箱。

相关知识

一、各种钢筋加工机械使用安全要点

（一）钢筋调直切断机使用中的安全要点

1. 料架、料槽应安装平直，对准导向筒、调直筒和下切刀孔的中心线。
2. 用手转动飞轮，检查传动机构和工作装置，调整间隙，紧固螺栓，确认正常后，启动空运转，检查轴承应无异响，齿轮啮合良好，待运转正常后，方可作业。
3. 按调直钢筋的直径，选用适当的调直块及传动速度，经调试合格，方可送料。
4. 在调直块未固定、防护罩未盖好前不得送料。作业中严禁打开各部防护罩及调整间隙。
5. 当钢筋送入后，手与拽轮必须保持一定距离，不得接近。
6. 送料前应将不直的料头切去，导向筒前应装一根 1 m 长的钢管，钢筋必须先穿钢管再进入调直前端的导孔内。

7. 作业后，应松开调直筒的调直块并回到原来位置，同时预压弹簧必须回位。

（二）钢筋切断机使用中的安全要点

1. 接送料工作台面应和切刀下部保持水平，工作台的长度可根据加工材料长度决定。

2. 启动前，必须检查切刀应无裂纹，刀架螺栓紧固，防护罩牢靠。然后用手转动皮带轮，检查齿轮啮合间隙，调整切刀间隙。

3. 启动后，先空运转，检查各传动部分及轴承运转正常后，方可作业。

4. 机械未达到正常转速时不得切料。切料时必须使用切刀的中下部位，紧握钢筋对准刃口迅速送人。

5. 不得剪切直径及强度超过机械铭牌规定的钢筋和烧红的钢筋。一次切断多根钢筋时，总截面积应在规定范围内。

6. 剪切低合金钢时，应换高硬度切刀，直径应符合铭牌规定。

7. 切断短料时，手和切刀之间的距离应保持 150 mm 以上，如手握端小于 400 mm 时，应用套管或夹具将钢筋短头压住或夹牢。

8. 运转中，严禁用手直接消除切刀附近的断头和杂物。钢筋摆动周围和切刀附近，非操作人员不得停留。

9. 发现机械运转不正常有异响或切刀歪斜等情况，应立即停机检修。

10. 作业后，用钢刷消除切刀间的杂物，进行整机清洁保养。

（三）钢筋弯曲机使用中的安全要点

1. 工作台和弯曲机台面要保持水平，并准备好各种合格的芯轴及工具。

2. 按加工钢筋的直径和弯曲半径的要求装好芯轴、成型轴、挡铁轴或可变挡架，芯轴直径应为钢筋直径 2.5 倍。

3. 检查芯轴、挡块、转盘应无损坏和裂纹，防护罩坚固可靠，经空运转确认正常后，方可作业。

4. 作业时，将钢筋需弯的一头插在转盘固定销的间隙内，另一端紧靠机身固定销，并用手压紧，检查机身固定销子确实安在挡住钢筋一侧，方可开动。

5. 作业中，严禁更换芯轴、销子和变换角度以及调速等作业，亦不得加油或清扫。

6. 弯曲高强度或低合金钢筋时，应按机械铭牌规定换算最大限制直径并调换相应的芯轴。

7. 严禁在弯曲钢筋的作业半径内和机身不设固定销的一侧站人。弯曲好的半成品应堆放整齐，弯钩不得朝上。

8. 转盘换向时，必须在停稳后进行。

（四）钢筋冷拉机使用中的安全要点

1. 根据冷拉钢筋的直径，合理选用卷扬机，卷扬钢丝绳应经封闭式导向滑轮并和被拉钢筋方向成直角。卷扬机的位置必须使操作人员能见到全部冷拉场地，距离冷拉中线不少于 5 m。

2. 冷拉场地在两端地锚外侧设置警戒区，装设防护栏杆及警告标志。严禁无关人员在此停留。操作人员在作业时必须离开钢筋至少 2 m 以外。

3. 用配重控制的设备必须与滑轮匹配，并有指示起落的记号，没有指示记号时，应有专人指挥。配重框提起时高度应限制在离地面 300 mm 以内，配重架四周应有栏杆及警告标志。

4. 作业前应检查冷拉夹具，夹齿必须完好，滑轮、拖拉小车应润滑灵活，拉钩及防护装置均应齐全牢固，确认良好后方可作业。

5. 卷扬机操作人员必须看到指挥人员发出信号，并待所有人员离开危险区后方可作业。冷拉应缓慢、均匀地进行，随时注意停车信号或见到有人进入危险区时，应立即停拉，并稍稍放松卷扬钢丝绳。

6. 用延伸率控制的装置，必须装有明显的限位标志，并要有专人负责指挥。

7. 作业后，应放松卷扬钢丝绳，落下配重，切断电源，锁好电闸箱。

二、钢筋调直切断机的伤害事故类型

在生产中常见的伤害事故有三种，分别为刺割伤、缠绕和绞伤、对眼睛的伤害。具体详情如下：

（一）刺割伤

一般是由于人们不小心接触到静止或运动的刀具或加工件的毛刺、锋利的棱角而造成的伤害。如钢筋调直切断机上锋利的刀片、加工零件或毛坯上的毛刺和锐角等，如果稍不注意，就会给操作者造成伤害。

（二）缠绕和绞伤

钢筋调直切断机的旋转部件是引发缠绕和绞伤的危险部位，如果人体或衣服的衣角、下摆或手套的一角不慎接触到高速旋转的部件极易被缠绕而引发绞伤。

（三）对眼睛的伤害

钢筋调直切断机操作工人的眼睛是经常受到伤害的部位。由于该机在调直、切断各种钢筋材料时飞出金属切屑、切削刀具的碎片、加工材料的粉尘颗粒等，都可能对操作工人的眼睛造成伤害。

技能训练

技能训练一　钢筋加工中的危险有害因素辨识与监控

参照《企业职工伤亡事故分类》（GB 6441—1986），综合考虑起因物、引诱事故的诱导性原因、致害物、伤害方式等，将钢筋加工现场可能出现的事故伤害归为以下几类：

（一）物体打击

钢筋在加工过程中，如冷拉、绑扎搭接、弯曲或拉直等过程中，场地未设置警戒区域，或未有专人指挥现场，或加工完后未清理现场，而使钢筋突然弹出或从高处落下，或其他物品在外力作用下产生运动，打击人体，造成人身伤亡事故。其主要是由于钢筋骨架搭接绑扎过程中钢筋堆料不合理，或在高空绑扎中为做好临边防护导致一些材料或工具坠落打击人体而造成事故。

此类事故一般是由于人的管理存在缺陷，没有做好防护措施，未设置安全护栏或没有专人指挥作业，导致物体存在不安全状态，涉及的人员主要是现场作业人员。其预防措施主要是对现场人员进行教育和安全技术交底，设置警戒区域，禁止无关人员进入，对一些“四口”、“五临边”需要堆放材料或工具的地方设置护栏，一些作业需要有专人指挥，工作结束后要及时清理场地，确认安全后方可离开。

（二）机械伤害

由于钢筋在加工过程中会使用到大量的机械设备，如切断机、拉直机、弯曲机、卷扬机等。因此在操作过程中机械伤害事故也是频繁发生的，其主要的危险因素如下表所示。

机械伤害主要危险因素辨识表

使用器械	危险因素		事故类型	涉及人员	现场控制措施
	类别	具体描述			
切断机	人的不安全行为	剪切的钢筋超过铭牌规定的范围	机械伤害	现场施工人员	严格执行操作规程
切断机	物的不安全状态	使用过程中有异响	机械伤害	现场施工人员	使用过程中有异响立即停机断电检修
切断机	物的不安全状态	刀片有裂纹，刀架螺栓未紧固，无防护罩或防护罩不牢靠	机械伤害	现场施工人员	定期检查、更换，设备安全防护措施
切断机	人的不安全行为	作业中用手清理铁屑、断头等杂物	机械伤害	现场施工人员	进行教育和交底，严格执行操作规程
弯曲机	人的不安全行为	弯曲未经冷拉或有锈皮的钢筋时，未戴护目镜及口罩	机械伤害	现场施工人员	进行教育和交底，严格执行操作规程
弯曲机	人的不安全行为	在弯曲机钢筋的作业半径和机身不设固定销的一侧站人	机械伤害	现场施工人员	进行教育和交底，严格执行作规程
电焊机的使用	人的不安全行为	未戴相应的防护用具	机械伤害	现场施工人员	进行教育和交底，严格执行操作规程
手持电动工具	人的不安全行为	违反操作规程	机械伤害、触电	现场施工人员	进行教育和交底，严格执行操作规程

（三）触　电

钢筋加工现场最容易出现触电事故的是电焊机的使用，在使用过程中应严格遵守安全操作规程。严格遵循施工现场一条电路原则，使用两级保护和三级配电，电气装置要严格做到“一机、一箱、一闸、一漏”的四个装设原则，使用五芯电缆，实行 TN-S 三项五线制供电系统以防止由于电气线路供电不合理而引发的触电事故。

在管理上，电焊机要有专用的电焊机闸箱；设备老化、线路破损老化要及时更换或维修；露天使用电焊机要搭设防雨棚；电焊机要用绝缘物品垫起；班前班后要做好安全技术交底；经常性对工人进行用电安全教育。在人员操作方面，工作人员持证上岗，遵守操作规程，佩戴相应的防护用具；操作人员不得随意移动设备、随意拖动线路，身体禁止依靠在带电工件上；工作结束后要及时切断电源。

（四）灼　烫

由于钢筋在焊接中使用到电焊或是气焊，在焊接过程中会把钢筋接头部分融化而产生局部高温，操作工人稍不注意容易被灼伤。因此，操作人员在操作过程中应加强自身保护，佩戴安全防护用具，避免直接接触刚焊接完毕的钢筋；提高安全意识，班前班后做好安全技术交底工作。钢筋在焊接后应及时冷却或用工具将钢筋堆放在人员出入较少的地方，并设置警告牌。

出现灼伤事故后，应立即停止作业，伤势轻微者，用灼伤膏药涂抹并做好保护以防感染；伤势较为严重者，应及时送至医院检查接受专门治疗。

（五）高处坠落

在建筑行业中，将凡坠落高度基准面 2 m 以上（含 2 m）定义为高处作业，所以在钢筋骨架安装过程中，高处作业是不可避免的。一般高处作业产生的问题有两种：一种是人从高处坠落造成伤亡事故；另一种是物从高处坠落砸伤人或设备。

钢筋骨架安装作业人员在高处安装时，一般是依靠脚手架作为立足点，有时需要搭设临时作业平台。作业人员在安装过程中应遵循以下几点：

1. 操作人员没有经过必要的岗前培训就上岗，树立良好的安全防范意识。
2. 正确佩戴安全帽，系好安全带及其他安全防护用品。
3. 按规定设置安全网，安全网封闭应严密。
4. 作业立足点要稳定、面积足够，跳板要进行满铺及有效固定。
5. 六级以上大风及雨雪天气必须停止高处作业。

（六）火　灾

火灾也是钢筋加工现场应重点防范的事故之一，其主要诱发原因一般有：

1. 电气线路布置不合理或施工用电不符合规定，导致电线超荷载引发电气火灾。
2. 钢筋焊接过程中，焊接设备使用不合理或是不遵守安全操作规程而引发的火灾。
3. 钢筋加工棚内，工人吸烟烟头乱扔或是其他人为因素而引发的火灾。

因此在钢筋加工现场，应设有防火标志，配置灭火器、消防栓。加强工人教育培训，树立安全防范意识，经常性检查，制订应急预案，组织人员进行演练，控制事故的发生。

（七）其　他

钢筋加工工人也应做好职业病防护设施，如钢筋除锈工人应佩戴护目镜和口罩以防锈尘进入严重或呼吸入体内而造成尘肺；焊接工人焊接过程中也应戴好护目镜防止造成电光性眼炎，戴好口罩避免造成电焊工尘肺。此外，加工现场也应防止无关人员等随意进出，避免造成不必要的伤害事故。

技能训练二　钢筋加工现场安全检查

经常性地对钢筋加工厂、加工棚进行安全生产检查。安全生产检查是指对生产场地、生产过程及安全管理中可能存在的隐患，有害、危险因素，缺陷进行查证，以便于确立整改措施，消除隐患。

钢筋加工现场内部自查，可由钢筋班组长、现场安全员等组成检查组，确定检查对象、目的和任务。制订检查计划、检查内容、方法和步骤，编写检查表或检查提纲，准备必要的检查工具、仪器、书写表格或记录本。

实施安全检查，加工现场内部自查可用安全检查表法（SCL）检查钢筋加工场所的安全管理及设备作业运行情况。

钢筋加工场安全检查表

序号	检查项目	检 查 内 容	检查情况（是“√”，否“×”）	备注
1	机械设备管理	机械铭牌是否符合标准		
2		电器设备是否装有接地线		
3		开机前供电电压、气压是否符合要求		
4		作业钢筋是否超过机械要求		
5		机械是否安装坚实可靠，稳固且保持水平位置		
6		机械设备的防护罩是否安全、牢靠		
7		工作台是否紧密牢固		
8		电器设备外壳有无漏电现象		
9		吊装器械是否符合安全要求		
10		检查提升机输送带是否松弛		
11		机械运转是否有杂音和震动		
12		焊机是否放在干燥的地方		
13		焊机周围是否有易燃易爆品		
14		机械设备是否有定期检修维护		
15		特种设备操作人员是否是持证上岗		
16		每台器械是否有安排专人管理		
17	人员安全操作	操作人员工作时是否有戴口罩和手套		
18		焊接工人是否有戴护目镜		
19		高处安装是否有带安全带		
20	人员安全操作	高处作业平台是否稳固牢靠		
21		操作人员是否熟悉所操作工艺安全操作规程		
22		开机前是否有先进行空运转		
23		作业中操作者是否离机械过远		
24		特殊机械操作是否有专人指挥		
25		加工长钢筋是否有专人帮扶		
26	现场安全管理	现场是否有安全操作规程的牌子		
27		现场是否有安全规章制度		
28		现场是否有专职或兼职安全员		
29		现场是否有安全警示牌		

序号	检查项目	检 查 内 容	检查情况（是“√”，否“×”）	备注
30	现场安全管理	工作完毕后是否有清理现场，确认电源已关闭		
31		机械设备是否有专人管理		
32		消防器械是否配备完整		
33		夜间施工照明电压是否符合要求		
34		班前班后是否有安全技术交底		
35		员工是否有定期或不定期进行安全教育		
36		现场用电是否符合安全用电原则		
37	周围环境	加工场所周围交通是否便利		
38		加工棚材料是否有防火材料搭设		
39		加工场所周围是否有高压设备		
40		现场是否有无关人员出入		
41		钢筋堆放是否合理		
42		周围有无易燃易爆品		
43		暴露钢筋是否有尖端弯曲或加盖		
44		钢筋是否有分类堆放		
检查人			检查日期	

检查人员可依照表格内容，根据现场检查实际情况判断“是”或“否”，表格内容主要是根据加工现场的人、机械设备、现场管理和周围环境设立检查内容，不合格可提出整改或改进建议并及时落实。检查结束后，注明检查人员和检查日期，如有特殊情况，应在备注中加以注明。

检查结束后，掌握情况，进行分析、判断和验证，作出判断后，应针对存在的问题作出采取措施的决定，即提出整改意见和要求并及时进行信息的反馈。对存在隐患的地方要按检查提出的隐患整改意见和要求落实整改，检查人员对整改情况进行复查，获得整改效果信息，以实现安全检查工作的闭环。

任务完成

（一）小组讨论

将班上学生分成小组，各小组选一位组长带领组员，完成对事故案例的分析，找出事故发生的原因和总结事故教训，形成各小组的成果，并向班上同学展示。

（二）小组评价

预防钢筋加工过程中安全事故发生应知应会的知识有哪些？

（三）综合评价

综合评价包括小组内的自评、互评和老师对各小组工作的系统评价。主要评价项目见附录。

作　业

1. 简述钢筋加工过程中可能发生的安全事故类型。
2. 分析案例中事故发生的原因，并提出几点事故预防措施。
3. 简述如何对钢筋加工现场进行安全隐患排查。

学习任务六

焊接工程安全事故预防

事故案例

2003 年 10 月，上海港局 × × 机械加工厂电焊车间承担一批急需焊接的零部件。当时车间有专业电焊工 3 名，因交货时间较紧，3 台手工焊机要同时开工。由于有的零部件较大，有的需要定位焊接，电焊工人不能独立完成作业，必须他人协助才行。车间主任在没有配发任何防护用品的情况下，临时安排 3 名其他工人（钣金工）辅助电焊工操作。电焊车间约 40 m^2，高 10 m，3 台焊机同时操作，3 名辅助工在焊接时需要上前扶着焊件，电光直接照射眼睛和皮肤，他们距离光源大约 1 m，每人每次上前 30 min、60 min 不等。工作了半天，下班回家不到 4 h，除电焊工佩戴有防护用品没有任何部位灼伤外，3 名辅助工的眼睛、皮肤都先后出现了症状，其情况报告如下：

3 名辅助工均为男性，年龄在 25 ~ 40 岁。当电光灼伤 4 h 出现眼睛剧痛、怕光、流泪、上下肢皮肤有灼热感，痛苦难忍，疼痛剧烈，即日下午到医院求治。检查发现 3 人两眼球结膜均充血、水肿、面部、颈部等暴露部位的皮肤表现为界限清楚的水肿性红斑，其中 1 名辅助工穿着背心短裤上前操作，结果肩部、两臂及两腿内侧均出现大面积水疱，并且有部分已脱皮。

思考一下

在焊接工程中可能会发生哪些安全事故？如何避免或者减少这些事故发生？

任务描述

焊接是通过加热或加压，或两者并用，也可能用填充材料，使工件达到结合的方法。焊接可谓是比较重要的加工工艺，在焊接与切割作业过程中存在着火灾、爆炸、中毒、窒息、触电、灼烫伤、高处坠落、弧光辐射、噪声、焊接烟尘危害。因此，在施工过程中焊接作业的安全技术是一个不容忽视的重要问题。

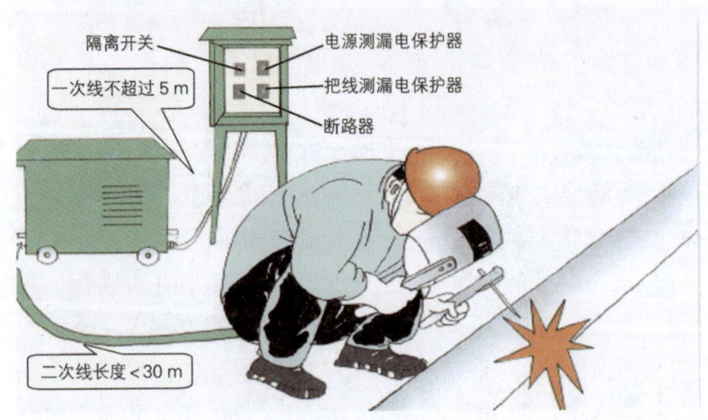

任务分析

一、一般安全知识

1. 严格遵守《焊工一般安全规程》和有关压力调节器、橡胶软管、氧气瓶、溶解乙炔气瓶的安全使用规则及焊（割）的安全操作规程。

2. 电焊属特种作业，电焊工必须持证上岗；电源控制应使用自动开关，不准使用手动开关；一、二次线必须加防触电保护装置；一次线长度不超过 5 m（不能拖地）；二次线长度应小于 30 m，接线应压接牢固，并安装防护罩；焊钳把线应采用专用电缆，双线到位，不准有接头，绝缘无破损；不得借用金属脚手架、轨道及结构钢筋作回路地线。

3. 电焊工人应戴绝缘手套，穿绝缘鞋，防止发生触电事故。雨天不得露天电焊。在潮湿地带作业时，操作人员应站在铺有绝缘物品的地方，并穿好绝缘鞋。高空危险处作业，须挂安全带。

4. 在金属构件、金属容器内，地下、地沟或狭窄、潮湿等处进行电焊工作时，要垫绝缘板，要设监护人员。其监护人员必须认真负责，坚守工作岗位，且熟知焊接操作规程和应急抢救方法，一遇危险情况，立即断电进行抢救。身体出汗使衣服潮湿时，切勿靠在带电的工件上，以防触电。需要照明的，其电源电压应不高于 12 V。

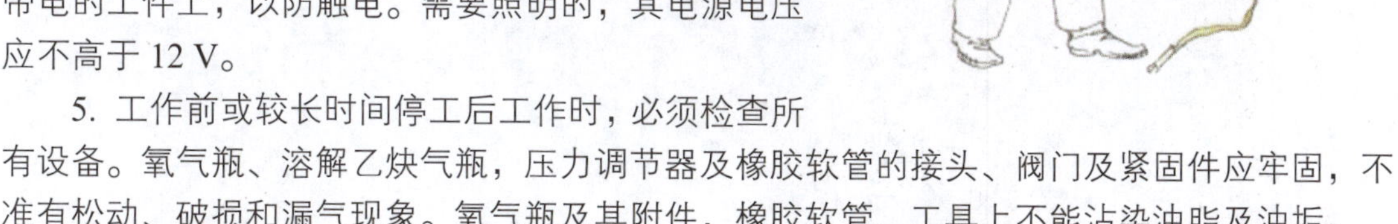

5. 工作前或较长时间停工后工作时，必须检查所有设备。氧气瓶、溶解乙炔气瓶，压力调节器及橡胶软管的接头、阀门及紧固件应牢固，不准有松动、破损和漏气现象。氧气瓶及其附件，橡胶软管、工具上不能沾染油脂及油垢。

6. 检查设备、附件及管路是否漏气时，只准用肥皂水试验。试验时，周围不准有明火。严禁用火试验漏气。

7. 氧气瓶、溶解乙炔气瓶与明火间的距离应在 10 m 以上。如条件限制，也不准低于 5 m，并应采取隔离措施。

8. 禁止用易产生火花的工具去开启氧气或乙炔气阀门。

9. 设备管道冻结时，严禁用火烤或用工具敲击冻块。氧气阀、溶解乙炔气阀或管道要用 40 °C 以下的温水溶化；回火防止器及管道可用热水或蒸汽加热解冻，或用 23%～30%氧化钠热水溶液解冻、保温。

10. 施工现场焊、割作业须执行“用火证制度”，焊工作业时焊接场地应备有相应的消防器材，应配有专人看火。施焊完毕后，要留有充分的时间进行观察，确认无引火点后，方可离去。露天作业应防止阳光直射在氧气瓶、溶解乙炔气瓶上，以防止发生爆炸。

11. 工作完毕或离开工作现场，要拧上气瓶的安全帽，清理现场，把气瓶放在指定地点。

12. 压力容器及压力表、安全阀，应按规定定期送交校验和试验。经常检查压力器件及安全附件状况。

13. 焊、割作业不准与油漆、喷漆、木料加工等易燃、易爆作业同时上下交叉进行。高处焊接下方应设有专人监护，中间应有防护隔板。

14. 焊接时，焊接和配合人员必须采取防止触电、坠落、中毒和火灾等事故的安全措施。严禁在运行中的压力管道、有易燃易爆物品的容器和受力构件上进行焊接。需要高空焊接时，必须系好安全带。焊接周围和下方应采取防火措施并有专人监护。

15. 各种气瓶应有标准色标，距明火大于 10 m，气瓶应有防震圈和防护帽。电弧焊施焊现场的 10 m 范围内不得堆放氧气瓶、乙炔发生器、木材等易燃物。气焊严禁使用未安装减压器的氧气瓶进行作业。五级以上大风天气禁止明火作业。

16. 气焊气割作业时，氧气瓶与乙炔瓶隔开的距离不得小于 5 m，安装氧气表的工具不得沾有油渍，乙炔瓶不得平放，乙炔表出日必须安装防止回火装置。

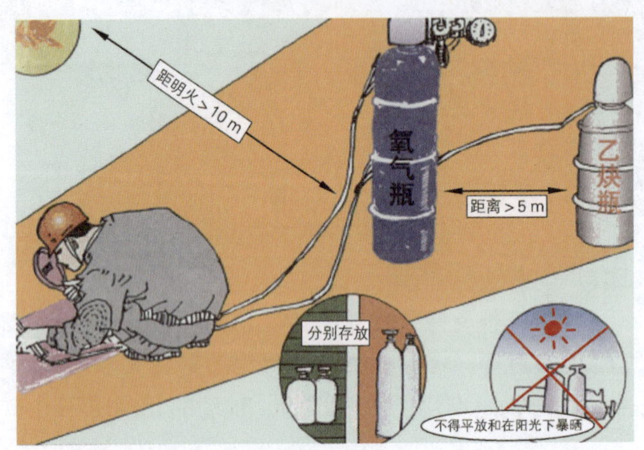

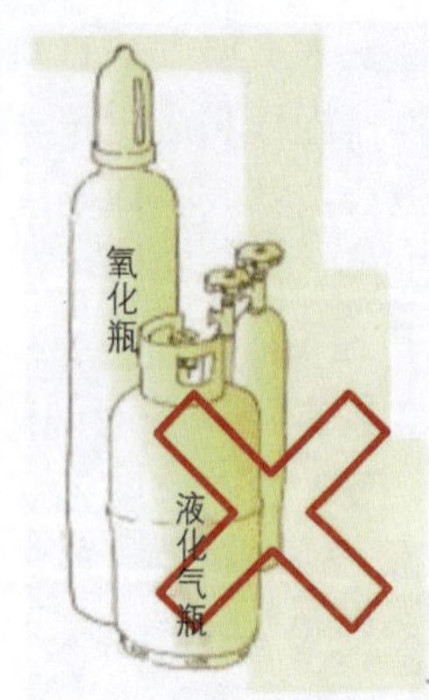

17. 氧气瓶、溶解乙炔瓶等均应稳固竖立，并采取防倾倒措施，或装在胶轮的专用车上使用。

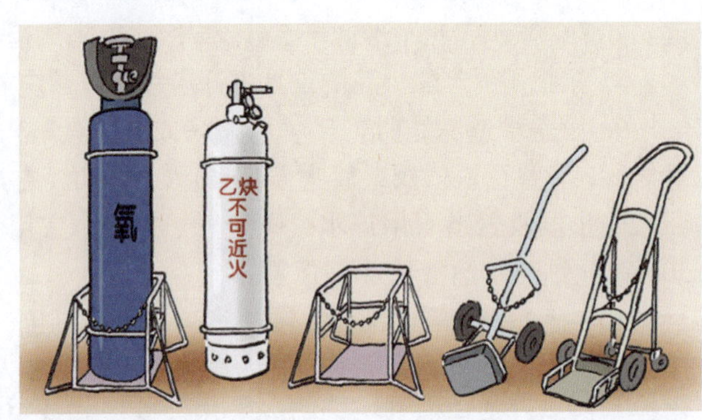

18. 电焊和气焊（割）时，不得在通风条件差的情况下长期工作，要确保工作场所的通风良好。

19. 每日作业完毕或焊工离开现场时，应及时清理场地熄灭火种，切断电源，锁好电闸箱，待焊料余热消除后，周围已无隐患，方可离开。

20. 电焊钳必须有良好的绝缘性与隔热能力，手柄要有良好的绝缘层，其重量不得超过 600 g。

二、橡胶软管

1. 橡胶软管须经压力试验，氧气软管试验压力为 20 个大气压，乙炔软管试验压力为 5 个大气压。未经压力试验的代用品及变质、老化、脆裂、漏气的胶管及沾上油脂的软管不准使用。

2. 软管长度一般为 10 ~ 20 m。不准用过短或过长的软管。接头处必须用专用卡子或退火的金属丝卡紧扎牢。

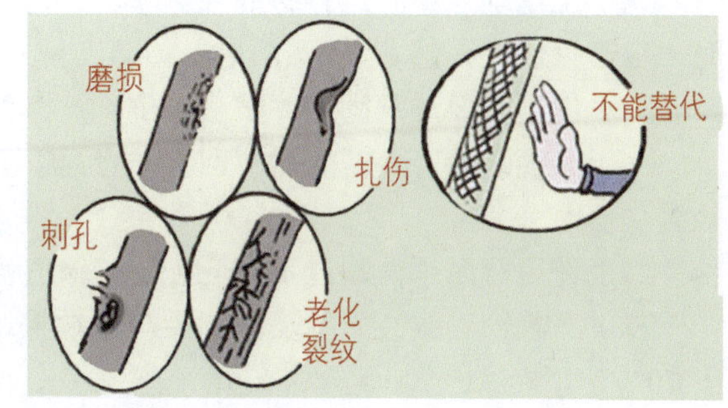

3. 氧气软管为红色，乙炔软管为黑色（绿色），与焊炬连接时不可错乱。

4. 乙炔软管使用中发生脱落、破裂、着火时，应先将焊炬或割炬的火焰熄灭，然后停止供气；氧气软管着火时，应迅速关闭氧气瓶阀门，停止供气。不准用弯折的办法来消除氧气软管着火。乙炔软管着火时可用弯折前面一段胶管的办法来将火熄灭。

5. 禁止把橡胶软管放在高温管道和电线上，或把重的、热的物件压在软管上，也不准将软管与电焊用的导线敷设在一起，使用时应防止割破。软管经过车行道时应加护套或盖板。

三、氧气瓶

1. 每个气瓶必须设两个防振橡胶圈。氧气瓶应在与其他易燃气瓶、油脂和其他易燃物品分开保存，也不准同车运输。运送时需罩上安全帽，要用专用胶轮小车，放置牢固，轻装轻卸，防止震动，严禁采用抛、滚、滑的方法及用行车或吊车运氧气瓶。禁止人工肩扛手抬搬运。

2. 氧气瓶附件有毛病或缺损，阀门螺杆滑丝时应停止使用。氧气瓶应直立着安放在固定支架上，以免跌倒发生事故。

3. 禁止使用没有减压器的氧气瓶。

4. 氧气瓶中的氧气不允许全部用完，应留有 1 kgf/cm^{2}①以上的剩余压力，并将阀门拧紧，写上“空瓶”标记。

5. 开启氧气阀门时，要用专用工具，动作要缓慢，不要面对减压表，但应观察压力表指针是否灵活正常。

6. 氧气瓶和乙炔瓶并用时，两个压力表（减压器）不能相对，以防万一其中一只表弹出时击坏另一只表。

7. 气、电焊混合作业的场地，要防止氧气瓶带电，如地面铁板，要垫木板或胶垫加以绝缘。

四、乙炔气瓶

1. 乙炔气瓶在使用、运输和存储时，环境温度一般不得超过 40 °C。

2. 乙炔气瓶的漆色必须经常保持完好，不得涂改。

---

① $1\ \text{kgf/cm}^2 = 9.8 \times 10^4\ \text{Pa}$

3. 使用乙炔气瓶时应遵守下列规定：

（1）不得靠近热源和电气设备，夏季要防止曝晒，禁止敲击、碰撞。

（2）吊装、搬运时应使用专用夹具和防震的运输车，严禁用电磁超重机和链绳吊装搬运。

（3）严禁放置在通风不良及有放射性射线的场所，且不得放在橡胶等绝缘体上。

（4）工作地点不固定且转动较频繁时，应装在专用小车上。同时使用乙炔气瓶和氧气瓶时，应避免放在一起。

（5）使用时要注意固定，防止倾倒，严禁卧放使用。

（6）必须装设专用减压器、回火防止器。开启时，操作者应站在阀口的侧后方，动作要轻缓。

（7）许用压力不得超过 1.5 kgf/cm^2，输气流速不应超过 1.5～2.0 m^3/（时·瓶）。

（8）严禁铜、银、汞等及其制品与乙炔接触；必须使用铜合金器具时，合金含钢量应低于 70%。

（9）瓶内气体严禁用尽，必须在环境温度为 25 °C 时留有不低于 0.5 kg/cm^2 的剩余压力。

4. 熔解乙炔气瓶应轻装轻卸，严禁抛、滑、滚、碰，车、船装运时，应妥善固定。汽车装运时，横向排放，头部应朝向同一方且不得超过车厢高度或直立排放，车厢高度不得低于瓶高的 2/3。

夏季运输要有遮阳设施，防止曝晒，炎热的应避免白天运输。车上禁止烟火，并应各有干粉或二氧化碳灭火器（严禁使用四氧化碳灭火器）。严禁与氧气艇、氧气瓶及易燃物品同车运输。

5. 在使用乙炔气瓶的现场，储存量不得超过 5 瓶。超过 5 瓶但不超过 20 瓶的，应在现场或车间内用非燃烧体或难燃烧体墙隔，或单独放在储存间，并有一面靠墙。超过 20 瓶，应设置乙炔气瓶库。

五、减压器

1. 减压器与气瓶连接之前，应检查减压器上有无油脂，以及外螺帽衬是否正常。

2. 安装减压器时，先要把气瓶上的开关稍微拧开一点，借气瓶的气冲击附在开关上的尘土和水份。

3. 装上以后，要用扳手把丝扣拧紧，至少要拧 5 扣以上，否则瓶内高压气体会把减压器吹掉。

4. 减压器装好后，开启氧气瓶和减压器的阀门时，动作要缓慢。当压力调到所需的压力后，才允许将气体送到焊枪。

5. 减压器不得任意拆卸，并要定期校验。当压力表不正常，无铅封或安全阀门不可靠时，禁止使用。

6. 各种气体的减压器不能互换使用。

7. 工作结束后，应从气瓶上取下减压器，加以妥善保管。

六、焊（割）炬操作

1. 通透焊咀应用钢丝或竹签，禁止使用铁丝。

2. 使用前应检查焊炬或割炬的射吸能力是否良好。

3. 焊（割）炬射吸检查正常后，接上乙炔气管时，应先检查乙炔气流正常，再把乙炔气管也接在乙炔接头上。氧气管必须与氧气进气接头连接牢固。乙炔管与乙炔进气接头应避免连接太紧，以不漏气并容易插上拨下为准。

4. 根据焊、切材料的种类、厚度正确选用焊炬、割炬及焊咀、割咀。调整合适的氧气和乙炔的压力、流量。不准使用焊炬切割金属。

5. 焊炬（或割炬）点燃操作规程：

（1）点火前，急速开启焊炬（或割炬）阀门，用氧吹风，以检查喷嘴的出口，但不要对准脸部试风。无风时不得使用。

（2）对于射吸式焊炬（或割炬），点火时，先开乙炔气轮，点着后再开氧气手轮调节火焰。这样可以检查乙炔是否畅通，以及排除乙炔与空气混合气体。点火应送到灯芯或火柴上点燃。

（3）进入容器内焊接时，点火和熄火都应在容器外进行。

（4）使用乙炔切割机时，应先放乙炔气，再放氧气引火。

（5）使用氧气切割机时，应先放氢气，后放氧气引火。

6. 熄灭火焰时，焊炬应先关乙炔阀，再关氧气阀。割炬应先关切割氧，再关乙炔和预热氧气阀门。

7. 工作中焊、割咀不准往铁板上按，不要过分接近熔化金属，焊咀不能过热，不能堵塞。发现有回火预兆时，应停止工作。

8. 回火时，要迅速关闭焊炬上乙炔手轮，再关氧气手轮。等回火熄灭后，将焊咀放在水中冷却，然后打开氧气手轮，吹除焊炬内的烟灰，查出回火原因并解决后，再继续使用。

9. 氧氢并用时，先放出乙炔气，再放出氧气，最后放出氢气，再点燃。熄灭时先关氢气，再关氧气，最后关乙炔气。

10. 短时间休息，必须把焊（割）炬的阀门紧闭；较长时间休息或离开工作地点时，必须熄灭焊炬，关闭气瓶球形阀，除去减压器的压力，放出管中余气，然后收拾软管和工具。

11. 工作地点要有足够清洁的水，供冷却焊咀用。

12. 氧气和乙炔皮管不能对调，也不准用氧气吹除乙炔皮管的污物。当发现乙炔或氧气管道有漏气现象时应及时停火修理。

13. 操作焊炬和割炬时，不准将橡胶软管背在背上操作，禁止使用焊炬或割炬的火焰来照明。

相关知识

一、焊接作业中产生的高温、火花引起的火灾和爆炸

（一）焊接熔断时火花的特性

① 作业时产生并飞散数以千计的火花；

② 熔融金属的熔渣根据作业场所高度的不同，可向水平方向飞散 11 m 之多；

③ 经过一定时间的蓄热，产生火花并引起火灾；

④ 切割作业时飞散的火花是温度超过 3 000 °C 的高温体；

⑤ 火花的产生量和大小随氧气的压力、切割速度、切割机的种类及方向、风速等条件的不同而不同；

⑥ 可能形成着火源的火花大小：直径 0.2 ~ 0.3 mm。

（二）各种焊接火花的温度

种　类	最高温度/°C	最低温度/°C
氧气-乙炔火花	3 200	2 300
铁弧	6 000	4 000
碳弧	5 300	2 000

（三）切割作业时火花的飞散距离

高度/m	板厚/m	气压的方向	飞散距离/m				风速/（m/s）
			迎风		背风		
			一次火花	二次火花	一次火花	二次火花	
8.25	4.5	侧向	4.5	6.5	7.0	9.0	1 ~ 2
		下方	3.5	6.0	—	—	
11.25	4.5	侧向	5.5	7.0	6.0	9.5	1 ~ 2
		下方	3.5	6.0	—	—	

二、焊接作业时产生的有害因子和健康障碍

（一）焊　渣

焊渣是指焊接时由于高温蒸发的物质在冷却过程中产生的微小粒子。

弧焊中影响焊渣产生量的条件因子如下：

条件因子	焊渣增加的原因条件
弧电压	电压高
焊炬角度	倾斜度大
焊件极性	（-）极性
弧长	长
熔池深	浅

（二）有害气体

有害气体的种类：臭氧、氮氧化物、一氧化碳、氟化氢、光气（碳酰氯）、磷化氢、涂料等成分热分解引起的生成物。

（三）有害光线

焊接时产生的弧光可引起称为“电光性眼炎”的急性角膜表层炎症。眼炎在有害光线中暴露数小时后产生。严重时，引起角膜表层脱落、溃疡、白色混浊、充血、起水泡等症状。

（四）噪　音

噪音会造成暂时性听力障碍或者永久性听力障碍。

（五）高　温

焊接作业产生的高温可引发中暑、热痉挛等。例如，罐体制造等在密闭空间作业时、船舶制造等在钢板上作业时的强烈紫外线照射和暴露在熔炉等热源周围的高温作业。

（六）有毒品残留场所及密闭场所的危险性

有毒气体引起的中毒事故或氧气浓度不足18% 引起缺氧现象的事故。

（七）烧　伤

弧焊接时由于焊接作业中飞溅熔渣或焊渣接触到皮肤或直接接触焊接部及其附近的母材引起的烧伤；气体焊接时由于焊接作业中点火的一瞬间窜起的火焰引起的烧伤。

烧伤程度可分为 1 度烧伤、2 度烧伤、3 度烧伤和 4 度烧伤。

1 度烧伤是指患部仅烫红，未起泡，2～3 天可痊愈的烧伤。其处置办法：将患部浸在冷水，直至痛症消失，几天内即可痊愈。

2 度烧伤是指皮肤的一部分被烧伤或烫伤，起泡，但可自己长出新皮。其处置办法：若水泡未破裂或脱落时，可将患部浸泡于冷水中，消毒并干燥伤口后，用绷带缠绕及时就医。

3 度烧伤是指全身整个皮肤坏死，不可能自己长好，只能通过植皮手术覆盖创面。其处置办法：若水泡未破裂或脱落时，可将患部浸泡于冷水中，消毒并干燥伤口后，用绷带缠绕及时就医。

2 度烧伤处置

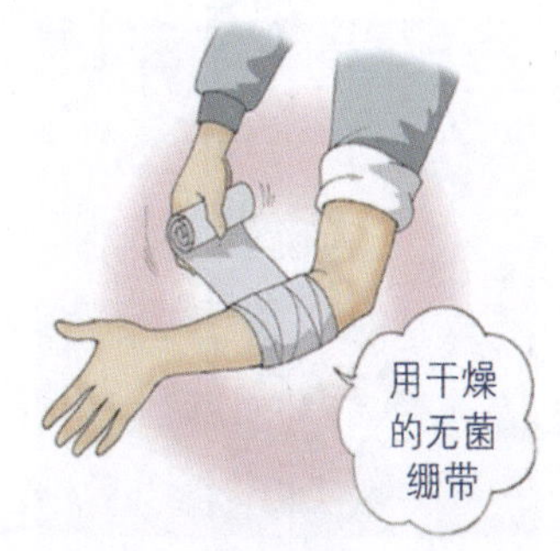

3 度烧伤处置

4 度烧伤是指已烧到骨骼、肌腱，有些肌肉烧毁或炭化。其处置办法：立即就医。

（八）激光引起的皮肤的损伤

是指激光照射到皮肤时，由较强的能量引起的皮肤损伤。

三、违章焊接处罚案例

2011 年 7 月 13 日 16 时，安外派出所民警在安德里北街 8 号重汽宾馆施工工地进行消防检查中，发现一名男子（陈某）正在进行电焊作业，该人无电焊工操作证以及未申办动火审批，盲目施工作业。派出所民警随即将其口头传唤到安外派出所，并及时通知东城第一支队对案件进行受理。

随即，北京东城区第一支队监督员迅速介入案件处理，经调查、询问并提取现场照片等相关物证，认定陈某在未取得动火证的情况下，未采取保护措施进行违规电焊作业。陈某对违章动用电焊的事实供认不讳。

依据《中华人民共和国消防法》第六十三条第二项的规定，安外派出所对陈某实施行政拘留 3 天的行政处罚。

技能训练

技能训练一　焊接作业事故预防

（一）焊接作业时火灾和爆炸事故预防

1. 焊接作业时的事前措施事项：

① 申领动火作业许可证（动火证）；

② 指定动火作业监督人。

2. 焊接场所应配备的消防用准备物品：

① 地面铺设的防火花飞散布；

② 灭火器（ABC 干粉灭火器，2 个）；

③ 水桶；

④ 干燥砂。

3. 预防火灾和爆炸的作业方法：

① 隔离临近焊接作业场所的易燃性、可燃性物质后进行作业；

② 在可能残留可燃性气体的容器内部进行作业时，测量气体浓度后，可燃气浓度在爆炸下限 1/4 以下时，方可进行作业；

③ 止在涂装作业场所与涂装作业同时进行；

④ 进行过涂装作业的场所，为消除有机溶剂引起的爆炸危险，进行充分干燥后气体浓度在爆炸下限 1/4 以下时，方可进行作业。

（二）焊接作业时触电事故预防

1. 弧焊接作业中触电灾害的危险点：

① 焊钳端部、绝缘弧焊钳的绝缘破损部；

② 焊钳手柄的破损部分；

③ 因焊钳电缆线绝缘破损裸露的带电体及焊钳的连接部；

④ 其他供电装置带电体。

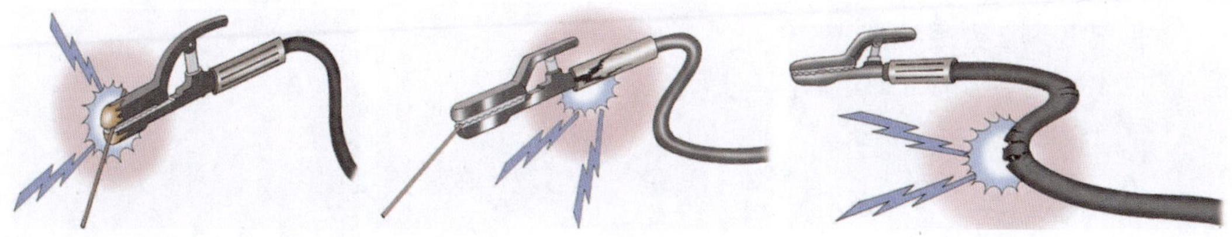

2. 焊接作业时的触电灾害预防对策：

① 焊接作业中注意防止焊钳端部等误接触到带电体；

② 更换破损的焊钳手柄再使用；

③ 绝缘破损的焊钳手柄电缆线用绝缘胶带进行处理后使用，破损程度严重时用新的进行更换；

④ 与焊接机的连接部位用绝缘胶带进行绝缘处理预防触电灾害；

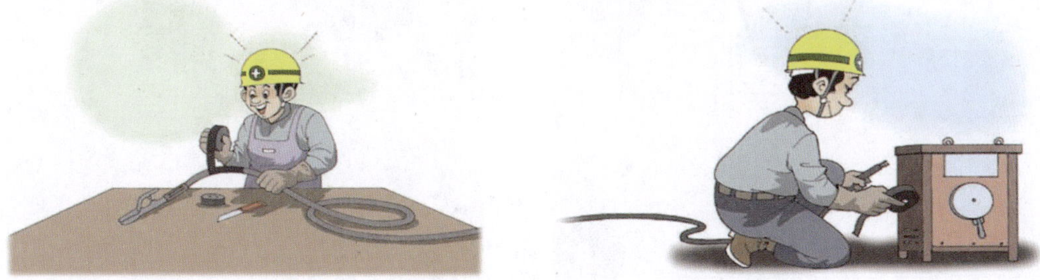

⑤ 交流弧焊接的自动电击防止器采用检定合格品；

⑥ 供电装置按规定设置；

⑦ 发生触电事故时立即启动应急措施。

3. 焊接作业中的健康防护：

① 通过换气去除焊渣、有害气体。佩戴防尘口罩、软管连接型呼吸器。

设置局部排风装置

设置全面通风装置

② 切断有害光线的对策。

佩戴遮光眼罩进行作业

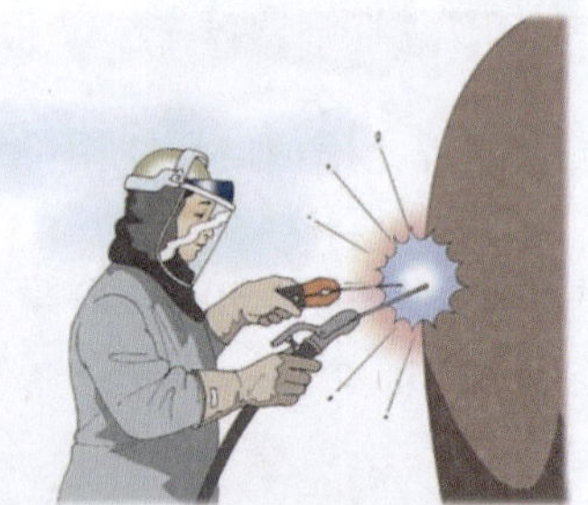

佩戴焊接面罩进行作业

设置隔离板（在临近作业场所可能产生影响时）

③ 噪音防止对策。

噪音在 85 dB（A）以上时佩戴耳塞等个人防护品。必要时佩戴耳罩进行作业。

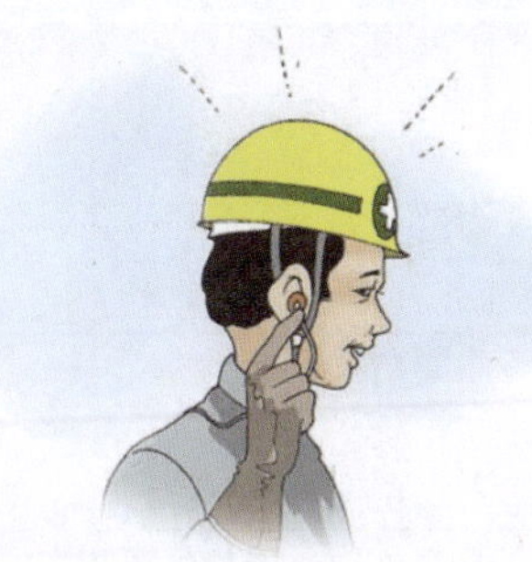

④ 防止高温影响的对策。

罐体制造等密闭空间引起的高温，应采用吹入新鲜空气的方式预防中暑、热痉挛。

船舶制造等钢板上方有强烈紫外线照射的场所，应随时休息并以喝盐水的方式进行防暑。

⑤ 烧伤的预防。

佩戴有一定遮光度的眼罩；佩戴皮手套及套袖；佩戴可防护从胸前直至膝盖的围裙；工作鞋上方用皮料进行防护；颈部用毛巾加以防护。

技能训练二　电焊作业现场安全检查

电焊作业现场安全检查表

序号	项目	内　容	合格	不合格	整改情况
1	电焊机	1. 电焊机必须符合现行有关电焊机标准规定的安全要求；电焊机工作环境应与焊机技术说明书上的要求相符，在气温过高、过低，湿度过大，气压过低或在腐蚀性、爆炸性等特殊环境下作业，应选用适合特殊环境条件的电焊机，或采用特殊防护措施			
		2. 手工电弧焊机高载电压高于现行相应电焊机标准规定的限值，而又在有触电危险的场所作业时，电焊机必须采用空载自动断电装置或其他防止触电的安全措施			
		3. 电焊机装有独立的专用电源开关，容量符合要求，电焊机超负荷时，能自动切断电源；禁止多台电焊机共用一个电源开关			

序号	项目	内　容	合格	不合格	整改情况
1	电焊机	4. 电源控制装置应在焊机附近便于操作之处，周围留有安全通道；采用启动器启动的电焊机，先合上电源的开关，再启动电焊机			
		5. 电焊机一次电源线长度一般 2～3 m，必要时需较长电源线应沿墙或立柱隔离安全布设，距地面 2.5 m 以上			
		6. 电焊机外露的带电部分设有完好的隔离防护装置，裸露接线柱设有防护罩；使用插头插座连接的电焊机，插销孔的接线端采用绝缘极隔离			
		7. 禁止将金属物构架和设备作为电焊机电源回路			
		8. 接入电源网路的电焊机不许超负荷使用；电焊机运行温升不得超过规定限值；电焊机应放在平稳和通风良好、干燥的地方，不得靠近热源、易燃易爆危险场所			
		9. 禁止在电焊机上放置物件或工具；启动电焊机前，焊钳与焊件不能短路；采用连接片改变焊接电流的电焊机，调节焊接电流应先切断电源			
		10. 电焊机应经常保持清洁，清扫或检修电焊机须切断电源；电焊机受潮后应用人工方法干燥，受潮湿严重必须进行检修			
		11. 经常检查电焊机电缆与电焊机接线柱接触状况，保持其良好，保持螺帽紧固；工作完毕或离开现场时，须及时切断电源			
		12. 电焊机接地装置经常保持良好，定期检测接地系统的电气性能，禁止使用氧气或乙炔管道等易燃易爆气体管道作为接地装置的自然接地极；电焊机组或集装箱式电焊设备应安装接地极			
2	焊接电缆	1. 电焊机电缆外皮完整，绝缘良好、柔软，绝缘电阻不小于 1 MΩ			
		2. 电焊机与电焊钳连接应使用软电缆线，长度一般在 20～30 m；电焊机电缆线应使用整根导线，中间不应有连接头；当工作需要接长导线时，应用接头连接器牢固连接，连接器保持绝缘良好			
		3. 严禁将电缆搭在气瓶、乙炔发生器易燃物品的容器和材料上；电缆过马路时，必须采取保护措施			
		4. 禁止使用金属构架、轨道、管道、暖气设施、金属物体等搭接起来作为电焊机导线电缆			
3	电焊钳	1. 电焊钳绝缘、隔热性能良好，手柄有良好的绝缘层			
		2. 电焊钳与电缆的连接应简单牢靠，接触良好			
		3. 在水平 45°、90°等方向时电焊钳都能夹紧焊条，更换焊条安全方便			
		4. 电焊钳操作灵便，重量不得超过 600 g			
		5. 不准将过热的电焊钳浸在水中冷却后使用			

序号	项目	内　　容	合格	不合格	整改情况
4	埋弧焊操作	1. 埋弧焊用电缆必须符合电焊机额定焊接电流容量，连接部分须拧紧；应经常检查电焊机，保证各部分导线接触良好，绝缘性能可靠			
		2. 操作时保持焊剂连续覆盖；罐装、清扫、回收焊剂应采取防尘措施			
		3. 电焊机控制箱外壳与接线板上的罩壳必须盖好			
		4. 半自动焊的焊接手把应放置稳妥可靠，防止短路			
		5. 埋弧自动焊机或半自动焊机发生电气故障检修前，须切断电源；在调整送丝机构或电焊机工作时，手不得触及送丝机构的滚轮			
5	气体保护焊操作	1. 电焊机内的接触器、断电器等工作部件，焊枪夹头的夹紧力及喷嘴的绝缘性能等应定期检查			
		2. 高频引弧焊机或装有高频引弧装置时，焊接电缆应有铜网编织屏蔽套并屏蔽套应可靠接地			
		3. 电焊机使用前检查供气、供水等系统，供气、供水系统不得在漏气、漏水状态下运行			
		4. 采用电热器使二氧化碳气瓶内液态二氧化碳充分气化时，电热器的电压应低于 36 V，外壳接地可靠。工作结束后立即切断电源和气源			
		5. 采用局部通风或劳动保护措施，改善焊工操作环境			
6	等离子弧焊割操作	1. 等离子弧割炬应保持电极与喷嘴同心，使供气、供水系统严密不漏			
		2. 调节气体流量，保证工作气体和保护气体供给充足			
		3. 等离子焊接、切割作业点设置有效排烟通风装置			
7	碳弧气刨操作	1. 调节气刨电流，防止电焊机过载发热			
		2. 在半封闭容器（系统）碳弧气刨时应设专人安全监护，安排工间休息，并采用通风排毒措施			
8	电阻焊操作	1. 电阻焊机在密封的控制箱门上应设联锁机构，开门时应使电容短路；手动操作开关应附加电容短路安全措施			
		2. 复式、多工位操作的电焊机，应在每个工作位置上装有紧急制动按钮			
		3. 电焊机的脚踏开关，应设有安全可靠的防护罩			
		4. 施焊时，电焊机控制装置的柜门必须关闭			
		5. 焊缝作业必须注意电极的转动方向，防止其滚动切断手指			
		6. 电焊机放置的场所应保持干燥；外水冷式电焊机的焊工作业应穿绝缘靴（鞋）			
		7. 焊接结束应切断电源，冷却水延长 10 min 关闭；冷天应排除水路积水，防止冻结			

序号	项目	内　　容	合格	不合格	整改情况
9	护具与护品	1. 焊工各类护具和护品应符合国家有关标准，护目镜和面罩符合规定要求			
		2. 工作服应根据焊接特点使用；工作服不应潮湿、破损，无空洞和缝隙，不允许沾有油脂；焊工不应带有破损和潮湿的手套；手套符合安全要求，其长度不少于 300 mm，并经耐电压 5 000 V 试验合格后方准使用；防护鞋应具有绝缘、抗热、不易燃等性能，应经耐电压 5 000 V 试验合格后			
		3. 焊工使用的工具袋（包）、桶完好无孔洞；移动和照明灯具采用 12 V 及其以下安全电压，灯具的灯泡备有金属防护网罩			
		4. 焊接现场应设置弧光辐射、熔渣飞溅的预防设施			
10	持证上岗	焊接作业人员必须经过专业培训，持证上岗；操作证复审周期 2 年一次，连续从事本工种 10 年以上人员经用人单位教育考核，复审时间可延长至 4 年一次			
11	审批办证	在易燃易爆场所焊接动火，进入有危险、危害环境的设备和登高焊接等作业均应按企业规定办理动火作业、进设备作业、登高等作业许可证并落实安全措施后方可进行焊接作业			
检查人员			监督检查（分）站（章）		
检查的意见和建议： 单位： 负责人签字： 年　月　日					

任务完成

（一）小组讨论

将班上学生分成小组，各小组选一位组长带领组员，完成对事故案例的分析，找出事故发生的原因和总结事故教训，形成各小组的成果，并向班上同学讲解。

（二）小组评价

预防焊接作业过程中安全事故发生应知应会的知识有哪些？

（三）综合评价

综合评价包括小组内的自评、互评和老师对各小组工作的系统评价。主要评价项目见附录。

作　业

1. 简述焊接作业过程中可能发生的安全事故类型。
2. 分析案例中事故发生的原因，并提出几点事故预防措施。
3. 简述如何对电焊作业现场进行安全隐患排查。

学习任务七

混凝土施工安全事故预防

事故案例

2002 年 4 月 24 日，在某中建局总包、广东某建筑公司清包的动力中心及主厂房工程工地上，动力中心厂房正在进行抹灰施工，现场使用一台 JGZ350 型混凝土搅拌机用来拌制抹灰砂浆。上午 9 时 30 分左右，由于从搅拌机出料口到动力中心厂房西北侧现场抹灰施工点约有 200 m 的距离，两台翻斗车进行水平运输，加上抹灰工人较多，造成砂浆供应不上，工人在现场停工待料。身为抹灰工长的文某非常着急，到砂浆搅拌机边督促拌料。因文某本人安全意识不强，趁搅拌机操作工去备料而不在搅拌机旁的情况下，私自违章开启搅拌机，且在搅拌机运行过程中，将头伸进料口边查看搅拌机内的情况，被正在爬升的料斗夹到其头部后，人跌落在料斗下，料斗下落后又压在文某的胸部，造成头部大量出血。事故发生后，现场负责人立即将文某急送医院，经抢救无效，于当日上午 10 时左右死亡。

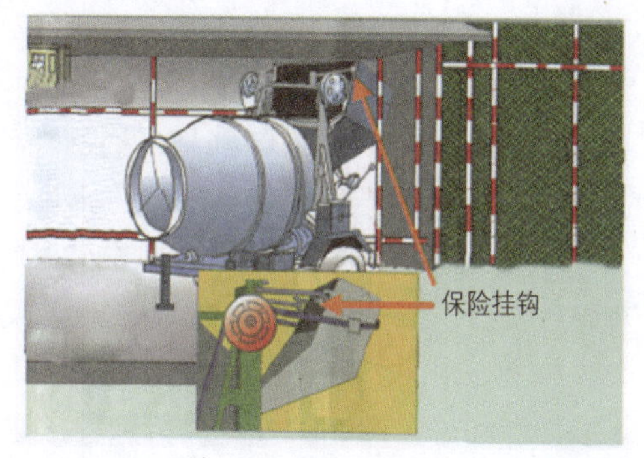

思考一下

在混凝土施工作业中可能会发生哪些安全事故？如何避免或者减少这些事故发生？

任务描述

随着建筑业的发展，建筑材料的发展也在不断进步，同时在使用这些材料时也伴随着种种安全问题。混凝土是当代最主要的土木工程材料之一，在使用混凝土的过程中，安全事故时有发生，因此，在混凝土施工过程中，我们也要注意其施工安全。

任务分析

一、混凝土施工一般安全要求

1. 钢筋混凝土或预应力混凝土就地浇筑时，应先搭设好脚手架、作业平台、护栏及安全网等安全防护设施。

2. 作业前，对机具设备及其拼装状态、防护设施等进行检查，主要机具应经过试运转。施工工艺及技术复杂的工程，对安全技术措施及安全操作细则等，应进行技术交底和培训。

3. 采用翻斗汽车或各种吊机提吊翻斗运送混凝土，不得超载、超速，停稳后方可翻转卸料或启斗放料。严禁在未停稳前，翻斗或启斗。翻斗车行驶时，斗内不得载人。

4. 在支架上浇筑混凝土应对支架进行预压试验，以检验支架的承载能力和稳定性，消除非弹性变形。对简支梁、连续梁、悬臂梁的浇筑顺序，应严格按设计和有关规定办理。

5. 施工中，应随时检查支架和模板，发现异常状况，应及时采取措施。支架、模板拆除，应按设计和施工的有关规定的拆除程序进行。

6. 就地浇筑水上的各类上部结构，要按照水上作业的安全规定进行施工、作业。

7. 采用现场搅拌混凝土或采用人工运料时，车子向料斗倒料，应有挡车措施，不得用力过猛和甩开把手，脚不得踏在料斗上。

8. 在运料时，前后应保持一定车距，不准奔走、抢道或超车。

9. 离地面 2 m 以上浇捣过梁、雨篷、小平台等，不准站在搭头上操作，如无可靠的安全设备时，必须系好安全带，并扣好保险钩。

10. 如用塔吊、料斗浇捣混凝土，当塔吊放下料斗时，操作人员应主动避让，随时注意防止料斗碰头，并应站稳，防止料斗碰人坠落，如右图。

11. 操作混凝土搅拌机注意事项:

（1）操作搅拌机的司机必须经过专业安全培训，考试合格，持证上岗，严禁非司机操作。

（2）使用前要空车运转检查各机械的离合器及制动装置情况。

（3）料斗提升时.严禁在料斗下工作或穿行，清理斗坑时，应将料斗双保险钩挂牢后方可清理。

（4）运转中不准用工具伸入搅拌筒内扒料。

（5）班后将搅拌机内外刷洗干净，将料斗升起，挂牢双保险钩，拉闸断电，锁好电闸箱。

（6）运转中严禁维修保养。维修保养搅拌机，必须拉闸断电，锁好电闸箱，挂好“有人工作严禁合闸”牌，并派专人监护。

12. 使用振捣器的安全注意事项：

（1）电源线必须是耐气候型的橡皮护套铜芯软电缆。

（2）绝缘良好，有可靠的接零或接地保护。

（3）电源处漏电保护器必须灵敏可靠。

（4）振捣器需维修保养时必须切断电源。

（5）操作者应穿胶底鞋（靴）、戴绝缘手套。

（6）振捣器电缆不得在钢筋网上拖拉，以防破损漏电，电缆长度不应超过 30 m。

二、预应力混凝土施工安全知识

1. 预应力钢束（钢丝束、钢绞线）张拉施工前，应做好下列工作：

（1）张拉作业区，应设警告标志，无关人员，严禁入内。

（2）检查张拉设备工具（如千斤顶、油泵、压力表、油管、顶楔器及液控顶压阀等）是否符合施工安全的要求；压力表应按规定周期进行检定。

（3）锚环和锚塞使用前。应认真仔细检查及试验，经检验合格后，方可使用。

（4）高压油泵与千斤顶之间的连接点各接口必须完好无损，螺母应拧紧。油泵操作人员要戴防护眼镜。

（5）油泵开动时，进、回油速度与压力表指针升降保持一致，并做到平稳、均匀。安全阀应保持灵敏可靠。

（6）张拉前，操作人员要确定联络信号。张拉两端应设便捷的通信设备。

2. 在已拼装或旋浇的箱梁上进行张拉作业，应事先搭好张拉作业平台，并保证张拉作业平台、拉伸机支架要搭设牢固，平台四周应加设护栏。高处作业时，应设上下扶梯及安全网。施工的吊篮，应安挂牢固，必要时可另备安全保险设施。张拉时，千斤顶的对面及后面严禁站人，作业人员应站在千斤顶的两侧，以防锚具及销子弹出伤人。

3. 后张法张拉时，应检查混凝土强度，必须达到设计要求强度后，方可进行张拉。

4. 钢束张拉应严格按规定程序进行。在事先穿好钢丝束，并经检查确认合格后，方可张拉。张拉作业中，应集中精力，看准仪表，记录要准确无误。

5. 张拉操作中，若出现异常现象（如油表振动剧烈，发生漏油，电机声音异常，发生断丝、滑丝等），应立即停机进行检查。

6. 张拉钢束完毕，退销时，应采取安全防护措施，防止销子弹出伤人。卸销子时，不得强击。

7. 张拉时和张拉完毕后，对张拉施锚两侧均应妥善保护，不得压重物。张拉完毕，尚未灌浆前，梁端应设围护和挡板。严禁撞击锚具、钢束及钢筋。不得在梁端附近作业或休息。

8. 先张法张拉施工，除遵守张拉作业一般安全规定外，还要遵照下列要求：

（1）先张法张拉台座结构，应满足设计要求。张拉前，对台座、横梁及各种张拉设备、仪器等进行详细检查，合格后方可施工。

（2）先张法张拉中和未浇筑混凝土之前，周围不得站人和进行其他作业。浇筑混凝土时，严防振动。振捣器不得撞击钢丝（钢束）。用卷扬机滑轮组张拉小型构件时，张拉完成后，应切断电源和卡固钢丝绳。现浇混凝土不得停放时间过长。养生期内应妥善防护，确保安全。

9. 精轧螺纹钢筋张拉前，除对张拉台座检查外，还应对锚具、连接器进行试验检查。

10. 预应力钢筋冷拉时，在千斤顶的端部及非张拉端部均不得站人，以防钢筋断裂，螺母滑脱，张拉设备出现事故而伤人。

11. 钢筋张拉或冷拉时，螺丝端杆、套筒螺丝必须有足够的长度，夹具应有足够的夹紧能力，防止锚夹不牢，滑出伤人。

12. 管道压浆时，应严格按照规定压力进行。施压前应调整好安全阀，经检验确认无误后，方可作业。管道压浆时，操作人员戴防护眼镜和其他防护用品。关闭阀门时，作业人员应站在侧面，以确保安全。

相关知识

混凝土的发展史

1900年，万国博览会上展示了钢筋混凝土在很多方面的使用，在建材领域引起了一场革命。法国工程师艾纳比克1867年在巴黎博览会上看到莫尼尔用铁丝网和混凝土制作的花盆、浴盆和水箱后，受到启发，于是设法把这种材料应用于房屋建筑上。1879年，他开始制造钢筋混凝土楼板，以后发展为整套建筑使用由钢筋箍和纵向杆加固的混凝土结构梁。仅几年后，他在巴黎建造公寓大楼时采用了经过改善迄今仍普遍使用的钢筋混凝土主柱、横梁和楼板。1884年德国建筑公司购买了莫尼尔的专利，进行了第一批钢筋混凝土的科学实验，研究了钢筋混凝土的强度、耐火能力，钢筋与混凝土的黏结力。1887年德国工程师科伦首先发表了钢筋混凝土的计算方法；英国人威尔森申请了钢筋混凝土板专利；美国人海厄特对混凝土横梁进行了实验。1895—1900年，法国用钢筋混凝土建成了第一批桥梁和人行道。1918年艾布拉姆发表了著名的“计算混凝土强度的水灰比理论”。钢筋混凝土开始成为改变这个世界景观的重要材料。

混凝土可以追溯到古老的年代，其所用的胶凝材料为黏土、石灰、石膏、火山灰等。自19世纪20年代出现了波特兰水泥后，由于用它配制成的混凝土具有工程所需要的强度和耐久性，而且原料易得，造价较低，特别是能耗较低，因而用途极为广泛（见无机胶凝材料）。

20世纪初，有人发表了水灰比等学说，初步奠定了混凝土强度的理论基础。以后，相继出现了轻集料混凝土、加气混凝土及其他混凝土，各种混凝土外加剂也开始使用。60年代以来，广泛应用减水剂，并出现了高效减水剂和相应的流态混凝土；高分子材料进入混凝土材料领域，出现了聚合物混凝土；多种纤维被用于分散配筋的纤维混凝土。现代测试技术也越来越多地应用于混凝土材料科学的研究。

技能训练

如何保证泵送混凝土施工现场的安全

1. 泵车支腿必须支承在水平面的地面。支腿不能支承在空穴及坑、坡上。支腿底部应与路面边缘保持一定的安全距离。

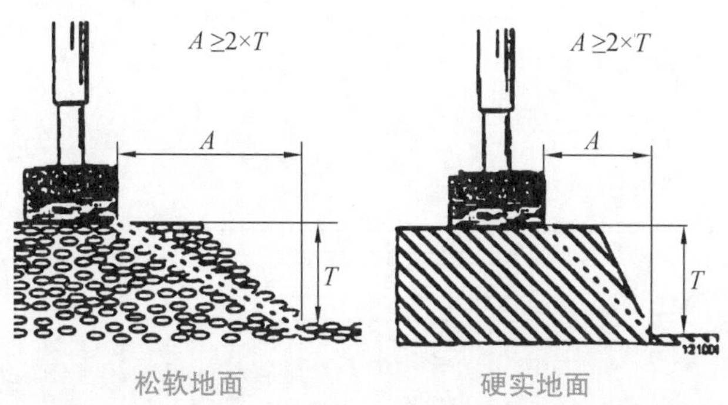

松软地面　　硬实地面

2. 将末端软管没入混凝土中或折弯，以防堵塞或容易引起的爆管事故。

3. 泵启动时可能引起末端软管突然摆动而造成人身安全事故，因此启动泵时人员不要进入危险区（末端软管可能摇摆触及的区域）。此区域的直径是末端软管长度的两倍（为 6 m）。

4. 绝对不允许站在建筑物边缘手握末端软管作业，杜绝软管或臂架的摇摆导致操作人员的坠落事故。在建筑物边缘作业时操作人员必须站在安全位置用适当的辅助工具引导末端软管。

5. 在有电线的地方必须小心操作，注意与电线保持适当距离，否则在泵车附近或与它连接物（遥控装置、末端软管等）上作业的所有人员都有致命的危险。

6. 泵车停车场地要求应按下图所示进行。

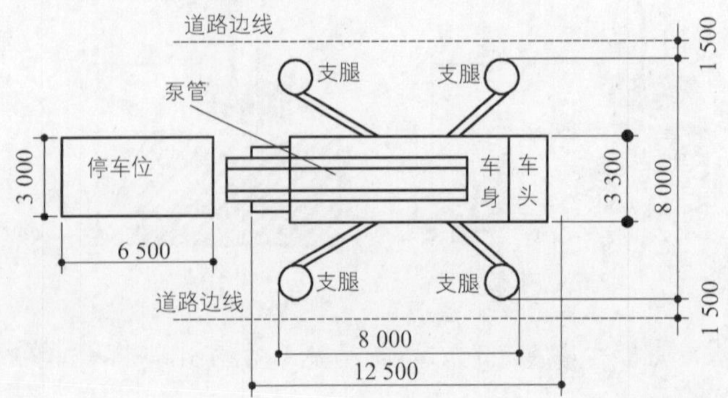

任务完成

（一）小组讨论

将班上学生分成小组，各小组选一位组长带领组员，完成对事故案例的分析，找出事故发生的原因和总结事故教训，并向班上同学讲解。

（二）小组评价

预混凝土施工过程中安全事故发生应知应会的知识有哪些?

（三）综合评价

综合评价包括小组内的自评、互评和老师对各小组工作的系统评价。主要评价项目见附录。

作　业

1. 简述混凝土施工过程中可能发生的安全事故类型。
2. 分析案例中事故发生的原因，并提出几点事故预防措施。
3. 简述泵送混凝土施工的安全做法。

学习任务八

消防安全事故预防

事故案例

2010 年 11 月 15 日 14 时 14 分，上海市静安区胶州路 728 号公寓大楼在进行外墙保温施工作业时，电焊工吴某和工人王某在 10 层脚手架的悬挑支架过程中，违规进行电焊作业引发火灾，造成 58 人死亡、71 人受伤，建筑物过火面积 12 000 m^2，直接经济损失 1.58 亿元。

思考一下

如何预防火灾事故发生？

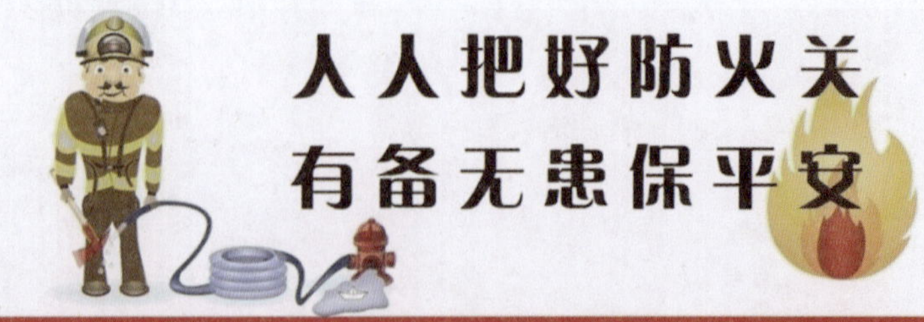

任务描述

火是一种自然现象。驯服的火是人类的朋友，它给人们带来光明和温暖，推动了人类的文明和社会的进步。但火如果失去控制，酿成火灾，就会给人们生命财产造成巨大损失。据统计，1997 年我国共发生火灾 14 000 多起，伤亡 7 000 多人。

任务分析

1. 消防工作贯彻预防为主、防消结合的方针，按照政府统一领导、部门依法监管、单位全面负责、公民积极参与的原则，实行消防安全责任制，建立健全社会化的消防工作网络。

2. 生产、储存、经营易燃易爆危险品的场所不得与居住场所设置在同一建筑物内，并应当与居住场所保持安全距离。生产、储存、经营其他物品的场所与居住场所设置在同一建筑物内的，应当符合国家工程建设消防技术标准。

3. 禁止在具有火灾、爆炸危险的场所吸烟、使用明火。因施工等特殊情况需要使用明火作业的，应当按照规定事先办理审批手续，采取相应的消防安全措施；作业人员应当遵守消防安全规定。

进行电焊、气焊等具有火灾危险作业的人员和自动消防系统的操作人员，必须持证上岗，并遵守消防安全操作规程。

4. 施工现场应制订消防管理制度，严格履行动火作业审批手续；生活区、仓库、配电室（箱）、木制作区等易燃易爆场所必须配置相应的消防器材。消防器材应定期检查，确保完好有效。严禁在施工现场内明火取暖。

消防设施集中点

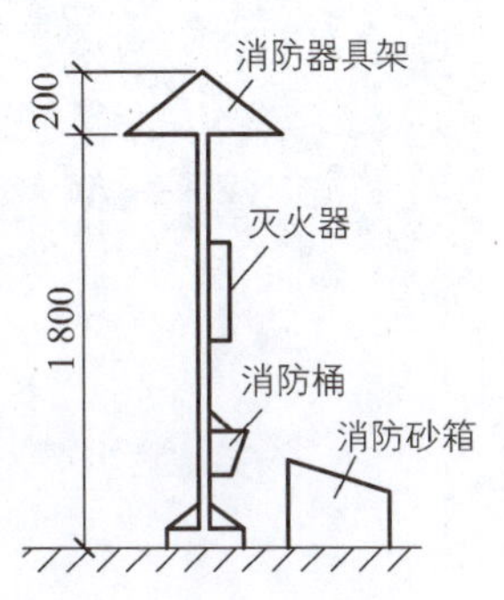

消防器具集中点侧面图

5. 施工现场必须设置临时消防车道。其宽度不得小于 3.5 m，并保证临时消防车道畅通，禁止在临时消防车道上堆物、堆料或挤占临时消防车道。

6. 施工现场应制订易燃易爆及有毒物品管理制度，购领、运输、保管、发放、使用等环节应设专人负责，并建立台账。

7. 高层建筑应设置临时消防水源管道，立管直径不小于 48 mm。每层应留有消防水源接口，配备消防管具。高度超过 24 m 的建筑工程，应安装临时消防竖管。管径不得小于 75 mm，每层设消火栓口，配备足够的水龙带。消防供水要保证足够的水源和水压，严禁消防竖管作为施工用水管线。

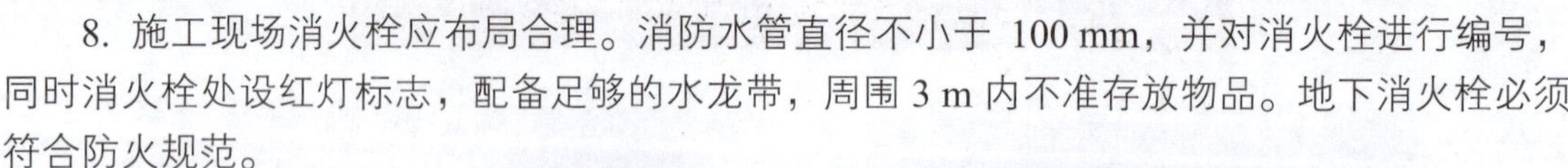

8. 施工现场消火栓应布局合理。消防水管直径不小于 100 mm，并对消火栓进行编号，同时消火栓处设红灯标志，配备足够的水龙带，周围 3 m 内不准存放物品。地下消火栓必须符合防火规范。

9. 施工现场及生活区必须配备消防器材，要做到布局合理。并且要害部位应配备不少于 4 具的灭火器，要有明显的防火标志，并经常检查、维护、保养，保证灭火器材灵敏有效。

现场存放易燃易爆品库房设置（化工库设置）

10. 施工现场所使用的油漆、稀料等易燃易爆品必须设专库存放，并且库房搭设要采用非燃材料支搭；同时，库房内要保持通风，用电符合防火规定，准备充足的灭火器材。

11. 氧气瓶、乙炔瓶工作间距不小于 5 m，两瓶与明火作业距离不小于 10 m。建筑工程内禁止氧气瓶、乙炔瓶存放，禁止使用液化石油气“钢瓶”。

12. 施工现场明火作业，操作前必须办理用火证，经现场有关部门（负责人）批准，做好防护措施并派专人看火（监护）后，方可操作。用火证只限当天本人在规定地点使用。

动火人员要严格执行安全操作规程。动火前必须先检查环境，对周围的易燃易爆物品采取清除或隔离等防火防爆措施。

在动火后做好“一清理”，即监护人员和动火人员在动火后，必须彻底清理现场，确保无火灾隐患后方可离开施工现场。

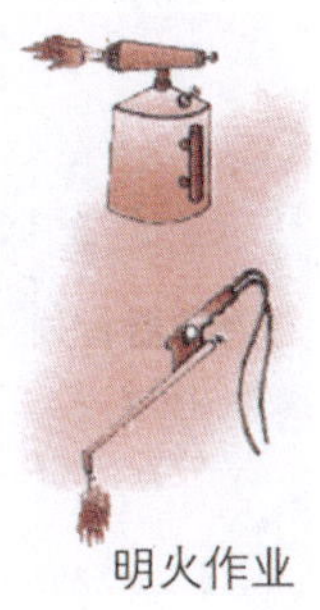

明火作业

13. 进入施工现场作业区，特别是在易燃易爆物周围，严禁吸烟。应在作业区外固定处设吸烟区，并配备烟灰罐及灭火器。

14. 施工现场放置消防器材处，应设置明显标志，夜间设红色警示灯；消防器材须垫高放置，周围 3 m 内不准存放任何物品。

15. 在模板加工场按规定数量配备灭火器及消防水桶。锯木机下及周边的木糠要随有随清，场内的木糠、碎板要及时清理。

16. 氧气瓶、乙炔瓶、油漆、天那水等易燃易爆物品或有毒材料，必须按规定进行分类存放，设

专库专管并按规定设置灭火器和“严禁烟火”明显标志，材料出库时要办理领用手续。

17. 涂（喷）漆作业场所应通风良好，防止空气漆尘浓度超标。应采用防爆型电器设备。严禁火源带入，以防引起燃烧或爆炸。

18. 冷库施工严禁用汽油配制冷底子油，施工冷底子油期间，严禁火种入内，并预先排除库存内可燃气体。

19. 熬制沥青的锅灶应设置在远离建筑物和易燃易爆材料 30 m 以外的适合地点。禁止设在屋顶、简易工棚内和电气线路下。严禁用汽油或煤油点火，并不得用沥青作燃料。熬制现场应配置足够的消防器材。

20. 施工现场电气发生火情时，应先切断电源，再使用砂土、二氧化碳、“1211”或干粉灭火器灭火。不得用水及泡沫灭火器进行灭火，以防止发生触电事故。

20. 使用灯泡时，不能紧挨着衣物、蚊帐、纸张、木材等易燃易爆物品，以免发生火灾和爆炸。

21. 宿舍内严禁使用电热器具。严禁使用电炉、煤油炉等烧煮各种食物。宿舍内不得贮放汽油、天那水、鞭炮等。不得在宿舍内焚烧信件和烧香拜佛。

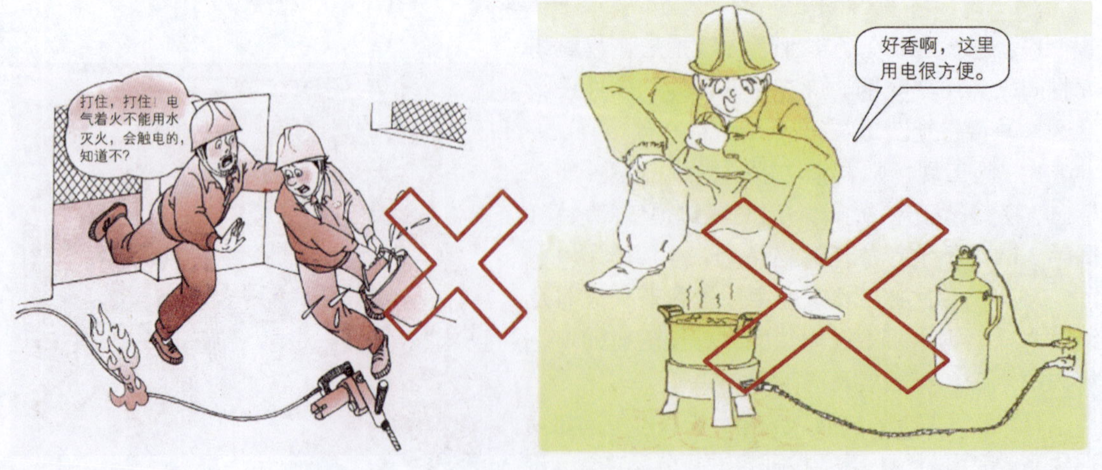

相关知识

（一）消防名词

火灾：时间或空间上失去控制的燃烧所造成的灾害事件。

闪点：液体发生闪燃的最低温度。

燃点：可燃物开始持续燃烧所需的最低温度。

着火：可燃物在空气中受着火源的作用而发生持续燃烧的现象。

自燃：可燃物在空气中没有受火的作用，靠自热或外热而发生的燃烧现象。

（二）燃烧的必要条件

1. 要有可燃物。凡能与空气中的氧或其他氧化剂起剧烈反映（应）的物质，一般都称为可燃物。如木材、纸张、汽油、酒精、氢气、乙炔、钠、镁等。

2. 要有助燃物。凡能帮助和支持燃烧的物质都叫助燃物。如空气、氧气、氯、溴、氧酸钾、高锰酸钾等。

3. 要有着火源（也叫着火温度）。凡能引起可燃物质燃烧的热能源都叫着火源。最常见的有明火焰、赤热体、火星和电火花等。

（三）燃烧的阶段

火灾有一个由小到大的发展过程，这个发展过程一般要经过三个阶段：

1. 初起阶段。火源面积较小，燃烧强度弱；火焰本身放出的辐射热能不多；烟和气体流动速度比较慢。火灾处于初起阶段，是扑救的最好时机，只有发现及时，用很少的人力和消防器材、工具，就能把火扑灭。

2. 发展阶段。燃烧强度增大，温度上升，热烟充满了房屋，室内可燃物质被加热；气体对流加强，燃烧速度增快，燃烧面积迅速扩大，形成了燃烧的发展阶段。如烟火已窜出了门窗和房屋，局部建筑物构件被破坏（烧穿），建筑物内充满烟雾，火势突破了外壳，温度可达 700 °C 以上。从灭火的角度来看，这是关键阶段。在燃烧发展阶段内，必须投入相当的力量，采取正确的措施，来控制火势的发展，以便进一步加以扑灭。

3. 猛烈阶段。火焰包围了整个可燃材料；燃烧面积迅速扩大到了限度，燃烧强度大，辐射热强，燃烧物质分解出大量的燃烧产物，温度和气体对流达到最大的数值；可燃材料迅速被烧尽，不燃材料和结构的机械强度受到破坏，可能发生变形或倒塌。处于猛烈阶段的火灾是很复杂的。必须组织较大的灭火力量。经过较长的时间，才能控制火势、扑灭火灾。

（四）防火的基本方法

防火的所有措施都是以防止燃烧的三个条件结合在一起为目的。

1. 控制可燃物；
2. 隔绝助燃物；
3. 消灭着火源。

（五）灭火的基本方法

根据物质燃烧的原理，灭火的基本方法，就是为了破坏燃烧必须具备的基本条件和反应过程所采取的一些措施。

1. 隔离法。就是将火源处周围的可燃物质隔离或将可燃物质移走，没有可燃物，燃烧就会中止。运用隔离法灭火方式很多，比较常用的有：迅速将燃烧物移走；将可火源附近的可燃、易燃易爆和助燃物品移走；关闭可燃气体、液体管路的阀门，以减少和阻止可燃物质进入燃烧区；设法阻拦疏散的液体，如采取泥土、黄沙、水泥筑堤等方法；及时拆除与火源毗连的易燃建筑物等。

2. 窒息法。就是阻止空气注入燃烧区或用不燃物质冲淡空气，使燃烧物得不到足够的氧气而熄灭。用这种方法扑灭火灾所用的灭火剂和器材有二氧化碳、氮气、水蒸气、泡沫、石棉被等。用窒息法扑灭火灾的方法（式）有：用不燃或难燃的物件直接覆盖在燃烧的表面上，隔绝空气，使燃烧停止；将水蒸气或不燃气体灌进起火的建筑物内或容器、设备中，冲淡空气中的氧，以达到熄火程度；设法密闭起火建筑物或容器、设备的孔洞，使其内部氧气在燃烧反应中消耗，燃烧由于得不到氧气的供应而熄灭。

3. 冷却法。就是将灭火剂直接喷射到燃烧物上，使燃烧物的温度低于燃点，燃烧停止；或者将灭火剂，洒到火源附近的物体上，使其不受火焰辐射热的威胁，避免形成新的火点。冷却法是灭火的主要方法。常用水灭火，就是因水的热容大，气化所需的热量大，而且能迅速在燃烧物表面上散开并渗入内部。水接触燃烧物时，大部分流散而使物体受到冷却，部分水蒸发变成蒸汽也吸收大量热，所以能将燃烧物的温度降到燃点以下。泡沫和二氧化碳等灭火剂也起到一定的冷却作用，但在一定的条件下不如水的效能大。

4. 抑制灭火法。就是使灭火剂参与燃烧的连锁反应，使燃烧过程中产生的游离基消失，形成稳分子或低活性的游离基，从而使燃烧反应停止。采用这种方法一定要足够数量的灭火剂准确地喷射在燃烧区内，使灭火剂参与和中断燃烧反应；否则，将起不到抑制燃烧反应的作用，达不到灭火的目的；同时要采取必要的冷却降温措施，以防复燃。

（六）火灾的类型

A 类：含碳固体可燃物，如木材、棉、毛、麻、纸张等燃烧的火灾。

B 类：甲乙丙类液体，如汽油、煤油、柴油、甲醇、乙醚、丙酮等燃烧的火灾。

C 类：可燃气体，如煤气、天然气、甲烷、丙烷、乙炔、氢气等燃烧的火灾。

D 类：可燃金属，如钾、钠、镁、钛、锆、锂、铝、镁合金等燃烧的火灾。

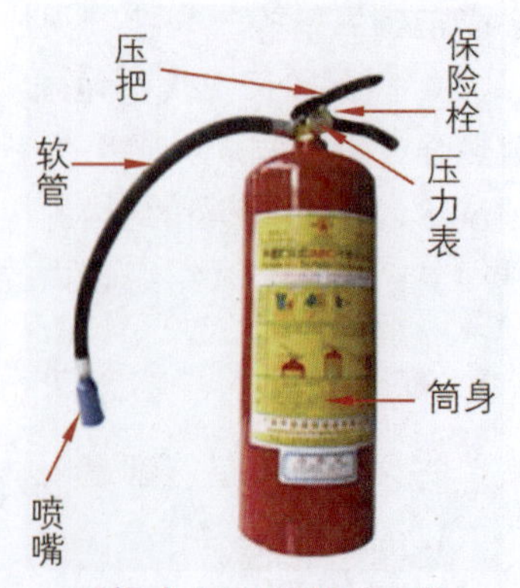

手提式 ABC 干粉灭火器

（七）消防设备、器材及标志介绍

1. 手提式 ABC 干粉灭火器。

规格：2 kg/4 kg

配置要求：2 具/100 m^2

使用说明：

（1）当发生火灾时边跑边将筒身上下摇动数次。

（2）拔出安全销，筒体与地面垂直手握胶管。

（3）选择上风位置接近火点，将皮管朝向火苗根部。

（4）用力压下握把，摇摆喷射，将干粉射入火焰根部。

（5）熄灭后并以水冷却除烟。

注意：灭火时应顺风不宜逆风。

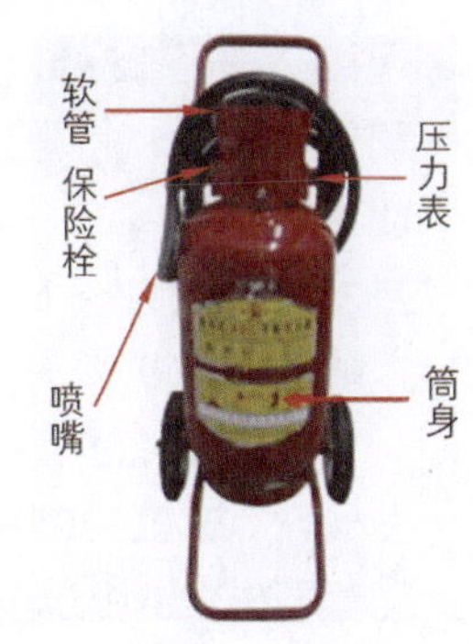

推车式灭火器

2. 推车式灭火器。

规格：35 kg

配置要求：重点区域（熟食/仓库等）

使用说明：

（1）当发生火灾时将灭火器推至现场。

（2）拔出安全销，筒体与地面垂直手握胶管。

（3）选择上风位置接近火点，将皮管朝向火苗根部。

（4）用力压下握把，摇摆喷射，将干粉射入火焰根部。

（5）熄灭后并以水冷却除烟。

注意：灭火时应顺风不宜逆风。

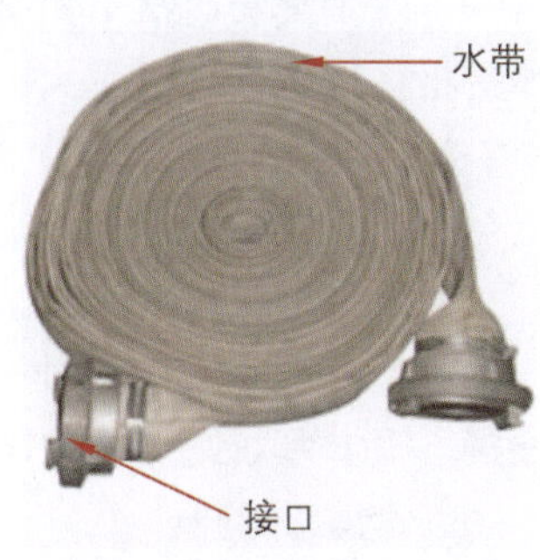

消防水带

3. 消防水带。

规格：25 m/条

配置要求：1 条/消防栓

使用说明：

（1）铺设时应避免骤然曲折，以防止降低耐水压能力，还应避免扭转，以防止充水后水带转动面使内扣式水带接口脱开。

（2）充水后应避免在地面上强行拖拉，需要改变位置时要尽量抬起移动，以减少水带与地面的磨损。

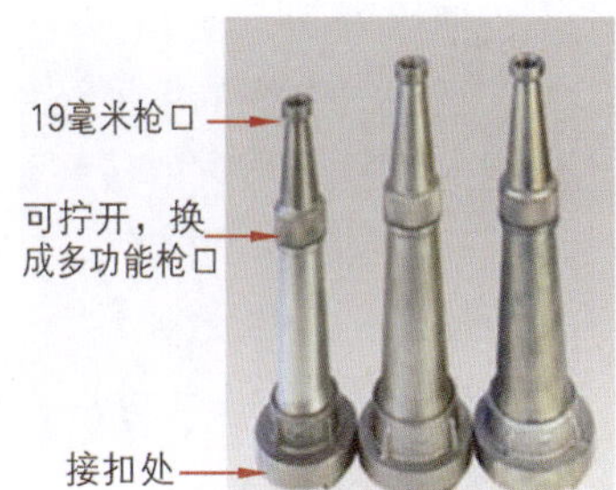

消防水枪

4. 消防水枪。

规格：19 mm 密集直流

配置要求：1 个/消防栓

使用说明：

直接连接在水带接扣使用。

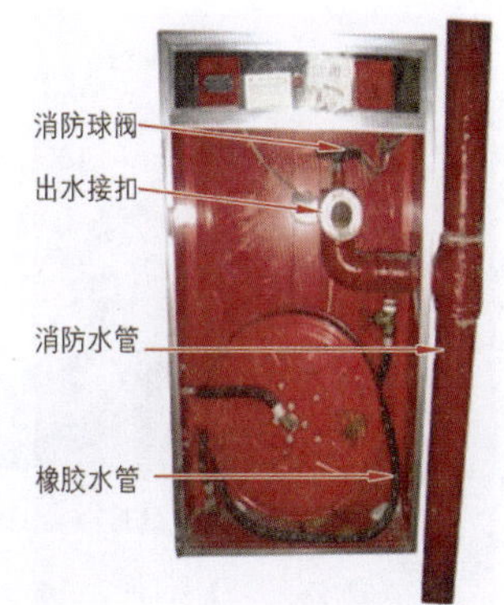

消防栓

5. 消防栓。

规格：650 cm × 450 cm

配置要求：水带 1 条、水枪 1 个

使用方法：

（1）取出消防栓内水带并展开，一头连接在出水接扣上，另一端接上水枪，缓慢开启球阀（严禁快速开启，防止造成水锤现象）。

（2）快速拉取橡胶水管至事故地点，同时缓慢开启球阀开关。

6. 消防警铃。

规格：直径 15 cm

配置要求：1 个/消防栓

使用说明：

当发生火灾时按下手动报警按钮，消防警铃，就会发出火警警报，提醒人们发生火灾。

消防警铃

7. 消火栓报警按钮。

型号：TCMK3205F

配置要求：1 个/消防栓

使用说明：

当发生火灾时按下报警按钮，消防警铃就会发出火警警报，提醒人们发生火灾。同时，启动消防栓水泵。

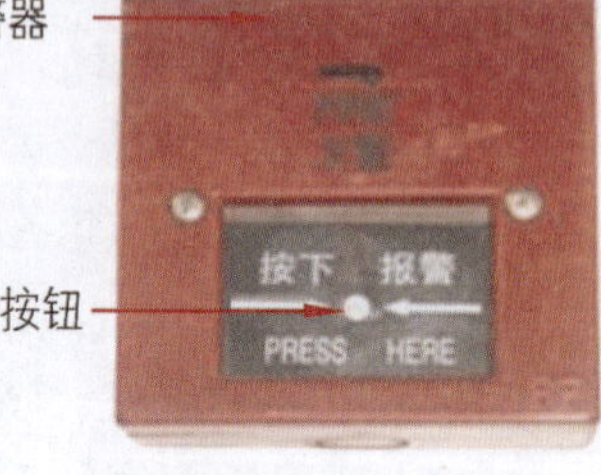

消火栓报警按钮

8. 感温探测玻璃球喷头配置。

要求：1 个/6 ~ 7 m^2

使用说明：

当温度达到 68 °C 时，感温探测的玻璃管就会自动爆裂。喷淋系统则启动消防喷淋，自动喷水灭火。

9. 烟感探测器。

规格：圆锥形

配置要求：1 个/50 ~ 60 m^2

使用说明：

当空气中烟的浓度达到一定程度时，感烟探测就会自动报警，提醒人们发生火灾的位置。

感温探测玻璃球喷头

10. 温感探测器。

规格：圆锥形

配置要求：1 个/50 ~ 60 m^2

使用说明：

当空气中热量达到一定程度时，温感探测就会自动报警，提醒人们发生火灾的位置。

烟感探测器

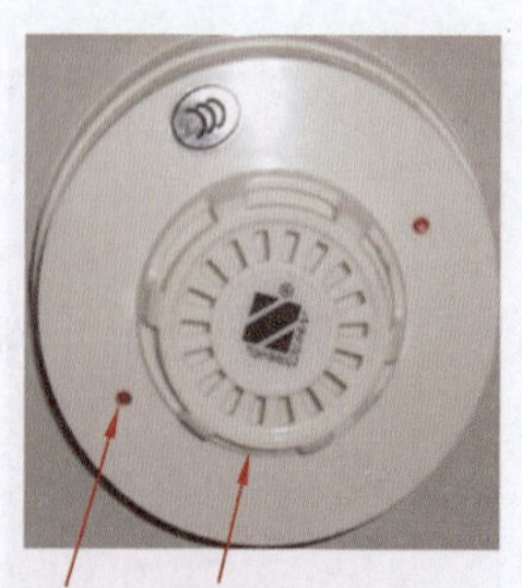

温感探测器

11. 消防应急灯。

规格：YD-127

配置要求：6 m/个

使用说明：

当发生火灾时通常会伴有停电等现象，消防应急灯是一种自动充电的照明灯，当发生火灾或停电时，消防应急灯会自动工作照明，指示人们安全通道和出口的位置，以免顾客找不到安全出口撞伤。

灯管

蓄电池

指示灯

消防应急灯

12. 地面疏散标识。

规格：15 cm × 30 cm

配置要求：出入口、主通道，8 ~ 10 m/个

使用说明：

地面疏散标识是一种具有无限次在亮处吸光、暗处发光的消防指示牌，它可挂、可贴，主要用于在火灾发生时在黑暗场所自动发光，指示安全通道、安全门。

13. 空中紧急疏散标示牌。

规格：15 cm × 30 cm

配置要求：出入口、主通道，8 ~ 10 m/个

使用说明：

空中紧急疏散标示牌和消防应急灯一样是一种自动充电的照明灯，当发生火灾或停电时，紧急疏散标示牌会自动工作发光，指示人们安全通道和出口的位置。

14. 消防安全门。

规格：1.2 m × 2.4 m

配置要求：1 付/逃生楼梯出口

使用说明：

消防安全门是发生火灾时人们用来逃生用的紧急安全出口，平时严禁上锁和堵塞。

15. 手动报警按钮。

规格：圆形

使用说明：

遇突发火情时，按下紧急按钮，通过消防自动报警系统，自动启动消防警铃，发出警报。

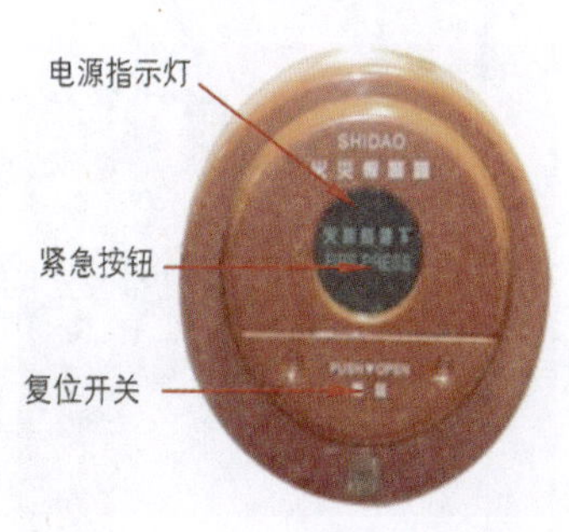

手动报警器

16. 过滤式自救呼吸器

规格：XHZLC35

配置要求：2 个/消防箱

使用说明：

防毒时间≥35 min

（1）打开盒盖，取出真空包装；

（2）撕开真空包装袋，拔掉前后二个罐盖；

（3）戴上头罩、拉紧头带；

（4）选择路径、果断逃生；

过滤式自救呼吸器

17. 悬挂式干粉灭火装置。

规格：XZFTBL-4/6/8/10 kg

配置要求：1 个/煤气房

使用说明：

一般情况安装在易燃易爆的重点区域，如煤气房等，内装有一定重量的干粉灭火剂，当温度达到 68 °C 时，感温探测的玻璃管就会自动爆裂。喷淋则会自动喷干粉灭火。

悬挂式干粉灭火装置

技能训练

技能训练一　消防器材的使用

（一）干粉灭火器的使用方法

适用范围：适用于扑救各种易燃可燃液体、易燃可燃气体火灾，以及电器设备火灾。

其使用步骤：

1. 右手拖着压把，左手拖着灭火器底部

2. 右手提着灭火器到现场

3. 除掉铅封　　4. 拔掉保险销　　5. 左手握着喷管，右手提着压把

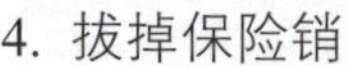

6. 在距离火焰 2 m 的地方，右手用力压下压把，左手拿着喷管左右摆动，喷射干粉覆盖整个燃烧区

（二）泡沫灭火器的使用方法

主要适用于扑救各种油类火灾，木材、纤维、橡胶等固体可燃物火灾。其使用步骤：

第一步：右手拖着压把，左手拖着灭火器底部，轻轻取下灭火器；

第二步：右手提着灭火器到现场；

第三步：右手捂住喷嘴，左手执筒底边缘；

第四步：把灭火器颠倒过来呈垂直状态，用劲上下晃动几下，然后放开喷嘴；

第五步：右手抓筒耳，左手抓筒底边缘，把喷嘴朝向燃烧区，站在离火源 8 m 的地方喷射，并不断前进，兜围着火焰喷射，直至把火扑灭。

第六步：灭火后，把灭火器卧放在地上，喷嘴朝下。

第一步

第二步

第三步

第四步　　第五步　　第六步

（三）二氧化碳灭火器的使用方法

主要适用于各种易燃、可燃液体，可燃气体火灾，还可扑救仪器仪表、图书档案、工艺器和低压电器设备等的初起火灾。其使用步骤：

第一步：用右手握着压把；

第二步：用右手提着灭火器到现场；

第三步：除掉铅封；

第四步：拔掉保险销；

第五步：站在距火源 2 m 的地方，左手拿着喇叭筒，右手用力压下压把。

第六步：对着火源根部喷射，并不断推前，直至把火焰扑灭。

第一步

第二步

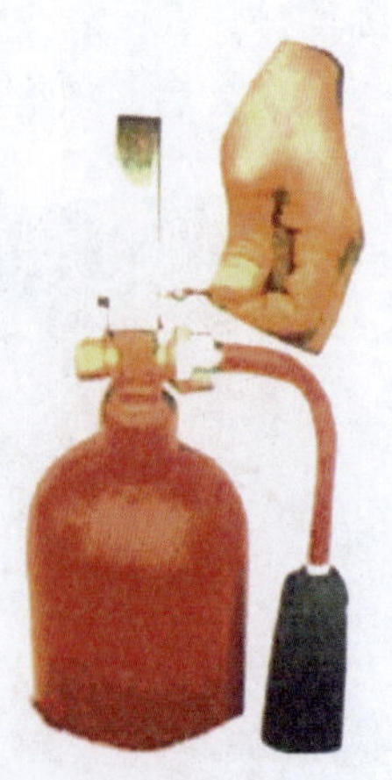

第三步

第四步

第五步

第六步

（四）推车式干粉灭火器使用方法

主要适用于扑救易燃液体、可燃气体和电器设备的初起火灾。该灭火器移动方便，操作简单，灭火效果好。其使用步骤：

第一步：把干粉车拉或推到现场；

第二步：右手抓着喷粉枪，左手顺势展开喷粉胶管，直至平直，不能弯折或打圈；

第三步：除掉铅封，拔出保险销；

第四步：用手掌使劲按下供气阀门；

第五步：左手持喷粉枪管托，右手把持枪把，用手指扣动喷粉开关，对准火焰喷射，不断靠前左右摆动喷粉枪，把干粉笼罩在燃烧区，直至把火扑灭为止。

第一步

第二步

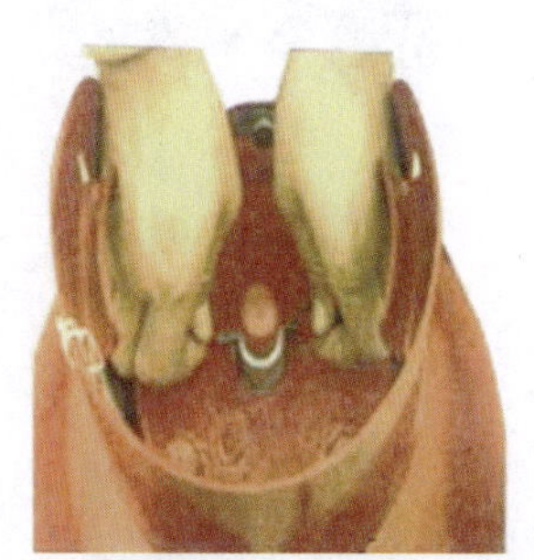
第三步

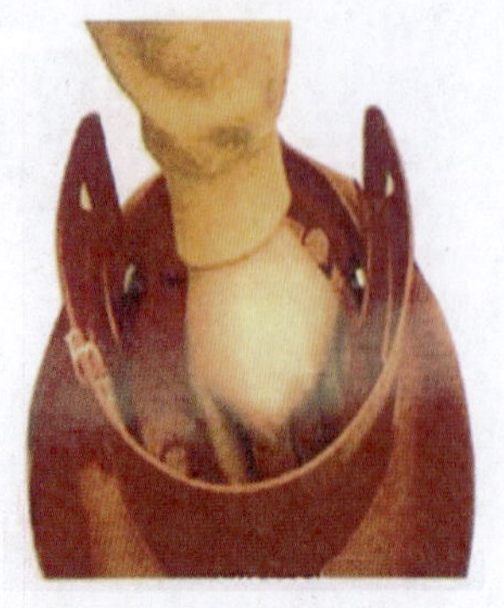

第四步

第五步

（五）消防栓使用方法

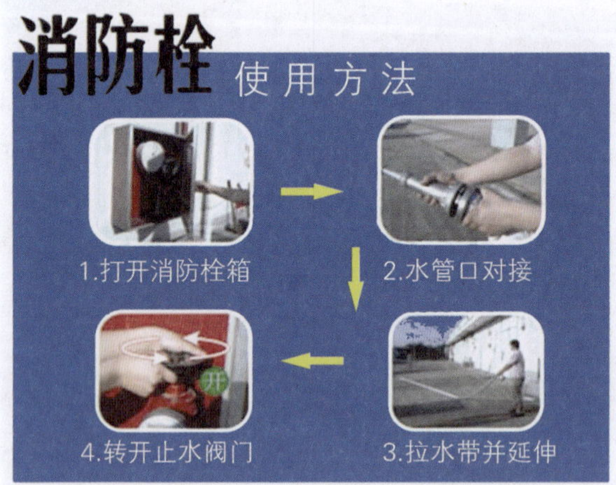

（六）地下消防栓使用方法

1、用扳手打开地下消防栓的水袋口连接开关。

2、将消防水袋进行连接。

3、用扳手打开地下消防栓的出水阀门开关。

4、接连水袋口及出水枪头。

5、至少两人以上手拿喷水枪头，向火源喷水直到火熄灭为止。

技能训练二 火灾发生后的自救逃生

第一诀：熟悉环境，临危不乱。每个人对自己工作、学习或居住所在的建筑物的结构及逃生路径平日就要做到了然于胸；而当身处陌生环境，如入住酒店、商场购物、进入娱乐场所时，为了自身安全，务必留心疏散通道、安全出口以及楼梯方位等，以便在关键时候能尽快逃离火场。

第二诀：保持镇静，明辨方向，迅速撤离。突遇火灾时，首先要强令自己保持镇静，千万不要盲目地跟从人流和相互拥挤、乱冲乱撞。撤离时要注意，朝明亮处或外面空旷地方跑，要尽量往楼层下面跑，若通道已被烟火封阻，则应背向烟火方向离开，通过阳台、气窗等通往室外逃生。

第三诀：不入险地，不贪财物。在火场中，人的生命最重要，不要因害羞或顾及贵重物品，把宝贵的逃生时间浪费在穿衣服或寻找、搬运贵重物品上。已逃离火场的人，千万不要重返险地。

第四诀：简易防护，掩鼻匍匐。火场逃生时，经过充满烟雾的路线，可采用毛巾、口罩蒙住口鼻，匍匐撤离，以防止烟雾中毒，预防窒息。另外，也可以采取向头部、身上浇冷水或用湿毛巾、湿棉被、湿毯子等将头、身裹好后，再冲出去。

第五诀：善用通道，莫入电梯。规范标准的建筑物，都会有两条以上的逃生楼梯、通道或安全出口。发生火灾时，要根据情况选择进入相对较为安全的楼梯通道。除可利用楼梯外，还可利用建筑物的阳台、窗台、屋顶等攀到周围的安全地点；沿着下水管、避雷线等建筑上的凸出物，也可滑下楼脱险。千万要记住，高层楼着火时，不要乘普通电梯。

第六诀：避难场所，固守待援。假如用手摸房门已感到烫手，此时一旦开门，火焰与浓烟势必迎面扑来。此时，首先应关紧迎火的门窗，打开背火的门窗，用湿毛巾、湿布等塞住门缝，或用水浸湿棉被，蒙上门窗，然后不停用水淋透房间，防止烟火渗入，固守房间，等待救援人员到达。

第七诀：传送信号，寻求援助。被烟火围困时，尽量待在阳台、窗口等易于被人发现和能避免烟火近身的地方。在白天可向窗外晃动鲜艳的衣物等；在晚上，可用手电筒不停地在窗口闪动或敲击东西，及时发出有效求救信号。在被烟气窒息失去自救能力时，应努力滚到墙边或门边，既便于消防人员寻找、营救，也可防止房屋塌落时砸伤自己。

第八诀：火已及身，切勿惊跑。火场上如果发现身上着了火，惊跑和用手拍打，只会形成风势，加速氧气补充，促旺火势。正确的做法是赶紧设法脱掉衣服或就地打滚，压灭火苗。能及时跳进水中或让人向身上浇水就更有效。

第九诀：缓降逃生，滑绳自救。高层、多层建筑发生火灾后，可迅速利用身边的绳索或床单、窗帘、衣服等自制简易救生绳，并用水打湿后，从窗台或阳台沿绳滑到下面的楼层或地面逃生。即使跳楼也要跳在消防队员准备好的救生气垫或4层以下才可考虑采取跳楼的方式，还要注意选择有水池、软雨篷、草地等方面跳。如有可能，要尽量抱些棉被、沙发垫等松软物品或打开大雨伞跳下。跳楼虽可求生，但会对身体造成一定的伤害，所以要慎之又慎。

任务完成

（一）小组讨论

将班上学生分成小组，各小组选一位组长带领组员，完成对事故案例的分析，找出事故发生的原因和总结事故教训，各小组进行消防演练。

（二）小组评价

预防火灾事故发生应知应会的知识有哪些?

（三）综合评价

综合评价包括小组内的自评、互评和老师对各小组工作的系统评价。主要评价项目见附录。

作　业

1. 分析案例中事故发生的原因，并提出几点事故预防措施。
2. 简述在发生火灾后该如何自救逃生。

学习任务九

生活区安全问题管理

事故案例

2012 年 10 月 10 日凌晨 5：30 分许，108 国道 38 千米黄草坡段中铁某局引汉济渭周至段项目部生活区一职工宿舍发生火灾，造成 14 人死亡、22 人受伤、1 人重伤。

思考一下

在工地生活区存在哪些安全问题？如何避免或者减少由这些安全问题导致的安全事故发生？

任务描述

我们很多人认为，生活区不会有太多的安全问题，其实不然，我们施工人员都吃住在工地上，在用火、用电、饮食卫生等方面，都存在着安全隐患，因此这部分的内容也不容忽视，它是我们安全生产、文明施工的一部分。因此，我们要做到保持环境整洁，严禁私接乱拉电线，严禁躺在床上吸烟，不要赌博等。

任务分析

1. 生活区卫生要求。对于生活区的卫生要求，首先要保证环境整洁，说具体点就是被褥叠放整齐，污水不乱泼乱倒，衣服要勤洗勤换，保持室外环境整洁等。

但，实际生活中我们最常见的问题就是乱放洁具设备，有的房间将脏衣服、脏鞋、脏袜子随地乱扔，造成空气混浊。

因此要注意通风和个人卫生。

2. 生活区严禁私接、乱拉电线。在宿舍里面严禁私接、乱拉电线，不得随意安装炉具，电线老化容易触电伤人，一旦短了路，就可能发生火灾，这些都是致命的安全隐患，所以大家要严格遵守。

3. 严禁躺在床上吸烟。宿舍里最大的杀手就是吸烟，我们好多人都是老烟民，白天体力消耗大，越累越想吸烟，抽着抽着就睡着了，烟头调到被子上，一点一点地印到棉花里，刚开始不燃烧，一旦烧着了就会四处起火，扑救都来不及了，大家一定要特别注意。

4. 严禁赌博。关于生活区的要求，还要提醒大家一点，出门在外挣钱都不容易，不要因为赌博把辛辛苦苦挣来的钱都输了，我们要坚决禁止工地现场的赌博行为。

相关知识

工地生活区管理制度

为搞好社会治安综合治理工作，保持良好的生活环境，以保证生产的正常进行，特制定本制度。

1. 工地生活区住房由项目生活行政部门统一安排，住房安排后，室内需保持原貌，严禁在住房内私搭小围房和床围，已搭好的应立即拆除。若不拆除每月收取房租费 500 元（按床位计算，双层床加倍收取），另加水电费 200 元。

2. 住房内不准私开小炒做饭菜，不准私接电源，更不准使用电饭煲、电炒锅和电炉等，如有违者，罚款 100 元，并没收其电器用具。

3. 生活区周围应保持整洁卫生，生活垃圾应送到指定地点，严禁在生活区随地大小便，严禁乱泼脏水，残菜剩饭应倒在指定桶内，严禁用茶水洗碗，如不遵守，罚款 50～100 元。

4. 住房内应保持整洁卫生，起床应整理好铺盖，必须严格实行轮流打扫卫生制度，毛巾、衣服等日常生活用品不得随处乱挂，工具应集中堆放整齐，室内卫生不合要求者，给予罚款处理，并限期整改。

5. 所有员工必须严格遵守生活纪律和作息时间制度，按时就餐，按时就寝，晚上 10 点以后和白天上班时间严禁在宿舍酗酒、打牌、看电视和高声喧哗，以免影响他人休息，就寝后必须熄灯，违者酌情处理。

6. 做好防火、防盗工作。严禁在生活区内生火，特别是木工房周围杜绝火源，烟蒂要及时熄灭，房内无人时要关好窗户，以防止火灾和偷盗事件，确保生活区内生命和财产安全。

7. 不允许外来人员在生活区留宿，如有亲友需留宿的，需报请项目经理部批准，如有违者，将追究责任。

技能训练

建筑工地生活区安全文明检查

序号	检 查 内 容	检查情况	备注
1	生活区设置是否符合标准		
2	生活区内有无污水、污物，垃圾是否及时清理		
3	生活垃圾存放是否符合标准		
4	宿舍内是否整洁，有无防暑降温或取暖措施		
5	宿舍是否符合居住要求		
6	食堂是否符合卫生标准		
7	食堂有无卫生许可证，炊事人员有无健康证、卫生意识培训证		
8	炊事人员上岗是否穿戴工作服、帽，保持个人卫生		
9	食品及炊具、用具等存放是否符合标准		

序号	检 查 内 容	检查情况	备注
10	是否为施工人员提供卫生饮水		
11	厕所是否符合标准，有无专人定期保洁		
12	有无灭鼠、蚊、蝇等措施		
13	是否配备药品和急救器材		
14	急性职业中毒是否有应急措施		
15	有无卫生管理制度		
16	生活区架设配电线路是否符合标准		
17	生活区是否按规范标准装设照明设备，宿舍内有无乱拉、私接电线和使用大功率电器		
18	现场有无明显的防火标志		
19	消防设施器材设置是否符合标准，重点部位消防器材配备是否符合标准		

任务完成

（一）小组讨论

将班上学生分成小组，各小组选一位组长带领组员，完成对事故案例的分析，找出事故发生的原因和总结事故教训，并就“如何搞好生活区安全问题”进行演讲。

（二）小组评价

预防生活区发生安全事故应知应会的知识有哪些?

（三）综合评价

综合评价包括小组内的自评、互评和老师对各小组工作的系统评价。主要评价项目见附录。

作 业

1. 简述建筑工地生活区可能发生的安全事故类型。
2. 简述建筑工地生活区应注意的安全注意事项。
3. 用建筑工地生活区安全文明检查表查建筑工地生活区的安全隐患。

学习任务十

现场急救知识学习

事故案例

1993 年 8 月 4 日 11 时 40 分，某轧钠厂维修工段工人到除尘泵房防洪抢险。泵房内积水已有膝盖深。为了排 水，用铲车铲来两车热渣子把门口堵住，然后往外抽水。安装好潜水泵刚一送电，将在水中拖草袋的工人电倒，水中另外几名工人也都触电，挣扎着从水中逃出来。

在场工人已意识到潜水泵出了问题，马上拉闸，把其中触电较重已昏迷的岳某抬到值班室的桌子上，立即人工体外心脏按压抢救。挤压过程中，闻声岳某嗓子里有痰活动的声音，马上人工吸痰；再次按压时，岳某口内又流出痰，其他工人又一次将痰吸干。经人工体外心脏按压抢救，岳某终于喘过气来，脱离死亡。

思考一下

在工地现场发生了安全事故后，我们该怎么办?

任务描述

现场急救就是指施工现场一旦发生事故时，伤员送往医院救治前，在现场实施必要和及时的抢救措施，是医院治疗的前期准备。

现场急救的总原则是：不论工地上发生了什么样的伤亡事故，都应该立即做好三件事：

1. 有组织地抢救受伤人员，以救人为主；
2. 保护事故现场不被破坏；
3. 及时向上级和有关部门报告，打急救电话 120。

任务分析

一、高空坠落的现场应急知识

如果有人从高空坠落，大家要特别注意千万不要随意抬起伤员，因为伤员的内伤及骨折部位不容易被发现，只有等到专业医生赶到现场，才能诊断并采取正确的急救措施，大家一定要避免由于不正确的抬运，使骨折错位，造成二次伤害。

二、触电后的现场应急知识

发现有人触电时，首先应该尽快切断电源，触电者早一秒脱离电源，就会多一分生还的希望，在不便于切断电源的情况下，可用干燥的木棍、竹竿、绳索、衣服、塑料制品等不导电材料，把触电者与电源线隔开或是插入触电者身下，使触电者与大地绝缘，但必须注意，触电者身体是带电的，抢救者绝对不能站在地上直接接触触电者，另外还要注意防止触电者脱离电源后，可能造成的摔伤。触电者脱离电源后，应尽快在现场不间断地做人工呼吸，并挤压心脏，不要干等医务人员，更不要不经抢救直接送医院。同时向工地负责人报告。

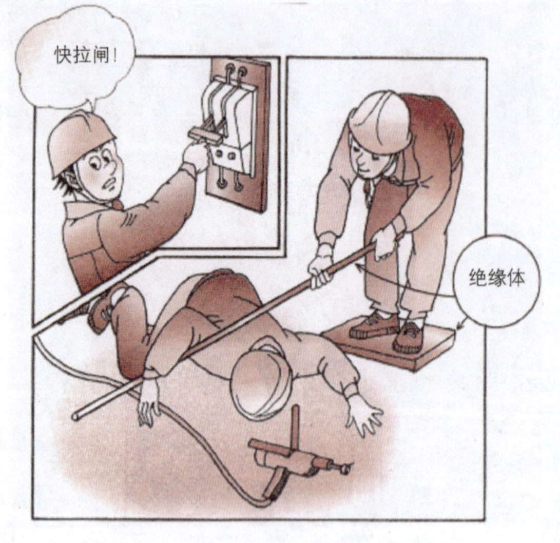

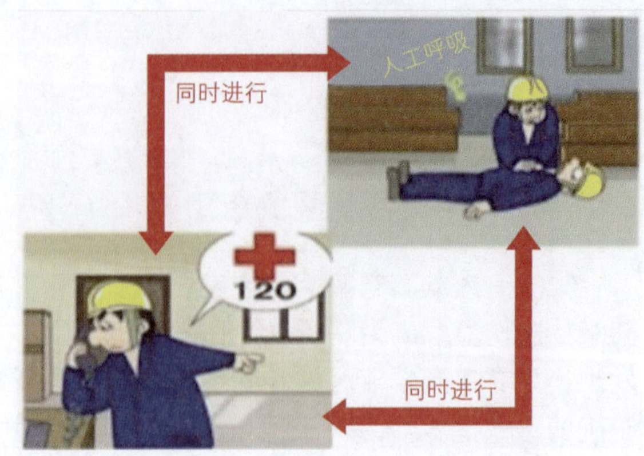

三、发生火灾后的现场应急知识

当现场有火险发生时，不要惊慌，应立即取出灭火器或接通水源扑救（一般的火灾可以用消防器材、用水灭火，但特别要注意的是电火、油火是有区分的，如果是电火，就不能用水和泡沫灭火器灭火了，第一步先要切断电源，然后赶紧用砂土、二氧化碳或干粉灭火器进行灭火）。当火势较大，现场无力扑救时，需立即拨打 119 火灾急救电话求救，求救时要注意准确地说明出事的地点、情况、报告人及单位等。总之，火灾发生时千万不要惊慌失措，要在现场紧急处理的同时，报告项目部，同时向外求援，尽量把火灾的损失降到最低。

四、发生煤气中毒后的现场应急知识

冬季采暖必须按照有关规定，统一安装炉具并设专人负责管理；不得随意安装炉具，防止发生煤气中毒。

发现有人煤气中毒时，要迅速打开门窗通风，使空气流通，将中毒者穿暖后抬到室外，施行现场急救并送医院。

五、毒气中毒急救常识

在井（地）下施工中有人发生中毒时，井（地）上人员绝对不要盲目下去救助。必须先向下送风，救助人员必须采取个人保护措施，并派人报告工地负责人及有关卫生主管部门。现场不具备抢救条件时，应及时拨打 119、110 或 120 求救。

六、人员中暑后的现场应急知识

中暑指高温环境作业发生的一种急性疾病，发生中暑的原因是通风散热不良，使人体热量得不到适当散发，或由于出汗过多，人体损失大量钠盐和水分而引起的，发生中暑后应按如下顺序救护：迅速将中暑者移到凉爽通风的地方；脱去或解松衣服，使患者平卧休息；给患者喝含食盐的饮料或凉开水；用凉水或酒精擦身；发生痉挛、持续高烧及昏迷者应立即送往医院。

七、食物中毒

发现饭后多人呕吐、腹泻等不正常状况，要报告工地负责人并拨打急救电话 120。

亚硝酸钠是搅拌混凝土的添加剂，其形状很像食用的大粒盐，有人叫它“工业用盐”，它是一种有毒物质，千万不要当作食用盐食用。

总之，不管遇到什么情况，大家首先要保持镇静，根据具体情况运用急救知识进行解决，以确保安全。

相关知识

现场救护是早期抢救伤员、开展自救互救的有效手段之一，了解掌握现场急救的基本方法，就能减少伤害，避免更大的损失。

一、急救箱包

为了在灾时能进行有效的自救、互救，每个工地都宜有一只急救箱（包），配备一些必需的急救用品。一旦发生意外灾情，只需打开家族急救箱（包），便能基本满足自救、互救的需要。

建议工地急救箱（包）内可配备以下物品（有些药品、食品需定期更换），还可根据实际需要适当增减。

（一）常用药品

外用药：红药水、碘酒、火烫药膏、眼药水、滴鼻液、消炎粉、清凉油等。
内服药：退热片、止痛片、消炎片、止泻药、抗生素等。
医用材料：酒精棉球、绷带、胶布、体温计、三角巾、止血带、剪刀、镊子等。

（二）食　品

干粮（面包、饼干），饮用水（定期更换）。

（三）急救器具

逃生绳、钩手电筒（火柴、蜡烛）、半导体收音机、床单、毛巾、口罩、塑料薄膜袋（届时可制作简易防毒器材）、榔头、钳子。

二、止　血

现场急救中的止血动作要快、准确而有效。

（一）手指止血法

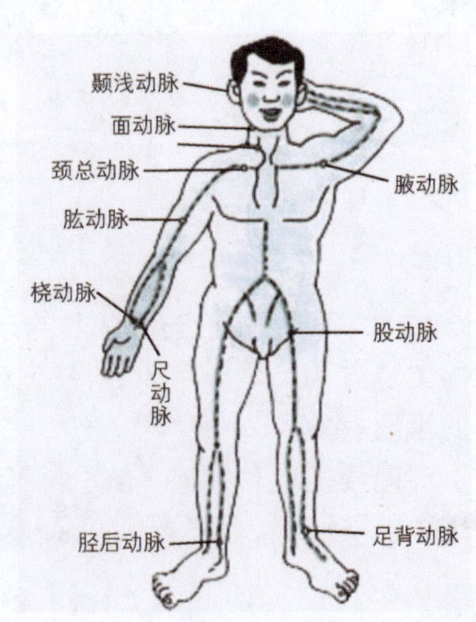

当大血管（动脉）出血时，直接用手指压迫出血处血管的上端（近心脏部），用力压骨头，达到止血的目的。

手指止血适用于头部、颈部和四肢的大出血。全身主要动脉压迫点，表示压迫止血点。头顶部出血，在伤侧耳前，对准耳屏前上方，用拇指压迫颞动脉（图一）。肩腋部出血，用拇指压迫伤侧锁骨上窝，对准第一肋骨，压住锁骨下动脉（图二）。颜面部出血，用拇指压迫伤侧下颌骨与咀嚼的前方交界处的面动脉（图三）。上臂出血，一手抬高患肢，另一手四个手指将肱动脉压于肱骨上（图四）。前臂出血，将患肢抬高，用四个手指压在肘窝肱二头肌内侧的肱动脉末端（图五）。手掌出血，将患肢抬高，用两手拇指分别压迫手腕部的尺、桡动脉（图六）。大腿出血，在腹股沟中点稍下方，用双手拇指向后用力压迫股动脉（图七）。足部出血，用两手拇指分别压迫足部背动脉和内踝与跟腱之间的胫后动脉（图八）。

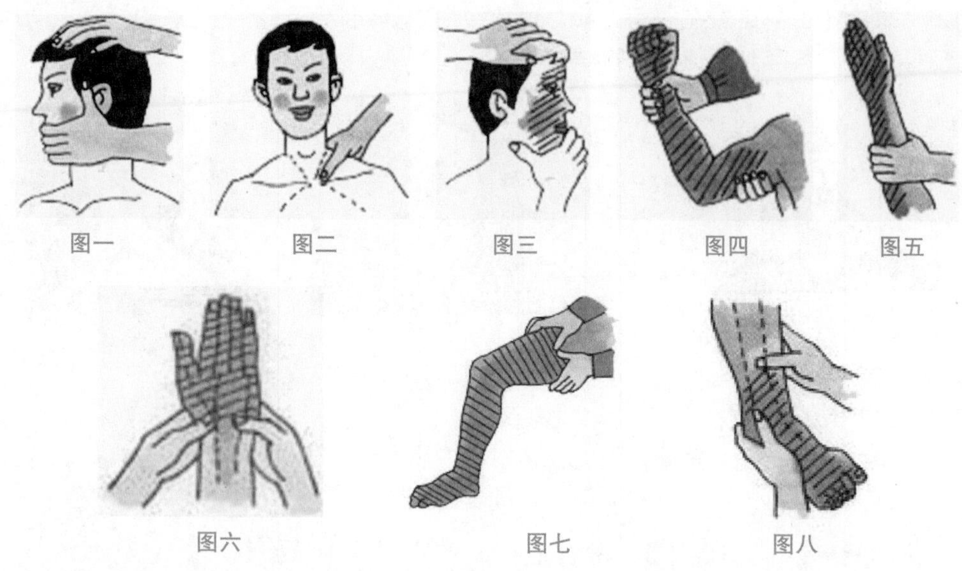

图一 图二 图三 图四 图五

图六 图七 图八

（二）直接压迫法

1. 用消毒纱布或清洁的织物、纸等敷在伤口上，用手压迫（图一）。
2. 尽量抬高受伤部位，使之超过心脏水平线（图二）。
3. 用绷带或毛巾扎紧伤口，注意不要扎得过紧（图三）。

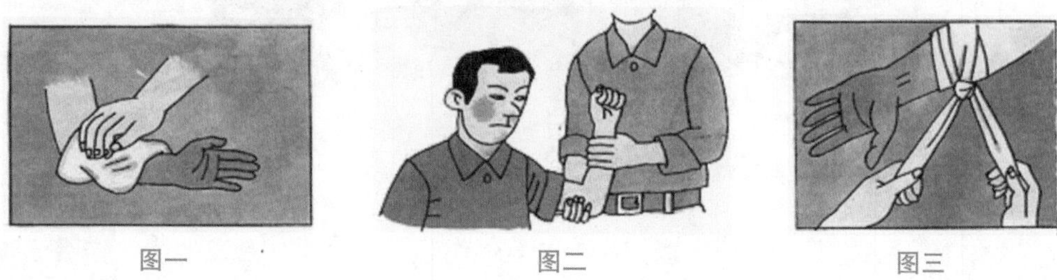

图一 图二 图三

三、包　扎

包扎可保护伤口，减少感染，为进一步抢救伤病员创造条件。其基本的要求是动作要快且轻，不要碰撞伤口，包扎要牢靠，防止脱落。包扎材料常可用绷带、三角巾或毛巾、手帕、布块等。

（一）三角巾包扎法

三角巾包扎的基本要领是快、准、轻、牢。

快——包扎的动作要快；

准——敷料盖准后不要移动；

轻——动作要轻，不要碰撞伤口；

牢——包扎要牢靠。

◆ 头部包扎法

将三角巾底边正中点放在眉间上部，顶角经头顶垂到脑后，然后将底边经耳上向后拉，在枕部压住顶角，再回到额部拉紧打结。

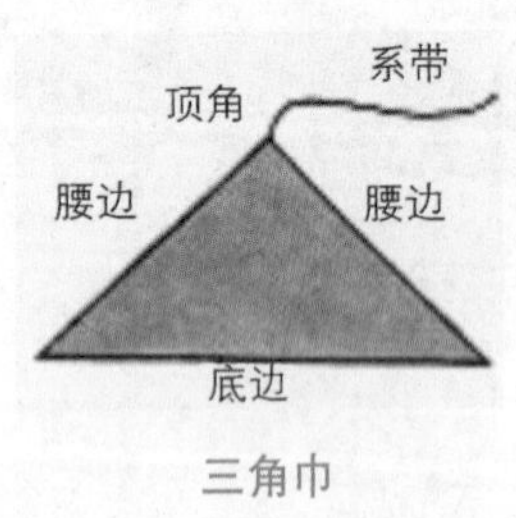

三角巾

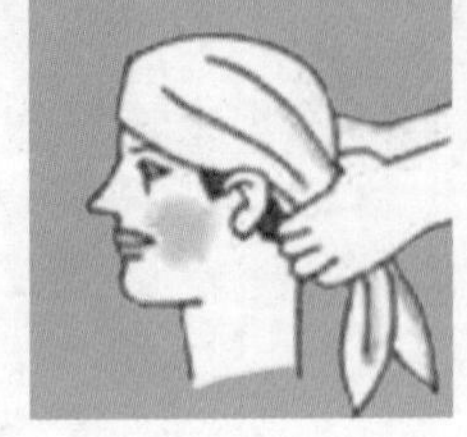
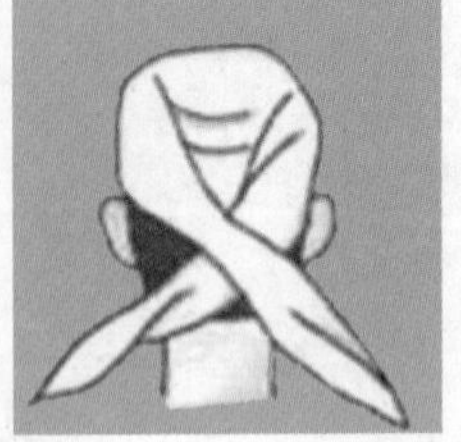

头部包扎法

◆ 面部三角巾剪洞法

把三角巾一折二，在顶角处打结，顶角对准伤者中指至腕横纹，折成一条线，从折叠处对准伤者中指二节，又折成一条线；再从折叠处对准伤者中指一节；最后把第二、第三条线折成两角，对准第一线，用剪刀剪成弧形，即留出口、眼、鼻。

◆ 单眼包扎法

将三角巾折成三指宽的带形，以上 1/3 处盖住伤眼，下 2/3 从耳下端绕向脑后至健侧，在健侧眼上方前额处反折后，转向伤侧耳上打结固定。

◆ 肩部包扎法

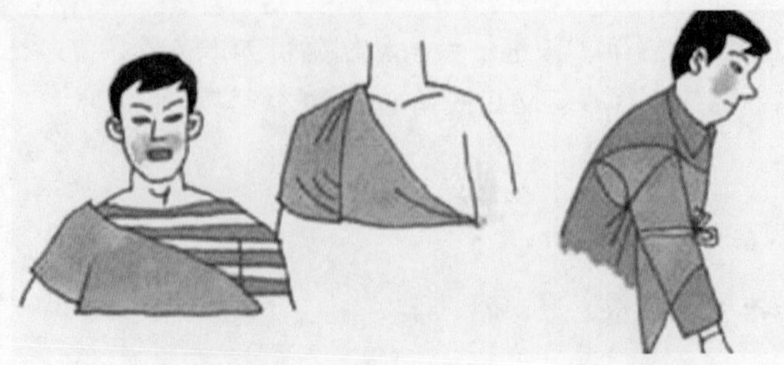

把三角巾一底角斜放在胸前对侧腋下，将三角巾顶角盖住后肩部，用顶角系带在上臂三角肌处固定，再把另一个底角上翻后拉，在腋下两角打结。

（二）毛巾包扎法

当缺乏专用包扎材料时也可用干净的毛巾、布块等简易材料包扎伤口。

毛巾包扎注意点：角要拉得紧，结要打得牢；包扎要贴实，松紧要适宜。

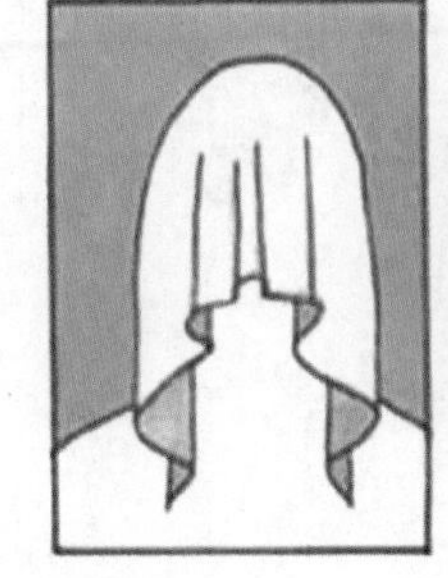

◆ **头部帽式包扎法**

毛巾横放在头顶中间，上边对准眉毛上，上边两角拉到枕后下打结，下边两角拉向颌下打结。

◆ **单眼包扎法**

把毛由折叠成“枪”式盖住伤眼，毛巾两角围额在枕下打结；用绳子扣住毛巾一角，在颌下与健侧面部毛巾处打结。

◆ **下颌兜式包扎法**

将毛巾折成四指宽，一端扣上系带，把毛巾托住下颌往上提，系带与毛巾一端在头上颞部交叉绕前在耳旁扎结。

单眼包扎法

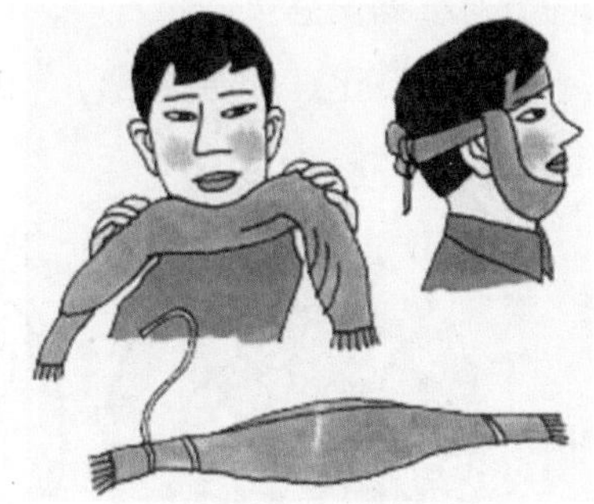
下颌兜式包扎法

◆ **单胸包扎法**

把毛巾一角对准伤侧肩缝，上翻底边至胸部，毛巾两端在背后打结，并用一根绳子再固定毛巾一角。

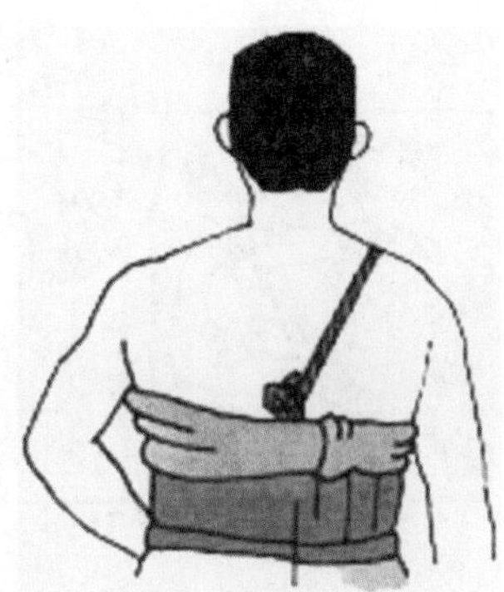

◆ 肘（膝）关节包扎法

将毛巾折成带形包住关节，两端系带在肘（膝）窝交叉，在外侧打结固定。

◆ 手臂包扎法

把毛巾一角打结对准中指，用另一角包住手掌，再围臂螺旋形绕好，用系带打结固定。

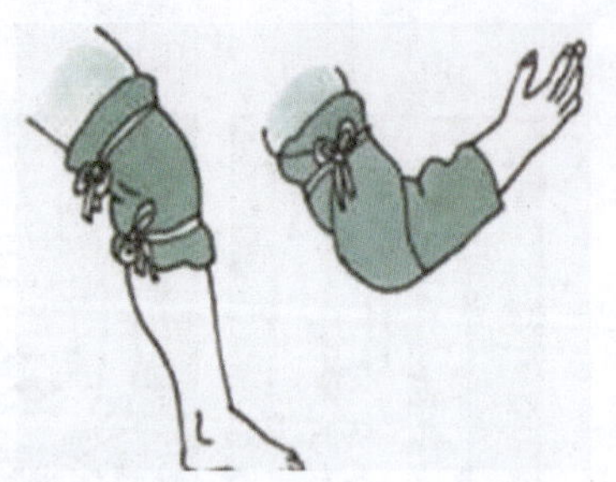

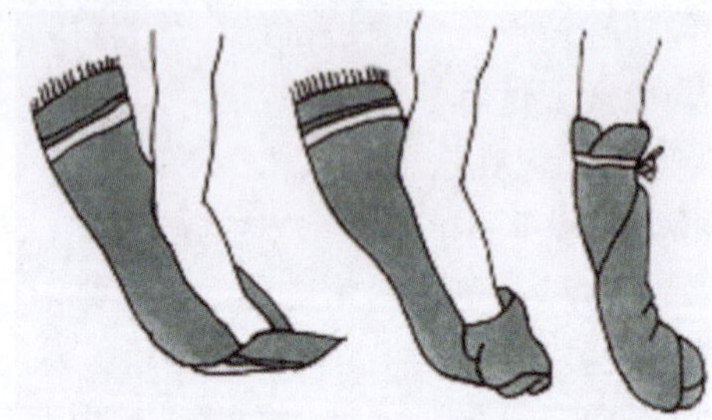

技能训练

技能训练一　简易搬运

搬运伤员可根据伤病员的情况，因地制宜，选用不同的搬运工具和方法，搬运时注意搬运体位，动作要轻且迅速，避免震动，尽量减少伤员痛苦。

◆ 徒手单人搬运

扶持法　　抱持法　　背负法

◆ 双人搬运

椅托式　　轿扛式　　拉车式

◆ 制作简易担架搬运

在没有担架的情况下，可用椅子、门板、毯子、衣服、大衣、绳子、竹竿、梯子等代替担架。

技能训练二　骨折固定

骨折通常用夹板固定，夹板一般用木料、塑料、铁器等制成，也可就地取材用竹竿、树枝、木棒、木板等代替夹板，临时固定。

◆ 上臂骨折固定法

夹板放置骨折上臂外侧，骨折突出部分要加垫，然后固定肘、肩两关节，用三角巾将上臂屈曲悬胸前，再用三角巾将伤肢固定于伤员胸、廓。

◆ 前臂骨折固定法

夹板放置骨折前臂外侧，骨折突出部分要加垫，然后固定肘、腕两关节（腕部 8 字形固定），用三角巾将前臂屈曲悬胸前，再用三角巾将伤肢固定于胸廓。

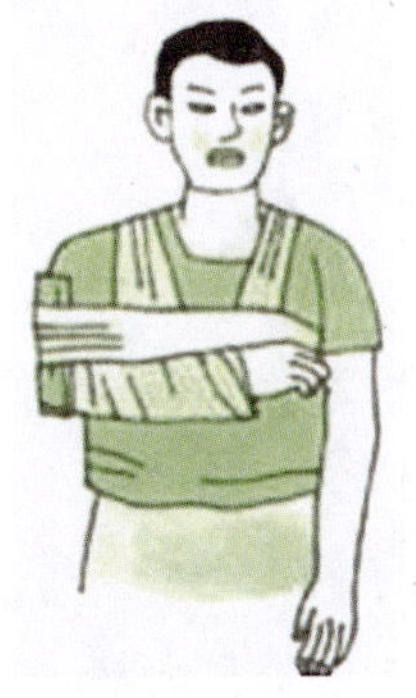

上臂骨折固定法

前臂骨折固定法

◆ 下肢自体固定法

将患者两下肢合并，在膝关节处，膝关节上、下处，踝关节处，大腿根部各扎一条三角巾，打结在健侧下肢、踝关节处 8 字形固

◆ 小腿骨折固定法

将夹板放置骨折小腿外侧，骨折突出部分要加垫，然后固定伤口上下两端，固定膝、踝两关节（8 字形固定踝关节），夹板顶端再固定。

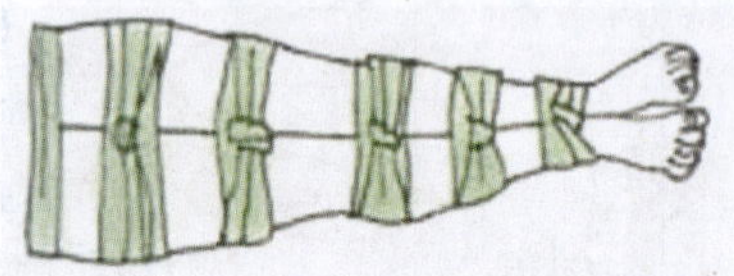

下肢自体固定法

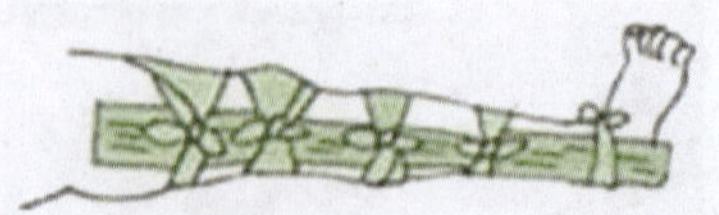

小腿骨折固定法

技能训练三　徒手心肺复苏

徒手心肺复苏术是一种抢救技术，它不是医护人员的专利，它是广大群众应该熟悉和掌握的一种急救术。

徒手心肺复苏术不需要任何医疗器械。徒手心肺复苏术主要应用于猝死的病人。首先判定病人是不是猝死，包括突然神志丧失，颈动脉搏动消失，自主呼吸停止，双侧瞳孔散大，等等。

1. 轻拍伤病者肩部（或面部），并在其耳边大声呼唤："喂!你怎么啦？"以试其反应。

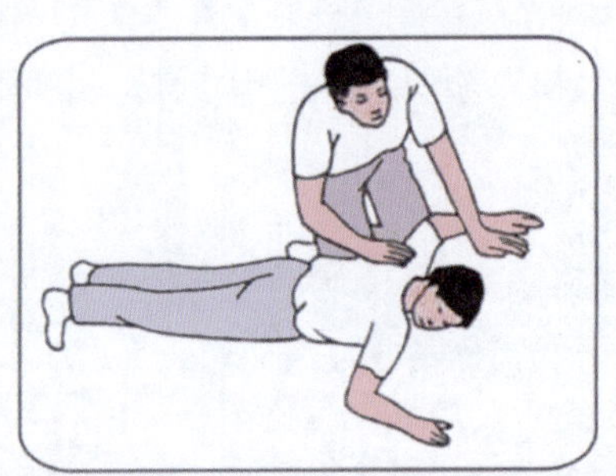

轻拍呼喊，试其反应

2. 伤病者对轻拍、呼唤无反应，表明其已丧失意识，立即在原地高声呼救："快来人呀!救命啊!"若有他人，先拨打急救电话，后参与共同现场抢救。

高声呼救，急救电话

3. 体位：病人仰卧于地上或木板上，头上不垫枕头及其他物品，这是心肺复苏术的正确体位，如果病人俯卧，应将其翻转为仰卧位，手法要轻柔，特别要注意头颈部，一定不能用力过大。如果病人躺在松软的床上，背部要垫上木板。

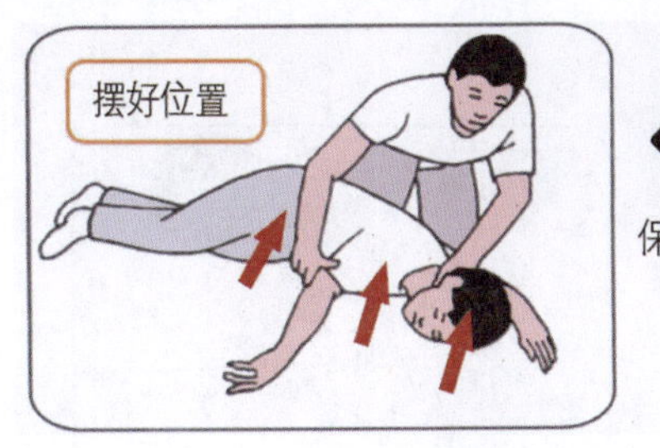

保护头颈部，仰卧体位

4. 开通气道：仰头举颌（颏）法，先清理口腔异物（呕吐物、血块等）去掉义齿，一手食指、中指置于下颏处，抬起下颏，使头后仰，一手托颈后，头后仰的程度以下颌和耳垂的连线与地面垂直为宜，后仰不要过度。

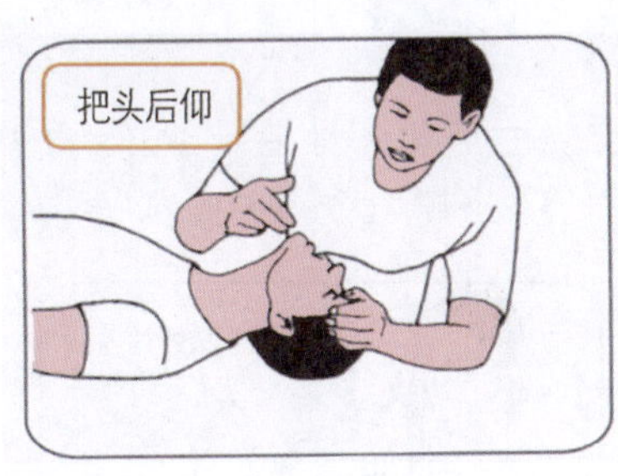

仰头举颏，开放气道

5. 判断呼吸：一看、二听、三感觉。

看：胸部或腹部有无起伏。

听：口、鼻有无呼吸声音。

感觉：口、鼻有无气流溢出。

现场要尽量组织好对伤病员的脱险救援工作，救护人员要有分工，也要有合作。

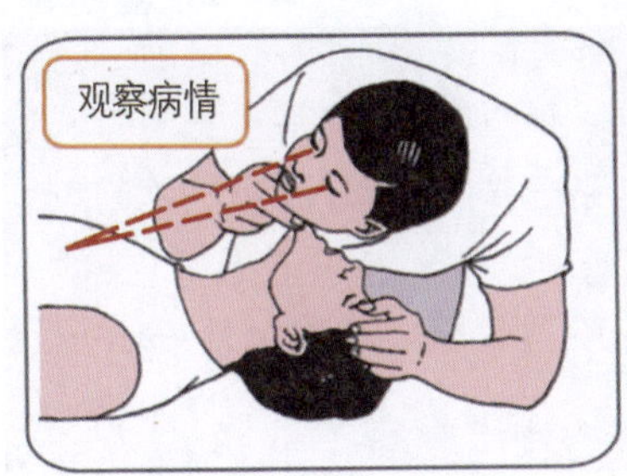

看、听、感觉判断呼吸

6. 口对口人工呼吸：放在前额的手拇指和食指掐紧鼻孔，将口包住病人的口，先深呼吸一口，然后吹 2 次气，吹气时不要用力过猛。吹气后，病人胸部有起伏说明人工呼吸有效。如颈动脉搏动消失，既可以认定心跳停止（颈动脉位置在喉结旁 2 ~ 3 cm 处）。

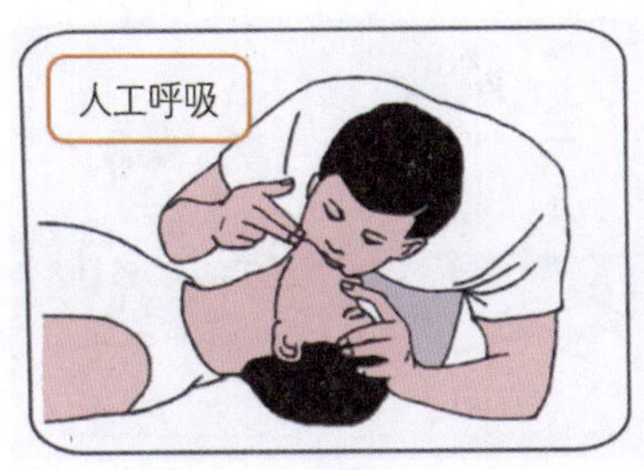

人工呼吸，吹气2次

7. 检查脉搏和心跳。

检查脉搏，判断心跳

8. 胸外按压：

按压部位：前胸正中，胸骨下1/2处。

按压频率：每分钟60～100次。

按压深度：3～5 cm。

按压手法：一手掌放于胸骨下1/2处，手掌与胸骨平行，另一手重叠在手背上，两手指交叉抬起，脱离胸壁，双肩绷直，双肩垂直在胸骨上方正中，以肩、臂力量向下按压。

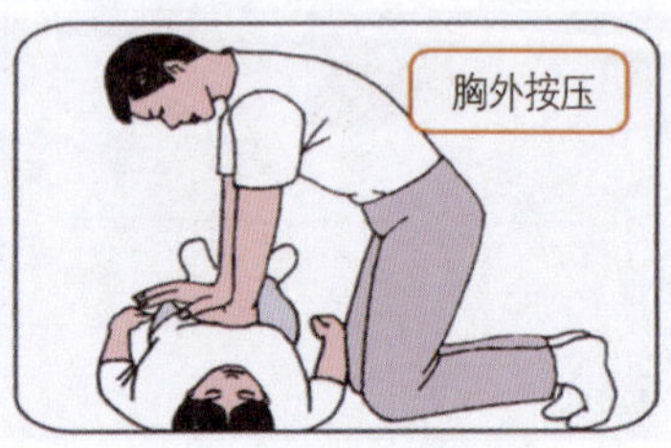

挤压15次，双臂绷直

注意事项：

（1）胸外按压要不间断进行；

（2）垂直用力向下，不要左右摆动；

（3）向下按压和放松时间均等；

（4）放松时手掌也不要离开胸壁。

如呼吸、心跳停止，人工呼吸、心外按压时要同时进行。吹气时，停止按压。心外按压时不要吹气，两者可轮换进行。

一人做：按15∶2的比例进行，即先吹两口气，然后胸外心脏按压15次。周而复始，直至有人接替为止。

二人做：按5∶1的比例进行，即一人吹一口气，一人心外按压5次。吹气的时候，停止按压。心外按压时不要吹气，两者可轮换进行。直至专业急救人员赶到为止。自救互救的同时急呼120。

9. 如果发现有严重出血，应立即采取措施进行止血

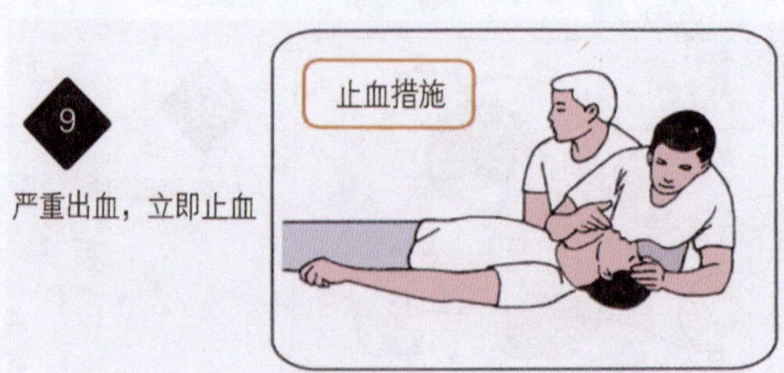

严重出血，立即止血

任务完成

（一）小组讨论

将班上学生分成小组，各小组选一位组长带领组员，讨论急救知识的重要性，并在班上演示各种急救的方法。

（二）小组评价

现场急救时应知应会的知识有哪些?

（三）综合评价

综合评价包括小组内的自评、互评和老师对各小组工作的系统评价。主要评价项目见附录。

作　业

1. 简述施工现场发生不同事故的简单急救方法或过程。
2. 简述徒手心肺复苏做法。

情境三

施工临时用电安全控制

近年来，随着建筑业的迅速发展，建设工程施工现场临时用电的范围日益扩大，施工现场用电设备越来越多。由于施工现场临时用电工程在设计、施工、管理上的不规范，以及电工、操作人员素质参差不齐等因素，导致触电、电气火灾等事故时有发生。据建设部统计，每年全国建筑业因工伤亡事故中，触电死亡人数占11%。因此，为切实贯彻执行2005年7月1日正式颁布实施的《施工现场临时用电安全技术规范》(JGJ 46—2005)，方便广大建筑工程施工现场安全管理人员、电气工程技术人员、现场电工、电气设备操作人员和其他技术人员学习新规程，实现施工现场临时用电安全管理的标准化、规范化，确保施工现场临时用电安全，防止触电事故和电气火灾的发生。

学习目标

1. 知道基本安全用电常识。

2. 能够对基本触电情况进行判断并会采取触电急救措施。

3. 知道临时用电管理的主要内容并可以发现现场临时用电的问题。

学习任务一

触电事故预防

事故案例

案例一：上海嘉金高速公路二期五标由中铁四局集团有限公司总包，4 工区由中铁十二局集团有限公司分包，其中砖莘公路跨线桥工程由上海海钢混凝土制品有限公司承建，上海嘉环混凝土有限公司供应商品混凝土。2005 年 9 月 28 日 19 时左右，上海海钢混凝土制品有限公司一职工手扶泵车出料管浇注跨线桥挡土墙底板时，因泵车输送管触及南侧 10 m 左右高的 10 kV 高压线，该职工不慎触电，经送泗泾医院抢救无效死亡。死者：欧某，男，28 岁，安徽省霍邱县人。

案例二：施工人员王某等 2 人进行消防水管湾头焊接工作时，王某操作电焊不慎触电，后经 120 抢救无效身亡。事故原因：电焊焊把破损，导致触电。

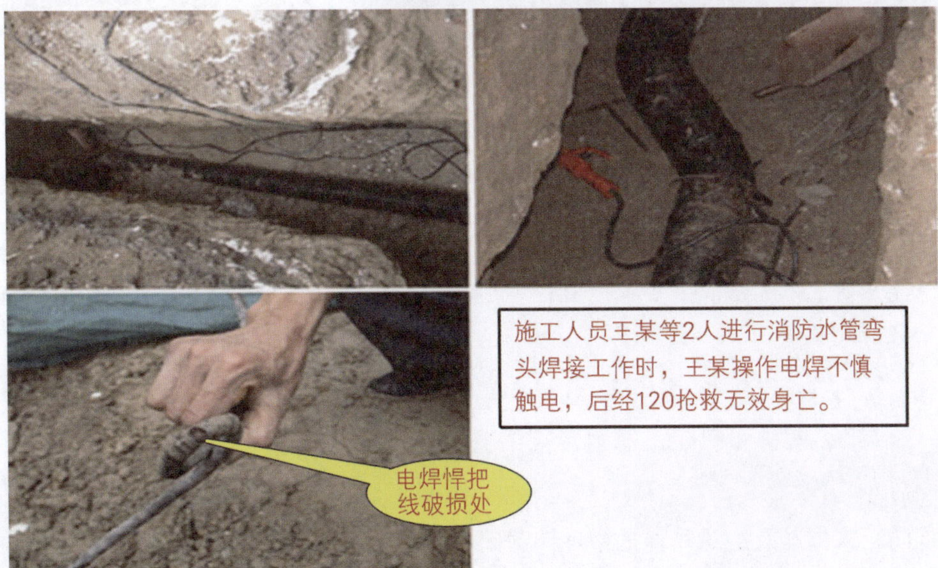

安全用电常识

思考一下

安全用电知识涉及哪些基本内容？施工用电作业中经常会发生的安全事故类型有哪些？如何避免或者减少用电安全事故的发生？

任务描述

建筑施工现场使用的机械设备中，绝大部分都是以电作为能源的，随着机械化施工水平的提高，使用电动机械、接触电气设备的人增多，但是其中极大部分不是电气专业人员，他们对安全用电的知识和技能水平又相对偏低。为了在建筑施工现场做到安全用电，就必须使每一施工人员掌握电的一些基本规律和基本特性，对安全用电的知识有个全面的了解，这样才能在安装和使用电气设备过程中，防止发生人身伤亡、电气火灾和设备事故。

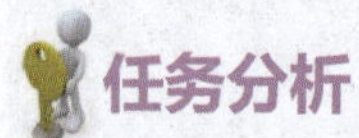

任务分析

一、电流对人体的伤害

电流对人体的伤害有三种：电击、电伤和电磁场伤害。

电击是指电流通过人体，破坏人体心脏、肺及神经系统的正常功能。

电伤是指电流的热效应、化学效应和机械效应对人体的伤害；主要是指电弧烧伤、熔化金属溅出烫伤等。

电磁场生理伤害是指在高频磁场的作用下，人会出现头晕、乏力、记忆力减退、失眠、多梦等神经系统的症状。

一般认为：电流通过人体的心脏、肺部和中枢神经系统的危险性比较大，特别是电流通过心脏时，危险性最大。所以人体从手到脚的电流途径最为危险。

触电还容易因剧烈痉挛而摔倒，导致电流通过全身并造成摔伤、坠落等二次事故。

二、防止触电的技术措施

（一）绝缘、屏护和间距是最为常见的安全措施

① 绝缘。

它是防止人体触及绝缘物，把带电体封闭起来。瓷、玻璃、云母、橡胶、木材、胶木、塑料、布、纸和矿物油等都是常用的绝缘材料。

应当注意：很多绝缘材料受潮后会丧失绝缘性能或在强电场作用下会遭到破坏，丧失绝缘性能。

② 屏护。

即采用遮拦、护照、护盖箱闸等把带电体同外界隔绝开来。电器开关的可动部分一般不能使用绝缘，而需要屏护。高压设备不论是否有绝缘，均应采取屏护。

③ 间距。

就是保证必要的安全距离。间距除用以防止触及或过分接近带电体外，还能起到防止火灾、防止混线、方便操作的作用。在低压工作中，最小检修距离不应小于 0.1 m。

（二）接地和接零

① 接地。

指与大地的直接连接，电气装置或电气线路带电部分的某点与大地连接，电气装置或其他装置正常时不带电部分某点与大地的人为连接都叫接地。

② 保护接地。

为了防止电气设备外露的不带电导体意外带电造成危险，将该电气设备经保护接地线与深埋在地下的接地体紧密连接起来的做法叫保护接地。

由于绝缘破坏或其他原因而可能呈现危险电压的金属部分，都应采取保护接地措施。如电机、变压器、开关设备、照明器具及其他电气设备的金属外壳都应予以接地。一般低压系统中，保护接地电阻值应小于 4 Ω。

③ 保护接零。

就是把电气设备在正常情况下不带电的金属部分与电网的零线紧密地连接起来；称为 TN 系统。

人体对于电的忍受能力很低，当外部电流通过人体承受范围外就会生产永久性的伤害，即感电灾害。此电掣程度与通过人体电流的大小、频率、路径、体重有关。

<table>
<tr><th rowspan="3">感电影响</th><th colspan="6">电流/mA</th></tr>
<tr><th colspan="2">直流</th><th>60 Hz</th><th>交流</th><th>10 000 Hz</th><th>交流</th></tr>
<tr><th>男</th><th>女</th><th>男</th><th>女</th><th>男</th><th>女</th></tr>
<tr><td>感知电流：开始有刺激</td><td></td><td></td><td></td><td></td><td></td><td></td></tr>
<tr><td>可脱逃电流：肌肉尚可自由活动</td><td></td><td></td><td></td><td></td><td></td><td></td></tr>
<tr><td>不可脱逃电流：肌肉无法自由活动</td><td></td><td></td><td></td><td></td><td></td><td></td></tr>
<tr><td>休壳电流：肌肉收缩、呼吸困难</td><td></td><td></td><td></td><td></td><td></td><td></td></tr>
<tr><td>心脑瘫痪电流值：心室痉挛、呼吸停止</td><td></td><td></td><td></td><td></td><td></td><td></td></tr>
</table>

④ 保护零线。

在施工现场有专用变压器的，由接地极直接引出保护零线连接各设备金属外壳。施工现场没有专用变压器的，应由工作接地线、配电室（总配电箱）电源侧零线或总漏电保护器电源侧零线引出；称为 TN-S 系统。

（三）装设漏电保护装置

为了保证在故障情况下人身和设备的安全，应尽量装设漏电流动作保护器。它可以在设备及线路漏电时通过保护装置的检测机构转换取得异常信号，经中间机构转换和传递，然后促使执行机构动作，自动切断电源，起到保护作用。

（四）采用安全电压

这是用于小型电气设备或小容量电气线路的安全措施。根据欧姆定律，电压越大，电流也就越大。因此，可以把可能加在人身上的电压限制在某一范围内，使得在这种电压下，通过人体的电流不超过允许范围，这一电压就叫做安全电压。安全电压的工频有效值不超过 50 V，直流不超过 120 V。

我国规定工频有效值的等级为 42 V，36 V，24 V，12 V 和 6 V。凡手提照明灯、高度不足 2.5 m 的一般照明灯，如果没有特殊安全结构或安全措施，应采用 42 V 或 36 V 安全电压。

凡金属容器内、电梯井内等工作地点狭窄、行动不便以及周围有大面积接地导体的环境，使用手提照明灯时应采用 12 V 安全电压。

（五）加强绝缘

加强绝缘就是采用双重绝缘或另加总体绝缘，即保护绝缘体以防止通常绝缘损坏后的触电。

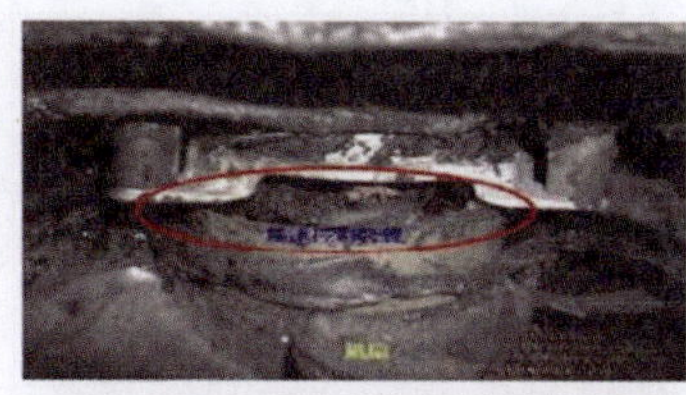

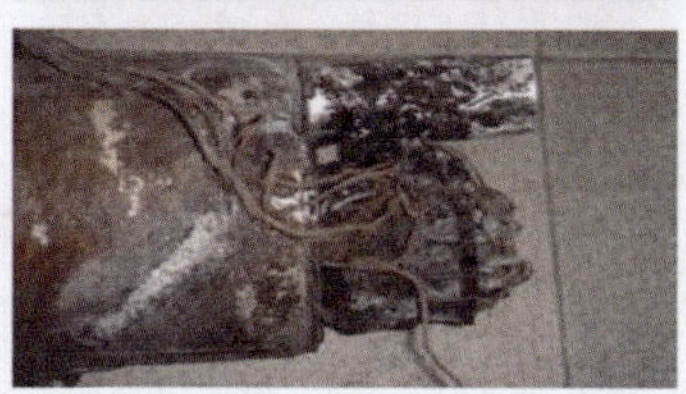

三、电气火灾的预防

电器、照明设备、手持电动工具以及通常采用单相电源供电的小型电器，有时会引起火灾，其原因通常是电气设备选用不当或由于线路年久失修，绝缘老化造成短路，或由于用电量增加、线路超负荷运行，维修不善导致接头松动，电器积尘、受潮、热源接近电器，电器接近易燃物和通风散热失效等。

其防护措施主要是合理选用电气装置。例如，在干燥少尘的环境中，可采用开启式和封闭式；在潮湿和多尘的环境中，应采用封闭式；在易燃易爆的危险环境中，必须采用防爆式。

防止电气火灾，还要注意线路电器负荷不能过高，注意电器设备安装位置距易燃可燃物不能太近，注意电气设备进行是否异常，注意防潮等。

四、静电、雷电、电磁危害的防护措施

（一）静电的防护

生产工艺过程中的静电可以造成多种危害。在挤压、切割、搅拌、喷溅、流体流动、感应、摩擦等作业时都会产生危险的静电，由于静电电压很高，又易发生静电火花，所以特别容易在易燃易爆场所中引起火灾和爆炸。静电防护一般采用静电接地，增加空气的湿度，在物料内加入抗静电剂，使用静电中和器和工艺上采用导电性能较好的材料，降低摩擦、流速、惰性气体保护等方法来消除或减少静电产生。

（二）雷电的防护

雷电危害的防护一般采用避雷针、避雷器、避雷网、避雷线等装置将雷电直接导入大地。避雷针主要用来保护露天变配电设备、建筑物和构筑物；避雷线主要用来保护电力线路；避雷网和避雷带主要用来保护建筑物；避雷器主要用来保护电力设备。

（三）电磁危害的防护

电磁危害的防护一般采用电磁屏蔽装置。高频电磁屏蔽装置可由铜、铝或钢制成。金属或金属网可有效地消除电磁场的能量，因此可以用屏蔽室、屏蔽服等方式来防护。屏蔽装置应有良好的接地装置，以提高屏蔽效果。

相关知识

一、电气安全用具

电气安全用具按功能可分为操作用具和防护用具两类。

（一）操作用具

高压设备的操作用具有绝缘杆、绝缘夹钳和高压验电器等。低压设备的操作用具有装有绝缘手柄的工具、低压验电笔等。

◆ **验电器**

验电器是测试电气设备是否带电的一种安全用具，使用时应注意：

（1）验电时必须选用电压等级合适而且合格的验电器，并在电源和设备进出线两侧各相分别验电。

（2）验电前应在有电设备上进行试验，确保验电器良好。

（3）验电器要保持清洁干燥，按规定进行电气试验。

（4）高压验电要戴绝缘手套。使用验电笔时，注意人的手指不要碰到金属部分，以防止触电。

◆ **绝缘杆**

绝缘杆主要用于断开和闭合高压刀闸、跌落式熔断器、安装或拆除临时接地线、进行正常的带电测量和试验等。使用中应注意：

（1）下雨、雾或潮湿天气，在室外使用绝缘杆，应装有防雨的伞形罩，下部保持干燥。

（2）绝缘杆要有足够的强度，使用中要穿戴好绝缘手套和绝缘靴。

（3）使用中要防止碰撞，以避免损坏表面的绝缘层。

（4）绝缘杆要定期进行电气试验，平日要妥善保管并应防潮。

常用电气绝缘工具试验一览表

序号	名称	电压等级/kV	周期	交流耐压/kV	时间/min	泄漏电流/mA	附注
1	绝缘棒	6～10	每年一次	44	5		
		35～154		四倍相电压			
		220		三倍相电压			
2	绝缘夹钳	35及以下	每年一次	三倍相电压	5		
		110		260			
		220		400			
3	验电笔	6～10	每六个月一次	40	5		发光电压不高于额定电压的25%
		20～35		105			
4	绝缘手套	高压	每六个月一次	8	1	≤9	
		低压		2.5		≤2.5	
5	橡胶绝缘靴	高压	每六个月一次	15	1	≤7．5	

序号	名称	电压等级/kV	周期	交流耐压/kV	时间/min	泄漏电流/mA	附 注
6	核相器电阻管	6	每六个月一次	6	1	1.7～2.4	
		10		10			
7	绝缘绳	高压	每六个月一次	105/0.5 mm	5	1.4～1.7	

◆ **绝缘夹钳**

主要用于拆卸 35 kV 以下电力系统中的高压熔断器等项工作。

绝缘夹钳应保存好，必须按规定进行电气试验，使用时不允许装接地线。

（二）防护用具

◆ **绝缘手套**

在低压操作中是基本安全用具，但在高压操作中只能作为辅助安全用具使用。使用前要进行外观检查。戴绝缘手套的长度至少应超过手腕 10 cm，要戴到外衣衣袖的外面。严禁用医疗或化学用的手套代替绝缘手套使用，并要按规定做电气试验。

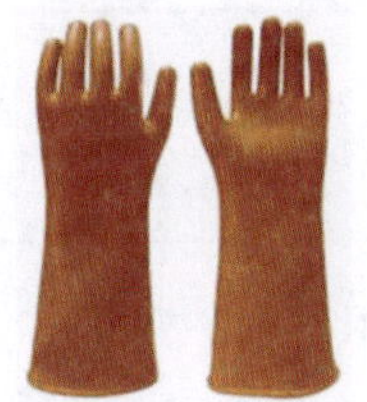

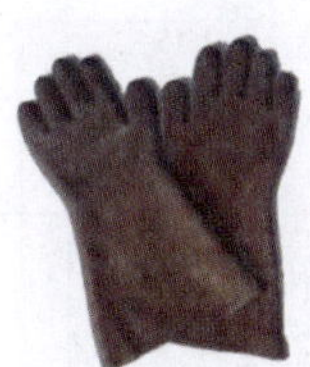

◆ **绝缘靴**

作为辅助安全用具使用。为防跨步电压触电可作为基本安全用具。不能用普通防雨胶靴代替绝缘靴，并应将绝缘靴放在专用的柜子里，温度一般在 5～20 ℃，湿度在 50%～70%较合适。使用前要进行外观检查，并要定期进行电气试验。

◆ **绝缘垫**

这是一种辅助安全用具，铺在配电装置的地面上，以便在进行操作时增强人员的对地绝缘，防止接触电压与跨步电压对人体的伤害。绝缘垫厚度不应小于 5 mm，若有破损应禁止使用。并要求做电气试验。

◆ **绝缘台**

绝缘台用干燥坚固的方木条制作，四角用瓷瓶作为支撑物，从地面到方木条底面的距离不应小于 10 cm。绝缘台要放在干燥的地方，经常保持清洁，一旦发现木条松脱或瓷瓶破裂，应立即停止使用。绝缘台要求做电气试验。

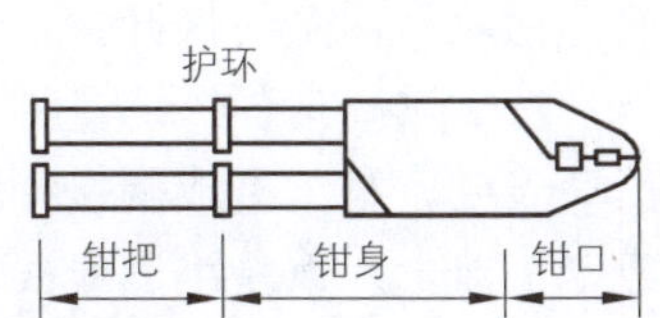

◆ **遮栏**

遮栏分为固定遮栏和临时遮栏两种，其作用是把带电体同外界隔离开来。装设遮栏应牢固，并悬挂各种不同的警告标示牌，遮栏高度不应低于 1.7 m。

◆ **登高作业安全用具**

包括梯子、高凳、安全腰带、安全绳、脚扣、登高板等用具。梯子和高凳可用木材制作，梯子有靠梯和人字梯，使用靠梯时，梯脚与墙之间的距离不得小于梯长的 1/4。为限制人字梯和高凳的开角度，两侧之间应加拉绳，梯脚要加胶套。在梯子上工作时，梯顶一般不应低于工作人员的腰部。脚扣和登高板是登杆用具，应有良好的防滑性能。安全腰带（绳）是防止坠落的安全用具，一般用皮革、帆布或化学纤维材料制成，不允许使用一般绳带代替。登高安全用具试验标准见下表。

登高安全工具试验标准表

名　　称	试验静拉力/N	试验周期	外表检查周期	试验时间/min
安全带　大皮带 　　　　小皮带	2 205 1 470	半年一次	每月一次	5
安全绳	2 205	半年一次	每月一次	5
升降板	2 205	半年一次	每月一次	5
脚　扣	980	半年一次	每月一次	5
竹（木梯）	试验荷重 1 765 N（180 kg）	半年一次	每月一次	5

二、电气安全测量

进行电气测量时，除应正确选择仪表外，还要会正确地使用。常用电工仪表大体上可分为指示仪表和比较仪表两类。指示仪表如电流表、电压表、钳形电流表、绝缘电阻表、万用表、电能表、功率表、接地电阻表等。比较仪表如单臂电桥、双臂电桥、电位差计等。这里主要介绍常用仪表的使用及注意事项。

（一）主要电工仪表的使用

◆ **万用表**

（1）测量前应检查表笔位置，红表棒接“+”端，黑表棒接“-”端。测量电压时，应并联接入被测电路；测量电流时应串联接入被测电路。在测量直流电流、电压时，红表笔接正极，黑表笔接负极。

（2）根据测量对象，将转换开关拨到相应档位。有的万用表有两个转换开关，一个选择测量种类，另一个改变量程，在使用时应先选择测量种类，然后选择量程。测量种类一定要选择准确，如果误用电流或电阻挡去测电压，就有可能损坏表头，甚至造成测量线路短路。选择量程时，应尽可能使被测量值达到表头量程的 1/2 或 2/3 以上，以减小测量误差，若事先不知道被测量的大小，应先选用最大量程试测，再逐步换用适当的量程。

（3）读数时，要根据测量的对象在相应的标尺读取数据。标尺端标有“DC”或“－”标记为测量直流电流和直流电压时用；标尺端标有“AC”或“～”标记是测量交流电压时用；标有“Ω”的标尺是测量电阻专用的。

（4）测量电阻时应注意以下事项：

① 选择适当的倍率挡，使指针尽量接近标度尺的中心部分，以确保读数比较准确。在测量时，指针在标度尺上的指示值乘以倍率，即被测电阻的阻值。

② 测量电阻之前，或调换不同倍率挡后，都应将两表笔短接，用调零旋钮调零，调不到零位时应更换电池。测量完毕，应将转换开关拨到交流电压最高挡上或空挡上，以防止表笔短接，造成电池短路放电。同时也防止下次测量时忘记拨挡，去测量电压，烧坏表头。

③ 不能带电测量电阻，否则不仅得不到正确的读数，还有可能损坏表头。

④ 用万用表测量半导体元件的正、反向电阻时，应用 R×100 挡，不能用高阻挡，以免损坏半导体元件。

⑤ 严禁用万用表的电阻挡直接测量微安表、检流计、标准电池等类仪器仪表的内阻。

（5）测量电压、电流时注意事项：

① 要有人监护，如测量人不懂测量技术，监护人有权制止测量工作。

② 测量时人身不得触及表笔的金属部分，以保证测量的准确性和安全性。

③ 测量高电压或大电流时，在测量中不得拨动转换开关，若不知被测量值有多大时，应将量限置于最高挡，然后逐步向低量限挡转换。

④ 注意被测量的极性，以免损坏。

◆ **兆欧表（即绝缘电阻表）**

（1）兆欧表应按被测电气设备的电压等级选用，一般额定电压在 500 V 以下的设备，选用 500 V 或 1 000 V 的兆欧表（兆欧表的电压过高，可能在测试中损坏设备的绝缘）；额定电压在 500 V 以上的设备，可选用 1 000 V 或 2 500 V 兆欧表；特殊要求的选用 5 000 V 兆欧表。

（2）兆欧表的引线必须使用绝缘较好的单根多股软线，两根引线不能缠在一起使用，引线也不能与电气设备或地面接触。兆欧表的“线路”L 引线端和“接地”E 引线端可采用不同颜色以便于识别和使用。

（3）测量前，兆欧表应做一次检查。检查时将仪表放平，在接线前，摇动手柄，表针应指到“∞”处。再把接线端瞬时短接，缓慢摇动手柄，指针应指在“0”处。否则为兆欧表有故障，必须检修。

（4）严禁带电测量设备的绝缘，测量前应将被测设备电源断开，将设备引出线对地短路放电（对于变压器、电机、电缆、电容器等容性设备应充分放电），并将被测设备表面擦拭干净，以保证安全和测量结果准确。测量完毕后，也应将设备充分放电，放电前，切勿用手触及测量部分和兆欧表的接线柱，以免触电。

（5）接线时，“接地”E 端钮应接在电气设备外壳或地线上，“线路”L 端钮与被测导体连接。测量电缆的绝缘电阻时，应将电缆的绝缘层接到“屏蔽端子”G 上。如果在潮湿的天气里测量设备的绝缘电阻，也应接到 G 端子上，把它连在绝缘支持物上，以消除绝缘物表面的泄漏电流对所测绝缘电阻值的影响。

（6）测量时，将兆欧表放置平稳，避免表身晃动，摇动手柄，使发电机转速慢慢逐渐加快，一般应保持在 120 r/min，匀速不变。如果所测设备短路，应立即停止摇动手柄。测量时，绝缘电阻随着时间长短而不同，一般采用 1 min 读数为准。在测量容性设备时，要有一定的充电时间，测量结束后，先取下测量用引线，再停止摇动摇把手。如数字式绝缘电阻表，不必摇动，只注意放电即可。

◆ 钳形电流表

（1）使用前注意是交流还是交直流两用钳形电流表。

（2）被测电路电压不能超过钳形表上所标明的数值。

（3）每次只能测量一相导线的电流，被测导线应置于钳形窗口中央，不可以将多相导线都夹入窗口测量。

（4）钳形表都有量程转换开关，测量前应先估计被测电流的大小，再决定用哪一量程。若无法估计，可先用最大量程挡，然后适当换小些，以准确读数。不能使用小电流挡去测量大电流，以防损坏仪表。

（5）钳口在测量时闭合要紧密，闭合后如有杂音，可打开钳口重合一次，若杂音仍不能消除时，应检查磁路上各接合面是否光洁，有尘污时要擦拭干净。

（6）由于钳形电流表本身精度较低，通常为 2.5 级或 5.0 级。在测量小电流时，可采用下述方法：先将被测电路的导线绕几圈，再放进钳形表的钳口内进行测量。此时钳形表所指示的电流值并非被测量的实际值，实际电流值应为钳形表的读数除以导线缠绕的圈数。

（7）维修时不要带电操作。因钳形电流表原理同电流互感器，一次线圈匝数少，二次线圈匝数多。一次侧只要有一定大小的电流，二次侧开路时，就会有高电压出现，所以维修钳形电流表时均勿带电操作，以防触电。

（二）线路与设备的测量

◆ 绝缘电阻测量

测量高压设备绝缘，应由两人担任。

测量用的导线，应使用绝缘导线，其端部应有绝缘套。

测量绝缘时，必须将被测设备从各方面断开，验明无电压，确实证明设备无人工作后方可进行。在测量中禁止他人接近设备。

测量线路绝缘时，应取得对方允许后方可进行。

在测量绝缘前后，必须将被试设备对地放电。

在有感应电压的线路上（同杆架设的双回线路或单回路与另一线路有平行段）测量绝缘时，必须将另一回线路同时停电，方可行进。

雷电时，严禁测量线路绝缘。

在带电设备附近测量绝缘电阻时，测量人员和电阻表安放位置，必须选择适当，保持安全距离，以免表引线或引线支持物触碰带电部分。移动引线时，必须注意监护，防止工作人员触电。

◆ 使用钳形电流表的测量工作

在高压回路上使用钳形电流表的测量工作，应由两人进行。严禁用导线从钳形电流表另接表计测量。

使用钳形表时，戴绝缘手套，站在绝缘垫上，不得触及其他设备，以防短路或接地。

观测表计时，要注意保持头部与带电部分的安全距离。

测量高压电缆各相电流时，电缆头线间距离应在 300 mm 以上，且绝缘良好，测量方便时，方可进行。当有一相接地时，严禁测量。

◆ **使用电流表测量电流**

测量直流时，可选用磁电式、电磁式或电动式仪表。要注意接线时表的极性和量程。

测量交流时，可使用电磁式、电动式或感应式等仪表，将电流表串联在被测电路。

需要扩大测量仪表的量限，就将电流表串联在电流互感器的二次侧，电流表可选 5 A 或 1 A 的量程，但测出的数值要乘互感器倍率（变流比）。正常运行中，电流互感器二次侧不能开路。

◆ **电压测量**

测量电路的电压时，将电压表并联在被测电路的两端。

测量直流电压时，要注意仪表接线柱上的“+”和“–”极性标记。

测量高压，可通过电压互感器将 100 V 电压表并接在二次侧，得出的数值要乘电压互感器的变压比。正常运行中，电压互感器二次侧不能短路，否则互感器会因过热而烧坏。

◆ **电能的测量**

测量线路或设备的电能，选用电气机械式仪表或电子数字式仪表皆可。

根据配电制式的不同，可选一只单相电能表或二元件、三元件电能表进行测量。若是高电压大电流，测量电能需用电压互感器和电流互感器，表的读数需乘倍率才是所测之值。

◆ **功率测量**

用功率表测量功率，应正确选择电流量限能容许通过负载电流，电压量限能承受负载电压。

接线按“发电机端规则”进行。

完全对称三相四线制电路的功率，可用一只功率表测量。不对称电路，可用三只单相功率表测量。也可用“三元三相”功率表直接读出数值。

三相三线制电路的功率，可用两只功率表测量，也可用“二元三相”功率表测量。

技能训练

技能训练一　验电器的使用

一、验电器的选择

验电器又叫电压指示器或电笔，是用来检查导线和电器设备是否带电的工具。验电器分为高压和低压两种。

（一）低压验电器

常用的低压验电器叫验电笔，又称试电笔，检测电压范围一般为 60 ~ 500 V，常做成钢笔式或改锥式。

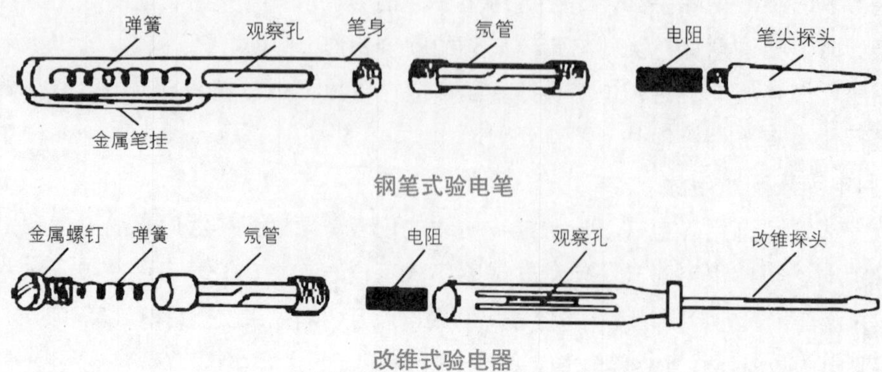

钢笔式验电笔

改锥式验电器

（二）高压验电器

高压验电器主要用来检测高压架空线路、电缆线路、高压用电设备是否带电。

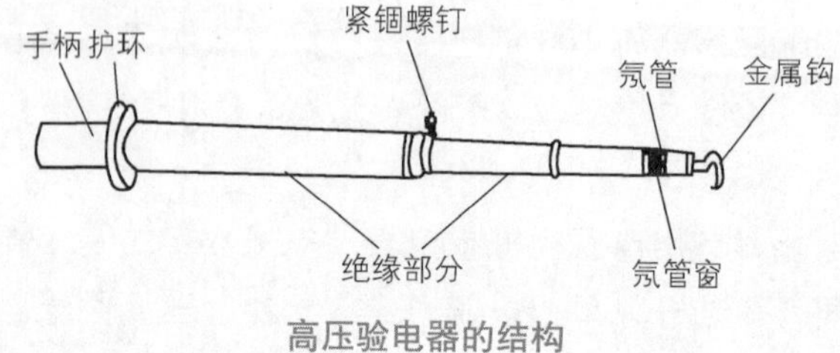

高压验电器的结构

二、低压验电器的使用方法

低压验电器（试电笔）使用时，正确的握笔方法如下图所示。手指触及其尾部金属体，氖管背光朝向使用者，以便验电时观察氖管辉光情况。当被测带电体与大地之间的电位差超过 60 V 时，用试电笔测试带电体，试电笔中的氖管就会发光。低压验电器电压测试范围是 60 ~ 500 V。

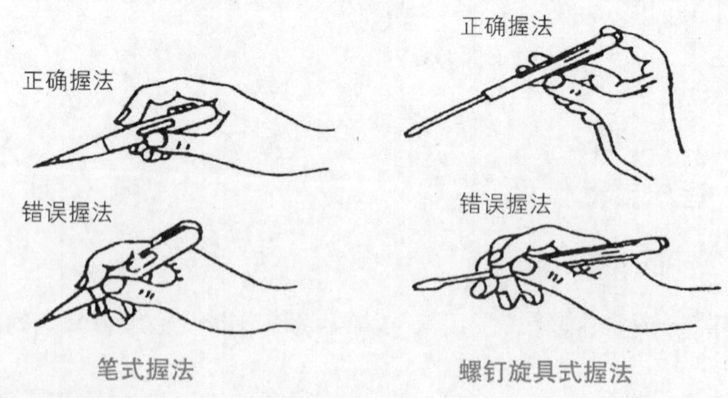

笔式握法　　螺钉旋具式握法

三、低压验电器作用

（1）区别电源相线和零线（中性线），相线发光，零线、地线不发光。

（2）区别直流与交流，被测电压为直流时，氖灯里的两个极只有一个发光，而交流为两个极都发光。

（3）区别直流电源的正、负极并测知直流电是否接地，将试电笔分别接在直流电的正、负极之间，发光的电极所接的是负极，不发光的极所接的为直流电的正极。氖管的前端指验电笔笔尖一端，氖管后端指手握的一端，前端明亮为负极，反之为正极。测试时要注意：若人与大地绝缘，一只手摸电源任一极，另一只手持测电笔，电笔金属头触及被测电源另一极，氖管前端极发亮，所测触的电源是负极；若是氖管的后端极发亮，所测触的电源是正极，这是根据直流单向流动和电子由负极向正极流动的原理。

在要求对地绝缘的直流装置中，人站在地上用验电笔接触直流电，如果氖泡发光，说明直流电存在接地现象；反之则不接地。当验电笔尖端一极发亮时，说明正极接地，若手握的一极发亮，则是负极接地。值得注意的是，不得随便拔掉或损坏验电笔工作触头金属部位的绝缘套保护管，防止在测量电源时，手指误碰工作触头金属部位，从而避免触电伤害事故的发生

（4）区别电压高低，被测导电体电压越高，氖管发光亮度越大。如果氖管灯光发亮至黄红色，则电压较高；如氖管发暗微亮至暗红，则电压较低。

（5）检查电源相线对地漏电，对地漏电的那一相电源测试时亮度较弱。

判断交流电的同相和异相。两手各持一支验电笔，站在绝缘体上，将两支笔同时触及待测的两条导线，如果两支验电笔的氖泡均不太亮，则表明两条导线是同相；若发出很亮的光说明是异相。

四、高压验电器的使用方法

高压验电器使用时，应特别注意的是，手握部位不得超过护环，还应戴好绝缘手套。高压验电器握法如右图所示。

高压验电器

五、高压验电器的使用注意事项

（1）验电器使用前应在确有电源处测试检查，确认验电器良好后方可使用。

（2）验电时应将电笔逐渐靠近被测体，直至氖管发光。只有在氖管不发光时，并在采取防护措施后，才能与被测物体直接接触。

（3）使用高压验电器验电时，应一人测试，一人监护；测试人必须戴好符合耐压等级的绝缘手套；测试时要防止发生相间或对地短路事故；人体与带电体应保持足够的安全距离。

（4）在雪、雨、雾及恶劣天气情况下不宜使用高压验电器，以避免发生危险。

技能训练二　识读常用电气安全标示牌及电气图形符号

常用电气安全标示牌

名　称	样　式	尺　寸
禁止合闸　线路有人工作	禁止合闸 线路有人工作	200 mm×160 mm 80 mm×65 mm
禁止合闸　有人工作	禁止合闸 有人工作	200 mm×160 mm
在此工作	在此工作	250 mm×250 mm
从此上下	从此上下	250 mm×250 mm
从此进出	从此进出	250 mm×250 mm
止步　高压危险	止 步 高压危险	200 mm×160 mm
禁止操作　有人工作	禁止操作 有人工作	200 mm×160 mm
禁止攀登　高压危险	禁止攀登 高压危险	200 mm×160 mm 500 mm×400 mm

电阻器、电容器、电感器和变压器图形符号

图形符号	名称与说明	图形符号	名称与说明
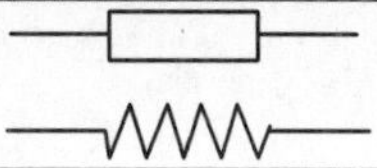	电阻器一般符号		电感器、线圈、绕组或扼流图（注:符号中半圆数不得少于3个）
	可变电阻器或可调电阻器		带磁芯、铁芯的电感器
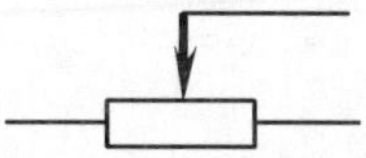	滑动触点电位器		带磁芯连续可调的电感器
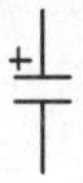	极性电容	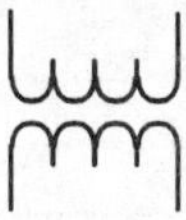	双绕组变压器（注：可增加绕组数目）
	可变电容器或可调电容器	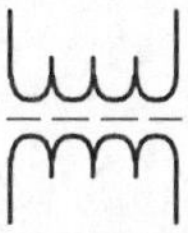	绕组间有屏蔽的双绕组变压器（注：可增加绕组数目）
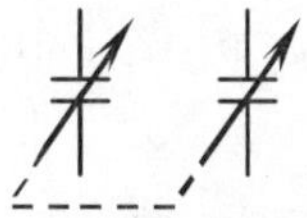	双联同调可变电容器（注：可增加同调联数）	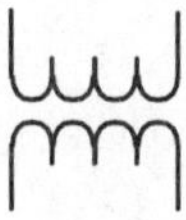	在一个绕组上有抽头的变压器
	微调电容器		

半导体管

图形符号	名称与说明	图形符号	名称与说明
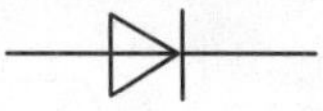	二极管的符号	（1） 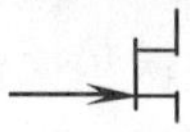 （2） 	JFET 结型场效应管 （1）N 沟道 （2）P 沟道
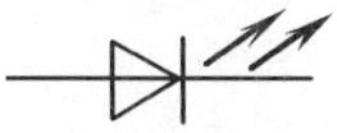	发光二极管		
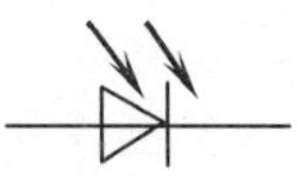	光电二极管	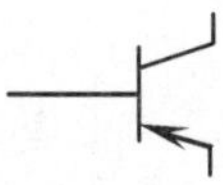	PNP 型晶体三极管
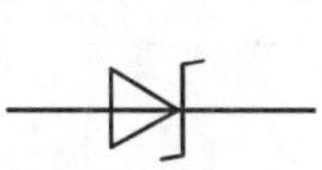	稳压二极管	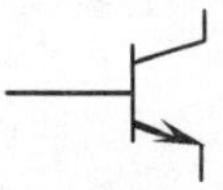	NPN 型晶体三极管
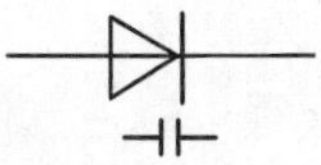	变容二极管	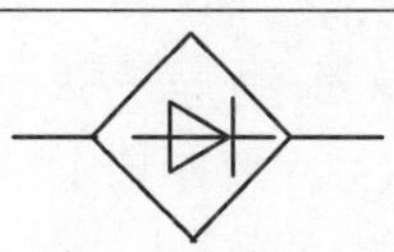	全波桥式整流器

其他电气图形符号

图形符号	名称与说明	图形符号	名称与说明
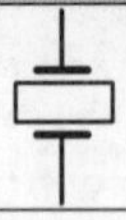	具有两个电极的压电晶体（注：电极数目可增加）	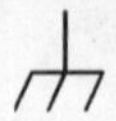 或 	接机壳或底板
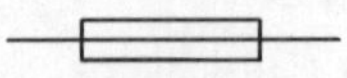	熔断器	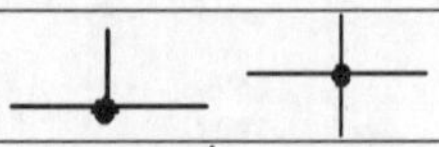	导线的连接
	指示灯及信号灯	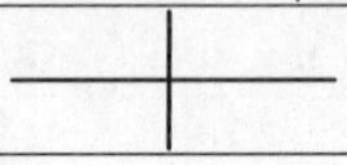	导线的不连接
	扬声器		动合（常开）触点开关
	蜂鸣器		动断（常闭）触点开关
	接大地	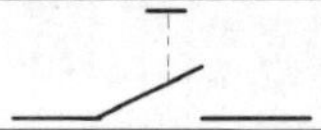	手动开关

技能训练三　触电急救

触电急救必须分秒必争，立即就地迅速用心肺复苏法进行抢救，并坚持不断地进行，同时及早与医疗部门联系，争取医务人员接替救治。在医务人员未接替救治前，不应放弃现场抢救，更不能只根据没有呼吸或脉搏擅自判定伤员死亡，放弃抢救。只有医生有权作出伤员死亡的诊断。

一、脱离电源

触电急救，首先要使触电者迅速脱离电源，越快越好。因为电流作用的时间越长，伤害越重。

1. 脱离电源就是要把触电者接触的那一部分带电设备的开关、刀闸或其他断路设备断开；或设法将触电者与带电设备脱离。在脱离电源中，救护人员既要救人，也要注意保护自己。

2. 触电者未脱离电源前，救护人员不准直接用手触及伤员，因为有触电的危险。

3. 如触电者处于高处，解脱电源后会自高处坠落，就要采取预防措施。

4. 触电者触及低压带电设备，救护人员应设法迅速切断电源，如拉开电源开关或刀闸，拔除电源插头等；或使用绝缘工具、干燥的木棒、木板、绳索等不导电的东西解脱触电者；也可抓住触电者干燥而不贴身的衣服，将其拖开，切记要避免碰到金属物体和触电者的裸露身躯；也可戴绝缘手套或将手用干燥衣物等包起绝缘后解脱触电者；救护人员也可站在绝缘垫上或干木板上，绝缘自己进行救护。为使触电者与导电体解脱，最好用一只手进行。

5. 如果电流通过触电者入地，并且触电者紧握电线，可设法用干木板塞到身下，与地隔离，也可用干木把斧子或有绝缘柄的钳子等将电线剪断。剪断电线要分相，一根一根地剪断，并尽可能站在绝缘物体或干木板上。

6. 触电者触及高压带电设备，救护人员应迅速切断电源，或用适合该电压等级的绝缘工具（戴绝缘手套、穿绝缘靴并用绝缘棒）解脱触电者。救护人员在抢救过程中应注意保持自身与周围带电部分必要的安全距离。

7. 如果触电发生在架空线杆塔上，如系低压带电线路，若可能立即切断线路电源的，应迅速切断电源，或者由救护人员迅速登杆，束好自己的安全皮带后，用带绝缘胶柄的钢丝钳、干燥的不导电物体或绝缘物体将触电者拉离电源；如系高压带电线路，又不可能迅速切断电源开关的，可采用抛挂足够截面的适当长度的金属短路线方法，使电源开关跳闸。抛挂前，将短路线一端固定在铁塔或接地引下线上，另一端系重物，但抛掷短路线时，应注意防止电弧伤人或断线危及人员安全。不论是何级电压线路上触电，救护人员在使触电者脱离电源时要注意防止发生高处坠落的可能和再次触及其他有电线路的可能。

8. 如果触电者触及断落在地上的带电高压导线，且尚未确证线路无电，救护人员在未做好安全措施（如穿绝缘靴或临时双脚并紧跳跃地接近触电者）前，不能接近断线点至 8 ~ 10 m 范围内，防止跨步电压伤人。触电者脱离带电导线后亦应迅速带至 8 ~ 10 m 以外后立即开始触电急救。只有在确证线路已经无电，才可在触电者离开触电导线后，立即就地进行急救。

9. 救护触电伤员切除电源时，有时会同时使照明失电，因此应考虑事故照明、应急灯等临时照明。新的照明要符合使用场所防火、防爆的要求。但不能因此延误切除电源和进行急救。

二、脱离电源后的处理

（一）伤员的应急处置

触电伤员如神志清醒者，应使其就地躺平，严密观察，暂时不要站立或走动。

触电伤员如神志不清者，应就地仰面躺平，且确保气道通畅，并用 5 s 时间，呼叫伤员或轻拍其肩部，以判定伤员是否意识丧失。禁止摇动伤员头部呼叫伤员。

需要抢救的伤员，应立即就地坚持正确抢救，并设法联系医疗部门接替救治。

（二）呼吸、心跳情况

触电伤员如意识丧失，应在 10 s 内，用看、听、试的方法，判定伤员呼吸心跳情况。

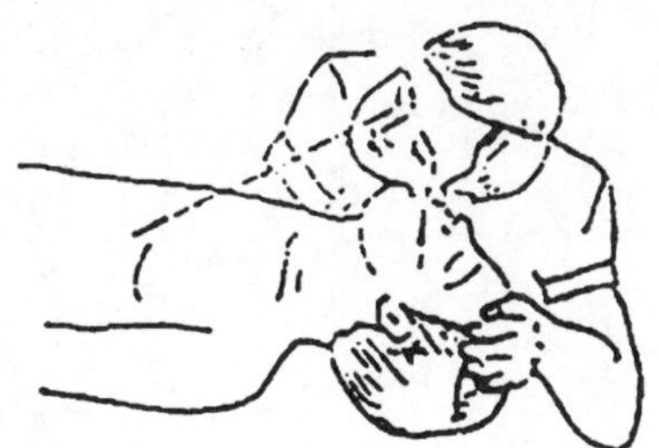
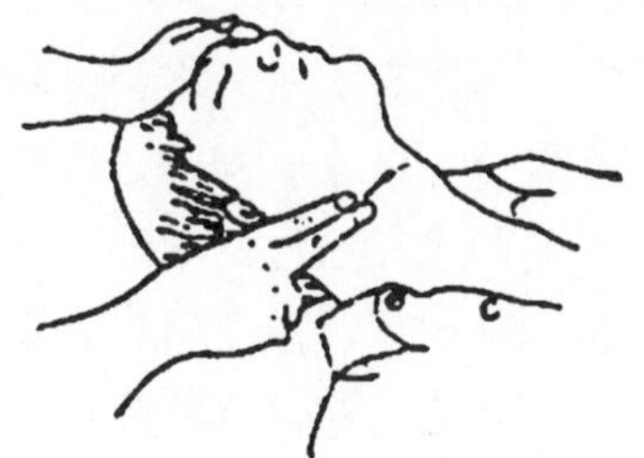

看、听、试

看——看伤员的胸部、腹部有无起伏动作；听——用耳贴近伤员的口鼻处，听有无呼气声音；试——试测口鼻有无呼气的气流。再用两手指轻试一侧（左或右）喉结旁凹陷处的颈动脉有无搏动。若看、听、试结果为既无呼吸又无颈动脉搏动，可判定呼吸心跳停止。

三、心肺复苏

触电伤员呼吸和心跳均停止时，应立即按心肺复苏法支持生命的三项基本措施，即通畅气道、口对口（鼻）人工呼吸、胸外按压（人工循环），正确进行就地抢救。

（一）通畅气道

（1）触电伤员呼吸停止，重要的是始终确保气道通畅。如发现伤员口内有异物，可将其身体及头部同时侧转，迅速用一个手指或用两手指交叉从口角处插入，取出异物；操作中要注意防止将异物推到咽喉深部。

（2）通畅气道可采用仰头抬颏法。用一只手放在触电者前额，另一只手的手指将其下颌骨向上抬起，两手协同将头部推向后仰，舌根随之抬起，气道即可通畅（判断气道是否通畅）。严禁用枕头或其他物品垫在伤员头下，头部抬高前倾，会更加重气道阻塞，且使胸外按压时流向脑部的血流减少，甚至消失。

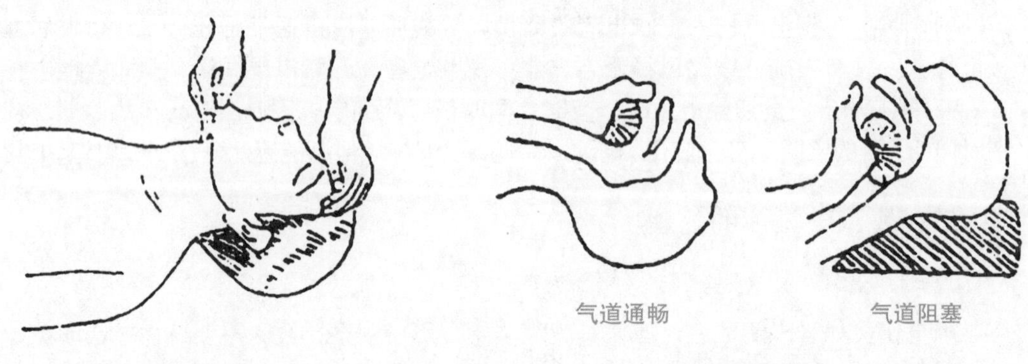

仰头抬颏法　　气道状况

（二）口对口（鼻）人工呼吸

（1）在保持伤员气道通畅的同时，救护人员用放在伤员额上的手的手指捏住伤员鼻翼，深吸气后，与伤员口对口紧合，在不漏气的情况下，先连续大口吹气两次，每次 1～1.5 s。如两次吹气后试测颈动脉仍无搏动，可判定心跳已经停止，要立即同时进行胸外按压。

（2）除开始时大口吹气两次外，正常口对口（鼻）呼吸的吹气量不需过大，以免引起胃膨胀。吹气和放松时要注意伤员胸部应有起伏的呼吸动作。吹气时如有较大阻力，可能是头部后仰不够，应及时纠正。

（3）触电伤员如牙关紧闭，可口对鼻人工呼吸。口对鼻人工呼吸吹气时，要将伤员嘴唇紧闭，防止漏气。

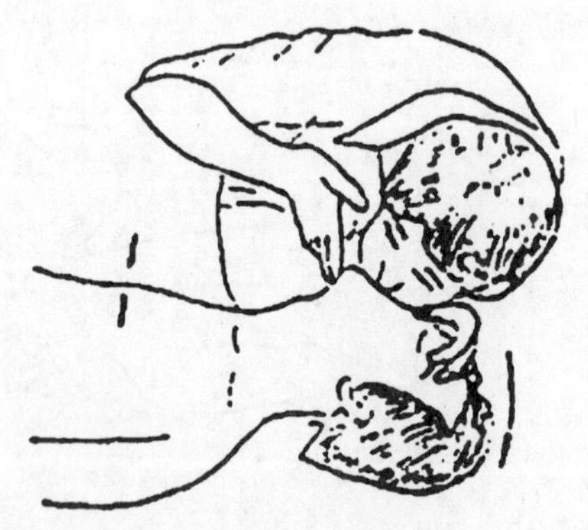

口对口人工呼吸

（三）胸外按压

（1）正确的按压位置是保证胸外按压效果的重要前提。确定正确按压位置的步骤：右手的食指和中指沿触电伤员的右侧肋弓下缘向上，找到肋骨和胸骨接合处的中点；两手指并齐，中指放在切迹中点（剑突底部），食指平放在胸骨下部；另一只手的掌根紧挨食指上缘，置于胸骨上，即为正确按压位置。

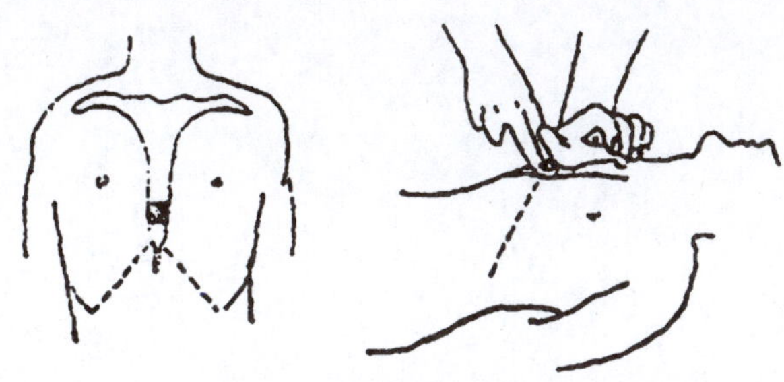

正确的按压位置

（2）正确的按压姿势是达到胸外按压效果的基本保证。

使触电伤员仰面躺在平硬的地方，救护人员立或跪在伤员一侧肩旁，救护人员的两肩位于伤员胸骨正上方，两臂伸直，肘关节固定不屈，两手掌根相叠，手指翘起，不接触伤员胸壁；以髋关节为支点，利用上身的重力，垂直将正常成人胸骨压陷 3～5 cm（儿童和瘦弱者酌减）；压至要求程度后，立即全部放松，但放松时救护人员的掌根不得离开胸壁。按压必须有效，有效的标志是按压过程中可以触及颈动脉搏动。

（3）操作频率：胸外按压要以均匀速度进行，每分钟 80 次左右，每次按压和放松的时间相等；胸外按压与口对口（鼻）人工呼吸同时进行，其节奏为：单人抢救时，每按压 15 次后吹气 2 次（15∶2），反复进行；双人抢救时，每按压 5 次后由另一人吹气 1 次（5∶1），反复进行。

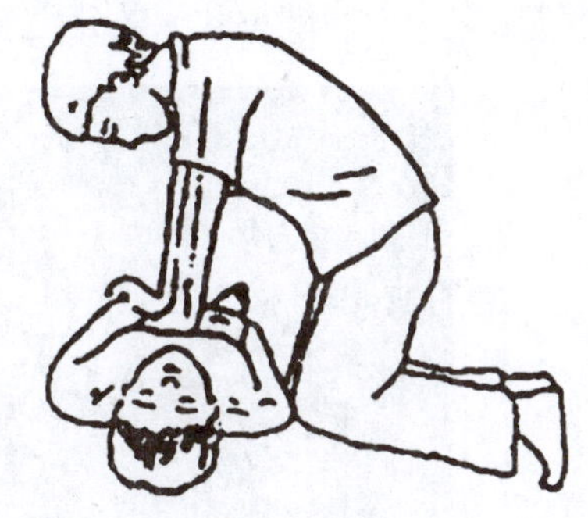

按压姿势与用力方法

任务完成

（一）小组讨论

将班上学生分成小组，各小组选一位组长带领组员，完成对事故案例的分析，找出事故发生的原因，总结事故教训和编制简单的触电预防措施，形成各小组的成果，并上台讲解展示。

（二）小组评价

安全用电的基本常识有哪些？

（三）综合评价

综合评价包括小组内的自评、互评和老师对各小组工作的系统评价。主要评价项目见附录。

作 业

1. 给大家讲述一下安全用电的常识。
2. 识读常用电气安全标示牌及电气图形符号。
3. 简述防止触电的技术措施。
4. 会对触电采取正确的急救措施。

学习任务二

临时用电管理

事故案例

开元广场安装工程由浙江省开元安装集团有限公司承包。2005 年 9 月 23 日 9：30 时左右，一辅工从商场三楼二号强电间应急电源 EPS 柜桩头上接单机箱电源时，不慎触电，经送松江区中心医院抢救无效死亡。死者：裘某，男，18 岁，江西省婺源县人。

思考一下

临时施工用电管理包括哪些内容?

任务描述

施工现场 20%的死亡是由触电事故而造成的。而施工现场大多为临时用电，用电过程中存在很多不确定的因素，因此更加有必要对临时用电进行严格管理，这样才能保证安全生产及人身安全。

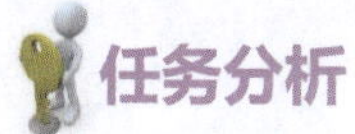

任务分析

一、配电箱及开关箱设置

1. 施工现场临时用电工程中的电源采用 TN-S 220/380 V 三相五线制低压电力系统，必须符合下列规定：① 采用三级配电系统；② 采用 TN-S 接零保护系统；③ 采用二级漏电保护系统。

2. 配电箱分为三级箱，电动工具不得直接接在二级箱上，必须使用三级箱（开关箱），且一组开关箱仅能接一台电动工具。开关箱采一机、一闸、一漏、一箱。

3. 开关箱“一机、一闸、一漏、一箱”制原则，分电盘与开关箱的距离不得超过 30 m，开关箱与其控制的固定式用电设备的水平距离不得超过 3 m。

4. 二级箱油漆得为黄色或橘色、面板以红漆喷绘危险字体、图案及编号（编号为白色），并标示公司名称、配线位置图、保管维护告示表及配电盘检查表。

5. 使用电力作业场所，随时张贴或悬挂警示标志，提醒用电安全。

送电

停　电

小心有电

配电重地
闲人莫入

设备在检修

禁止合闸

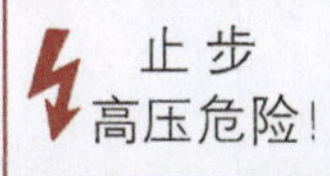

禁止攀登
高压危险！

高 压
生命危险！

禁止合闸
有人工作

临时电箱设置图

二、配电系统设置

1. 建筑施工现场临时用电工程专用的电源中性点直接接地的220/380 V三相四线制低压电力系统，必须符合下列规定：采用三级配电系统；采用TN-S接零保护系统；采用二级漏电保护系统。

2. 临时用电组织设计及变更时，必须履行“编制、审核、批准”程序，由电气工程技术人员组织编制，经相关部门审核及具有法人资格企业的技术负责人批准后实施。变更用电组织设计时应补充有关图纸资料。

3. 临时用电工程必须经编制、审核、批准部门和使用单位共同验收，合格后方可投入使用。

4. 临时用电工程定期检查应按分部、分项工程进行，对安全隐患必须及时处理，并应履行复查验收手续。

5. 在施工现场专用变压器的供电的TN-S接零保护系统中，电气设备的金属外壳必须与保护零线连接。保护零线应由工作接地线、配电室（总配电箱）电源侧零线或总漏电保护器电源侧零线处引出。

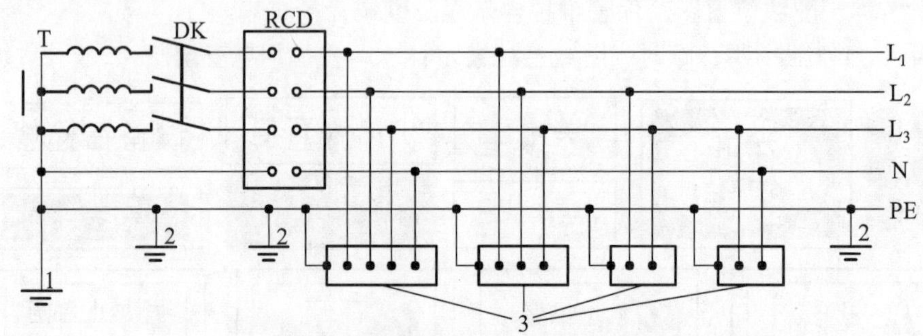

专用变压器供电时TN–S接零保护系统示意

1—工作接地；2—PE线重复接地；3—电气设备金属外壳（正常不带电的外露可导电部分）；L_1，L_2，L_3—相线；N—工作零线；PE—保护零线；DK—总电源隔离开关；RCD—总漏电保护器（兼有短路、过载、漏电保护功能的漏电断路器）

6. 当施工现场与外电线路共用同一供电系统时，电气设备的接地、接零保护应与原系统保持一致。不得一部分设备作保护接零，另一部分设备作保护接地。重复接地线必须与PE线相连接，严禁与N线相连接。采用TN系统作保护接零时，工作零线（N线）必须通过总漏电保护器，保护零线（PE线）必须由电源进线零线重复接地处或总漏电保护器电源侧零线处，引出形成局部TN-S接零保护系统。严禁利用大地做相线或零线。

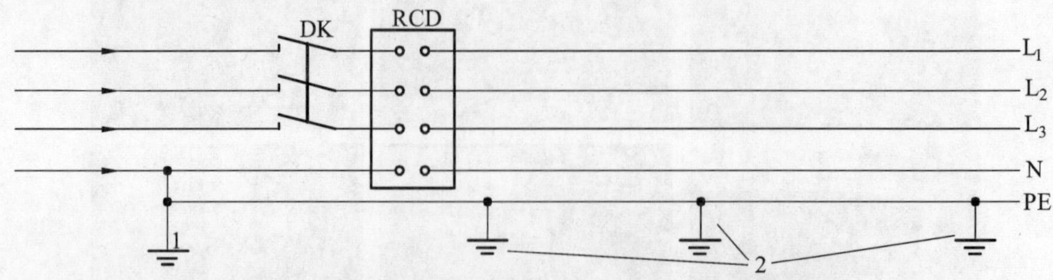

三相四线供电时局部TN–S接零保护系统保护零线引出示意

1—NPE线重复接地；2—PE线重复接地；L_1，L_2，L_3—相线；N—工作零线；PE—保护零线；DK—总电源隔离开关；RCD—总漏电保护器（兼有短路、过载、漏电保护功能的漏电断路器）

7. PE 线所用材质与相线、工作零线（N 线）相同时，其最小截面应符合下表规定。

PE 线截面与相线截面的关系

相线芯线截面 S/m²	PE 线最小截面/m²
$S≤16$	5
$16<S≤35$	16
$S>35$	$S/2$

8. PE 线上严禁装设开关或熔断器，严禁通过工作电流，且严禁断线。

9. 相线、N 线、PE 线的颜色标记必须符合以下规定：相线 L1（A）、L2（B）、L3（C）相序的绝缘颜色依次为黄、绿、红色；N 线的绝缘颜色为淡蓝色；PE 线的绝缘颜色为绿/黄双色。任何情况下上述颜色标记严禁混用和互相代用。

10. TN 系统中的保护零线除必须在配电室或总配电箱处做重复接地外，还必须在配电系统的中间处和末端处做重复接地。在 TN 系统中，保护零线每气处重复接地装置的接地电阻值不应大于 10 Ω。在工作接地电阻值允许达到 10 Ω的电力系统中，所有重复接地的等效电阻值不应大于 10 Ω。

11. 做防雷接地机械上的电气设备，所连接的 PE 线必须同时做重复接地，同一台机械电气设备的重复接地和机械的防雷接地可共用同一接地体，但接地电阻应符合重复接地电阻值的要求。

12. 配电室的建筑物和构筑物的耐火等级不低于 3 级，室内配置砂箱和可用于扑灭电气火灾的灭火器；配电室的门向外开、并配锁。

13. 配电柜应装设电源隔离开关及短路、过载、漏电保护电器。电源隔离开关分断时应有明显可见分断点。

14. 配电柜或配电：线路停电维修时，应挂接地线，并应悬挂“禁止合闸、有人工作”停电标志牌，暂停送电必须由专人负责。

15. 发电机组的排烟管道必须伸出室外。发电机组及其控制、配电室内必须配置可用于扑灭电气火灾的灭火器，严禁存放贮油桶。

16. 发电机组电源必须与外电线路电源连锁，严禁并列运行。

17. 发电机组并列运行时，必须装设同期装置，并在机组同步运行后再向负载供电。

18. 电缆中必须包含全部工作芯线和用作保护零线或保护线的芯线。三相四线制配电的电缆线路必须采用五芯电缆。五芯电缆必须包含淡蓝、绿/黄二种颜色绝缘芯线。淡蓝色芯线必须用作 N 线；绿/黄双色芯线必须用作 PE 线，严禁混用。

19. 电缆线路应采用埋地或架空敷设，严禁沿地面明设，并应避免机械损伤和介质腐蚀。埋地电缆路径应设方位标志。

20. 电缆直接埋地敷设的深度不应小于 0.7 m，并应在电缆紧邻上、下、左、右侧均匀敷设不小于 50 mm 厚的细砂，然后覆盖砖或混凝土板等硬质保护层。

21. 配电系统应设置配电柜或总配电箱、分配电箱、开关箱，实行三级配电。

22. 总配电箱以下可设若干分配电箱；分配电箱以下可设若干开关箱。总配电箱应设在靠近电源的区域，分配电箱应设在用电设备或负荷相对集中的区域，分配电箱与开关箱的距离不得超过 30 m，开关箱与其控制的固定式用电设备的水平距离不宜超过 3 m。

23. 每台用电设备必须有各自专用的开关箱，严禁用同一个开关箱直接控制 2 台及 2 台以上用电设备（含插座）。

24. 配电箱、开关箱应采用冷轧钢板或阻燃绝缘材料制作，钢板厚度应为 1.2 ~ 2.0 mm，其中开关箱箱体钢板厚度不得小于 1.2 mm，配电箱箱体钢板厚度不得小于 1.5 mm，箱体表面应做防腐处理。

25. 配电箱的电器安装板上必须分设 N 线端子板和 PE 线端子板。N 线端子板必须与金属电器安装板绝缘；PE 线端子板必须与金属电器安装板做电气连接。进出线中的 N 线必须通过 N 线端子板连接；PE 线必须通过 PE 线端子板连接。

26. 开关箱中漏电保护器的额定漏电动作电流不应大于 30 mA，额定漏电动作时间不应大于 0.1 s。使用于潮湿或有腐蚀介质场所的漏电保护器应采用防溅型产品，其额定漏电动作电流不应大于 15 mA，额定漏电动作时间不应大于 0.1 s。

27. 总配电箱中漏电保护器的额定漏电动作电流应大于 30 mA，额定漏电动作时间应大于 0.1 s，但其额定漏电动作电流与额定漏电动作时间的乘积不应大于 30 mA · s。

28. 配电箱、开关箱的电源进线端严禁采用插头和插座做活动连接。

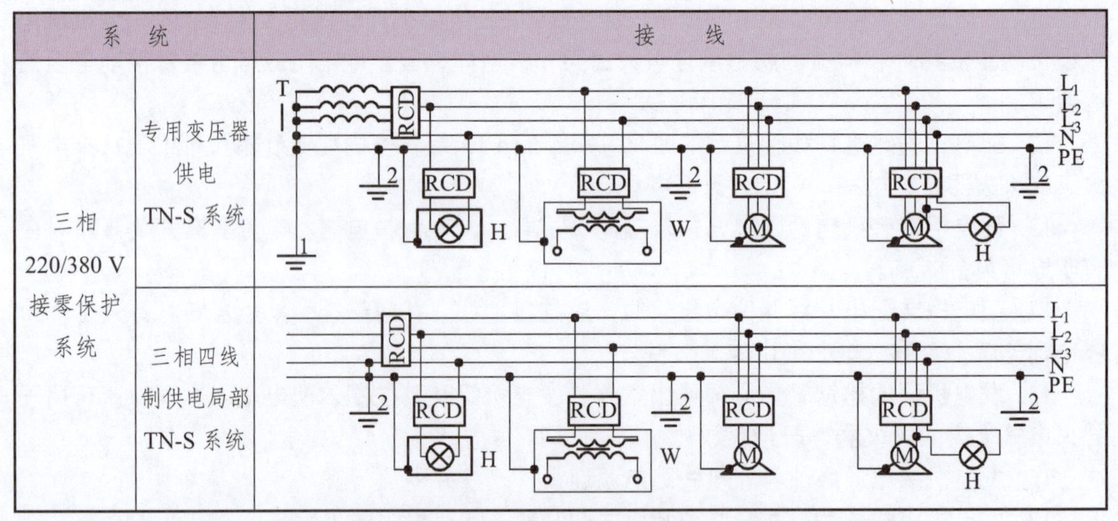

漏电保护器使用接线方法示意

L_1，L_2，L_3—相线；N—工作零线；PE—保护零线，保护线；1—工作接地；2—重复接地；T—变压器；RCD—漏电保护器；H—照明器；W—电焊机；M—电动机

29. 配电箱、开关箱应有名称、用途、分路标记及系统接线图。箱门应配锁，并应由专人负责。应定期检查、维修。检查、维修人员必须是专业电工。检查、维修时必须按规定穿戴绝缘鞋、手套，必须使用电工绝缘工具，并应做检查、维修工作记录。

禁止合闸
有人工作

30. 对配电箱、开关箱进行定期维修、检查时，必须将其前一级相应的电源隔离开关分闸断电，并悬挂“禁止合闸、有人工作”停电标志牌，严禁带电作业。熔断器的熔体更换时，严禁采用不符合原规格的熔体代替。漏电保护器每天使用前应启动漏电试验按钮试跳一次，试跳不正常时严禁继续使用。

31. 电动建筑机械、手持式电动工具及其用电安全装置符合相应的国家现行有关强制性标准的规定，且具有产品合格证和使用说明书；建立和执行专人专机负责制，并定期检查和维修保养；负荷线应按其计算负荷选用无接头的橡皮护套铜芯软电缆。

32. 起重机械要求做重复接地和防雷接地。起重机接地电阻不大于 4 Ω要求。需要夜间工作的塔式起重机，应设置正对工作面的投光灯。

33. 塔身高于 30 m 的塔式起重机，应在塔顶和臂架端部设红色信号灯。

34. 外用电梯和物料提升机在每日工作前必须对行程开关、限位开关、紧急停止开关、驱动机构和制动器等进行空载检查，正常后方可使用。检查时必须有防坠落措施。

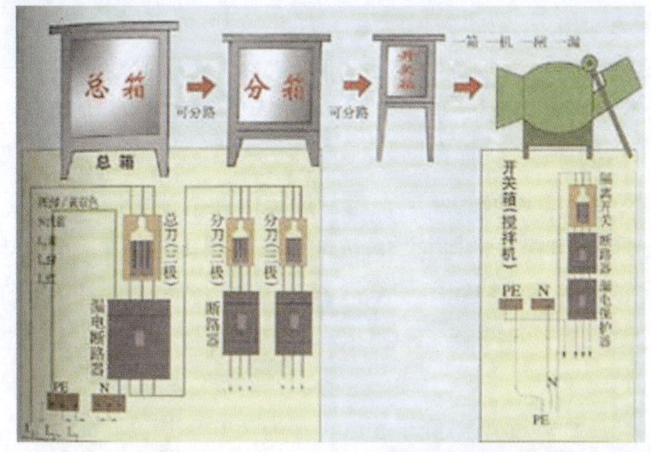

35. 交流弧焊机变压器的一次侧电源线长度不应大于 5 m，其电源进线处必须设置防护罩。

36. 交流电焊机械应配装防二次侧触电保护器。

37. 电焊机械的二次线应采用防水橡皮护套铜芯软电缆，电缆长度不应大于 30 m，不得采用金属构件或结构钢筋代替二次线的地线。

38. 使用电焊机械焊接时必须穿戴防护用品。严禁露天冒雨从事电焊作业。

39. 对混凝土搅拌机、钢筋加工机械、木工机械、盾构机械等设备进行清理、检查、维修时，必须首先将其开关箱分闸断电，呈现可见电源分断点，并关门上锁。

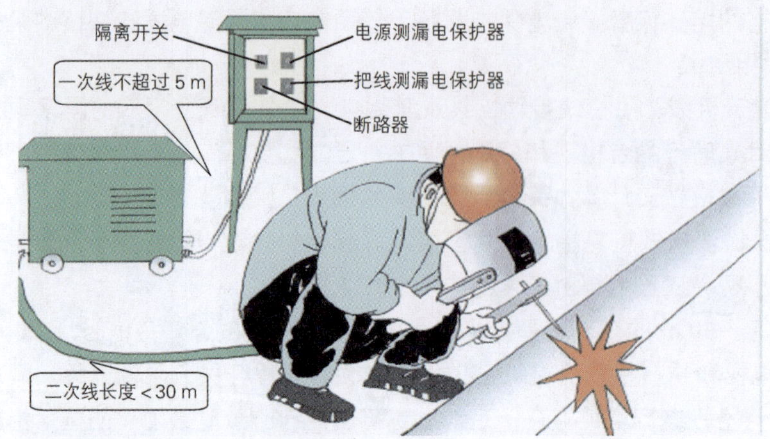

当前施工现场普遍使用 JZ 型弧焊机触电保护器，它可以兼做一次侧和二次侧的触电保护。

40. 下列特殊场所应使用安全特低电压照明器：

① 隧道、人防工程、高温、有导电灰尘、比较潮湿或灯具离地面高度低于 2.5 m 等场所的照明，电源电压不应大于 36 V；

② 潮湿和易触及带电体场所的照明，电源电压不得大于 24 V；

③ 特别潮湿场所、导电良好的地面、锅炉或金属容器内的照明，电源电压不得大于 12 V。

41. 照明变压器必须使用双绕组型安全隔离变压器，严禁使用自耦变压器。

42. 照明系统宜使三相负荷平衡，其中每一单相回路上，灯具和插座数量不宜超过 25 个，负荷电流不宜超过 15 A。

43. 室外 220 V 灯具距地面不得低于 3 m，室内 220 V 灯具距地面不得低于 2.5 m。

44. 路灯的每个灯具应单独装设熔断器保护。灯头线应做防水弯。

45. 对夜间影响飞机或车辆通行的在建工程及机械设备，必须设置醒目的红色信号灯，其电源应设在施工现场总电源开关的前侧，并应设置外电线路停止供电时的应急自备电源。

三、临时用电作业常见问题

1. 电缆电线连接处无防雨水措施；
2. 漏电保护器未按规定使用或不动作；
3. 电源线进金属容器内无可靠的安全措施；
4. 一个开关箱控制 2 台及 2 台以上用电设备（含插座）；
5. 直接将电源线插入插座；
6. 照明灯具灯泡外部无保护网（罩）；
7. 非电工接线；
8. 不按规定穿个人防护装备；
9. 无临时用电组织设计；

10. 临时施工电源未执行三相五线制；

11. 电源配电箱安装不当或使用不合格的电源配电箱；

12. 临时施工电缆绝缘破损或未按要求进行架空和埋地；

13. 用电设备未做到“一机一闸一保”；

14. 现场各种移动电器设备绝缘不良或漏电；

15. 接线端子裸露；

16. 电缆电线直接缠绕在金属构件上。

四、施工现场用电安全管理

建设工程施工现场管理规定

第二十二条 施工现场的用电线路、用电设施的安装和使用必须符合安装规范和安全操作规程，并按照施工组织设计进行架设，严禁任意拉线接电。

施工现场必须设有保证施工安全要求的夜间照明，危险潮湿场所的照明以及手持照明灯具，必须采用安全要求的电压。

第二十三条 施工机械进场必须经过安全检查，经检查合格的方能使用。施工机械操作人员必须建立机组责任制，并依照有关规定持证上岗，禁止无证人员操作。

第二十五条 建立安全生产责任制，加强规范化管理，进行安全交底，安全教育和安全宣传，严格执行安全技术方案，定期进行检查和维护，以消除隐患。

五、现场用电管理岗位责任制

（一）项目经理

1. 对本项目部全体人员安全用电和保证临时用电工程符合国家标准负直接领导责任。

2. 配备满足施工需要的合格电工，提出项目用电的一般及特殊要求。

3. 负责提供给电工、电焊工及用电人员必需的基本安全用具及电气装置的检查工具。

4. 指定专人定期试验漏电保护装置，指定专人负责生活照明用电，指定专人监控用电设备。

5. 参与对电工及用电人员的教育、交底工作。

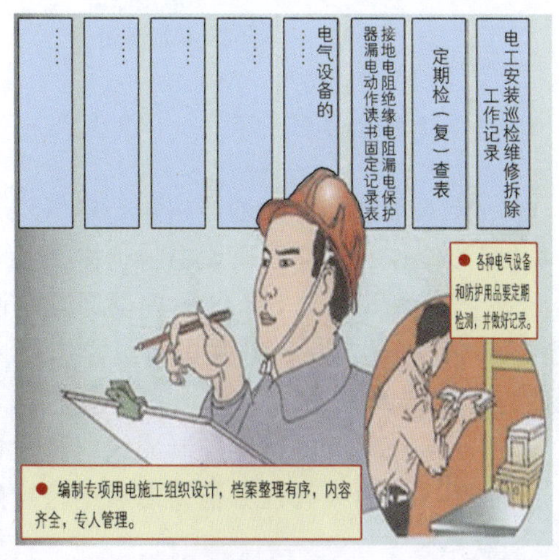

（二）电　工

1. 根据施工现场的用电实际情况，向公司设备材料部提出具体要求，在施工中应合理及时地进行调整。

2. 认真贯彻执行有关施工现场临时用电安全规范、标准、规程及制度，保证临时用电工程处于良好状态。对安全用电负直接操作和监护责任。

3. 负责日常现场临时用电的安全检查、巡视与检测，在下过雨后必须认真检测，发现异常情况及时采取有效措施，谨防事故发生。

4. 负责维护保养现场电气设备、设施；在雨雪天气施工时必须仔细检查各用电设施及负载线路、漏电保护装置；因天气原因须停工时，必须坚持原则，以“安全第一”为基本原则。

5. 负责对现场用电人员进行安全用电操作的安全技术交底，做好用电人员在特殊场所作业的监护工作。

6. 积极宣传电气安全知识，维护安全生产秩序，有权制止任何违章指挥或违章作业。

（三）用电人员

1. 掌握安全用电基本知识和所有电气设备的性能，对施工中用电负有直接安全操作责任。
2. 使用设备前必须按规定穿戴和配备好相应的劳动保护用品。
3. 在工作前应检查电气装置和保护设施是否完好，确保设备不带“病”作业。
4. 下班后应将设备拉闸断电，锁好开关箱。
5. 对电气设备的负载线、保护零线和开关箱，应妥善保护，发现问题及时报告解决。
6. 搬迁或移动用电设备，必须切断电源并作妥善处理后进行。
7. 经常汇报电气系统的运行情况，发现问题及时报告解决。

六、电气维修制度

1. 电气维修工作必须严格执行电气安全操作规程，必须停电作业。

2. 维修作业中必须有设备操作人员参与。

3. 严禁私自维修，不了解内部原理的设备及装置，不准私自维修厂家禁修的安全保护装置；不准私自超越指定范围进行维修作业；不准私自从事超越自身技术水平且无指导人员在场的电气维修作业。

4. 不准在本单位不能控制的线路及设备上作业。

5. 不准酒后或有过激行为之后进行维修作业。

6. 对施工现场所属的各类电动机，每半年必须清扫或检修一次，对电焊机、焊机，每季度必须清扫或检修一次，一般的开关、漏电保护装置必须每月检修一次。

七、工作监护制度

1. 在带电设备附近工作时必须设专人监护。

2. 在狭窄及潮湿场所从事用电作业时必须设专人监护。

3. 登高用电作业时必须设专人监护。

4. 监护人员应时刻注意工作人员的活动范围，督促其正确使用工具，并与带电设备保持安全距离；发现违反电气安全规程的做法应及时纠正。

5. 监护人员的安全知识及操作技术水平不得低于操作人。

6. 监护人员在执行监护工作时，应根据被监护工作情况携带或使用基本安全用具或辅助安全用具，不得兼做其他工作。

八、安全用电技术交底制度

1. 临时用电工程必须进行安全技术交底，必须分部分项且按进度进行。不准一次性完成全部工程交底工作。

2. 没有监护人的场所，必须在作业前对全体人员进行交底。

3. 对电气设备的试验、检测、调试前、检修前及检修后的通电试验前，必须进行技术交底。

4. 对电气设备的定期维修后、检查后的整改前，必须进行技术交底。

5. 交底项目必须齐全，包括所使用的劳保用品及工具的正确使用方法，有关法规内容，有关安全操作规程内容和保证工程质量的要求，作业人员活动范围和注意事项。

6. 填写交底记录要层次清晰，交底人、被交底人必须分别签字，并注明交底时间。

九、安全检查、检测制度

1. 项目部用电安全检查每月不得少于三次，电工每天必须检查一次；每次用电安全检查必须认真记录；对检查出来的隐患，必须及时由检查人书面提出，并立即制订整改方案进行整改，不得留有事故隐患。

2. 各级检查人员要以国家的行业标准及法规为依据，不得凭空捏造或以个人好恶为尺度进行检查，检查工作必须严肃认真。

3. 用电安全检查的重点是：用电标识、警示是否齐全；电气设备的绝缘层有无破损；线路的敷设是否合格；绝缘电阻是否合格；设备裸露的带电部分是否有防护；保护接零或接地是否可靠；接地电阻值是否在规定范围内；电气设备安装是否正确、合格；配电系统设计布局是否合理，安全间距是否符合规定；各类保护装置是否灵敏可靠、齐全有效；各种组织措施、技术措施是否健全；电工及各类用电人员的操作行为是否规范；有无违章指挥；各类技术资料是否齐全等。

4. 测试工作接地必须每月进行一次；测试保护接地、重复接地必须每周进行一次。

5. 更换或大修一次电气设备，必须测试一次绝缘电阻值；测试接地电阻工作时必须切断电源，断开设备接地端；操作时不得少于两人，严禁在雷雨或降雨后测试。

6. 对各类漏电保护装置，必须每周进行一次主要参数检测，不合格的立即更换。

7. 对电气设备及线路的绝缘电阻检测，每月必须进行一次；摇测绝缘电阻值，必须使用与被测设备、设施绝缘等级相适应的（按安全规程执行）绝缘摇表。

8. 检测绝缘电阻前必须切断电源，至少两人操作；严禁在雷雨时摇测大型设备和线路的绝缘电阻值；检测大型感性和容性设备前，必须按规定方法放电。

十、电工及用电人员操作制度

1. 严禁使用或安装木质配电箱、开关箱、移动箱；电动施工机械必须实行一闸一机一漏一箱一锁。

2. 严禁以取下（给上）熔断器方式对线路停（送）电；严禁维修时送电，严禁以三相电源插头（或闸刀开关）代替负荷开关启动（停止）电动机运行；严禁使用 220 V 电压行灯。

3. 严禁频繁按动漏电保护器和私自拆装漏电保护器。

4. 严禁电气设备长时间超额定负荷运行。

5. 配电系统中用电设备必须做保护接地、不准再使用保护接零。

6. 严禁直接使用胶壳闸刀闸开关。

7. 严禁在线路上使用熔断器。

8. 严禁在单一线路上直接挂接负荷线等其他荷载。

十一、用电安全教育和培训制度

1. 安全教育必须包含用电知识的教育。

2. 没有经过专门培训、教育或经过教育、培训不合格及未领到操作证（上岗证的电工（包括各类主要用电人员）不准上岗作业。

3. 专业电工必须两年进行一次安全技术复试；用电人员变更作业项目必须进行换岗用电安全教育。

4. 采用新技术或使用新设备前，必须对有关人员进行知识、技能及注意事项的教育培训。

5. 项目部每月至少进行一次电气事故教训的教育；必须坚持每日上班前和下班后进行一次口头教育，即班前交底、班后总结。

6. 公司每年将对电工及主要用电人员进行一次不少于7天的教育培训，并进行闭卷考试，将试卷或成绩归档，不合格者停止上岗作业。

7. 所有教育、培训、交底的资料，将按项目或类别分类归档。

十二、电器及电气料具使用制度

1. 对于施工现场的高、低压基本安全用具，必须按国家颁布的安全规程使用与保管；严禁使用基本安全用具或辅助安全用具从事非电工工作；严禁使用专业工具从事其他作业。

2. 现场使用的手持电动工具和移动式碘钨灯必须由专人保管，由电工进行检修；使用完后必须交回。

3. 现场备用的低压电器及保护装置必须装箱，专人保管，不得随意存放、着尘受潮。

4. 严禁使用未经安全鉴定的各种漏电保护装置；购买与使用各类电气设备、设施及各类导线必须有产品合格证，且需经技术监督部门认证；公司库房（或项目部）必须将该装置按类型、规格、数量等统计造册，归档备查。

一、移动设备安全要求

移动设备是指不固定的经常移动的电动设备，主要包括手持式和移动式两种。

（一）手持式设备

在本节中手持式设备主要指手持式电动工具，包括手电钻、手砂轮、冲击电钻、电锤、手电锯等。

◆ **基本分类**

（1）按手持式电动工具的不同应用范围分类：金属切削类、砂磨类、装配类、林木类、农牧类、建筑道路类、铁道类、矿山类、其他类。

（2）根据触电保护特性分类：

按电击防护条件，电气设备分为O类、OⅠ类、Ⅰ类、Ⅱ类和Ⅲ类设备。O类、OⅠ类、Ⅰ类设备都是仅有工作绝缘（基本绝缘）的设备，而且都可以带有Ⅱ类设备或Ⅲ类设备的部件。所不同的是，O类设备外壳上和内部不带电导体上都没有接地端子（保护导体接线端子）；OⅠ类设备的外壳上有接地端子；Ⅰ类设备外壳上没有接地端子，但内部有接地端子，自设备内引出带有保护插头的电源线，Ⅱ类是带有双重绝缘或加强绝缘的设备；Ⅲ类设备是安全电压的设备；Ⅱ类设备和Ⅲ类设备都勿须采取接地或接零措施。

◆ **各类工具的特点及选用**

各类工具的触电保护特性不同，在不同的场所应选用不同类型的工具，并配备相应的保护装置，以保证使用者的安全。

（1）各类工具的特点。

目前，Ⅰ、Ⅱ类工具的电压一般是 220 V 或 380 V，Ⅲ类工具过去都采用 36 V，现“国标”规定为 42 V，需要专用变压器，此类工具很少使用。

Ⅰ类工具的接地接零虽能抑制危险电压，但它的触电保护还是不完善，此类工具除依靠工具本身的绝缘强度及接地装置的完整外，还依靠使用场所的接地接零系统来保证。

Ⅱ类工具比Ⅰ类工具安全可靠，表现为工具本身除基本绝缘外，还有一层独立的附加绝缘，当基本绝缘损坏时，操作者仍能与带电体隔离，不致蚀电。

Ⅲ类工具（即 42 V 以下安全电压工具），由于用安全隔离变压器作为独立电源，在使用时，即使外壳漏电，因流过人体的电流很小，一般不会发生触电事故。

（2）选用规则。

在一般场所，为保证使用的安全，应选用Ⅱ类工具，装设漏电保护器、安全隔离变压器等。否则，使用者必须戴绝缘手套，穿绝缘鞋或站在绝缘垫上。

在潮湿的场所或金属构架上等导电性能良好的作业场所，必须使用Ⅱ或Ⅲ类工具。

在特殊环境如湿热、雨雪以及存在爆炸性或腐蚀性气体的场所，使用的工具必须符合相应防护等级的安全技术要求。

◆ 安全要求

使用手持电动工具应当注意以下安全要求：

（1）辨认铭牌，检查工具或设备的性能是否与使用条件相适应。

（2）检查其防护罩、防护盖、手柄防护装置等有无损伤、变形或松动。

（3）检查电源开关是否失灵、破损、牢固，接线有无松动。

（4）电源线应采用橡皮绝缘软电缆；单相用三芯电缆，三相用四芯电缆；电缆不得有破损或龟裂，中间不得有接头。

（5）Ⅰ类设备应有良好的接零或接地措施，且保护导体应与工作零线分开；保护零线（或地线）应采用截面积 0.75 ~ 1.5 mm^2 以上的多股软铜线，且保护零线（地线）最好与相线、工作零线在同护套内。

（6）使用Ⅰ类手持电动工具应配合绝缘用具，并根据用电特征安装漏电保护器或采取电气隔离及其他安全措施。

（7）绝缘电阻合格，带电部分与可触及导体之间的绝缘电阻Ⅰ类设备不低于 2 MΩ，Ⅱ类设备不低于 7 MΩ。

（8）装设合格的短路保护装置。

（9）Ⅱ类和Ⅲ类手持电动工具修理后不得降低原设计确定的安全技术指标。

（10）用毕及时切断电源，并妥善保管。

上述手持电动工具的使用要求对于一般移动式设备也是适用的。

（二）移动设备

本节中移动设备主要介绍电焊机设备。

◆ **电焊机种类**

交流电焊机、直流电焊机、氩弧焊机、二氧化碳气体保护焊机、对焊机、点焊机、缝焊机、超声波焊机、激光焊机等。

◆ 交流电焊机安全要求

电焊机种类较多，人们日常生活中接触最多的电焊机是交流电焊机。本节主要介绍交流电焊机使用的安全要求，其他电焊机可参考。

交流弧焊机的一次额定电压为 380 V，二次空载电压为 70 V 左右，二次额定工作电压为 30 V 左右，二次工作电流达数十至数百 A；电弧温度高达 6 000 °C。由其工作参数可知，交流弧焊机的火灾危险和电击危险都比较大。

安装和使用交流弧焊机应注意以下问题：

（1）安装前应检查弧焊机是否完好；绝缘电阻是否合格（一次绝缘电阻不应低于 1 MΩ、二次绝缘电阻不应低于 0.5 MΩ）。

（2）弧焊机应与安装环境条件相适应，弧焊机应安装在干燥、通风良好处；不应安装在易燃易爆环境、有腐蚀性气体的环境、有严重尘垢的环境或剧烈振动的环境，并应避开高温、水池处。室外使用的弧焊机应采取防雨雪、防尘土的措施。工作地点远离易燃易爆物品，下方有可燃物品时应采取适当安全措施。

（3）弧焊机一次额定电压应与电源电压相符合、接线应正确、应经端子排接线；多台焊机尽量均匀地分接于三相电源，以尽量保持三相平衡。

（4）弧焊机一次侧熔断器熔体的额定电流略大于弧焊机的额定电流即可；但熔体的额定电流应小于电源线导线的许用电流。

（5）二次线长度一般不应超过 20 ~ 30 m，否则，应验算电压损失。

（6）弧焊机外壳应当接零（或接地）。

（7）弧焊机二次侧焊钳连接线不得接零（或接地），二次侧的另一条线也只能一点接零（或接地），以防止部分焊接电流经其他导体构成回路。

（8）移动焊机必须停电进行。

为了防止运行中的弧焊机熄弧时 70 V 左右的二次电压带来电击的危险，可以装设空载自动断电安全装置。这种装置还能减少弧焊机的无功损耗。

二、照明安全要求

（一）照明方式与光源的选择

◆ 照明方式

照明方式分一般照明、局部照明、混合照明。

◆ 照明光源的选择

选择照明光源应考虑到各种光源的优缺点，使用场所、额定电压以及照度的需要等方面。为了便于比较，现将常用的几种光源列表说明其优缺点及适用场所，供选用时参考。

常用光源的优缺点及适用场所表

光源名称	优点	缺点	适用场所
白炽灯	结构简单，使用方便，价格便宜	效率低，寿命较短	适用于照度要求较低、开关次数频繁的室内外场所
碘钨灯	效率高于白炽灯，光色好，寿命较长	灯座温度高，安装要求高，偏角不得大于4°，价格贵	适用于照度要求较高、悬挂高度较高的室内外照明

光源名称	优 点	缺 点	适用场所
荧光灯	效率高，寿命短，发光表面的亮度和温度低	功率因数低，需镇流器、启辉器等附件	适用于照度要求较高、需辨别色彩的室内照明
高压水银灯（镇流器式）	效率高，寿命长，耐震动	功率因数低，需要镇流器，启动时间长	适用于悬挂高度较高的大面积室内外照明
高压水银灯（自镇流式）	效率高，寿命长，安装简单，光色好	再启动时间长，价格贵	适用于悬挂高度较高的大面积室内外照明
氙灯	功率大，光色好，亮度大	价格贵,需要镇流器和触发器	适用于广场、建筑工地、体育馆照明
纳铊铟灯	效率高，亮度大，体积小，重量轻	价格贵，需要镇流器、触发器	适用于工厂、车间、广场、车站、码头的照明

电灯额定电压的选择，主要应从人身安全的角度出发来考虑。在触电机会较多、危险性较大的场所，局部照明和手提照明（如机床照明）应采用额定电压 36 V 以下的安全灯，并应配用行灯变压器降压。对于安装高度能符合规程规定（一般情况下灯头距地面不低于 2 m，特殊情况下不低于 1.5 m）、触电机会较少、触电危险性较小的场所，一般采用额定电压为 220 V 的普通照明灯，这样不需降压变压器，投资小，安装方便。

（二）照明设备的安装

照明设备包括照明开关、插座、灯具、导线等。

◆ **照明开关的安装要求**

（1）扳把开关距地面高度一般为 1.2 ~ 1.4 m，距门框为 150 ~ 200 mm。

（2）拉线开关距地面一般为 2.2 ~ 2.8 m，距门框为 150 ~ 200 mm。

（3）多尘潮湿场所和户外应用防水瓷质拉线开关或加装保护箱。

（4）在易燃、易爆和特别场所，开关应分别采用防爆型、密闭型的或安装在其他处所控制。

（5）暗装的开关及插座装牢在开关盒内，开关盒应有完整的盖板。

（6）密闭式开关，保险丝不得外露，开关应串接在相线上，距地面的高度为 1.4 m。

（7）仓库的电源开关应安装在库外，以保证库内不工作时库内不充电。单极开关应装在相线上，不得装在零线上。

（8）当电器的容量在 0.5 kW 以下的电感性负荷（如电动机）或 2 kW 以下的电阻性负荷（如电热、白炽灯）时，允许采用插销代替开关。

◆ **插座的安装要求**

（1）不同电压的插座应有明显的区别，不能互用。

（2）凡为携带式或移动式电器用的插座，单相应用三眼插座，三相应用四眼插座，其接地孔应与接地线或零线接牢。

（3）明装插座距地面不应低于 1.8 m，暗装插座距地面不应低于 30 cm，儿童活动场所的插座应用安全插座，或高度不低于 1.8 m。

◆ **插座的选择与接线**

插座有单相二孔、单相三孔和三相四孔之分，插座容量民用建筑有 10 A、16 A，选用插座要注意其额定电流值应与通过的电器和线路的电流值相匹配，如果过载，极易引发事故。选型时还要注意有长城标志的产品，插座接线时不能接错。

◆ **灯具的安装要求**

（1）白炽灯、月光灯等电灯吊线应用截面积不小于 0.75 m^2 的绝缘软线。

（2）照明每一回路配线容量不得大于 2 kW。

（3）螺口灯头的安装，在灯泡装上后，灯泡的金属螺口不应外露，且应接在零线上。

照明 220 V 灯具的高度应符合下列要求：

（1）潮湿、危险场所及户外不低于 2.5 m。

（2）生产车间、办公室、商店、住房等一般不应低于 2 m。

（3）灯具低于上述高度，而又无安全措施的车间照明以及行灯、机床局部照明灯应使用 36 V 以下的安全电压。

（4）露天照明装置应采用防水器材，高度低于 2 m 应加防护措施，以防意外触电。

（5）碘钨灯、太阳灯等特殊照明设备，应单独分路供电；不得装设在易燃、易爆物品的场所。

（6）在有易燃、易爆、潮湿气体的场所，照明设施应采用防爆式、防潮式装置。

◆ **导线的选择及敷设方式**

（1）导线型号及敷设方式。

照明设备所采用的导线型号及敷设方式通常根据环境条件而定。

根据环境条件选择常用导线型号及敷设方式

导线型号及敷设方式 环境条件		BLV 导线在瓷（塑料）夹或瓷柱上敷设	BLV 导线在瓷瓶上敷设 BLV	导线穿钢（塑料）管明敷或暗敷	BLV 导线用卡子固定明敷
正常		推荐 （除天棚内）	允许 （除天棚内）	允许 允许	推荐
潮湿		禁止	推荐	允许	推荐
多尘		禁止	允许	允许用	推荐
高温		禁止	推荐用 （BLV 线）	（BLV 线） （推荐）	禁止
有腐蚀性		禁止	允许	（塑料管）	推荐
有火灾危险	21 区	禁止	允许①	允许	推荐
	22 区	禁止	禁止	允许	推荐
	23 区	禁止	允许①	允许	推荐
有爆炸危险	0 区	禁止	禁止	推荐②	禁止
	1 区	禁止	禁止	推荐③	允许
	2 区	禁止	禁止	推荐③	允许
	10 区	禁止	禁止	推荐②	禁止
	11 区	禁止	禁止	推荐③	允许
室外布线		允许（无水淋）	推荐	允许	允许（无曝晒）

注：① 用于没有机械损伤和远离可燃物处。禁止沿未抹灰的木质天棚及木质墙壁敷设；

② 钢线穿焊接钢管；

③ 用焊接钢管，可用大于 2.5 mm^2 的铝线，连接及封端应压接、熔焊、钎焊。

（2）导线截面选择。

照明线路导线截面选择按以下原则：

① 照明线路最大允许电压损失为 2.5%；

② 考虑导线机械强度，须按允许的最小截面选择。如照明用灯头线，使用铜芯软线和铜线的最小芯线截面时，室内民用建筑为 0.4 mm^2 和 0.5 mm^2，室内工业建筑为 0.5 mm^2 和 0.8 mm^2；

③ 负荷电流不应大于导线长期允许电流；

④ 导线截面应不小于保护设备（熔断器或空气开关）所允许的最小截面。

技能训练

查找图中隐患并说明理由

任务完成

（一）小组讨论

将班上学生分成小组，各小组选一位组长带领组员，完成对事故案例的分析，找出事故发生的原因，总结事故教训和编制简单的施工临时用电安全事故预防措施，形成各小组的成果，并上台讲解展示。

（二）小组评价

施工临时用电管理应知应会的知识有哪些?

（三）综合评价

综合评价包括小组内的自评、互评和老师对各小组工作的系统评价。主要评价项目见附录。

作　业

1. 给大家讲述一下什么是施工临时用电，可以从哪些方面对其管理。
2. 临时用电作业常见问题。
3. 简述移动设备的使用安全要求。

情境四

安全管理机构设置

生产经营单位的安全生产管理必须有组织上的保障，否则安全生产管理工作就无从谈成。所谓组织保障，主要包括两个方面：一是安全生产管理机构的保障；二是安全生产管理人员的保障。

学习目标

1. 能够说出我国的安全生产方针，并解释其含义。
2. 知道我国针对安全生产的法律法规有哪些。
3. 知道我国有关安全生产的管理制度有哪些。
4. 能够根据项目部情况配置合适的安全管理人员。
5. 能够合理地行使法律规定的权利和义务。
6. 能够正确地履行安全员的职责。

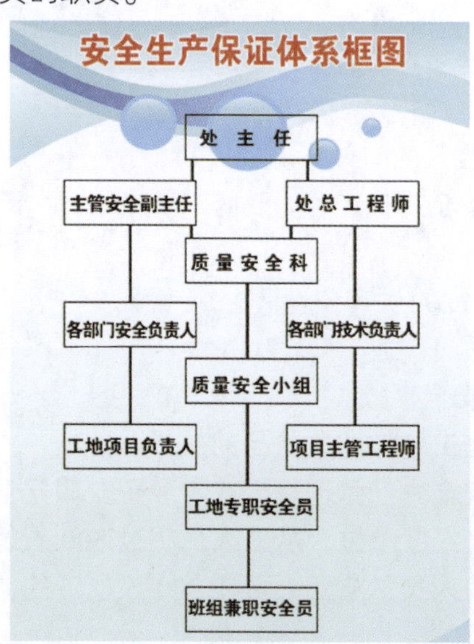

学习任务一

安全生产文件管理和机构设置

事故案例

某建筑工程公司因效益不好，公司领导决定进行改革，减负增效。经研究将公司安全部撤销，安全管理人员 8 人中，4 人下岗，4 人转岗，原安全部承担的工作转由工会中的两人负责。由于公司领导撤销安全部门，整个公司的安全工作仅仅由两名负责工会工作的人兼任，致使该公司上下对安全生产工作普遍不重视，安全生产管理混乱，经常发生人员伤亡事故。

思考一下

在安全生产过程中如何进行安全生产的文件管理？要设置哪些安全机构？在安全机构中如何配备安全生产人员？

任务描述

《中华人民共和国安全生产法》（以下简称《安全生产法》）第十七条 生产经营单位的主要负责人对本单位安全生产工作负有下列职责：

1. 建立、健全本单位安全生产责任制；
2. 组织制定本单位安全生产规章制度和操作规程；
3. 保证本单位安全生产投入的有效实施；
4. 督促、检查本单位的安全生产工作，及时消除生产安全事故隐患；
5. 组织制定并实施本单位的生产安全事故应急救援预案；
6. 及时、如实报告生产安全事故。

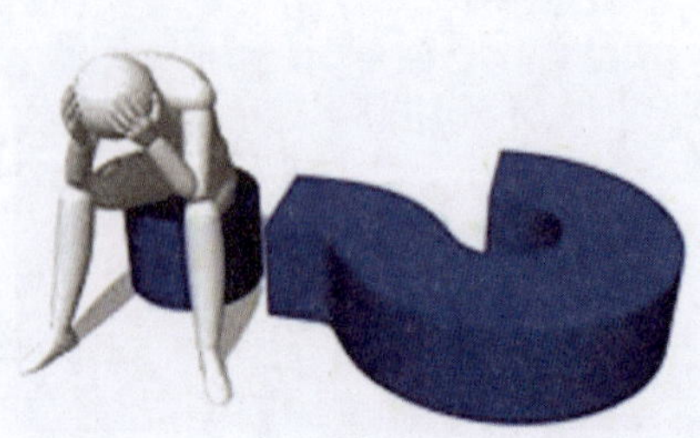

第十九条 矿山、建筑施工单位的危险品的生产、经营、储存单位，应当设置安全生产管理机构或者配备专职安全生产管理人员。

前款规定以外的其他生产经营单位，从业人员超过 300 人的，应当设置安全生产管理机构或者配备专职安全生产管理人员；从业人员在 300 人以下的，应当配备专职或者兼职的安全生产管理人员，或者委托具有国家规定的相关专业技术资格的工程技术人员提供安全生产管理服务。

生产经营单位依照前款规定委托工程技术人员提供安全生产管理服务的，保证安全生产的责任仍由本单位负责。

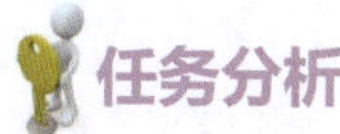

任务分析

一、认识安全生产方针

我国的安全生产方针是：安全第一，预防为主，综合治理。

安全第一是指要求我们在工作中始终把安全放在第一位。当安全与生产、安全与效益、安全与速度相冲突时，必须首先保证安全，即生产必须安全，不安全不能生产。

预防为主要求我们在工作中时刻注意预防安全事故的发生。在生产各环节，要严格遵守安全生产管理制度和安全技术操作规程，认真履行岗位安全职责，防微杜渐，防患于未然，发现事故隐患要立即处理，自己不能处理的要及时上报，要积极主动地预防事故的发生。

综合治理就是综合运用经济、法律、行政等手段，人管、法治、技防多管齐下，并充分发挥社会、职工、舆论的监督作用，实现安全生产的齐抓共管。

二、认识安全管理法律法规

（一）安全生产法律法规概述

安全生产法律法规是安全生产管理和安全生产技术的制度基础。工程安全生产管理人员必须熟悉安全生产法律法规的基本内容，掌握法律责任的相关内容，提高法律意识，最大限度地降低法律风险。

（二）相关法律

这里所说的法律是指狭义上的法律，即指全国人民代表大会及其常务委员会制定的规范性文件，在全国范围内施行，其地位和效力仅次于宪法。我国法律根据制度机关的不同可分为两类：（1）基本法律，由全国人民代表大会制定和修改，如《中华人民共和国劳动法》（以下简称《劳动法》）；（2）非基本法律，由全国人民代表大会常务委员会制定和修改，如《安全生产法》《中华人民共和国建筑法》（以下简称《建筑法》）、《中华人民共和国消防法》（以下简称《消防法》）等。

◆《劳动法》

《劳动法》规定：用人单位必须为劳动者提供符合国家规定的劳动安全卫生条件和必要的劳动防护用品，对从事有职业危害作业的劳动者，应当定期进行身体检查，从事特种作业的劳动者必须经过专门部门的培训并取得特种作业资格，劳动者在劳动过程中必须严格遵守安全操作规程。

◆《建筑法》

《建筑法》规定：建筑工程安全生产管理必须坚持“安全第一，预防为主”的方针，建立健全安全生产的责任制度和群防群治制度，建筑施工企业应当建立健全劳动安全生产教育培训制度，加强对职工安全生产的教育培训，未经安全生产教育培训的人员不得上岗作业，建筑施工企业必须为从事危险作业的职工办理意外伤害保险，支付保险费。

◆《安全生产法》

《安全生产法》确定了我国安全生产管理的基本方针，即坚持“安全第一，预防为主”的方针。其包括七章共九十七条，对生产经营单位的安全生产保障、从业人员的权利和义务、安全生产的监督管理、生产安全事故的应急救援与调查处理四个主要方面作出了规定。

（三）相关行政法规

行政法规是国务院为领导和管理国家各项行政工作，根据宪法和法律，并且按照《行政法规制定程序条例》的规定而制定的政治、经济、教育、科技、文化、外事等各类法规的总称。如《建设工程安全生产管理条例》《安全生产许可证条例》以及《生产安全事故报告和调查处理条例》等。

◆《建设工程安全生产管理条例》

经 2003 年 11 月 12 日国务院第 28 次常务会议通过，2003 年 11 月 24 日公布，自 2004 年 2 月 1 日起施行。为了加强建设工程安全生产监督管理，保障人民群众生命和财产安全，根据《建筑法》《安全生产法》制定本条例。在中华人民共和国境内从事建设工程的新建、扩建、改建和拆除等有关活动及实施对建设工程安全生产的监督管理，必须遵守本条例。全文共八章七十一条。

◆《安全生产许可证条例》

《安全生产许可证条例》是为了严格规范安全生产条件，进一步加强安全生产监督管理，防止和减少生产安全事故，根据《安全生产法》的有关规定制定的条例。中华人民共和国国务院令第 397 号颁布，自二〇〇四年一月十三日起正式施行。

◆《生产安全事故报告和调查处理条例》

经 2007 年 3 月 28 日国务院第 172 次常务会议通过，2007 年 4 月 9 日公布，自 2007 年 6 月 1 日起施行。为了规范生产安全事故的报告和调查处理，落实生产安全事故责任追究制度，防止和减少生产安全事故，根据《安全生产法》和有关法律，制定本条例。生产经营活动中发生的造成人身伤亡或者直接经济损失的生产安全事故的报告和调查处理，适用本条例；环境污染事故、核设施事故、国防科研生产事故的报告和调查处理不适用本条例。全文共六章四十六条。

（四）相关部委行政规章

由国务院相关部委制定并以部长令形式发布的各项规章，或由国务院几个部委联合制定并发布的规章。如：《高危行业企业安全生产费用财务管理暂行办法》《劳动防护用品监督管理规定》《〈生产安全事故报告调查处理条例〉罚款暂行办法》《安全生产违法行为行政处罚办法》《安全生产领域违法违纪行为政纪处分暂行规定》等。

（五）相关技术标准

技术标准是保障安全生产的重要技术规范，它是安全生产法律体系的重要组成部分。执行安全技术标准是《安全生产法》规定的生产经营单位的义务，违反法定安全生产技术标准的要求，要承担法律责任。法定安全生产技术标准分为国家标准和行业标准，两者对生产经营单位的安全生产具有同样的约束力。安全生产国家标准是指国家标准化行政主管部门依照《标准化法》制定的在全国范围内适用的安全生产技术规范。安全生产行业标准是指国务院有关部门和直属机构依照《标准化法》制定的在安全生产领域内适用的安全生产技术规范。行业安全生产标准对同一安全生产事项的技术要求，可以高于国家安全生产标准但不得与其相抵触。目前颁布实施的工程安全生产技术标准主要有：

1.《建筑工程大模板技术规程》（JGJ 74—2003）;
2.《建筑施工高处作业安全技术规范》（JGJ 80—91）;
3.《建筑施工扣件钢管脚手架安全技术规范》（JGJ 130—2001）;
4.《建筑施工门式钢管脚手架安全技术规范》（JGJ 128—2000）;
5.《龙门架及井架物料提升机安全技术规范》（JGJ 88—92）;
6.《建筑施工碗扣式脚手架安全技术规范》（JGJ 166—2008）;
7.《建筑机械使用安全技术规程》（JGJ 33—2001）;
8.《起重机械超载保护装置安全技术规范》（GB 12602—90）;
9.《爆破安全规程》（GB 6722—2003）;
10.《施工现场机械设备检查技术规程》（JGJ 160—2008）;
11.《建筑施工模板安全技术规范》（JGJ 162—2008）;
12.《施工现场临时用电安全技术规范》（JGJ 46—2005）。

总之，迄今为止我国已经建立了以《安全生产法》为主干，以《建筑法》《建设工程安全生产管理条例》《安全生产许可证条例》以及《生产安全事故报告和调查处理条例》等法律法规相匹配的比较完善的安全生产法律体系。

三、认识安全生产管理制度

安全生产管理制度是生产经营单位按照国家安全生产方针政策、法律法规、规范标准和部门规章等制定的，是企业和员工在生产活动中共同遵守的安全行为准则。它包括：安全生产责任制、安全生产组织管理制度、安全生产例会制度、安全生产管理人员考核制度、安全教育与培训制度、安全生产资金保障制度、安全风险评估制度、安全技术交底制度、危险性较大工程专项方案审批论证制度、特种设备及作业人员安全管理制度、职业健康安全和劳动防护用品管理制度、事故隐患排查和治理制度、安全生产检查制度、安全生产事故应急管理制度、安全生产信用评价制度、安全生产事故报告制度等。

（一）安全生产责任制

安全生产责任制是根据我国的安全生产方针“安全第一，预防为主，综合治理”和安全生产法规建立的各级领导、职能部门、工程技术人员、岗位操作人员在劳动生产过程中对安全生产层层负责的制度。安全生产责任制是企业岗位责任制的一个组成部分，是企业中最基本的一项安全制度，也是企业安全生产、劳动保护管理制度的核心。实践证明，凡是建立健全了安全生产责任制的企业，各级领导重视安全生产、劳动保护工作，切实贯彻执行党的安全生产、劳动保护方针、政策和国家的安全生产、劳动保护法规，在认真负责地组织生产的同时，积极采取措施，改善劳动条件，工伤事故和职业性疾病就会减少。反之，就会职责不清，相互推诿，而使安全生产、劳动保护工作无人负责，无法进行，工伤事故与职业病就会不断发生。

安全生产责任制是根据“管生产必须管安全”,“安全生产、人人有责”的原则，明确规定各级领导、各职能部门、岗位、各工种人员在生产活动中应负的安全职责的管理制度。安全生产责任制是各项安全管理制度的核心，是企业岗位责任制的一个重要组成部分，是企业安全管理中最基本的制度,是保障安全生产的重要组织措施。

实践证明，实行安全生产责任制有利于增加生产经营单位和企业职工的责任感和调动他们搞好安全生产的积极性。生产经营单位和企业由各个行政部门、采区、车间、班组（工段）和个人组成，各自具有本职任务或生产任务。而安全不是离开生产而独立存在的，是贯穿于生产整个过程之中体现出来的。只有从上到下建立起严格的安全生产责任制，责任分明，各司其职，各负其责，将法规赋予生产经营单位和企业的安全生产责任由大家来共同承担，安全工作才能形成一个整体，各类生产中的事故隐患无机可乘，从而避免或减少事故的发生。

（二）安全生产教育培训制度

《安全生产法》明确规定：生产经营单位应当对从业人员进行安全生产教育和培训，保证从业人员具备必要的安全生产知识，熟悉有关的安全生产规章制度和安全操作规程，掌握本岗位的安全操作技能。未经安全生产教育和培训合格的从业人员，不得上岗作业。

安全教育和培训的内容：

1. 安全生产思想教育，即安全生产政策、法律、法规、法纪教育；
2. 安全技术知识教育；
3. 安全技能教育；
4. 典型事故经验教育等。

具体安全生产教育培训制度如下：

第一条　为加强项目部的安全生产教育工作，提高广大员工的安全意识和安全素质，防止产生不安全行为，减少人为失误，实现安全生产和文明施工，保障员工的生命和财产安全，促进项目部安全管理目标的实现和生产经营的发展。根据《安全生产法》，结合项目部实际，特制定本制度。

第二条　本办法适用对象为项目部在职职工及进入项目部的合同制民工。

第三条　凡项目部在职职工，包括见习生、合同工等，必须经项目部、工区、班组的三级安全教育。

1. 一级（项目部）安全教育。新进项目部职工报到后，由办公室负责组织教育，时间不少于 15 学时。其教育内容：

① 国家有关安全生产方针、政策、法规、标准、规范和规程；

② 公司性质、项目部概况、生产施工特点及有关安全规章制度；

③ 安全生产的基本知识等；

④ 典型事故及其教训。

经一级安全教育并有记录方可分配工作，否则工区有权不接收该职工。

2. 二级（工区）安全教育。由各工点工区长委托专人负责教育，时间不少于 15 学时。其教育内容：

① 工区概况、生产施工或工作特点；

② 安全生产制度及安全技术操作规程；

③ 安全设施、工具及劳防用品、急救器材、消防器材的性能、使用方法等；

④ 典型经验和事故教训。

经二级安全教育后方可分配到班组等部门，否则班组等部门有权不接收该职工。

3. 三级（班组）安全教育。由班组长负责组织三级安全教育，即每班前 15 分钟安全教育，可采取讲解和实地表演结合方式进行。其教育内容：

① 本岗位的生产流程、工作特点、注意事项和主要危险源；

② 本岗位（本工种）安全操作规程；

③ 本岗位（本工种）设备、工具的性能和安全装置作用，防护用品的使用、保管方法；

④ 本岗位（本工种）事故教训及预防措施。

第四条 三级教育内容需经受教育人认可签字后，方可上岗操作。

第五条 三级安全教育及考核情况，应逐级填写记录，并经项目部安全质量监察部审核。经一级、二级教育后方准发放劳动保护用品和本工种的劳保待遇。

第六条 未经三级教育者不得分配工作，否则由此发生事故应追究班组、工区。

第七条 项目部待岗、转岗、换岗的职工，在重新上岗前，必须接受安全培训，时间不得少于 20 学时。

第八条 项目部各工区、班组应保持每周不少于一次的安全活动，时间不少于 1 小时。

1. 安全活动时间必须要保证，应做到活动有组织、有计划、有内容、有记录，防止走过场。

2. 职工、干部应当积极参加安全活动，以了解现场安全情况，解决安全生产中出现的问题。

3. 安全活动的内容：

① 学习安全文件、通报，学习安全规章制度、安全技术知识等；

② 讨论分析典型事故，总结吸取事故教训；

③ 有条件可组织岗位练兵，掌握安全生产操作技术；

④ 检查安全规章制度执行情况，消除事故隐患。

第九条 项目部、工区应利用各种会议、广播、简报、标语、图片、录像、事故现场会，开展经常性安全教育活动。

第十条 特种作业人员必须经过本工种专业培训、资格考核，取得《特种作业人员操作证》后方可上岗作业。

第十一条 特种作业范围：电工作业、金属焊接切割作业、起重机械作业、场内机动车驾驶、登高架设作业、锅炉作业、压力容器作业、潜水作业、船舶驾驶作业等。

第十二条 特种作业人员必须定期（一般为 2 年）由原发证部门进行复审，未按期复审或复审不合格者，不得从事特种作业。

第十三条 项目部特种作业人员上岗培训及审证工作由项目部办公室负责，安全质量环保部协助办理。

（三）安全技术交底制度

项目部负责人在生产作业前对直接生产作业人员进行的该作业的安全操作规程和注意事项的培训，并通过书面文件方式予以确认。这就是安全技术交底。建设项目中，分部（分项）工程在施工前，项目部应按批准的施工组织设计或专项安全技术措施方案，向有关人员进行安全技术交底。

根据《建设工程安全生产管理条例》（中华人民共和国国务院令第 393 号）第二十七条规定，建设工程施工前，施工单位负责项目管理的技术人员应当对有关安全施工的技术要求向施工作业班组、作业人员作出详细说明，并由双方签字确认。

其作用有：

1. 细化、优化施工方案，从施工技术方案选择上保证施工安全，让施工管理、技术人员从施工方案编制、审核上就将安全放到第一的位置。

2. 让一线作业人员了解和掌握该作业项目的安全技术操作规程和注意事项，减少因违章操作而导致事故的可能。

安全技术交底主要包括两个方面的内容：一是在施工方案的基础上按照施工的要求，对施工方案进行细化和补充；二是要将操作者的安全注意事项讲清楚，保证作业人员的人身安全。

安全技术交底工作完毕后，所有参加交底的人员必须履行签字手续，班组、交底人、资料保管员三方各留执一份，并纪录存档。

作业人员在接受交底后，必须明确自己的安全责任，并在交底书上签上自己的姓名。

安全技术交底制度具体内容如下：

第一条 项目部实行安全技术交底制度，建立和坚持在开工前进行三级安全技术交底制度，安全技术交底要有书面材料并进行详细讲解说明后，由交底人和被交底人双方签字确认。

第二条 安全技术交底的主要内容：

1. 工程项目和分部工程概况；
2. 工程项目和分部分项工程的危险部位；
3. 危险部位采取的具体预防措施；
4. 作业中应注意的安全事项；
5. 作业人员应遵守的安全操作规程和规范；
6. 作业人员发现事故隐患应采取的措施和发生事故后应及时采取的躲避和急救措施。

第三条 安全技术交底的要求：

1. 工程开工前，由项目总工程师根据本工程的特点、难点向参加施工的主要管理人员、工区负责人、技术人员进行全面的安全技术交底，并做好记录。

2. 每一道工序在开工前，该项目的负责人应召集所有作业班组的班组长，由该项目的现场技术负责人对其进行有针对性的安全技术交底，并做好记录；交底双方在安全技术交底书上签字后生效。

3. 作业班组的班组长应根据每道工序安全技术交底书的内容向本班组内参加该项目施工作业的员工进行交底，并做好交底记录。

4. 重点部位的施工在开始作业前，由现场技术负责人根据专项施工组织设计的要求，对作业班组的班组长及全体参加作业的员工进行交底，并做好交底记录；交底双方签字后生效。

5. 各级专（兼）职安全员应参加安全技术交底会，并进行监证。

第四条 安全技术措施中的安全设施、安全防护用品等都应列入任务单，责任落实到班组、个人，安全员应进行督查和验收。

第五条 所有安全设施、防护装置均不得随意变动、拆除，如果确因施工作业需要将其暂时移位或拆除，必须向项目施工技术人员报告，取得同意，并采取相应的安全防范措施，作业完成后，应立即复原。

第六条 各种安全设施、防护装置如有损坏，必须及时整改，确保使用安全的可靠性。安全设施的拆除必须经项目工程技术负责人确认已完成其防护作用并批准后，方可拆除。

（四）伤亡事故报告与调查处理制度

1. 生产安全事故报告程序：

事故发生后，现场有关人员应当立即报告项目经理。项目经理接到报告后，应立即报告单位安全管理部门和企业负责人，单位负责人接到报告后，应当于1小时内向事故发生地县级以上人民政府安全生产监督管理部门和负有安全生产监督管理职责的有关部门报告。

发生重大生产安全事故后，施工单位除向项目建设和监理单位报告外，还应立即将事故情况如实向事故所在地交通主管部门、地方安全监管部门报告。实行工程总承包的交通建设项目，由总承包单位负责上报。

2. 生产安全事故报告的内容：

（1）事故发生时间、地点、事故类型、人员伤亡情况、预估的直接经济损失；

（2）事故中的建设、勘察、设计、施工、监理等单位名称、资质等级情况，施工单位安全生产许可证号及发证机构，施工单位“三类人员”的姓名及岗位证书情况，监理人员执业资格等情况；

（3）项目的基本概况；

（4）事故的简要经过，紧急抢险救援情况，事故原因的初步分析；

（5）采取措施的情况；

（6）事故报告单位、签发人及报告时间等。

3. 伤亡事故报告与调查处理具体制度如下：

第一条 施工生产过程中如发生伤亡事故，项目部本着“四不放过”的原则按照《生产安全事故报告和调查处理条例》以及国家、行业有关规定进行报告和调查处理。

第二条 伤亡事故是指职工在施工生产过程中发生的人身伤害或急性中毒事故。伤亡事故根据《企业职工伤亡事故分类标准》，按事故严重程度为三类：

1. 轻伤事故指只有轻伤的事故。轻伤指损失工作日（被伤害者失能的工作时间）低于105日的失能伤害。

2. 重伤事故指有重伤无死亡的事故。重伤指损失工作日等于或超过105日的失能伤害。

3. 死亡事故是指一次死亡一人以上的事故。

第三条 发生重伤、死亡事故后，受伤害者或者事故现场有关人员应当立即报告工区负责人。工区负责人接到伤亡事故报告后，应立即报告项目部领导、安全质量监察部，项目安全质量监察部负责按规定逐级上报。

第四条 发生伤亡事故，应立即组织救护受伤害人，并采取有效措施，防止事故蔓延扩大，对事故现场应注意保护，使其不受破坏，如因抢救受伤人需要移动现场物品时，现场应做出标记（必要时要进行拍照或绘制现场简图）和书面记录，并妥善保管有关物证。

第五条 发生轻伤事故，由项目安全质量监察部按“四不放过”的原则自行组织调查、处理，并及时填写“伤亡事故登记表”，经项目经理签字并加盖单位公章后，在事发十日内上报公司安质部，并附伤害人的“诊断证明书”。

第六条 发生重伤事故后，项目部必须在12小时内，电话报告公司安质部，由公司组成事故调查组进行调查处理。

第七条 发生死亡及以上等级伤亡事故，项目部必须在1小时内，电话报告公司领导、安质部，公司组成事故调查组前往现场进行调查、处理。

第八条 发生伤亡事故后，项目部有关人员应积极配合事故调查组的调查，并为事故调查处理工作提供必要的条件，任何单位和个人不得阻挠、干涉事故调查组的正常工作。任何单位和个人均无权对伤亡事故进行私了处理。因私了引起后期的矛盾，采取“谁批准、谁负责”的原则处理。

第九条 对伤亡事故隐瞒不报、谎报、故意拖延不报，故意破坏事故现场，拒绝接受调查以及拒绝提供有关情况和资料的，一经查实，将根据情节轻重严肃处理，按规定追究有关领导和责任人的责任。构成犯罪的，由司法机关依法追究刑事责任。

（五）安全生产检查制度

1. 概述。

安全生产检查是安全生产职能部门必须履行的职责，也是监督、指导、及时消除事故隐患、杜绝不安全因素的方法途径和有力措施，各级职能部门必须认真抓紧抓好这项工作。安全生产检查的主要内容：安全生产检查应根据施工（生产）季节、气候、环境的特点，制订检查项目内容、标准，一般的检查内容包括检查思想、制度、机械设备装置、安全防护设施、安全教育、培训、操作行为、劳保用品使用、文明施工、伤亡事故处理等。安全生产检查频率要求：总公司除了平时不定期抽查外，每年例行安全生产大检查不少于三次。公司、定期每月不少于一次，项目部每月不少于两次，班组每周不少于一次自查自改。

2. 安全生产检查的形式。

（1）定期安全检查；

（2）专业性安全检查；

（3）经常性安全检查；

（4）季节性及节假日前后安全检查。

安全检查的形式多种多样，但都要保证“群专结合”形式的体现。

所谓“群专结合”，就是安全检查不仅要依靠专职安全管理人员和各类技术人员，按照有关安全生产的法律、法规、规范、标准等进行检查，更要依靠施工生产一线的作业人员，从实际出发，从“以人为本”的观念出发，发现影响安全生产的各种因素并加以消除，这样做还有助于管理人员、技术人员与作业人员之间相互沟通、相互交流、相互促进，共同受到安全生产的教育。

3. 安全生产检查具体制度。

第一条 为了认真贯彻执行“安全第一，预防为主、综合治理”的方针，保障员工在劳动过程中的安全和健康，及时纠正人为的不安全行为，防止各类伤亡事故和机械事故的发生，确保施工现场生产安全，特制定本制度。

第二条 班组岗位安全检查：

个人劳动防护用品、用具必须在上班前穿戴整齐方可进入施工现场。

作业使用的工具（卡环、钢丝绳）等在作业前必须进行检查，发现损坏的要及时进行更换。

设备（设施和装置）各部位安全状态良好，突出的旋转部位应有防护设施。

第三条 定期安全生产检查：

项目部级定期安全生产检查，每月一次，一般在每月25—30日进行，由安质部组织。

定期安全生产检查的内容，应根据工程项目实际展开的情况及时做相应调整，保证安全生产检查不留死角，不留盲区，能有效监控现场施工安全。一般应包含以下内容：

（1）生活区、办公区：房屋及安全通道；用水、用电；照明、防盗；污水、污物、垃圾处理；居住情况；炊事人员穿戴工作服、帽及个人卫生健康情况；食品及炊具、用具等存放情况等。

（2）现场大型临时设施的定期检查结果及使用状态。

（3）现场特种设备、大型机械设备设施的警示警戒标志、运转记录、日常检查检修记录及安全保险装置是否齐全有效。

（4）现场安全文明施工标识警示牌的设置及布置安装稳固情况。

（5）现场安全生产防护、职业伤害防护、应急救援设备设施材料的配备情况及状态。

（6）施工现场临时用电线路布设、三级配电两级保护的配备情况；同时应进行功能试验。

（7）现场安全生产操作规程张贴、执行情况。

（8）特种作业人员持证上岗情况。

（9）现场各类人员的个人安全防护用品的配备及使用情况。

（10）夜间施工照明器材的配备及完好状况。

（11）特殊环境下施工、“四新”作业安全防护设施及个人安全防护用品的配备及使用情况。

（12）现场及驻地区的消防器材配备是否齐全有效，明火作业管理是否到位。

第四条　专项安全生产检查：

（1）特殊气候条件下施工专项施工安全检查，包括雨（雷）季、大风等。

（2）节假日前后专项安全生产检查。

（3）临时停工后复工前专项安全生产检查。

（4）发生重大事故后的专项安全生产检查。

（5）上级要求的专项安全生产检查。

（6）其他特殊情况下专项安全生产检查。

第五条　日常巡视检查：

各工点自查：各工点负责人及专、兼职安全员对各自管辖的区域要定期进行安全检查，其要点为：

每日操作前对各作业点至少检查一次；

检查安全规程执行情况，纠正违章指挥和违章操作；

检查施工人员劳动保护用品使用情况；

检查施工人员使用的劳动用具（卡环、钢丝绳）等是否符合安全使用的要求；

检查施工现场的安全状况和安全通道，发现安全隐患要及时处理。

第六条　事故隐患整改：

对检查出的安全隐患，安质部门分别进行登记，提出整改要求，下发事故隐患整改通知书，要求限期整改并复查。

各工点对不能自行解决的安全隐患应及时上报安质部门，由上级主管部门立项解决。

安质部门要积极配合做好协调工作并认真进行监督检查工作。

（六）“三同时”制度

1. 概述。

建设项目“三同时”是指生产性基本建设项目中的劳动安全卫生设施必须符合国家规定的标准，必须与主体工程同时设计、同时施工、同时投入生产和使用，以确保建设项目竣工投产后，符合国家规定的劳动安全卫生标准，保障劳动者在生产过程中的安全与健康。“三同时”的要求是针对我国境内的新建、改建、扩建的基本建设项目、技术改造项目和引进的建设项目，它包括在我国境内建设的中外合资、中外合作和外商独资的建设项目。“三同时”生产经营单位安全生产的重要保障措施，是一种事前保障措施，是一种本质安全措施。

2. “三同时”制度具体如下：

第一条 为了有效防止安全生产事故的发生，特制定本制度。

第二条 “三同时”的定义：指生产经营单位在新、改、扩建项目和技术改造项目中的安全设施，必须与主体工程同时设计、同时施工、同时验收投入生产和使用。

第三条 在编制项目投资计划时，应将安全设施和安全条件评价费用，安全装备和设施购置投入费用，安全设备、设施条件检测费用，安全教育装备和设施费用，事故应急救援费用等一并纳入计划，同时编报。

第四条 当引进新技术、新设备的建设项目时，原有安全设施不得削减，没有安全设施或设施不能满足国家安全规范和标准的，应同时编报国内生产配套的安全设施投资计划，并保证建设项目投产后其安全设施符合国家规定的规范和标准。

第五条 严格按照批准的施工图纸和设计要求施工，确实做到安全设施与主体工程同时施工。

第六条 发现建设项目的安全设施设不合理或者存在重大事故隐患时，应当立即停止施工，并报告建设单位。

第七条 在生产设备、设施调试运行阶段，应同时对安全设施进行调试和检测，对其效果作出评估。同时应建立健全安全生产责任制、安全生产规章制度、安全生产管理台账、操作规程和事故应急救援预案。

（七）安全生产群防群治制度

1. 概述。

为更好地搞好安全生产工作，确保工程的顺利进行，尽可能减少伤亡事故发生，单靠有限的管理人员和安全监督员是不够的，需要大家共同努力，共同预防，共同治理，才能搞好安全生产工作，发动群众、组织群众坚持安全生产、人人有责的原则。为此，有必要建立安全生产群防群治制度。

2. 安全生产群防群治制度具体名内容如下：

（1）每位职工在接受上级有关部门和项目部安全监督管理员控制后的同时，自己必须参与安全生产防患工作，多出安全防患建议，献计献策，要关心现场的作业环境隐患整改。

（2）及时组织群众交流经验，取长补短，推动安全生产工作顺利开展。广泛深入发动群众查隐患、揭险情、订措施、堵漏洞，坚持贯彻以预防为主的方针。

（3）每位职工在生产过程中要多参与治理安全生产工作，发生隐患问题，立即报告项目部有关安全监督员，积极配合他人做好安全隐患整改工作。

（4）项目工程施工过程中人人有责任，时时刻刻整个环节安全生产状况，不能只顾自己的工作，忽视周围环境、设施和设备等安全状况，免被他人及设备伤害。

（5）项目部各班组每日上班前要进行安全交底，安全检查。每周进行事故隐患分析和讲评安全状况。定期开展无事故竞赛活动，群策群力，找事故苗子，查事故隐患，积极采取措施保证安全生产。

（6）违章指挥，强令职工冒险作业，或在生产过程中发现明显重大事故隐患和职业危害，群众有权向有关部门提出停工解决的建议。

（7）积极组织群众开展安全技能和操作规程的教育，执行安全生产规章制度搞好安全生产。对安全生产献计献策和管理人员要进行奖励，对不遵守安全生产记录违章作业者进行教育、处罚，形成一个群防群治的良好环节。

上述制度需要大家齐心协力，人人参与，人人有责，搞好安全生产工作。

相关知识

实行安全生产责任制，各级人员安全生产具体职责如下：

（一）项目经理安全职责

（1）对本项目工程的安全生产全面负责，是项目部安全生产第一责任人。

（2）树立“安全第一、预防为主、综合治理”的安全生产指导思想，贯彻执行国家有关安全生产的法律、法规、规范、标准和有限公司有关安全生产管理的规章制度。

（3）建立、健全并落实本单位各级安全生产责任制。

（4）组织制订本单位安全生产规章制度和操作规程。

（5）保证本单位安全生产投入的有效实施。

（6）追求生产进度和经济效益，必须是在确保安全生产的基础上，在生产同安全发生矛盾时，生产必须服从安全。

（7）加强对安全生产工作的领导，经常督促、检查本单位的安全生产工作，研究解决安全生产中的重大问题，及时消除生产安全事故隐患。

（8）在计划、布置、检查、总结、评比施工生产时，同时计划、布置、检查、总结、评比相应的安全生产工作。

（9）项目工程施工前应有施工组织设计、安全技术措施和施工现场临时用电方案，临时工程设施应有施工设计，组织验收符合安全规定后方可使用。

（10）督促做好对施工现场各类大临设施、特种设备、施工机具和设施等的管理工作，按有关规定进行安装、检验、操作、维修、保养、拆除等，保证安全。

（11）组织对本单位和劳务队伍进行安全教育培训，禁止无证上岗。

（12）严格执行安全技术交底制度，工程施工前，由负责项目管理的技术人员就有关安全施工的技术要求向施工作业班组、作业人员作详细说明，并由双方签字确认。

（13）加强对施工现场的安全监督，对各类违章行为应严格禁止和纠正。

（14）按规定使用和管理劳务队伍，对其安全生产进行严格监控。

（15）对本单位危险化学品的安全管理工作负总责，应依照有关规定制订对危险化学品的各项安全管理责任制度，并确保严格执行。

（16）组织制订并落实本单位生产安全事故应急救援预案和施工现场危险预防监控措施、应急预案，保障应急设备、器材的配备，保障应急救援体系的健全。

（17）及时、如实报告生产安全事故。

（二）项目安全生产总监的安全职责

（1）根据国家安全生产的有关法律法规和公司的有关要求，对该工程项目的安全生产监督管理工作负直接领导责任。

（2）协助项目经理，负责该工程项目的安全生产保证体系的运行，安全生产监督管理的总体策划与组织实施。

（3）据公司安全生产监督管理规章制度的要求，负责组织该工程项目的安全生产督查工作，对督查中发现的重大问题，有权下令停工整改。

（4）按照国家伤亡事故调查处理的有关规定，负责在公司、业主、地方政府对该工程项目所发生伤亡事故调查处理时的业务配合工作。

（三）项目总工程师的安全职责

项目总工程师对本单位安全生产和职业安全健康的技术工作负具体领导责任。

（1）在组织编制、审定施工组织设计时，同时负责组织编制、审定安全技术措施和施工现场临时用电方案。

（2）在组织编制、审定主体工程和临时工程施工方案、施工工艺时，同时组织编制、审定相应的安全技术措施、安全作业标准或规则。

（3）对施工中危险性较大的分部分项工程，组织编制专项施工方案，附安全验算结果，并按规定进行审批或组织专家论证审查。

（4）参与本单位生产安全事故应急预案和施工现场危险预防监控措施、应急预案的制定及落实工作，对应急准备和应急救援中的技术为题提出决策性建议。

（5）对新工艺、新技术、新材料的使用，负责审核其实施过程中的安全性，提出预防措施，组织编制相应的操作规程和交底工作。

（6）参加本单位定期及专业性的安全大检查，参加有关安全生产会议，指导和处理有关安全生产的技术工作。

（7）参加生产安全事故的调查、分析工作，裁决技术上的原因及责任，并确定安全技术整改措施。

（四）项目副总工程师安全职责

（1）树立“安全第一、预防为主、综合治理”的安全生产指导思想，贯彻执行国家有关安全生产的法律、法规、规范、标准和企业有关安全生产管理的规章制度。

（2）参加安全生产检查，参加有关安全生产会议，指导和处理有关安全生产的技术工作。

（3）参加有关事故的调查和处理。

（4）协助项目总工程师开展各项安全工作。

（5）项目总工程师不在时，代理总工程师开展工作。

（五）项目部分管安全生产工作的副经理职责

（1）树立“安全第一、预防为主、综合治理”的安全生产指导思想，贯彻执行国家有关安全生产的法律、法规、标准和企业有关安全生产管理的规章制度。

（2）协助经理建立、健全并落实本单位各级安全生产责任制。

（3）协助经理组织制订本单位安全生产规章制度和操作规程。

（4）协助经理保证本单位安全生产投入的有效实施。

（5）追求生产进度和经济效益，必须是在确保安全生产的基础上，在生产同安全发生矛盾时，生产必须服从安全。

（6）加强对安全生产工作的领导，负责督促、检查本单位的安全生产工作，负责组织定期或专项安全大检查，及时消除生产安全事故隐患。

（7）在计划、布置、检查、总结、评施工生产时，同时计划、布置、检查、总结、评比相应的安全生产工作。

（8）项目工程施工前应有施工组织设计、安全技术措施和施工现场临时用电方案，临时工程设施应有施工设计，应经验收符合安全规定后方可使用。

（9）督促做好对施工现场各类大临设施、特种设备、施工机具和设施等的管理工作，接有关规定进行安装、检验、操作、维修、保养、拆除等，保证安全。

（10）负责组织对本单位和劳务队伍员工进行安全教育培训，禁止无证上岗。

（11）严格执行安全措施交底制度，工程施工前，由负责项目管理的技术人员就有关安全施工的技术要求向施工作业班组、作业人员作详细说明，并由双方签字确认。

（12）加强对施工现场的安全监督，对各类违章行为应严格禁止和纠正。

（13）按规定使用和管理劳务队伍，对其安全生产进行严格监控。

（14）负责领导对本单位危险化学品的安全管理工作，依照有关规定对危险化学品的各项安全管理责任制度，并确保严格执行。

（15）负责组织制订并落实本单位生产安全事故应急救援预案、施工现场危险预防监控措施、应急预案，保障应急设备、器材的配备，保障应急救援体系的健全。

（16）及时、如实报告生产安全事故。

（六）项目副经理安全职责

项目副经理对项目经理负责，对各自分管职责范围内的安全工作负直接管理责任，协助经理做好项目的各项安全生产工作。

（1）树立“安全第一、预防为主、综合治理”的安全生产指导思想，贯彻执行国家有关安全生产的法律、法规、规范、标准和企业有关安全生产管理的规章制度。

（2）组织建立、健全分管部门、单位的各级安全生产责任制。

（3）组织制订分管部门、单位的安全生产规章制度和操作规程。

（4）保证分管部门、单位的安全生产投入的有效实施。

（5）追求生产进度和经济效益，必须是在确保安全生产的基础上，在生产同安全发生矛盾时，生产必须服从安全。

（6）加强对安全生产工作的领导，负责督促、检查分管部门、单位的安全生产工作，负责组织定期或专项安全大检查，及时消除生产安全生产事故隐患。

（7）在计划、布置、检查、总结、评比施工时，同时计划、布置、检查、总结、评比相应的安全生产工作。

（8）项目工程施工前应有组织设计、安全技术措施和施工现场临时用电方案，临时工程设施应有施工设计，应经验收符合安全规定后方准使用。

（9）督促做好对施工现场各类大临设施、特种设备、施工机具和设施等的管理工作，按有关规定进行安装、检验、操作维修、保养、拆除等，保证安全。

（10）组织对分管部门、单位的员工进行安全教育培训，禁止无证上岗。

（11）严格执行安全技术措施交底制度，工程施工前，由负责项目管理的技术人员就有关安全施工的技术要求向施工作业班组、作业人员作详细说明，并由双方签字确认。

（12）加强对施工现场的安全监督，对各类违章行为应严格禁止和纠正。

（13）按规定使用和管理劳务队伍，对其安全生产进行严格监控。

（14）负责组织制定并落实分管部门，单位的生产安全事故应急预案和施工现场危险预防监控措施、应急预案。

（15）及时、如实报告生产安全事故。

（七）工区区长、作业队队长（架子队队长）的安全职责

（1）贯彻执行有限公司、本单位对安全生产的规定和要求。

（2）负责本作业区安全生产工作。认真执行安全生产规章制度及安全操作要求，对本作业区，班组人员在生产中的安全和健康负责。

（3）在布置施工生产任务时，必须就作业特点与作业环境情况，向作业人员当面告知危险岗位的安全操作规程和存在的危险因素、违章操作的危险，以及应掌握的防范措施、事故应急措施。

（4）负责组织本作业区，班组人员学习安全操作规程，督促操作人员正确使用劳保防护用品。

（5）经常进行作业现场安全生产检查，发现问题及时解决并上报有关管理者。

（6）负责督促检查本作业区安全技术措施落实工作，安全隐患整改工作，发生事故的调查工作，落实项目部提出的安全培训教育工作。

（7）每日在安排生产任务时，要认真进行安全交底，严格执行有关安全操作规程，有权拒绝违章指挥和强令冒险作业。

（8）班前要对所有的施工机械、设备、工具、防护品和作业环境进行检查，发现问题应立即清除，同时做好收工前的安全检查。

（9）组织班组开展安全活动，做好班组安全教育，开好班前安全会，每周末做一次安全小结和讲评。

（10）发生工伤事故，设备或火灾事故要立即组织抢救和控制，保护好现场并及时向上级报告。

（八）技术负责人、技术员安全生产职责

（1）在施工技术工作中，贯彻执行有关安全生产的法律、法规、规范和标准，在自己的工作范围内，对施工生产中的安全技术负责。

（2）在编制施工方案时，同时编制安全技术措施，贯彻“三同时”。

（3）负责项目管理的技术人员，在工程施工前，负责就有关安全施工的技术要求向施工作业组、作业人员作详细说明，并由双方签字确认。

（4）负责项目管理的技术人员，对施工过程中的安全技术措施落实情况负有检查、落实责任。

（5）对施工过程中危及安全的技术问题，应及时向施工负责人或本单位技术负责人提出，及时组织落实整改。

（九）办公室主任安全职责

（1）协助项目经理开展安全生产管理工作。

（2）负责项目后勤中的安全工作，具体负责工地宿舍、食堂安全卫生工作，工地治安工作。

（3）负责协调工地事故应急救援工作。

（十）专职安全员职责

（1）学习宣传遵守和执行安全生产法律、法规、规程、标准和上级的安全生产管理规章制度。

（2）监督企业安全教育培训、安全检查、安全技术交底措施、安全交底等各项安全管理制度的贯彻落实。

（3）检查施工中对施工组织设计中安全技术要求的执行情况。

（4）完成安全生产工作方面的纪录、统计、汇总、上报、存档工作。

（5）配合机械管理部门做好机械设备特别是特种设备、安全装置的检查与管理，配合保

安部门做好火灾预防和扑救工作，配合物资部门做好劳动保护用品的采购，验收、保管、发放、使用、更换和报废工作。

（6）组织安全标语及警示标识的正确选择，合理布置和维护。

（7）对违章行为、存在的问题和事故隐患，提出批评并责令整改，对屡教不改的个人和单位，提出处理意见，按有关规定严肃处理。

（8）参加本单位安全生产会议，就本单位存在的安全工作问题提出改进意见。

（9）组织安全教育和全员安全活动，监督、检查班组班前安全活动制度和班组每周安全活动日制度的执行。

（10）组织对新进场作业人员的安全教育和考核，组织对本单位管理人员和作业人员的年度安全教育培训工作。

（11）监督检查安全防护、劳动保护用品的质量和正确使用。

（12）发生各类事故或未遂事故时，要及时报告，并组织认真分析原因，监督整改。

（十一）质检工程师、质检员安全职责

（1）负责大型临时设施质量检查工作，监督有关人员安全使用及维护。

（2）负责项目 ISO2000 标准贯标业务工作，监督有关人员安全使用及维护。

（3）协助计划部门做好分包队伍管理工作。

（4）协助工程部门做好工艺、设备正确使用。

（5）监督项目部正确使用国家及行业规范、规程、标准。

（6）参与项目部开展的安全检查、事故处理。

（十二）生产调度员职责

（1）执行上级有关安全生产的调度命令、指示，并督促检查执行情况。

（2）负责在安排施工生产的同时调度好各项施工资源。

（3）负责及时掌握机械、车辆、电力、气象、水文等方面的信息，为工地安全施工提供保障。

（4）负责在协助生产经理安排生产的同时，交代危险源及安全注意事项。

（十三）电工安全生产职责

（1）负责按照施工组织设计和生产进度正确配置施工机械，确保在用机械完好率达到100%。

（2）负责工地临时用电安全工作。

（3）负责按照国家及上级有关规定管理工地特种设备，督促作业人员严格执行各项操作规程。

（4）协助人力资源管理人员做好特种设备操作人员资格管理工作。

（5）负责大型设备装拆的安全管理。

（6）负责外租机械合同及使用中的安全管理工作。

（7）参与项目部安全检查，负责机电安全事故调查处理工作。

（8）参与工地事故紧急救援工作。

（9）协助材料部门开展机电安全防护器具的验证工作。

（十四）项目总经济师安全职责

（1）负责按有关规定正确选用分包单位。

（2）负责分包合同涉及安全生产内容的管理，组织签订《安全生产协议书》。

（3）协助人力资源管理人员，做好分包单位进场人员管理，促使分包单位健全安全生产管理体系。

（4）参与项目部安全目标的分解和考核工作。

（5）按照“五同时”原则将安全生产纳入项目总体计划、检查、考核。

（6）督促机械、物资部门搞好合同管理推进安全质量工作。

（7）负责协助生产经理处理突发事件、事故。

（十五）项目总会计师职责

组织编制项目部年度及季度安全技术措施资金计划，并及时上报，统计使用情况，合理安排资金，确保安全生产必需的资金到位。

（1）按照规定提供实现安全生产措施、安全育培训、宣传的经费，并监督其合理使用。

（2）办理有关生产安全事故保险的财务工作。

（3）执行安全生产奖惩办法，做好奖金发放、罚款收缴工作。

（4）提供本单位安全生产资金投入材料。

（十六）材料人员安全职责

（1）负责安排技术措施所需材料器具采购供应工作，关键安全防护物品合格率达到100%，正确选择生产厂家，保存有关证据，并做到及时发放。

（2）负责料库安全工作，对危险物品要遵章保管，指导检查作业部门正确使用。

（3）对安全帽、安全带、安全网等要定期检验，不合格的要报废更新。

（十七）人力资源管理人员安全生产职责

（1）负责项目部安全教育培训工作，并做好记录。

（2）负责项目施工人员的信息管理。

（3）负责协助安全环保部门做好特种作业人员培训取证工作。

（4）负责劳保用品发放标准管理工作。

（5）参与安全目标的考核工作。

（十八）员工安全生产职责

（1）对本岗位的安全生产负直接责任。遵章守法，认真执行本单位有关安全生产管理规定和安全操作规程，熟练掌握安全操作技能。

（2）积极参加各种安全活动，认真执行安全交底，不违章指挥，不违章作业，不违反劳动纪律，有权拒绝违章指挥和冒险作业，自觉服从领导和安全检查人员的指挥。

（3）不断提高警惕安全生产意识，做到“三不伤害”。

（4）工作前对所用的设备和机具要进行认真检查，遇有故障，排除后方可操作。

（5）按照作业要求正确穿戴个人防护用品。进入施工现场必须戴好安全帽。高处作业和在没有防护设施的高空，陡坡施工必须系安全带，水上作业必须穿救生衣。

（6）正确使用安全防护装置和设施，对各种防护装置、设施、安全标志等不得擅自拆除或挪动。

（7）新分配和转岗的工人要参加班组的安全教育，从事特种作业的工人，必须经专门的安全作业培训，考核合格后才能上岗工作。

（8）发生伤亡、机械、火灾或未遂事故，要立即上报项目负责人，并主动参加抢救，同时保护好现场。

（9）作业时注意力要集中，不得打闹嬉戏，不得擅自离开工作岗位、工作场所，不得做与工作无关的事。

（10）做到文明施工，作业时着装整齐、正确，不准饮酒后、醉酒后上岗。

（十九）班组长、领工员的安全职责

班组安全生产是搞好安全生产工作的关键。班组长、领工员全面负责本班组的安全生产，是安全生产法律和规章制度的直接执行者。

（1）贯彻执行有限公司、本单位对安全生产的规定和要求。

（2）认真执行行政、技术部门下达的安全技术措施，对安全检查人员指出的现场事故隐患要及时组织人员落实更改。

（3）每次实施作业前，应检查现场施工机具、设备、安全防护用品、作业环境是否符合安全要求，如发现不符合要求，应立即组织处理或报请上级予以解决。

（4）负责落实班组班前安全活动制度，认真执行安全交底，负责向班组作业人员交代作业场所的危险因素、安全注意事项和安全操作要求，并作记录和签字。

（5）督促、检查作业人员正确佩戴和使用安全防护用品和劳动保护用品。

（6）负责指导、督促、检查班组作业人员遵守安全操作规程和劳动纪律，制止违章违纪行为。

（7）负责组织对班组使用的施工机具、设备安全防护用品等按规定进行日常检查、维修、保养工作。

（8）按规定组织班组安全学习活动，并做好学习记录。

（9）负责组织“三级教育”中的班组安全教育。

（二十）项目部机械管理人员安全职责

（1）在机械管理工作中，贯彻执行国家有关安全生产的法律、法规、规范、标准和企业有关安全生产管理的规章制度。

（2）负责编制机械设备安全操作规程，并监督执行。

（3）负责对进场的施工机械设备进行检查验收，不合格设备不得进场使用。

（4）负责对现场所使用的特种设备按规定办理安全使用的有关法定手续。

（5）督促、检查本单位在施工机械设备、动力设备、电气设备的安装、使用、维修和保养上贯彻执行有关法律、法规、规程和标准。

（6）负责制定本单位所属机械设备的检查、维修保养计划，并组织实施。

（7）做好定期和日常检查工作，并做好记录，发现隐患、问题应及时进行整改。

（8）协助做好对机械设备操作人员的安全教育培训，监督特种设备操作人员持证上岗。

技能训练

技能训练一　编制安全生产文件管理目录

安全生产管理管理规程（SMP）文件目录

序号	文　件　名　称	文件编码
1	安全生产管理总则	AQ-SMP-001-201201
2	安全生产领导机构	AQ-SMP-002-201201
3	安全生产管理领导小组组织机构图	AQ-SMP-003-201201
4	安全生产检查与隐患整改制度	AQ-SMP-004-201201
5	安全生产工作例会制度	AQ-SMP-005-201201
6	劳动防护用品管理制度	AQ-SMP-006-201201
7	安全生产奖罚制度	AQ-SMP-007-201201
8	安全教育培训制度	AQ-SMP-008-201201
9	安全经费专项预算与使用制度	AQ-SMP-009-201201
10	工伤事故管理制度	AQ-SMP-010-201201
11	设备设施安全维护 改造审查验收制度	AQ-SMP-011-201201
12	用电安全管理制度	AQ-SMP-012-201201
13	安全生产健康卫生管理制度	AQ-SMP-013-201201
14	安全生产现场管理制度	AQ-SMP-014-201201
15	危险作业管理制度	AQ-SMP-015-201201
16	女工和未成年人保护制度	AQ-SMP-016-201201
17	消防安全管理制度	AQ-SMP-017-201201
18	厂内交通安全管理制度	AQ-SMP-018-201201
19	危险化学品管理制度	AQ-SMP-019-201201
20	外来承包作业管理制度	AQ-SMP-020-201201
21	动火用火安全管理制度	AQ-SMP-021-201201
22	仓库安全管理制度	AQ-SMP-022-201201

安全职责（SWP）文件目录

序号	文　件　名　称	文件编码
1	员工安全职责	AQ-SWP-001-201201
2	班组长（工段长）安全职责	AQ-SWP-002-201201
3	车间安全员安全职责	AQ-SWP-003-201201
4	车间主任的安全职责	AQ-SWP-004-201201
5	工会安全生产职责	AQ-SWP-005-201201
6	设计部门的安全生产职责	AQ-SWP-006-201201
7	供应、储运、销售部门的安全生产职责	AQ-SWP-007-201201
8	计划、财务部门安全生产职责	AQ-SWP-008-201201
9	保卫部门的安全生产职责	AQ-SWP-009-201201
10	办公室安全生产职责	AQ-SWP-010-201201
11	生产调度部门的安全生产职责	AQ-SWP-011-201201
12	技术部门的安全生产职责	AQ-SWP-012-201201
13	技术部门的安全生产职责	AQ-SWP-013-201201
14	安全技术部门的职责	AQ-SWP-014-201201

应急预案（SWP）文件目录

序号	文　件　名　称	文件编码
1	机械伤害应急准备与响应预案	AQ-SOP-001-201201
2	触电事故应急准备与响应预案	AQ-SOP-002-201201
3	危险化学品危害事故应急准备与响应预案	AQ-SOP-003-201201

记录（R）文件目录

序号	文　件　名　称	文件编码
1	安全生产工作会议记录	AQ-R-001-201201
2	企业“三级”安全教育登记表	AQ-R-002-201201
3	安全生产事故隐患排查治理登记表	AQ-R-003-201201
4	安全生产检查记录表	AQ-R-004-201201

技能训练二　安全机构设置

《建筑施工企业安全生产管理机构设置及专职安全生产管理人员配备办法》

第一条　为规范建筑施工企业和建设工程项目安全生产管理机构的设置及专职安全生产管理人员的配置工作，根据《建设工程安全生产管理条例》，制定本办法。

第二条 本办法适用于土木工程、建筑工程、线路管道和设备安装工程及装修工程的新建、改建、扩建和拆除等活动。

第三条 安全生产管理机构是指建筑施工企业及其在建设工程项目中设置的负责安全生产管理工作的独立职能部门。

建筑施工企业所属的分公司、区域公司等较大的分支机构应当各自独立设置安全生产管理机构，负责本企业（分支机构）的安全生产管理工作。建筑施工企业及其所属分公司、区域公司等较大的分支机构必须在建设工程项目中设立安全生产管理机构。

安全生产管理机构的职责主要包括：落实国家有关安全生产法律法规和标准、编制并适时更新安全生产管理制度、组织开展全员安全教育培训及安全检查等活动。

第四条 专职安全生产管理人员是指经建设主管部门或者其他有关部门安全生产考核合格，并取得安全生产考核合格证书在企业从事安全生产管理工作的专职人员，包括企业安全生产管理机构的负责人及其工作人员和施工现场专职安全生产管理人员。

企业安全生产管理机构负责人依据企业安全生产实际，适时修订企业安全生产规章制度，调配各级安全生产管理人员，监督、指导并评价企业各部门或分支机构的安全生产管理工作，配合有关部门进行事故的调查处理等。

企业安全生产管理机构工作人员负责安全生产相关数据统计、安全防护和劳动保护用品配备及检查、施工现场安全督查等。

施工现场专职安全生产管理人员负责施工现场安全生产巡视督查，并做好记录。发现现场存在安全隐患时，应及时向企业安全生产管理机构和工程项目经理报告；对违章指挥、违章操作的，应立即制止。

第五条 建筑施工总承包企业安全生产管理机构内的专职安全生产管理人员应当按企业资质类别和等级足额配备，根据企业生产能力或施工规模，专职安全生产管理人员人数至少为：

（1）集团公司——1人/百万平方米·年（生产能力）或每十亿施工总产值·年，且不少于4人。

（2）工程公司（分公司、区域公司）——1人/十万平方米·年（生产能力）或每一亿施工总产值·年，且不少于3人。

（3）专业公司——1人/十万平方米·年（生产能力）或每一亿施工总产值·年，且不少于3人。

（4）劳务公司——1人/五十名施工人员，且不少于2人。

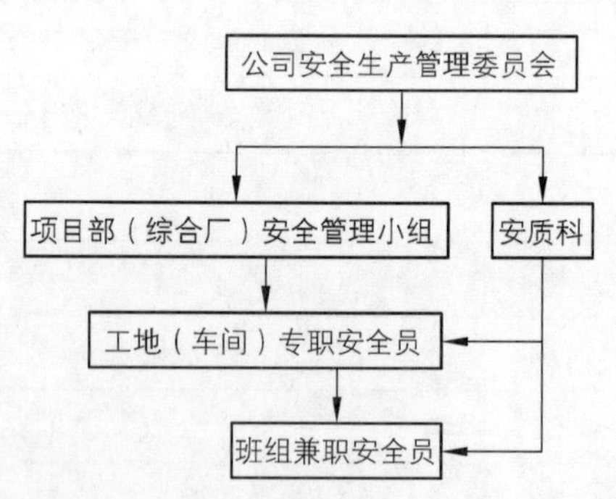

第六条 建设工程项目应当成立由项目经理负责的安全生产管理小组，小组成员应包括企业派驻到项目的专职安全生产管理人员，专职安全生产管理人员的配置为：

1. 建筑工程、装修工程按照建筑面积：

（1）1万平方米及以下的工程至少1人；

（2）1万~5万平方米的工程至少2人；

（3）5万平方米以上的工程至少3人，应当设置安全主管，按土建、机电设备等专业设置专职安全生产管理人员。

2. 土木工程、线路管道、设备按照安装总造价：

（1）5 000 万元以下的工程至少 1 人；

（2）5 000 万～1 亿元的工程至少 2 人；

（3）1 亿以上的工程至少 3 人，应当设置安全主管，按土建、机电设备等专业设置专职安全生产管理人员。

第七条 工程项目采用新技术、新工艺、新材料或致害因素多、施工作业难度大的工程项目，施工现场专职安全生产管理人员的数量应当根据施工实际情况，在第六条规定的配置标准上增配。

第八条 劳务分包企业建设工程项目施工人员 50 人以下的，应当设置 1 名专职安全生产管理人员；50～200 人的，应设 2 名专职安全生产管理人员；200 人以上的，应根据所承担的分部分项工程施工危险实际情况增配，并不少于企业总人数的 5‰。

第九条 施工作业班组应设置兼职安全巡查员，对本班组的作业场所进行安全监督检查。

第十条 国务院铁路、交通、水利等有关部门和各地可依照本办法制定实施细则。有关部门已有规定的，从其规定。

第十一条 本办法由建设部负责解释。

技能训练三 安全生产保证体系的建立

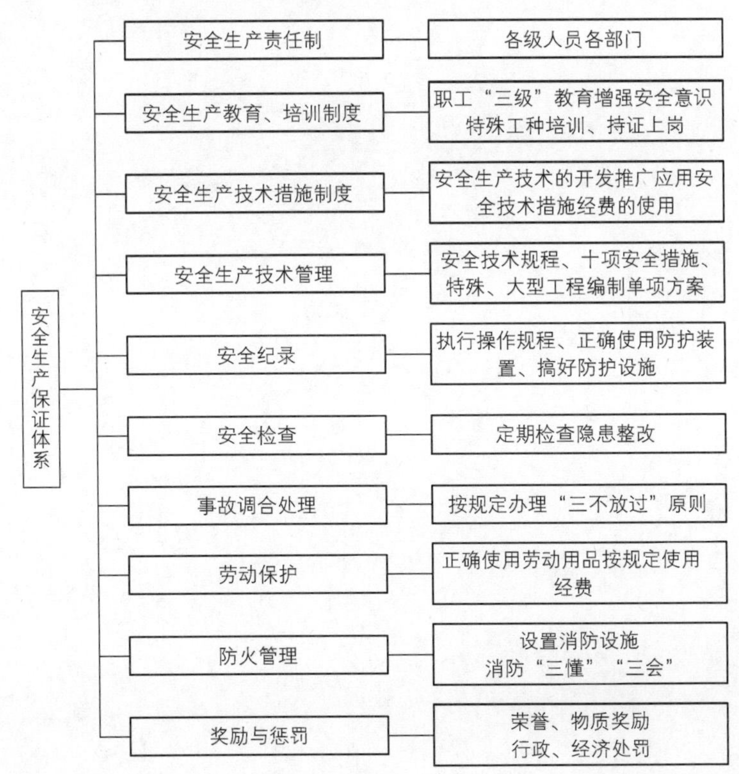

任务完成

（一）小组练习

将班上学生分成小组，各小组选一位组长带领组员，完成认识安全生产文件的组成、文件内容、安全生产机构的设立和安全管理人员配备等工作。

（二）小组评价

安全生产文件包含哪些内容？
安全生产机构应配备哪些人员？

（三）综合评价

综合评价包括小组之间的互评和老师对各小组工作的系统评价。主要评价项目见附录。

作　业

1. 你知道几种安全生产管理制度？
2. 简述如何设置安全生产机构和配备人员。

学习任务二

从业人员安全生产权利、义务和职责的履行

事故案例

某建筑公司安全操作规程中明确规定，在高层建筑窗外收拾建筑材料时应系上安全带，但工人 A 某在六层屋面收拾工具时，认为半个身子露出窗外去拆挂在外脚手架上的电源线，即使不系安全带也没有问题，结果，不慎失足坠落地面，经抢救无效死亡。问：建筑公司对 A 某的死亡是否应予赔偿？

思考一下

从业人员在工作中享有哪些权利？应当承担哪些义务？如何更好地履行自己的职责？

任务描述

《安全生产法》明确规定了从业人员的权利和义务。其中权利包括如下图所示。

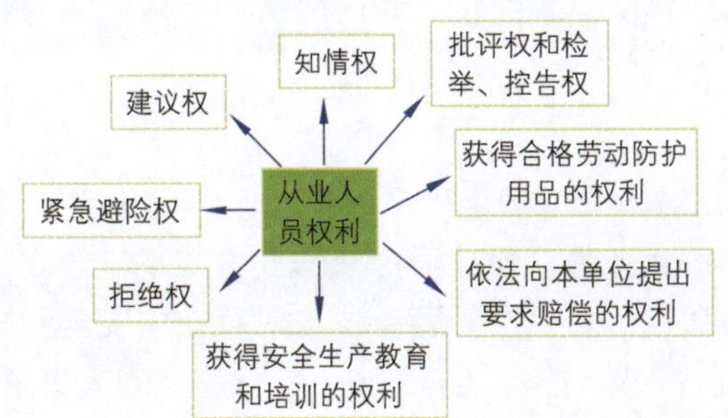

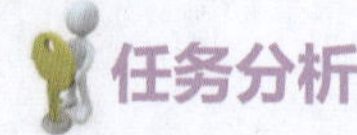

任务分析

一、从业人员的权利

（一）知情权

从业人员“有权了解其作业场所和工作岗位存在的危险因素、防范措施和事故应急措施”。建设工程施工前，施工单位负责项目管理的技术人员应当对有关安全施工的技术要求向施工作业班组、作业人员作出详细说明，进行安全技术交底，明确告知施工现场存在的危险因素、防范措施和应急方案。使施工人员都清楚自己应该干什么、怎么干；施工现场存在哪些风险、如何防范；出现险情，如何自救、如何逃生、如何报警，等等。安全技术交底应使用规定的表格，载明交底内容、时间、地点，由双方签字确认，交底资料须妥善保管。

（二）建议权

从业人员“有权对本单位的安全生产工作提出建议”。安全生产，人人有责。从业人员长期工作在生产一线，有着丰富的安全生产实践经验。他们深知哪些规章制度最有效，哪些管理手段需要改进。他们有权对本单位的安全生产工作提出建议，作为企业管理层应该大力提倡、积极鼓励他们为安全生产献计献策。

（三）批评权和检举

控告权从业人员“有权对本单位安全生产管理工作中存在的问题提出批评、检举、控告”。施工人员发现作业环境、作业条件、作业程序和作业方式不符合安全标准、违反安全操作规程的有权提出批评、检举和控告。生产经营单位应对存在的安全问题妥善处理，积极整改，不得因此而降低批评人、检举人、控告人的工资，福利等待遇或者解除与其订立的劳动合同。

（四）拒绝权

从业人员“有权拒绝违章指挥和强令冒险作业”。违章指挥、强令冒险作业行为，一般发生在管理层负有一定责任、享有一定权力的指挥者身上。他们对现场情况不是很了解，仅凭以往的经验、主观臆测，或者是迫于某种压力，向从业人员发出可能导致严重后果的错误指令。对这种指令，从业人员要敢于说“不”，有权拒绝执行。

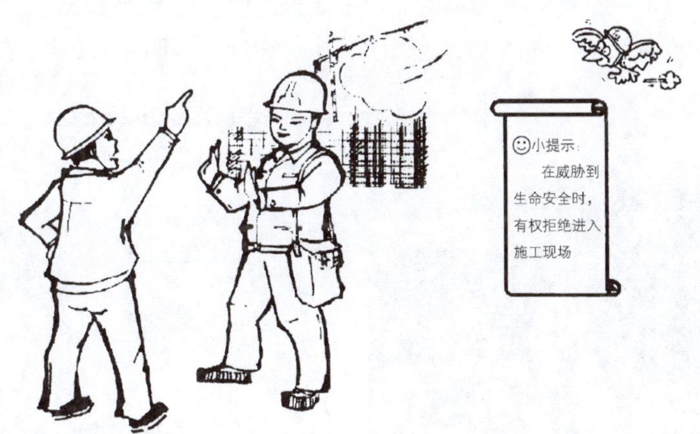

（五）紧急避险权

从业人员“发现直接危及人身安全的紧急情况时，有权停止作业或者在采取可能的应急措施后撤离作业场所”。当施工现场发生险情，可能危及人身安全时，从业人员应立即停止作业，撤离危险区域，躲避到安全场所。如果时间容许，为减少损失，可在采取应急措施后再撤离现场，并立即向施工负责人汇报。生产经营单位不得因此而降低从业人员的工资、福利等待遇或者解除与其订立的劳动合同。

（六）索赔权

“因生产安全事故受到损害的从业人员，除依法享有工伤社会保险外，依照有关民事法律尚有获得赔偿的权利的，有权向本单位提出赔偿要求。”

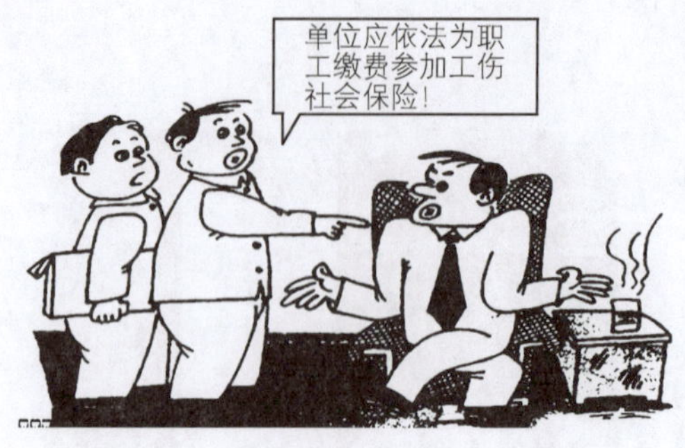

（七）享受劳动保护的权利

“生产经营单位必须为从业人员提供符合国家标准或者行业标准的劳动防护用品，并监督、教育从业人员按照使用规则佩戴、使用。”生产经营单位应当根据工作性质、现场作业环境条件，按照《劳动防护用品选用规则》（GB11651）和国家颁发的劳动防护用品配备标准以及有关规定，为从业人员免费配备劳动安全防护用具和安全防护服装。生产经营单位不得以货币或者其他物品替代应当按规定配备的劳动防护用品。为从业人员提供的劳动防护用品，必须符合国家标准或者行业标准，不得超过使用期限。生产经营单位不得采购和使用无安全标志的特种劳动防护用品；购买的特种劳动防护用品须经本单位的安全生产技术部门或者管理人员检查验收。生产经营单位应当遵守有关环境保护法律、法规的规定，在施工现场采取措施，防止或者减少粉尘、废气、废水、固体废物、噪声、振动和施工照明对人和环境的危害和污染。

（八）获得安全生产教育和培训的权利

“生产经营单位应当对从业人员进行安全生产教育和培训，保证从业人员具备必要的安全生产知识，熟悉有关的安全生产规章制度和安全操作规程，掌握本岗位的安全操作技能。”作业人员进入新的岗位或者新的施工现场前，生产经营单位应当对其进行三级安全生产教育培训，并且要满足培训的时间要求。未经教育培训或者教育培训考核不合格的人员，不得上岗作业。

施工单位在采用新技术、新工艺、新设备、新材料时，应当对作业人员进行相应的安全生产教育培训。

另外，劳动者还享受工伤社会保险的权利。

“生产经营单位与从业人员订立的劳动合同，应当载明有关保障从业人员劳动安全、防止职业危害的事项，以及依法为从业人员办理工伤社会保险的事项。生产经营单位不得以任何形式与从业人员订立协议，免除或者减轻其对从业人员因生产安全事故伤亡依法应承担的责任。”生产经营单位须与从业人员订立有效的劳动合同，合同条款应充分体现公平、公正的原则，不得有霸王条款。

生产经营单位须为从业人员办理工伤社会保险，为施工现场从事危险作业的人员办理意外伤害保险。

办理意外伤害保险 支付保险费

二、从业人员的义务

1. 遵章守纪义务。从业人员在作业过程中，应当自觉遵守本单位的安全生产规章制度，严格执行安全操作规程，服从管理，正确佩戴和使用劳动防护用品。

2. 接受培训、学习的义务。从业人员应积极参加本单位组织的安全教育培训，努力掌握本职工作所需的安全生产知识，全面提高安全生产技能，增强事故预防和应急处理能力。

3. 险情报告义务。从业人员发现事故隐患或者其他不安全因素时，应当立即向现场安全生产管理人员或者本单位负责人报告，防止生产安全事故的发生。

当前，建设工程领域安全生产形势严峻，生产安全事故时有发生，原因是多方面的。而从业人员的法制观念淡薄，缺乏维权意识，也是重要原因之一。要想从根本上解决这个问题，必须对从业人员进行法制教育，组织从业人员认真学习《安全生产法》，使他们知法、守法、护法。通过学习培训使从业人员明确知道自己在安全生产方面应该享有的权利和应该履行的义务；自觉遵纪守法、恪尽职守；对违反《安全生产法》的规定，损害从业人员合法权益的行为，要坚决抵制，敢于说“不”，从根本上扭转有法不依的局面。

权利和义务之间是对立统一的辩证关系。马克思认为“没有无义务的权利，也没有无权利的义务”，建设工程从业人员在享有安全生产权利的同时必须履行相应的义务，才能使建设工程安全有序地进行。

三、安全员的岗位职责

1. 协助项目经理及技术负责人对本工程的安全管理，对施工现场出现的安全问题负主要责任。

2. 贯彻执行国家地方有关主管部门关于安全的方针政策、规范、制度的规定，坚持“安全预防为主”的方针。

3. 认真检查督促施工现场的安全生产的劳动保护及各项安全规定的落实。

4. 参加施工方案中安全生产技术措施的条款立定工作，检查督促条款的实施，负责安全措施标识的管理和使用，及时记录好安全台账。

5. 负责本工程的常规安全检查活动，并做好检查记录。协助落实奖罚措施，对违章现象进行制止，对一般事故作出处理和记录。

6. 对进入施工现场的新工人进行安全教育及日常生产的安全教育工作。

7. 参加对工伤事故的调查、分析、处理、总结和上报等工作。

8. 自觉遵守公司财务制度，加强自身廉政建设，杜绝工作中的一切不正之风和腐败现象。

相关知识

《安全生产法》有关从业人员的权利和义务

从业人员是指在各级国家机关、政党机关、社会团体及企业、事业单位中工作，取得工资或其他形式的劳动报酬的全部人员。包括在岗职工、再就业的离退休人员、民办教师以及在各单位中工作的外方人员和港澳台方人员、兼职人员、借用的外单位人员和第二职业者。不包括离开本单位仍保留劳动关系的职工。各单位的从业人员反映了各单位实际参加生产或工作的全部劳动力。

第四十四条 生产经营单位与从业人员订立的劳动合同，应当载明有关保障从业人员劳动安全、防止职业危害的事项，以及依法为从业人员办理工伤社会保险的事项。

生产经营单位不得以任何形式与从业人员订立协议，免除或者减轻其对从业人员因生产安全事故伤亡依法应承担的责任。

第四十五条 生产经营单位的从业人员有权了解其作业场所和工作岗位存在的危险因素、防范措施及事故应急措施，有权对本单位的安全生产工作提出建议。

第四十六条 从业人员有权对本单位安全生产工作中存在的问题提出批评、检举、控告；有权拒绝违章指挥和强令冒险作业。

生产经营单位不得因从业人员对本单位安全生产工作提出批评、检举、控告或者拒绝违章指挥、强令冒险作业而降低其工资、福利等待遇或者解除与其订立的劳动合同。

第四十七条 从业人员发现直接危及人身安全的紧急情况时，有权停止作业或者在采取可能的应急措施后撤离作业场所。

生产经营单位不得因从业人员在前款紧急情况下停止作业或者采取紧急撤离措施而降低其工资、福利等待遇或者解除与其订立的劳动合同。

第四十八条 因生产安全事故受到损害的从业人员，除依法享有工伤社会保险外，依照有关民事法律尚有获得赔偿的权利的，有权向本单位提出赔偿要求。

第四十九条 从业人员在作业过程中，应当严格遵守本单位的安全生产规章制度和操作规程，服从管理，正确佩戴和使用劳动防护用品。

第五十条 从业人员应当接受安全生产教育和培训，掌握本职工作所需的安全生产知识，提高安全生产技能，增强事故预防和应急处理能力。

第五十一条 从业人员发现事故隐患或者其他不安全因素，应当立即向现场安全生产管理人员或者本单位负责人报告；接到报告的人员应当及时予以处理。

第五十二条 工会有权对建设项目的安全设施与主体工程同时设计、同时施工、同时投入生产和使用进行监督，提出意见。

工会对生产经营单位违反安全生产法律、法规，侵犯从业人员合法权益的行为，有权要求纠正；发现生产经营单位违章指挥、强令冒险作业或者发现事故隐患时，有权提出解决的建议，生产经营单位应当及时研究答复；发现危及从业人员生命安全的情况时，有权向生产经营单位建议组织从业人员撤离危险场所，生产经营单位必须立即作出处理。

工会有权依法参加事故调查，向有关部门提出处理意见，并要求追究有关人员的责任。

技能训练

技能训练一　通过法律手段正确合理地行使权利和义务

技能训练二　能够正确地履行安全员的职责

任务完成

（一）小组练习

将班上学生分成小组，各小组选一位组长带领组员，完成认识从业人员的权利和义务种类、理解安全员的职责、如何合理地利用法律所赋予的权利进行维权等工作。

（二）小组评价

行使从业人员的权利和义务应知应会的知识有哪些?

安全员的岗位职责有哪些?

（三）综合评价

综合评价包括小组之间的互评和老师对各小组工作的系统评价。主要评价项目见附录。

作　业

1. 给大家讲一个有关从业人员权利和义务的案例。
2. 简述从业人员的权利和义务有哪些，安全员的职责有哪些。

情境五

桥梁基础施工安全控制

桥梁的基础是桥梁埋置在地基中的“根”，它承受着桥梁成百上千吨的自重和车辆通过时的强大压应力和冲击力，并将这些边传递、扩散到地基中去。因此，桥梁基础的建设，对于保持桥梁的稳定、坚固、安全，至关重要。但是，由于桥梁基础大都建在河中，施工受地理、气候等条件的限制大，影响安全的因素多。所以，在桥梁基础施工中要特别注意安全。

学习目标

1. 能看懂并执行项目内已经编制好的基坑施工和桩基础施工的安全方案。
2. 能检查现场常见的安全设施。

学习任务一

基坑施工安全防护

事故案例

珠海祖国广场项目是集商业、宾馆、写字楼于一体的高级综合大楼。位于某市拱北口岸旁、迎宾大道西、金叶酒店南侧，与拱北口岸新联栓大楼遥遥相对，发展商计划在澳门回归前建成投入使用。该大楼地下四层（是某市目前最深入的地下室，基础开挖深度为 – 1 645 m 和 – 17.25 m，长 90.27 m，宽 71.92 m），地上 26 层，建筑高度 98.5 m，总建筑面积 101 993.91 m^2。工程地质勘察报告揭示该工程地质条件复杂，淤泥和淤泥质粉质黏土软弱深厚，最大埋深达 18 m。

1998 年 5 月 6 日上午，基坑南边的工地职工宿舍出现倾斜。中午，钢支撑连续发生爆裂，第 10 号第三层钢支撑失稳。下午 15 时 30 分，逆作地下墙下沉移位，钢支撑的部分工字钢发生严重扭曲，部分支撑爆裂后脱离墙体预埋件，有的工字钢端部撕裂、扭曲。施工单位当即决定派人分头通知在基坑内作业和在工棚里休息的人员及附近的居民立即疏散，避免了伤亡人员的扩大。16 时 30 分左右，钢支撑爆裂声频率加快，基坑东南角逆作地下墙朝基坑内滑陷，坑边的商铺开始坍塌，随即西南角的逆作地下墙也滑向基坑，工地职工宿舍和三栋民宅滑陷坑中。晚上 20 时许，基坑支护整体结构失稳，应力重新分布，北侧的逆作地下墙和周边的建筑物也轰然倒塌。至此，整个基坑全部倒塌。事故造成 5 人在撤离现场时受轻伤，3 栋民房、37 间商铺和 1 间员工饭堂倒塌陷入坑中，10 栋民房和附近道路、排污、供水、供电设施受到不同程度影响，经认真核算，直接经济损失为 1 377.6 万元。

思考一下

基坑施工时会发生哪些安全事故？如何避免或者减少基坑开挖时发生安全事故？

任务描述

近三年建设部备案的重大施工坍塌事故中，基坑坍塌约占坍塌事故总数的 50%。塌方事故造成了惨重的人员伤亡和经济损失。对施工坍塌的专项治理是近年来建筑安全工作的重点之一。基坑坍塌，可大致分为两类：（1）基坑边坡土体承载力不足；基坑底土因卸载而隆起，造成基坑或边坡土体滑动；地表及地下水渗流作用，造成的涌砂、涌泥、涌水等而导致边坡失稳，基坑坍塌。（2）支护结构的强度、刚度或者稳定性不足，引起支护结构破坏，导致边坡失稳，基坑坍塌。

任务分析

一、基坑施工可能发生的安全事故类型

基坑工程施工常出现的事故有：边坡失稳；基底隆起；基坑渗流破坏；基坑突涌；周围地面及邻近建筑物沉陷、倾斜、开裂等问题。如不及时采取应征措施，将导致周围地面沉陷破坏，邻近建筑物的倒塌，地下设施的断裂破坏等，不仅影响工期，而且造成很大的经济损失，甚至危及人身安全。现在对这些常见事故类型进行详细解析。

（一）基坑坍塌

某工地基坑坍塌现场（1）

某工地基坑坍塌现场（2）

（二）基坑涌水（涌砂）

基坑内发生严重的涌水

坑内涌水涌砂点

（三）支护结构出现破坏

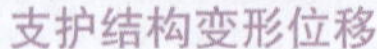

支护结构变形位移

锚喷护壁坍塌

二、基坑坍塌的原因分析

导致基坑坍塌的原因可归结为技术和管理两个层面，下面将分析基坑坍塌事故发生的原因和特点，提出防范建议。

支护结构变形

1. 地质勘察报告不满足支护设计要求。

地质勘察报告往往忽视基坑边坡支护设计所需的土体物理力学性能指标，不注重对周边土体的勘察、分析，这使得支护结构设计与实际支护需求不符。

2. 无基坑支护结构设计。

基坑支护设计是基坑开挖安全的基本保证，应由有设计资质的单位进行支护专项设计

3. 支护结构设计存在缺陷。

由于基坑现场的地质条件错综复杂，设计人员应根据现场实际情况进行支护结构设计。支护结构设计存在的缺陷，势必形成安全隐患，有的坍塌就是支护结构设计不合理所致。

4. 放坡不当。

基坑开挖前应根据地质和基坑周边环境情况，确定基坑边坡高宽比，计算边坡的稳定性。

基坑边坡失稳

5. 排、降、截、止水方法不当。水患控制是基坑施工的重点，应采取合理、有效的控水方案。

对控水方案的实施必须进行监测，并对可能出现的险情，制订应急措施。济南市两座商厦均因降水措施不当，造成基坑开挖时地面局部塌陷，支护结构和周围建筑物遭到不同程度的破坏。

6. 无施工组织设计。

施工组织设计是施工的依据，施工方应根据工程地质及水文条件、现场环境等编制施工组织设计，经勘察、设计、监理方和相关部门审查后，方可施工。无施工组织设计，必然造成现场违章指挥，违章作业。

7. 基坑开挖方案不合理。

有的是由于基坑开挖方案不合理所致，如挖土进度过快，开挖分层过大，超深开挖；护坡桩成桩后即开挖土方；基坑挖到设计标高后未及时封底，暴露时间过长等。

8. 不按施工组织设计施工。

黑龙江公路部门一办公楼基坑，不按施工组织设计施工，导致基坑坍塌，造成 3 人死亡，2 人受伤。南昌某广场综合楼工程，施工方擅自将 C20 混凝土挖孔桩护壁改成竹篾护壁，导致坍塌。

9. 对意外情况处理不当。

土方开挖过程中遇障碍物、管道等时，不及时报告，而是以侥幸心理继续施工。

10. 忽视周边环境、建筑物等对基坑的影响。

基坑开挖前应了解基坑周边环境、建筑物、地表水排泄、地下管线分布、道路、车辆、行人等情况，并且采取相应措施。

11. 未对基坑开挖实施监控。

对基坑开挖过程中的监控是通过布置观测点，监测基坑边坡土体的水平和垂直位移、水渗透影响、支护结构应力和变形等，以便及时预防和控制。重庆某小区工程，对高度近 20 m 的基坑边坡不做监控，由于未能及时掌握土体变形情况，对基坑的突然坍塌毫无防备。

12. 施工质量达不到设计要求。

护坡桩缩颈、断桩，锚杆或土钉达不到设计长度，倾角与原设计符，灌浆质量差等，使支护结构承载力和对土体的支护达不到设计要求，形成隐患。

13. 管理及技术人员缺乏专业常识。

有的管理及技术人员缺乏专业常识，把围墙当挡土墙使用。

三、防范基坑坍塌建议

1. 严格贯彻、执行《建筑法》《建设工程安全生产管理条例》及相关技术规范、规程的规定，从源头上、施工过程中全面降低安全发生的几率。

2. 基坑支护结构设计和基坑开挖施工组织设计，除正常的审查外，还应经建设行政主管部门认可的专家委员会和技术咨询机构审查通过，方可作为施工依据。

3. 重视基坑监测，消除安全隐患。

按《建筑地基基础设计规范》《建筑边坡工程技术规范》要求对基坑实施监测，掌握基坑边坡土体及已有建筑物的水平和垂直位移、水渗透影响、支护结构的变形和应力等情况。一旦监测值接近规范容许值和所测指标突变时，应及时向业主、监理、设计方报告，并根据监测情况及时调整支护结构和施工方案。

4. 改善技术交底工作。

必须重视和改善安全和技术交底工作，落实逐级、逐项安全和技术交底制度。交底时应在施工组织设计基础上作技术细化，强调安全注意事项；用通俗的语言，使作业人员理解、掌握，并按照安全和技术要求作业。

5. 加强施工监管。

基坑开挖过程中，必须有技术人员现场指挥和监理方的监管。施工和监理方要把监督重点放在多发的环节，尤其是基坑支护结构施工、基坑放坡、排水降水、开挖土体的堆放等方面。

6. 防范次生造成的伤害。

发生后，因次生、抢险措施或防护不当，造成更多伤亡的现象也较为突出，这暴露出施工现场管理和技术人员对的发展和危害，缺乏科学的判断；现场救援水平低及救援装备欠缺。基坑施工前，应作次生分析预测，施工现场应按应急预案，配备经合格的急救人员和急救器材。

一、深基坑的定义

根据中华人民共和国住房和城乡建设部于二〇〇九年五月十三日发布《危险性较大的分部分项工程安全管理办法》中的附属文件，深基坑工程为：

（1）开挖深度超过 5 m（含 5 m）的基坑（槽）的土方开挖、支护、降水工程。

（2）开挖深度虽未超过 5 m，但地质条件、周围环境和地下管线复杂，或影响毗邻建筑（构筑）物安全的基坑（槽）的土方开挖、支护、降水工程。

二、基坑工程的特点

（1）基坑支护体系是临时结构，安全储备较小，具有较大的风险性。基坑工程施工过程中应进行监测，并应有应急措施。在施工过程中一旦出现险情，需要及时抢救。在开挖深基坑时候注意加强排水防灌措施，风险较大应该提前做好应急预案。

（2）基坑工程具有很强的区域性。如软黏土地基、黄土地基等工程地质和水文地质条件不同的地基中基坑工程差异性很大。同一城市不同区域也有差异。基坑工程的支护体系设计与施工和土方开挖都要因地制宜，根据本地情况进行，外地的经验可以借鉴，但不能简单搬用。

（3）基坑工程具有很强的个性。基坑工程的支护体系设计与施工和土方开挖不仅与工程地质水文地质条件有关，还与基坑相邻建（构）筑物和地下管线的位置、抵御变形的能力、重要性，以及周围场地条件等有关。有时保护相邻建（构）筑物和市政设施的安全是基坑工程设计与施工的关键。这就决定了基坑工程具有很强的个性。因此，对基坑工程进行分类、对支护结构允许变形规定统一标准都是比较困难的。

（4）基坑工程综合性强。基坑工程不仅需要岩土工程知识，也需要结构工程知识，需要土力学理论、测试技术、计算技术及施工机械、施工技术的综合。

（5）基坑工程具有较强的时空效应。基坑的深度和平面形状对基坑支护体系的稳定性和变形有较大影响。在基坑支护体系设计中要注意基坑工程的空间效应。土体，特别是软黏土，具有较强的蠕变性，作用在支护结构上的土压力随时间变化。蠕变将使土体强度降低，土坡稳定性变小。所以对基坑工程的时间效应也必须给予充分的重视。

（6）基坑工程是系统工程。基坑工程主要包括支护体系设计和土方开挖两部分。土方开挖的施工组织是否合理将对支护体系是否成功具有重要作用。不合理的土方开挖、步骤和速度可能导致主体结构桩基变位、支护结构过大的变形，甚至引起支护体系失稳而导致破坏。同时在施工过程中，应加强监测，力求实行信息化施工。

（7）基坑工程具有环境效应。基坑开挖势必引起周围地基地下水位的变化和应力场的改变，导致周围地基土体的变形，对周围建（构）筑物和地下管线产生影响，严重的将危及其正常使用或安全。大量土方外运也将对交通和弃土点环境产生影响。

深基坑的定义：建设部建质 200987 号文关于印发《危险性较大的分部分项工程安全管理办法的通知》规定：一般深基坑是指开挖深度超过 5 m（含 5 m）或地下室三层以上（含三层），或深度虽未超过 5 m，但地质条件和周围环境及地下管线特别复杂的工程。

另外，基坑和基槽都是用来建筑建筑物的基础的，只是平面形状不同而已。基坑是方形或者比较接近方形；基槽是长条形状的，而且有时候比较长。你要掌握的是它们形状的区别。

底面积在 27 m^2 以内（不是 20），且底长边小于三倍短边的为基坑。

槽底宽度在 3 m 以内，且槽长大于 3 倍槽宽的为基槽。

也就是说，一般定义深基坑为：底面积在 27 m^2 以内（不是 20），且底长边小于三倍短边，开挖深度超过 5 m（含 5 m）或地下室三层以上（含三层），或深度虽未超过 5 m，但地质条件和周围环境及地下管线特别复杂的工程。反之则为浅基坑。

三、深基坑支护结构

基坑工程是由地面向下开挖一个地下空间，深基坑四周一般设置垂直的挡土围护结构，围护结构一般是在开挖面基底下有一定插入深度的板（桩）墙结构；板（桩）墙有悬臂式、单撑式、多撑式。支撑结构是为了减小围护结构的变形，控制墙体的弯矩；分为内撑和外锚两种。

（一）围护结构

1. 基坑围护结构体系。

（1）基坑围护结构体系包括板（桩）墙、围檩（冠梁）及其他附属构件。板（桩）墙主要承受基坑开挖卸荷所产生的土压力和水压力，并将此压力传递到支撑，是稳定基坑的一种施工临时挡墙结构。

（2）地铁基坑所采用的围护结构形式很多，其施工方法、工艺和所用的施工机械也各异；因此，应根据基坑深度、工程地质和水文地质条件、地面环境条件等，特别要考虑到城市施工特点，经技术经济综合比较后确定。

2. 深基坑围护结构类型。

在我国应用较多的有板柱式、柱列式、重力式挡墙、组合式以及土层锚杆、逆筑法、沉井等。

（1）工字钢桩围护结构。

作为基坑围护结构主体的工字钢，一般采用 ISO 号、ISS 号和 I 60 号大型工字钢。基坑开挖前，在地面用冲击式打桩机沿基坑设计边线打入地下，桩间距一般为 1.0 ~ 1.2 m。若地层为饱和淤泥等松软地层也可采用静力压桩机和振动打桩机进行沉桩。基坑开挖时，随挖土方随在桩间插入 50 mm 厚的水平木板，以挡住桩间土体。基坑开挖至一定深度后，若悬臂工字钢的刚度和强度都够大，就需要设置腰梁和横撑或锚杆（索），腰梁多采用大型槽钢、工字钢制成，横撑则可采用钢管或组合钢梁。

工字钢桩围护结构适用于黏性土、砂性土和粒径不大于 100 mm 的砂卵石地层；当地下水位较高时，必须配合人工降水措施。打桩时，施工噪声一般都在 100 dB 以上，大大超过环境保护法规定的限值。因此，这种围护结构一般宜用于郊区距居民点较远的基坑施工中。当基坑范围不大时，例如地铁车站的出入口，临时施工竖井可以考虑采用工字钢做围护结构。

（2）钢板桩围护结构。

钢板桩强度高，桩与桩之间的连接紧密，隔水效果好，可重复使用。因此，沿海城市如上海、天津等地区修建地下铁道时，在地下水位较高的基坑中采用较多；北京地铁一期工程在木樨地过河段也曾采用过。

钢板桩常用断面形式，多为 U 形或 Z 形。我国地下铁道施工中多用 U 形钢板桩，其沉放和拔除方法、使用的机械均与工字钢桩相同，但其构成方法则可分为单层钢板桩围堰、双层钢板桩围堰及屏幕等。由于地铁施工时基坑较深，为保证其垂直度且方便施工，并使其能封闭合龙，多采用帷幕式构造。

（3）钻孔灌注桩围护结构。

钻孔灌注桩一般采用机械成孔。地铁明挖基坑中多采用螺旋钻机、冲击式钻机和正反循环钻机等。对正反循环钻机，由于其采用泥浆护壁成孔，故成孔时噪声低，适于城区施工，在地铁基坑和高层建筑深基坑施工中得到广泛应用。

（4）深层搅拌桩挡土结构。

深层搅拌桩是用搅拌机械将水泥、石灰等和地基土相拌和，从而达到加固地基的目的。作为挡土结构的搅拌桩一般布置成格栅形，深层搅拌桩也可连续搭接布置形成止水帷幕。

（5）SMW 桩。

SMW 桩挡土墙是利用搅拌设备就地切削土体，然后注入水泥类混合液搅拌形成均匀的挡墙，最后，在墙中插入型钢，即形成一种劲性复合围护结构。

这种围护结构的特点主要表现在止水性好，构造简单，型钢插入深度一般小于搅拌桩深度，施工速度快，型钢可以部分回收、重复利用。

（6）地下连续墙。

地下连续墙主要有预制钢筋混凝土连续墙和现浇钢筋混凝土连续墙两类，通常地下连续墙一般指后者。地下连续墙有如下优点：施工时振动小、噪声低，墙体刚度大，对周边地层扰动小；可适用于多种土层，除夹有孤石、大颗粒卵砾石等局部障碍物时影响成槽效率外，对黏性土、无黏性土、卵砾石层等各种地层均能高效成槽。

地下连续墙施工采用专用的挖槽设备，沿着基坑的周边，按照事先划分好的幅段，开挖狭长的沟槽。挖槽方式可分为抓斗式、冲击式和回转式等类型。在开挖过程中，为保证槽壁的稳定，采用特制的泥浆护壁。泥浆应根据地质和地面沉降控制要求经试配确定，并在泥浆配制和挖槽施工中对泥浆的相对密度、黏度、含砂率和 pH 值等主要技术性能指标进行检验和控制。每个幅段的沟槽开挖结束后，在槽段内放置钢筋笼，并浇筑水下混凝土。然后将若干个幅段连成一个整体，形成一个连续的地下墙体，即现浇钢筋混凝土壁式连续墙。

技能训练

技能训练一　基坑开挖安全事故防范

1. 当机械开挖与人工开挖配合操作时，人员不得进入挖土机械作业半径内，必须进入时，待机械作业停止后，人员方可进行坑底清理，边坡找平等作业。

2. 基坑周边严禁超堆荷载。软土基坑必须分层平衡开挖，层高不得超过 1 m。

3. 基坑开挖过程中，应采取措施防止碰撞支护结构、工程桩或扰动基地原状土。

4. 基坑开挖前应做系统开挖监控方案（重点监控：基坑、维护结构稳定性；支撑稳定性；地基变形；毗邻建筑物；地下水位变化等）。确定检测目的、检测项目、检测方法及精度要求。监测点布置、检测周期、工序管理和记录制度以及信息反馈系统等。

5. 发生异常情况时，应停止挖土，立即清查原因和采取措施，方能继续挖土。

6. 坑界周围应设排水沟，且应避免漏水、渗水进入坑内；放坡开挖时，应对坡顶、坡面、坡脚采取降水排水措施。

7. 基坑开挖至底标高后，坑底应及时封闭并进行基础工程施工。

8. 监测点的布置应满足监控要求，从基坑边缘以外 1～2 倍开挖深度范围内的需要保护物体均应作为监控对象。

技能训练二 管（包括管件）及盖板的安全吊装

1. 进场的管子应堆放在平整的地方，并根据不同的规格分别堆放，其堆放高度不超过三层。

2. 吊装时应按重心位置确定吊点，正确绑扎绳扣，保证起吊平稳。

3. 已吊装管段应马上进行调整，不允许长期处于临时固定状态。

4. 在施工中起重人员禁止用手直接校正被重物张紧的绳索，吊运中发现捆绑松动或吊运工具发生异样，应立即停车进行检查，排除隐患后方可继续作业。

5. 盖板必须达到设计强度要求后方可吊装，安装时所吊盖板落至离台帽 1.5 m 左右时应降低下落速度，离台帽 0.5 m 左右再调整盖板位置。

6. 起重机械操作人员在作业前必须对工作现场的环境、行驶道路、架空电线、建筑物以及构件重量和分布情况进行全面了解。

7. 起重吊装的操作人员和指挥人员必须持证上岗。作业时密切配合，执行规定的操作信号，杜绝违章指挥、违章作业。

8. 吊装作业时，起重臂旋转半径内和吊物下方严禁有人停留、工作或通过。重物吊运时，严禁从人上方通过。

9. 起重机严禁超载使用。禁止斜吊、斜拉和起吊地下埋设或凝固在地面上的重物以及其他不明重量的物体。

10. 严禁起吊重物长时间悬挂在空中，作业中遇突发故障时，应采取措施将重物降落到安全地方并关闭发动机后进行检修。

11. 起重作业前，对施工作业人员必须进行安全技术交底。

任务完成

（一）小组讨论

将班上学生分成小组，各小组选一位组长带领组员，完成对事故案例的分析，找出事故发生的原因，总结事故教训和编制简单的高处作业安全事故预防措施，形成各小组的成果，并上台讲解展示。

（二）小组评价

预防基坑坍塌安全事故发生应具备的知识有哪些?

（三）综合评价

综合评价包括小组内的自评、互评和老师对各小组工作的系统评价。主要评价项目见附录。

作 业

1. 基坑坍塌的主要原因有哪些?

2. 基坑施工安全主要从哪些方面考虑?

3. 现场基坑施工应注意哪些安全事项?

学习任务二

桩基础施工安全防护

事故案例

江西省南昌市某广场综合楼（商场、商务公寓、写字楼于一体）项目是该市西湖区的招商项目，建筑面积为 51 196 m^2，2002 年 10 月 10 日开工，预定于 2004 年 7 月 20 日竣工，合同期日历数为 648 天。

按照设计方案要求，该工程地下部分采用逆作法施工，由人工挖地下桩成孔，混凝土护壁采用定型钢模进行支付浇灌，强度等级为 C20。在人工挖孔施工中明确提出要求，一般一个工班开挖深以 1 m 为宜，每挖深 0.9 ~ 1 m 要浇钢筋混凝土护壁。开挖过程中为确保安全，应用钢护筒进行开挖并减小支护高度。而施工方在组织施工时，违反设计方案的这一要求，对场地地质条件、交叉作业（开挖、取芯、爆破地下障碍物）的影响缺乏足够的思想准备和安全防范意识；为图省时、省工，采取了极其冒险的人工挖孔时直接挖成的方法，并每天开挖深度超过 1 m，而且采用竹篾护壁的方法。2003 年 3 月 2 日下午 2 时 40 分左右，当 K5 孔挖深至 7 m 左右时，突然坍塌，致使在孔下 3 人和孔顶 1 人（自然坠入）一并埋入孔内，被淤泥掩埋窒息死亡。

思考一下

桩基础施工时会发生哪些安全事故？如何避免或者减少桩基施工中发生安全事故？

任务描述

桩基础是桥梁基础中最常见的一种基础类型。桩基础在施工时如果没有注意安全管理，也常会发生安全事故，特别是桥梁桩基础，施工环境复杂，条件不好，尤其需要注意安全问题。

任务分析

常见的桩基础施工安全事故类型

（一）桩孔坍塌

某施工现场桩孔坍塌

桩孔内部坍塌现状

桩孔坍塌原因分析：

1. 底层应力较大，底层不够稳定。
2. 使用泥浆护壁时，泥浆质量不达标，导致孔壁失稳。
3. 开挖方式不合理，孔顶四周存在重型荷载。

（二）桩孔顶部人员跌落

事故现场

二、桩基础施工安全注意事项

（一）桩基础施工安全一般注意事项

1. 打桩过程中遇有地坪隆起或下陷时，应及时将打桩机架调直，把路轨垫平或调平。

打桩机施工现场

2. 操作时，司机应思想集中，服从指挥，不得随便离开工作岗位。在打桩过程中，应经常注意打桩机的运转情况，发现异常情况应立即停止，并及时纠正后方可继续进行。

3. 打桩时，严禁用手拨正桩头垫料，同时严禁桩锤未打到桩顶即起锤或刹车，以避免损害打桩设备。

4. 预知混凝土桩，在送桩入土后，桩孔应及时用砂子或其他材料填灌。钻孔灌注桩已钻孔未浇混凝土前，必须用盖板封严。钢管桩打完后，应及时加盖临时桩帽，以避免发生伤亡事故。

5. 冲抓锥或冲孔锤操作时，严禁任何人进入落锤区的施工范围内，以防砸伤。

6. 各类成孔钻机操作时，应安放平稳，以便防止钻机突然倾倒或钻具突然下落后发生伤亡事故。

7. 对爆扩桩，在遇雷、遇雨时，不要包扎药包，已包扎好的应打开。在检查雷管和已经包扎药包的线路时，应做好安全防护。

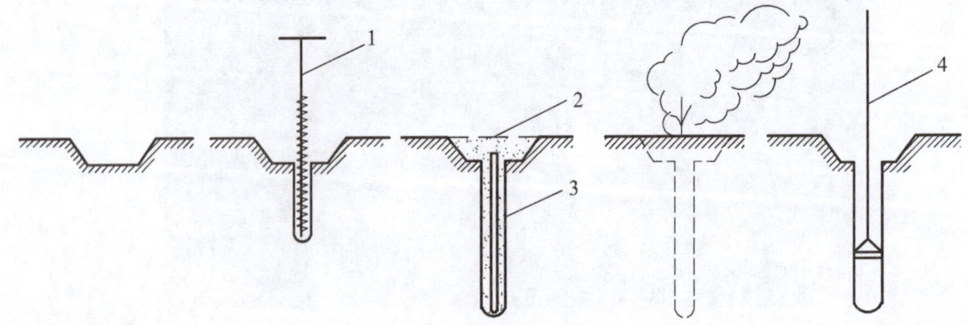

（a）挖喇叭口　（b）钻导孔　（c）安装炸药条并填砂　（d）引爆成孔　（e）检查并修整桩孔

爆扩桩引爆的工艺流程

1—手提钻；2—砂；3—炸药条；4—太阳铲

8. 爆扩桩引爆时，要划定安全区（一般不小于 20 m），并派专人警戒。

（二）大直径挖孔桩施工注意安全事项

1. 参加挖孔的人员，事前必须检查身体，凡患有精神病、高血压、心脏病、癫痫病和聋哑者不得参加土方开挖。

2. 非机电人员，不得操作机电设备。如翻斗车、搅拌车、电焊机和电葫芦等应由专人负责操作。

3. 每天上班及施工过程中，应及时检查支腿、挂钩、保险装置和吊桶等设备的完好程度，发现有破损的迹象时，应及时修复或更换。

4. 现场施工人员必须戴安全帽，井下人员工作时，井上配合人员不能擅离职守。孔口边 1 m 范围内不得有任何杂物，堆土应离孔口边 1.5 m 以上。

5. 井孔上下应设可靠的通话联络，如对讲机等。

6. 挖孔作业进行中，当人员下班休

息时，必须盖好孔口，或佩戴安全帽施工。设 800 mm 高以上的护身栏。

7. 正在开挖的井孔，每天上班工作前，应对井壁、混凝土支护以及井中孔气等进行检查，发现异常情况，应采取安全措施后，方可继续施工。

8. 井底须抽水时，应在挖孔作业人员上地面以后再进行。

9. 夜间一般禁止挖空作业，如遇特殊情况需要夜班作业时，必须经现场负责人同意，并必须要有领导和安全人员在现场指挥和进行安全监督与检查。

10. 井下作业人员连续工作时间不宜超过 4 小时。

挖孔桩井下作业

11. 照明通风：在挖井过程中，应向孔底通风，并且设照明设施并安装漏电装置。

12. 井孔保护：雨季施工，应设砖砌井口保护圈，高出地面 150 mm，以防地面水流入。最上一节混凝土护壁，在井口处混凝土应出 400 mm 宽的沿，厚度同护壁，以便保护井口。

相关知识

桩基础由基桩和连接于桩顶的承台共同组成。若桩身全部埋于土中，承台底面与土体接触，则称为低承台桩基；若桩身上部露出地面而承台底位于地面以上，则称为高承台桩基。建筑桩基通常为低承台桩基础。高层建筑中，桩基础应用广泛。

早在7000—8000年前的新石器时代，人们为了防止猛兽侵犯，曾在湖泊和沼泽地里栽木桩筑平台来修建居住点。这种居住点称为湖上住所。在中国，最早的桩基是在浙江省河姆渡原始社会居住的遗址中发现的。到宋代，桩基技术已经比较成熟。在《营造法式》中载有临水筑基第一节。到了明、清两代，桩基技术更趋完善。如清代《工部工程做法》一书对桩基的选料、布置和施工方法等方面都有了规定。从北宋一直保存到在上海市龙华镇龙华塔（建于北宋太平兴国二年，977年）和山西太原市晋祠圣母殿（建于北宋天圣年间，1023—1031年），都是中国现存的采用桩基的古建筑。

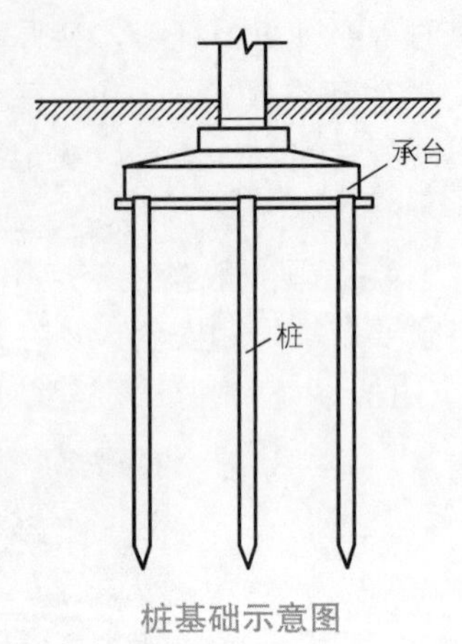

桩基础示意图

桩基是一种古老的基础型式。桩工技术经历了几千年的发展过程。无论是桩基材料和桩类型，或者是桩工机械和施工方法都有了巨大的发展，已经形成了现代化基础工程体系。在某些情况下，采用桩基可以大量减少施工现场工作量和材料的消耗。

70年代，中国曾发生了几次大地震。以其中的唐山大地震为例，凡采用桩基的建筑物一般受害轻微。这说明桩基在地震力作用下的变形小，稳定性好，是解决地震区软弱地基和地震液化地基抗震问题的一种有效措施。

桩基础具有如下特点：

（1）桩支承于坚硬的（基岩、密实的卵砾石层）或较硬的（硬塑黏性土、中密砂等）持力层，具有很高的竖向单桩承载力或群桩承载力，足以承担高层建筑的全部竖向荷载（包括偏心荷载）。

（2）桩基具有很大的竖向单桩刚度（端承桩）或群刚度（摩擦桩），在自重或相邻荷载影响下，不产生过大的不均匀沉降，并确保建筑物的倾斜不超过允许范围。

（3）凭借巨大的单桩侧向刚度（大直径桩）或群桩基础的侧向刚度及其整体抗倾覆能力，抵御由于风和地震引起的水平荷载与力矩荷载，保证高层建筑的抗倾覆稳定性。

（4）桩身穿过可液化土层而支承于稳定的坚实土层或嵌固于基岩，在地震造成浅部土层液化与震陷的情况下，桩基凭靠深部稳固土层仍具有足够的抗压与抗拔承载力，从而确保高层建筑的稳定，且不产生过大的沉陷与倾斜。常用的桩型主要有预制钢筋混凝土桩、预应力钢筋混凝土桩、钻（冲）孔灌注桩、人工挖孔灌注桩、钢管桩等，其适用条件和要求在《建筑桩基技术规范》中均有规定。

技能训练

旋挖钻机灌注桩施工前的安全交底

1. 作业人员必须经过岗前培训，持证上岗，禁止酒后作业；非作业人员或项目管理人员一律禁止进入施工现场。

2. 作业人员进入现场必须正确佩戴好安全帽和其他安全防护用品。

井下作业佩戴防护用具

3. 作业人员精神、视力、嗅觉、心脏、血压、四肢必须正常。

4. 挖桩前应对现场环境进行调查，掌握地下管线位置、埋深和现况，地下构筑物（人防、古墓等）的位置，掌握现场周围建筑物、交通、地表排水等情况，以免影响挖桩施工。

5. 旋挖桩施工前，工程项目经理或技术负责人必须向承接旋挖桩的专业分包商进行安全技术的口头和文件交底。

6. 旋挖桩的分包公司必须具备相应的安全生产资质。

7. 进场的施工设备必须具备检测合格证、质量安全合格证等相应证件。

8. 所有旋挖桩施工用电设备的用电负荷总值必须要小于总配电柜所能承载的总值；施工前分包公司应提前把各用电设备的负荷总值统计好报给我项目部工程负责人。

9. 现场机械设备必须要保证一个合闸控制一台机器，一台机器设置一个漏电保护器，所有用电设备必须保证好接地接零保护。

10. 作业前，必须整理好地面机械的缆线，严禁成堆堆放和就地随意铺设，必要时，要进行架空处理。

11. 现场如有异常情况发生时，应立即停止施工并第一时间向现场管理人员或工程负责人报告，知道异常情况接解除后方可继续作业。

12. 现场如需动火，必须经过项目经理或工程负责人文字审批。

13. 旋挖桩施工前，钻孔场地在旱地且施工期间地下水位在原地面以下大于 1 m 时，应平整场地，清除杂物，更换软土，夯填密实。

14. 各作业人员必须应遵守我项目部的安全规章制度，做到不伤害自己，不伤害他人，不被他人伤害。

15. 各施工班组现场应设防火负责人，负责本班所在区域的防火工作，并要经常检查、督促本班组人员做好防火工作。

16. 施工区域内不准赤脚、赤膊，不准穿拖鞋、高跟鞋，高处作业不准穿破底鞋和带钉易滑鞋。

17. 严禁擅自损坏、拆除、移动安全防护装置、警示牌、安全标志。

任务完成

（一）小组讨论

将班上学生分成小组，各小组选一位组长带领组员，完成对事故案例的分析，找出事故发生的原因，总结事故教训和编制简单的桩基础作业安全事故预防措施，形成各小组的成果，并上台讲解展示。

（二）小组评价

防止钻孔桩施工安全事故发生应具备的知识有哪些?

（三）综合评价

综合评价包括小组内的自评、互评和老师对各小组工作的综合评价。主要评价项目见附录。

作　业

1. 挖孔桩施工过程中作业人员应注意哪些安全工作?
2. 造成桩孔坍塌的原因有哪些，如何做好防护措施?

情境六

桥梁墩台工程施工安全控制

桥墩和桥台的合称，是支承桥梁上部结构的建筑物。桥台位于桥梁两端，并与路堤相接，兼有挡土作用；桥墩位于两桥台之间。桥梁墩台和桥梁基础统称为桥梁下部结构。

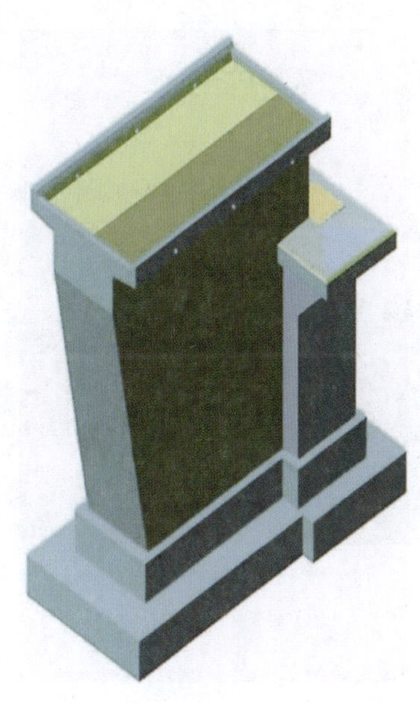

学习目标

1. 能够正确选择高空作业安全防护用品并正确使用。
2. 能根据规范及相关要求检查现场安全防护设施。
3. 能发现现场安全隐患并进行预防，能对工程危险源进行辨识及对其危害分析。
4. 能检查现场常见的安全设施。

学习任务一

工程危险源辨识及其危害分析

事故案例

2010 年 9 月 29 日，武西高速公路桃花峪黄河大桥北岸引桥段 101#墩加工现场，高达 9 m 的墩身钢筋倒塌，直接导致正在钢筋骨架里进行焊接作业的一名工人被埋，另有一名工人被倒塌下面的钢筋骨架砸到，当场身亡，事故原因分析，101#墩钢筋骨架太高，钢筋绑扎间距较密，当天风速较大，该钢筋骨架用四根缆风绳固定于地面上，经查实，东北侧的缆风绳被人私自向西移动了 1 m。

钢筋骨架倒塌现场

事故人员被砸位置

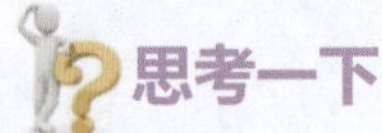

思考一下

什么是高处作业？哪些作业是高处作业呢？高处作业中经常会发生的安全事故类型有哪些？墩身施工是否属于高空作业？我们怎么去发现墩身施工危险源并有效地预防，如何避免如上例中的安全事故发生呢？

任务描述

墩身施工属于高空作业，况且还有钢筋施工、大型模板施工以及大型机械施工，存在着很多的危险源，也随之而来安全事故时有发生，如每年的坠落事故造成高于 11 000 例死亡事故和超过 200 000 例的伤残事故，这要求我们去发现墩身施工危险源并有效地预防。

任务分析

一、桥墩施工特点

桥墩位于两桥台之间，作为支承桥梁上部结构的建筑物。桥墩施工均为高空作业，易出现工程事故，危险源较多，且一旦出现工程事故，危害较大。

二、高空作业危险源种类

高桥墩施工危险源主要包括高处坠落、钢筋模板倾覆、机电设备失灵等。

（一）高处坠落

1. 人员坠落。

桥梁墩柱施工作业，需要搭设脚手架进行作业。施工人员在脚手架上方应防止坠落。

脚手架上坠落事故的具体原因主要有：脚踩探头板；走动时踩空、绊、滑、跌；操作时弯腰、转身不慎碰撞杆件等身体失去平衡；坐在栏杆或脚手架上休息、打闹；站在栏杆上操作；脚手板没铺满或铺设不平稳；没有绑扎防护栏杆或防护栏杆损坏；操作层下没有铺设安全防护层；脚手架超载断裂等。

人员坠落

在高墩爬架上施工作业时事故发生的突出原因有：高空作业立足面狭小，作业用力过猛，身体失控，重心超出立足面；脚底打滑或不慎踩空；随着重物坠落；身体不舒服，行动失控；没有系安全带或没有正确使用安全带，或在走动时取下；安全带挂钩不牢固或没有牢固的挂钩地方等。

2. 物件坠落。

无论是在脚手架上还是在爬架上，除了防止人员坠落外还应防止作业工具及小型机具等物件的坠落。

物件坠落

物件坠落的具体原因主要有：脚手板没铺满或铺设不平稳；没有绑扎防护栏杆或防护栏杆损坏；操作层下没有铺设安全防护层；脚手架超载断裂；爬架上小型机具（如电焊机等）没有与连接件或没有绑扎防护栏杆（或防护栏杆损坏）使其在爬架爬升或人员操作时滑落；随身没有携带工具袋，将操作工具随手乱扔导致其坠落；工具没有用安全绳将其系在手腕上或腰间，使其在操作时从手中滑落等。

（二）钢筋、模板倾覆

钢筋绑扎时没有用拉筋拉好，或长时间没有安装模板而没有设置风缆绳导致整体钢筋骨架倾倒。模板安装完成后，没有用缆绳将四周拉紧，使其整体模板或钢筋倾倒。

（三）机电设备

桥墩施工机电设备主要包括塔吊、输送泵、施工机械、串筒、料斗、电焊机、发电机等。施工时可能会因为设备漏电、触电、刹车失灵、提升设备故障、操作不当等引起的机电设备烧毁、坠落、损坏、事故伤人、预应力张拉事故等。

模板倒塌

触电事故

三、高空作业施工的安全要求

（1）担任高处作业人员必须身体健康。患有精神病、癫痫病及患有高血压、心脏病等不宜从事高处作业病症的人员，不准参加高处作业。凡发现工作人员有饮酒、精神不振时，禁止登高作业。

（2）高处作业均须先搭建脚手架或采取防止坠落措施，方可进行。

（3）在立柱、盖梁、箱梁、高边坡以及其他危险的边沿进行工作，临空一面应装设安全网或防护栏杆，否则，工作人员须使用安全带。

（4）在没有脚手架或者在没有栏杆的脚手架上工作，高度超过 1.5 m 时，必须使用安全带或采取其他可靠的安全措施。

安全防护网

（5）安全带的挂钩或绳子应挂在结实牢固的构件上，或专为挂安全带用的钢丝绳上。禁止挂在移动或不牢固的物件上。

（6）高处作业应一律使用工具袋，较大的工具应用绳拴在牢固的构件上，不准随便乱放，以防止从高空坠落发生事故。

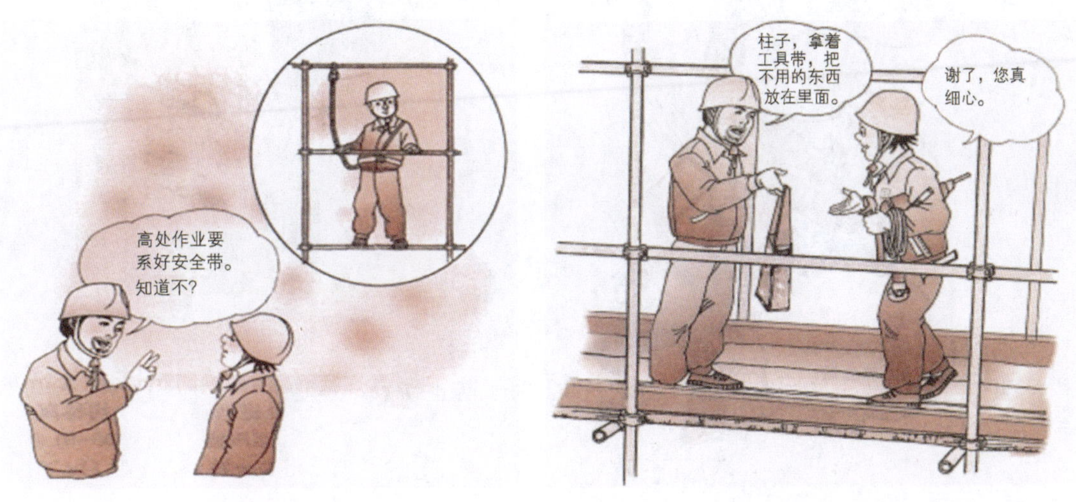

系安全带　　正确使用工具袋

（7）在进行高处工作时，除有关人员外，不准他人在工作地点的下面通行或逗留，工作地点下面应有围栏或装设其他保护装置，防止落物伤人。如在格栅式的平台上工作，为了防止工具和器材掉落，应铺设木板。

警示牌

（8）不准将工具及材料上下投掷，要用绳系牢后往下或往上吊送，以免打伤下方工作人员或击毁脚手架。

（9）上下层同时进行工作时，中间必须搭设严密牢固的防护隔板、罩棚或其他隔离设施。工作人员必须戴安全帽。

（10）在 6 级及以上的大风以及暴雨、打雷、大雾等恶劣天气，应停止露天高处作业。

大风大雨天气禁止施工

（11）禁止登在不坚固的结构上进行工作。为了防止误登，必要时要在不坚固的结构物处挂上警告牌。

相关知识

一、高空作业的安全防控措施

（一）防止高空作业人员坠落的安全防控措施

（1）高空作业场所禁止非施工人员进入。

（2）脚手架搭设符合规程要求并经常检查维修，作业前先检查稳定性。

（3）高空作业人员应衣着轻便，穿软底鞋。

（4）患有精神病、癫痫病、高血压、心脏病及酒后、精神不振者严禁从事高空作业。

（5）高空作业地点必须有安全通道，通道不得堆放过多物件，垃圾和废料及时清理运走。

（6）距地面 1.5 m 及 1.5 m 以上高处作业必须系好安全带，将安全带挂在上方牢固可靠处，高度不低于腰部。

（7）遇有 6 级以上大风及恶劣天气时应停止高空作业。

（8）严禁人随吊物一起上落，吊物未放稳时不得攀爬。

（9）高空行走、攀爬时严禁手持物件。

（10）垂直作业时，必须使用差速保护器和垂直自锁保险绳。

（11）及时清理脚手架上的工件和零散物品。

（二）防止高空落物伤人安全措施

（1）对于重要、大件吊装必须制订详细吊装施工技术措施与安全措施，并有专人负责，统一指挥，配置专职安全人员监护。

（2）非专业起重工不得从事起吊作业。

（3）各个承重临时平台要进行专门设计并核算其承载力，焊接时由专业焊工施焊并经检查合格后才允许使用。

（4）起吊前对吊物上杂物及小件物品清理或绑扎。

（5）从事高空作业时必须配工具袋，大件工具要绑上保险绳。

（6）加强高空作业场所及脚手架上小件物品清理、存放管理，做好物件防坠措施。

（7）上下传递物件时要用绳传递，不得上下抛掷，传递小型工件、工具时使用工具袋。

（8）尽量避免交叉作业，拆架或起重作业时，作业区域设警戒区，严禁无关人员进入。

（9）切割物件材料时应有防坠落措施。

（10）起吊零散物品时要用专用吊具进行起吊。

（三）防止钢筋模板倾覆措施

（1）钢筋绑扎时用拉筋拉好，钢筋骨架及时设置缆风绳。

（2）模板安装完成后，用缆绳将四周拉紧。

（3）模板安装完成后检查模板支撑系统，模板拉杆是否完好、牢固。

（4）施工过程中派专人检查模板支撑系统、模板拉杆、缆风绳使用情况，出现异常情况及时处理。

（四）防止机电设备出故障措施

（1）施工前对机具设备进行检查维修，调试合格后方可使用。

（2）施工过程中派专人不定期检查机具设备使用情况，出现异常情况及时处理。

（3）机具设备使用完毕后派专人进行保养。

（五）高处作业安全检查表

高处作业安全检查表

受检单位：　　　　　　　　　　　　负 责 人：

检查地点：　　　　　　　　　　　　检查时间：

序号	检 查 内 容	是	否
1	高处作业是否有安全措施		
	安全措施是否经批准		
	是否严格执行措施		
2	高处作业人员是否经体检合格		
3	作业人员的个人防护是否符合以下要求		
①	正确戴合格安全帽		
②	防护服灵便		
	衣袖、裤脚扎紧		

序号	检 查 内 容	是	否
③	穿软底防滑鞋		
④	系好安全带		
	安全带挂在上方牢固可靠处		
4	高处作业现场防护是否符合以下要求		
①	作业区周围的孔洞、沟道均设盖板（安全网或围栏）		
②	脚手板绑扎牢固		
5	特殊高处作业的无隔离层危险处是否做到以下几点		
①	设围栏		
②	设“严禁靠近”的警告牌		
③	严禁人员逗留或通行		
④	通信联系畅通		
6	作业区域附近有带电体时，传递绳是否使用干燥的麻绳或尼龙绳		
7	在轻型或简易结构的屋面上作业时是否有可靠防坠措施		
8	现场照明是否能满足施工要求		
9	露天高处作业的防护是否符合以下要求		
①	气温低于 −10 °C 时，附近设取暖休息室		
②	取暖设施符合防火规定		
③	气温高于 35 °C 时，施工集中区设凉棚		
④	遇有 6 级及以上大风或恶劣气候应停止高处作业		
⑤	在霜冻或雨雪天气，必须采取防滑措施		
10	高处作业人员是否遵守以下规定		
①	高处作业人员上、下脚手架走斜道或梯子		
②	作业人员配带工具袋		
③	较大的工具设保险绳		
④	工作人员作业或休息时位于安全处		
⑤	传递物品时，用专用工具吊运		
⑥	吊运物下方无人		

检查记录：

检查人：

二、高空作业安全保障措施

（一）基本要求

（1）高处作业中所用的物料，均要堆放平稳，不妨碍通行和装卸。

（2）高处作业必须按规程搭设安全网；作业人员佩带安全帽、安全带等防护用具。

（3）高处作业人员必须精力集中，不得嬉闹，酒后严禁高处作业。

（4）工具要随手放入工具袋；作业中的走道、通道板和登高用具，要随时清扫干净；拆卸下的物件及余料和废料均要及时清理运走，不得任意乱置或向下丢弃。高处作业所有料具应放置稳妥，传递物件禁止抛掷。

（5）严禁人员跟随起重物上下。

（6）高处作业采用统一规程的信号等与地面联系。

（7）高处作业时应与输电线路保持安全距离，遇有恶劣天气停止作业。

（8）上、下交叉作业必须采取隔离措施。

（9）防护用品穿戴整齐，裤脚要扎住，戴好安全帽，不穿光滑的硬底鞋，要佩戴有足够强度的安全带。

（10）夜间不宜进行高处作业。

（11）遇有 6 级风力时，禁止露天高处作业。

（二）高处作业安全防护

1. 攀登作业安全防护。

（1）攀登用具，结构构造上必须牢固可靠，移动式梯子，均按现行的国家标准验收其质量。

（2）梯脚底部应坚实，不得垫高使用，梯子的上端有固定措施。

（3）立梯工作角度以 75 ± 5°为宜，踏板上下间距以 30 cm 为宜，并不得有缺档。折梯使用时上部夹角以 35° ~ 45°为宜，铰链必须牢固，并有可靠的拉撑措施。

（4）使用直爬梯进行攀登作业时，攀登高度以 5 m 为界宜，超出 2 m，加设护笼，超过 8 m，设置梯间休息平台。

（5）作业人员从规定的通道上下，上下梯子时，必须面向梯子，且不得手持器物。

（6）攀登的用具，结构构造上必须牢固可靠。当梯面上有特殊作业，重量超过上述荷载时，应按实际情况加以验算。

2. 悬空作业安全防护。

（1）悬空作业处有牢靠的立足处，并视具体情况，配置防护栏网、栏杆或其他安全设施。

（2）悬空作业所用的索具、脚手板、吊篮、吊笼、平台等设备，均需经过技术科验证后方可使用。

（3）吊装中的大模板、预制构件等面板上，严禁站人和行走。

（4）支模板应按规定的工艺进行，严禁在连接件和支撑件上攀登上下，并严禁在同一垂直面上装、拆模板。支设高度在 3 m 以上的柱模板四周应设斜撑，并设立操作平台。

（5）绑扎钢筋和安装钢筋骨架时，搭设脚手架和马凳。绑扎立柱和盖梁钢筋时，不得站在钢筋骨架上或攀登骨架上下，绑扎 3 m 以上的墩柱钢筋，必须搭设操作平台。

（6）浇注离地 2 m 以上结构时，设操作平台，不得直接站在模板或支撑件上操作。

（7）特殊情况下如无可靠的安全设施，必须系好安全带并扣好保险钩。

（8）预应力张拉区域应标示明显的安全标志，禁止非操作人员进入。张拉的两端必须设置挡板。挡板距所张拉钢筋的端部 1.5～2 m，且应高出最上一组张拉筋 0.5 m，其宽度应距张拉钢筋两外侧各 1 m。

（9）进行预应力张拉时，要搭设站立操作人员和设置张拉设备用的牢固可靠的脚手架或操作平台。雨天张拉时，还要架设防雨篷。孔道灌浆要按预应力张拉安全设施的有关规定进行。

（10）进行高空焊接，气割时事先清理火星飞溅范围内的易燃易爆物或采取可靠的隔离措施才能施工。

技能训练

技能训练一

什么是高处作业？哪些作业是高处作业呢？高处作业中经常会发生的安全事故类型有哪些？如何避免或者减少高处作业安全事故的发生？

技能训练二

高处作业的安全隐患辨识。

任务完成

（一）小组讨论

将班上学生分成小组，各小组选一位组长带领组员，完成对事故案例的分析，找出事故发生的原因，总结事故教训和编制简单的墩身施工作业安全事故预防措施，形成各小组的成果，并上台讲解展示。

（二）小组评价

预防高处作业安全事故发生应知应会的知识有哪些？

（三）综合评价

综合评价包括小组内的自评、互评和老师对各小组工作的系统评价。主要评价项目见附录。

作　业

1. 给大家讲述一下什么是高处作业，它有哪几种分类？
2. 简述高处作业安全技术措施。
3. 如何用高处作业安全检查表检查安全隐患？

学习任务二

桥墩施工安全防护

事故案例

2009 年 11 月 20 日零点 10 分，沪杭高铁第 7 标段，海航特大桥在建桥墩突然倒塌，桥墩上的 6 名工人还没来得及反应，就随着桥墩模板的倒塌，连同桥身，直直从 10 多米的高空坠落。事故造成 1 人死亡，5 人受伤。

桥墩施工倒塌现场

思考一下

墩身施工属于高空作业，存在着很多的安全隐患，我们在能对工程危险源进行辨识和预防的情况下，如何细化到墩身施工当中去?

任务描述

墩身施工属于高空作业，一直以来，都以为高处作业是很高的，也离我身边很远，但随着近年工程技术水平的提高，高架桥不断涌现，高空作业越来越多，随之而来的高空作业安全事故时有发生。据有关统计资料表明，施工现场 40%的死亡是由高处坠落而造成的。每年的坠落事故造成高于 11 000 例死亡事故和超过 200 000 例的伤残事故，还有诸如物体打击，触电等事故也或多或少地发生，你会不会成为他们中的一员？在高墩施工时你们应该注意什么？

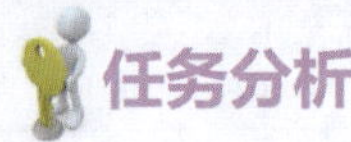

任务分析

一、桥墩简介

桥墩是支承桥梁上部结构的建筑物，桥墩位于两桥台之间。

桥墩由帽盖（顶帽、墩帽）和墩身组成。帽盖是桥墩支承桥梁支座或拱脚的部分。桩柱式墩的桩柱靠帽盖联结为整体。墩身是桥墩承重的主体结构。

1. 实体墩。也称重力式墩，依靠自身重量保持稳定的桥墩。它的整体性和耐久性好。实体墩的墩身常用抗压强度高的石料砌筑或混凝土浇筑。当墩身较大时，可在混凝土中掺入不超过墩身体积25%的片石，以节省水泥。实体墩也可用预制的块件在工地砌筑，各块件用高强度钢丝束串联施加预应力。砌筑时，块件要错缝。用这种方法建造的实体墩又称为装配式桥墩。

2. 薄壁墩。用钢筋混凝土制作的实体薄壁桥墩或空心薄壁桥墩。实体薄壁桥墩适用于中小跨径桥梁。空心薄壁桥墩多用于大跨径桥和高桥墩桥。

3. 柱式墩。在基础上灌筑混凝土单柱或双柱、多柱所建成的墩。通常采用两根直径较大的钻孔桩作基础，在其上面建立柱作成双柱墩，并在两柱之间设横系梁以增加刚度。此外，也常用单桩单柱墩。

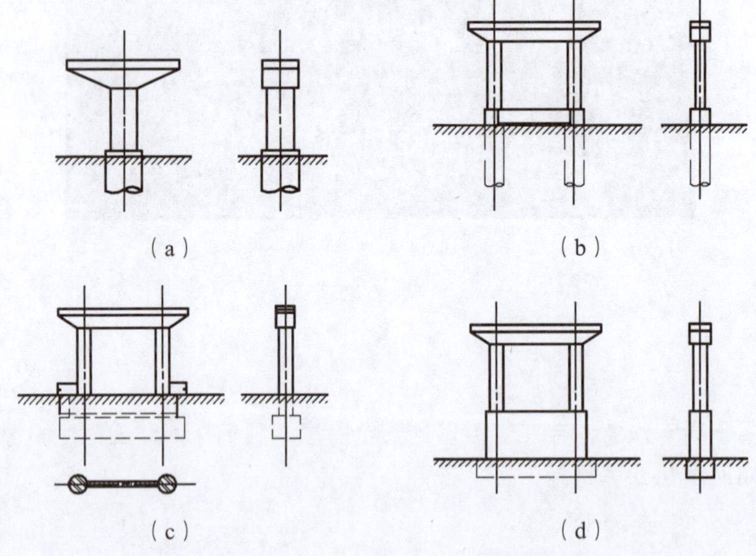

4. 排架桩墩。由单排桩或双排桩组成的桥墩。一排桩的桩数一般同上部结构的主梁数目相等。将各桩顶连系一起的盖梁可用混凝土制作。这种桥墩所用的桩尺寸较小，因此通常称这种桥墩为柔性桩墩。它按柔性结构设计可考虑水平力沿桥的纵轴线在各墩上的分配。

5. 构架式桥墩。以两棂或多棂构架做成的桥墩，多用钢筋混凝土制作。构架式桥墩轻型美观。

桥梁墩台按施工方式的不同还可分为砌筑墩台、装配式墩台、现场浇筑墩台等几种类型。

二、桥墩施工准备

（一）人员准备

桥梁墩身施工中必须指定专门的安全负责人和一定数目的安全员，定期对施工机具设备进行检查保养，确定机具使用正常。

（二）材料物资准备

桥梁墩身施工中所用的安全材料及安全防护用品均需满足技术规范要求。进场前，材料设备和安全防护用品均需有关质量保证书。

用于安全防护的材料进场后，按要求分类、分批存放，堆码整齐，设防晒雨棚。安全防护用品妥善保管。

三、桥墩施工危险因素防范措施

墩身施工存在高处坠落和物件坠落事故隐患的部位主要是模板施工的操作平台和爬梯，因此要对这两个部位采取必要的防护措施。

1. 操作平台安全防护。

模板施工作业操作平台周边搭设钢管防护栏杆，并张挂密目式安全立网，操作平台地面满铺脚手扳，要求所有脚手板均采用铁丝绑扎牢固，禁止出现探头板现象，脚手板伸出小横杆以外不得超过 20 cm。在操作平台下底面张挂安全平网，作为第二层防护。

2. 爬梯安全要求。

（1）材料及要求。

① 钢板及型钢采用性能合乎要求的钢材。

② 扶手栏杆采用无缝钢管，各钢管间采用焊接。

③ 踏步前缘到扶手顶的高度一般为 1 000 mm。

④ 为满足现场施工安全需要，平台栏杆不低于 1 100 mm。

（2）生产制作。

① 爬梯各构件制作完成后应检查零件是否齐全，焊缝不应有裂纹、过烧现象，外露处应磨平。钢管间焊接处的焊脚弧线应饱满、自然。构件表面应光滑无毛刺，安装后不应有歪斜、扭曲、变形等缺陷。

② 为防止施工人员在上下斜爬梯时脚下打滑，采用花纹钢板制作成封闭式踏步。斜爬梯两端的踏步与转角平台顶面齐平，现场可通过点焊使踏步与平台顶面相连接，以避免踏步板翘起。

高空临时爬梯

（3）安装要求。

① 爬梯应尽量与结构物靠近，以减小水平搭板、新制侧面梯梁以及扶臂结构等的长度。

② 当爬梯高度过大时，可设置扶臂设施。

③ 爬梯顶棚可根据需要设置。

④ 爬梯平台正面和侧面均可安装梯梁或设置水平搭板通向其他工作平台。当高差较大时，应设置梯梁；当高差较小时，可设置水平搭板，并采取合理方式固定。

⑤ 爬梯四周用安全网封闭。

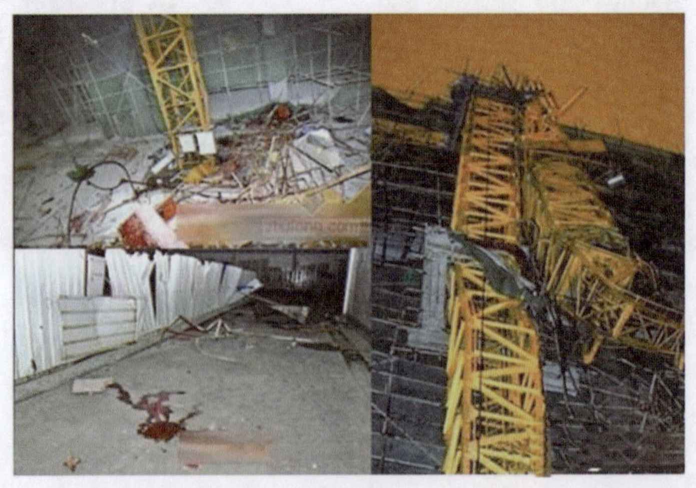

塔吊事故

四、塔吊安装程序及安全技术措施

（1）按塔吊说明书及基础设计资料的要求，核对基础施工质量关键部位。检测塔机基础的几何尺寸位置、尺寸误差，均在允许范围内，测定水平度。

（2）详细了解安装用吊车的技术状况，由技术负责人向吊车司机交代塔吊安装过程及吊装主要部件的尺寸、重量、高度，共同商定吊车停放位置、臂杆长度及仰角等主要技术参数。

（3）安装负责人召集安装作业人员、吊车机组人员及吊装指挥人员开会，共同讨论落实安全技术措施，专项明确吊车支脚支承作业人员，支脚支承坚实牢固。

（4）严格按照塔机使用说明书所规定的安装程序进行作业，在基础制作完成并合格后，再进行整机安装。

（5）安装底座及基础节（与斜撑杆）：安装底座前先放好调整垫板、底座及基础节就位后，调整底座每个销轴（螺栓）前先将销孔清理干净，也及销轴（螺栓）皆涂以黄油。

（6）安装压重块：注意交替进行以保持塔机的平衡。

（7）安装套架（对自升式），然后将顶伸油缸安装在套架上，吊起套架，套入标准节，并使油缸的顶升横梁支承在标准节的踏步（牛腿）上。

（8）安装回转支承总成件，使两根导入平梁（导轨）与外套架开口同侧。

（9）安装塔帽，注意吊点位置，以保持起吊时平衡。

（10）安装平衡及拉杆，在将平衡壁垒吊装之前，先将需装置在平衡臂上的所有机构、护栏、电气接线等全部装好，注意起吊平衡性，严禁先装配重（制造厂另有特殊规定除外）。

（11）安装起重臂及拉杆，在安装之前、大鼗拼接，装变幅小车，穿绕钢丝绳等工作需先做好，吊装前先派专人检查拉杆，连接轴销及保险安装情况，确保安全，轴销装入锁好（安全销装好）并呈现绞接状态。如遇卡死，先松动后才能起吊，此时由电工配合接好控制接线路。起吊调整平衡后将小车固定死，再继续起吊，吊装即将就位时用棕绳将臂端与塔身绑住，以便平衡穿轴销。

（12）装配重，并且固定好。

（13）按要求穿绕起重钢丝绳，并接好所有电器线路，调试好起重、变幅、回转、力矩限位器及套架导轮与标准节间隙 2 ~ 5 mm。

（14）再次指派专人检查平衡臂及拉杆、吊臂及拉杆、配重组件等部位，连接螺栓轴销、保险销、开口销的安全保险安装情况，并实行检查岗位责任备查制度。

（15）检查各齿轮箱油面，各连接部件的坚固情况，各钢丝绳穿绕及卡紧固定情况。

（16）接通各电器线路，检查塔机的绝缘电阻不小于 0.5 MΩ，才能进行初次的空载调试。

（17）初调目的是保证塔机顶升加节自用吊装安全，调好变幅限位使机构达正常工作状态。

五、模板施工中易发事故防范措施

模板组装的质量与安全的可靠性是后继施工安全质量的保证，为此必须确保技术可靠、防护到位、牢固。

（1）每节模板在组装时应由线路中心向两端逐一对称、两侧同步安装，并要确保中线水平精度，模板间连接缝要密贴。

（2）模板组装完成后应及时上好拉筋撑木，上齐模板间的连接螺栓、螺母与垫圈，待测量、安全检查符合要求后再拧紧，而后进行复测与检查；同时安装吊架并绑扎安全网，保证作业人员安全。

墩身钢模板

（3）墩身混凝土采取分层均匀对称灌注，捣固密实，捣固棒不得撞击模板、拉杆及钢筋，混凝土泵送管道不得与模板系统相连接，以免在泵送混凝土过程中对模板造成振动，进而引发事故。

（4）提升平台在混凝土灌注并初凝后进行，提升高度以能满足一节模板组装度为准，不得大于 2.2 m，严禁空提过高而降低整个系统稳定性，增加危险，在提升过程中要进行纠偏、调平以保证模板位置准确，确保工作质量。爬杆上升到固定顶杆的螺栓位置时，应即时安装加强板并拧紧固定螺栓，提升到位后立即对称转动紧固爬杆的螺栓。

（5）模板翻升或爬升是一个受力转换过程，工序比较繁琐。

应注意做好以下几点：一是各种模板拆除前均要用吊钩或“八”字型挂钩将其挂牢，并在上好拉筋、撑木、螺栓、垫圈等，调检好尺寸后方可拆除，以防发生坠落而造成事故；二是安装拉杆前要检查其两端螺纹，如有损伤应更换；三是模板吊起之前，应认真察看模板面板是否已脱离开上节模板围带，以免撞挂导致事故；四是爬架模板内的紧固螺栓待模板整体组装后要及时拧紧。

六、触电事故的防护措施

（1）施工现场不得架设裸导线，严禁乱拉乱接，不得直接绑扎在金属支架上。

（2）所有电气设备的金属外壳必须有良好的接地或接零保护。

（3）所有的临时和移动电器必须设置有效的漏电保护开关。

（4）在十分潮湿的场所或金属构架等导电性良好的作业场所，宜使用安全电压。

（5）现场应有醒目的电气安全标志，无有效安全技术措施的电气设备不得使用。

（6）配电箱内开关、熔断器、插座等设备齐全完好、配线及设备排列整齐，压接牢固，操作面无带电外露，电箱外壳设接地保护，每个回路设漏电开关。

（7）施工现场的分电箱必须架空设置，其底部距地表高度不少于 0.5 m。

（8）电焊机的外壳应完好，其一、二次线的接线柱应有防护罩保护，其一次线电源应有橡套电缆线，长度不得超过 5 m。

（9）现场照明一律采用软质橡皮护套线并有漏电开关保护，移动式碘钨灯的金属支架应有可靠的接地和漏电开关保护，灯具必须固定且距地不低于 2.5 m。

（10）进行电路维修时，须断电操作，并在电闸处设置警示牌。

警示牌

相关知识

（一）墩身施工安全管理措施

坚持“安全第一、预防为主”的指导思想，建立健全各级岗位安全生产责任制，制订主要工种的安全技术措施，加强安全技术交底和特种工的安全教育培训。

（二）事故应急救援措施

本着“安全第一、预防为主”的方针，为确保在墩身施工过程中，对各种突发事件的发生在事前能够切实起到防范预防作用，将风险降到最低，损失降到最小，应成立墩身施工事故应急领导小组。

技能训练

技能训练一

高墩施工的危险因素有哪些?

技能训练二

高墩施工的安全防范措施有哪些?

任务完成

（一）小组讨论

将班上学生分成小组，各小组选一位组长带领组员，完成对事故案例的分析，找出事故发生的原因，总结事故教训和编制简单的高处作业安全事故预防措施，针对高桥墩施工安全注意事项进行讨论，形成各小组的成果，并上台讲解展示。

（二）小组评价

高墩施工的安全防范措施有哪些?

（三）综合评价

综合评价包括小组内的自评、互评和老师对各小组工作的系统评价。主要评价项目见附录。

作　业

1. 给大家讲述墩身施工的准备工作有哪些。
2. 简述桥墩施工安全防范措施。

情境七

桥梁上部结构施工安全控制

桥梁工程施工是一项复杂的系统工程，受到多方面条件的影响，一旦安全管理工作不到位，就有可能在施工过程中出现各种安全事故，如桥梁坍塌、高处坠落事故、脚手架事故、起重事故等，造成重大的人员伤亡和经济损失。

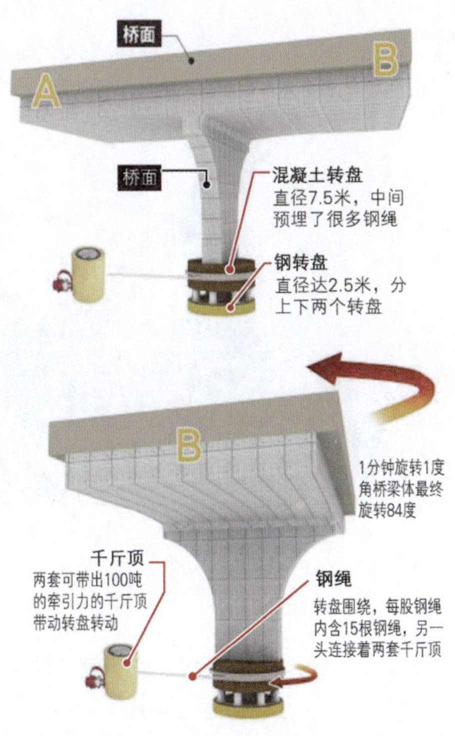

学习目标

1. 能够预见桥梁上部结构施工过程中存在的常见安全问题。
2. 能够在工程师的指导下执行对这些常见安全问题的解决方案。
3. 能够检查现场常见的安全设施的安全隐患。

学习任务一

梁施工安全控制

事故案例

2012 年 7 月 19 日上午，西安市临潼区韩家屯特大桥工地桥梁，中铁某局正在施工时，架桥机倾斜坠落，已经折成了 X 形，两侧伸展臂末端出现严重弯曲。事故造成 1 死 1 伤

思考一下

在桥梁梁施工过程中可能会发生哪些安全事故？如何避免或者减少这些事故发生？

任务描述

“一桥飞架南北，天堑变通途”，站在武汉长江大桥上，回想雄跨在祖国大好河山上的一座座梁桥，我不禁在想：“如此雄伟刚强的大桥，它的梁是如何架设的？在架设过程中又是包含了多少桥梁建设者的汗水甚至是血泪？”

任务分析

一、预制梁预制、运输、架设施工安全防护

（一）预制梁场安全防护要求

◆ 预制梁场安全防护内容

预制梁场安全防护内容主要有制梁、存梁台座的地基承载力和沉降的安全防护；混凝土工厂的安全防护；各类车间、仓库的安全防护；起重设施的安全防护；道路及水、电、气管路的安全防护等。

◆ 预制梁场布置

（1）梁场周边应设置隔栅或围墙进行封闭，并有明显的标识。

（2）场内道路要进行硬化，并有足够的抗压强度以抵抗运输荷载的碾压，同时应有车辆避让及迫转的位置，其道路坡度应满足运梁车爬坡能力的要求。

（3）梁场布置时应在道路两侧设置照明灯，并布设排水系统。梁场道路应保证视线通畅。

◆ 制梁、存梁台座

（1）制梁、存梁台座的地基应坚实平整，地基沉降量应控制在设计容许范围内。

（2）制梁、存梁场地应设置排水系统，场地内不得有积水现象，台座周边应稍高于地面，以便雨水、养护水及时排除流入排水沟。

（3）制梁、存梁台座应将支撑结构纳入台座设计中，其支撑上端应有与梁翼缘顶紧的装置，下端应牢固地固定于地面，防止滑动造成支撑失效。

◆ 车间、仓库

（1）产品、半成品、物料等摆放应留出足够的人行道和运输通道，产品或物料堆放不得超高、歪斜，防止倒塌，产品、物料标识清晰，危险品应隔离单独存放，并有保护措施。

（2）消防设施配置充足，完好齐全，摆放合理并应定期保养，消防通道畅通无阻。

（3）各种电力线路敷设满足相应安全要求，电器设施完好齐全。各种机械、设备应严格按照机械设备操作规程进行操作。

◆ 水、电、气（汽）

（1）生活用水应经检验，其指标应满足国家有关饮用水标准规定，生产、生活用水应设置明显标志。

（2）储水设施（如浮鲸、储水池等）应完整无泄漏，架高的储水装置放置的基础应稳回无沉降，储水池周围应设置围栏并加装盖板，悬挂安全标志牌。

（3）梁场配电间应布置在僻静的位置，远离生活区和作业区，并设置围栏隔离，挂设警示标志。

（4）梁场高、低压线路应架空敷设，架空高度应满足施工净空要求，场内配电柜、电力线路及用电设施应满足施工用电有关规定要求。

（5）蒸汽锅炉、空压机和储气罐应有产品生产许可证和产品质量合格证，供气（汽）管路及接头必须达到供气（汽）压力要求，接头、阀门连接牢固不漏气（汽）。

（6）压力容器应按规定进行鉴定，并注明工作压力及使用有效期。

（7）蒸汽管道敷设应避开氧气、乙炔库等有防热要求的设施，且应采取隔热材料进行包裹，避免蒸汽灼烫。蒸汽管道维修时，应停止供汽，排除管道内蒸汽，冷却后方可作业。

（二）预制梁安全防护要求

钢筋、模板、混凝土施工安全防护除应满足情境二中“钢筋、混凝土安全事故预防”外，还应满足本节要求。

◆ 预制梁安全防护内容

预制梁安全防护内容包括钢筋绑扎与吊装、模板安装与拆除、预应力施工、混凝土施工及桥面辅助设施施工安全防护。

◆ 钢筋绑扎与吊装

（1）定位胎架应具有足够的强度、刚度和稳定性，钢筋骨架在绑扎过程中不得变形、失稳或垮塌，钢筋定位胎架应有固定防倾倒措施。

（2）预制梁钢筋单元骨架应采用两台门吊吊装，并设专用吊具，其吊具应通过设计计算确定。

（3）起吊钢筋骨架时，下方严禁站人，待就位支撑好后方可摘钩。

（4）钢筋骨架吊装就位后、模板安装前应临时支撑固定，以防倾倒。

◆ 模板安装与拆除

模板施工安全防护要求除应满足情境二中“模板、支架和脚手架安全事故预防”外，还应满足如下要求：

（1）T 梁模板的存放应设临时支撑避免倾倒。钢筋骨架安装后，作业人员需在模板与钢筋间进行作业时，应临时将台座两侧的模板支撑两两连接。

（2）钢模板翼板外缘应设置施工平台，并配置栏杆、扶手，模板上不得摆放工具、材料。

（3）上下模板的梯子应按标准制作，并固定在侧模端部的外侧，雨天和雪天应采取防滑措施。

（4）侧模支撑千斤顶底部马凳应放置平稳，不得歪斜，支撑千斤顶应与地面垂直，需抄垫时应将垫板置于千斤顶底部。

（5）箱梁内模安装与拆除时，轨道支撑架摆放位置正确，平稳牢固。内模滑出前应检查模板是否已全部脱模并回缩到位，滑移两侧及前方有无障碍物。

（6）内模滑移时应缓慢匀速，滑移时内模内不准站人，需要人员进入时，应停止滑移。

◆ 预应力施工

1. 加工运输。

（1）预应力钢绞线、钢丝下料时，成捆的钢绞线、钢丝应放在特制的下料框架内，防止散盘一端弹出伤人，下料场两侧不得站人，拖拉人员应抓紧线头，顺索扭转放松，缓慢拖拉。

（2）切割预应力钢绞线或钢丝时，不论使用座式切割机或手持式切割机，钢绞线或钢丝均应牢固固定，且切割的前方不得过人或存放其他机械、设备、材料，并应用钢板、铁皮遮挡。

2. 穿索。

（1）穿索时，应有足够长的作业场所（一般不小于 3 m），不得在进口处强行弯曲穿索。人工穿索应多人同时操作，旦进口处人员抓握部位距进口不得小于 1 m，避免因操作失误挤伤手指。

（2）孔道穿索时严禁作业人员在另一端孔口观看预应力索进展情况，也不得用手在孔口等待接索，应待索出孔并有足够长度时，方可帮助拖拉。

（3）调整两端出口索长时，应设专人统一指挥或用对讲机指挥，不得擅自拖拉，以免造成另一端作业人员的意外受伤。

3. 张拉。

（1）预应力张拉前应清除锚垫板、喇叭管内和钢绞线上的混凝土残渣及其他杂物，检查锚具、锚垫板安装位置是否正确，是否与管道垂直，锚垫板下混凝土是否密实、有无缺陷，确认无误后方可开始张拉作业。

（2）张拉前应对油顶、泊泵及各类油管、油阀进行检查，安全阀应灵敏可靠，并经加压试运转，出现油管、油阀漏泊的情况，应立即更换。

（3）应采用合格的高压油管，严禁使用低压油管。

（4）锚垫板、锚具、限位板、张拉顶、工具锚均应位于同一直线上，锚具落入锚垫板定位环内，并与锚垫板密贴，夹片无错牙并适度敲紧。此工艺要求是避免张拉过程中出现断丝、滑丝、夹片错牙甚至飞出伤人的基本保障。

（5）张拉作业平台、拉伸机支架要搭设牢固，平台周围应加设护栏。张拉时，千斤顶的对面及后面严禁站人，作业人员应站在千斤顶两侧，以防锚具及夹片弹出伤人。

（6）拉作业区域应划安全区域或用彩色三角旗绳隔离，防止非作业人员进入作业区内，张拉时要有防护挡板。

（7）张拉完成后，不得敲击锚头，也不得攀踏锚具、钢绞线上下，避免造成滑丝及人身安全事故。

（8）先张法张拉台座结构，应满足设计要求。张拉前，对台座、横梁及各种张拉设备、仪器等进行详细检查，合格后方可施工。先张法张拉中和未浇筑混凝土之前，周围不得站人和进行其他作业，振捣器不得撞击钢丝束。

4. 预应力松张。

（1）先张法施工中，当梁体混凝土的强度、弹性模量和龄期达到设计要求时，方能松张。

（2）一般采用超顶法松张，要求各台千斤顶配接单独管路，同步顶开千斤顶，顶开的最大间隙不得大于 2 mm，以能松动自锁螺母或插垫为度。先顶开的顶应保持压荷，直至全部千斤顶顶开。同步放松自锁螺母或插垫后，再同步放松各千斤顶，直到预应力筋全部放松为止。

5. 压浆。

（1）压浆作业前应对拌浆机、压浆机、真空泵及电气线路进行全面检查，并进行试运转，确认无误后方可开始压浆作业。

（2）孔道应用无油压风机进行清理，确保孔道畅通。压浆嘴的安装应牢固可靠，丝扣应全部上满，以免压浆过程中脱落伤人。

（3）拌浆机在进行拌浆运转时，不得直接由拌浆筒内取样，严禁用手和木棒伸入压浆桶内搅拌，拌浆筒应加盖封闭，人工喂水泥时应加设栏杆，防止人员、工具坠入。

（4）各种设备、管道应完好无损，阀门、管道接头不得漏浆，压力管的使用应确保其最大承压能力，并经常检查，发现破损或老化，应立即更换。

（5）压浆端作业人员应佩带防护眼镜，防止水泥浆喷出溅入眼内。

◆ 桥面辅助设施施工

（1）桥面辅助设施施工前，应设置临时栏杆，防止作业人员不慎坠落。

（2）桥面外施工，如泄水管、栏杆、挑梁等，应搭设施工脚手或吊篮，脚手或吊篮结构应满足使用要求和相关安全管理规定，并经检查验收合格后方可使用。

（3）严禁上下抛掷物料或工具等物，作业点处的工具、物料等要放置稳妥牢靠，以防物料、工具等坠落伤人。

（三）移梁及吊梁安全防护要求

1. 用卷扬机平移梁体时，卷扬机应安装牢固、稳定，防止受力时位移和倾斜。并注意以下要点：

（1）作业前应检查钢丝绳、离合器、制动器、保险棘轮、传动滑轮等，发现故障应立即排除。

（2）通过滑轮的钢丝绳不得打结和扭绕，钢丝绳在卷筒上必须排列整齐，作业中至少需保留三圈。

（3）两侧应有能随梁移动的保护支撑。滑梁时两端应同步滑行，滑板应有导向设备。

（4）拖拉滑板旁应有专人监护，严禁偏斜或脱出滑道。

2. 用横移台车（滑板式）平移时，应注意以下要点：

横移前，应检查箱梁在滑道上的位置是否正确，支点是否稳定、牢固，防偏移装置是否安装，滑移前方是否有障碍物。移动过程中，应控制两端保持同步，滑道两侧应有人监测，防止梁体偏移，滑移时梁上不得站人。

3. 用龙门吊起吊梁体时，应注意以下防护及措施：

（1）作业前应拆除锁轨装置或缆风，开车前必须检查所有机械部分、电气部分是否处良好状态（包括限位器、钢丝绳、吊钩、制动器），同时进行润滑。

（2）龙门吊机每次起动前必须鸣铃，并配备走行状态报警器。

（3）捆梁时，护梁铁瓦及其他支垫物应在受力时进行调整，使其支垫牢实，钢丝绳必须可靠地悬挂在吊钩或铁扁担上，有保险销时应插好。

（4）吊梁时保持左右两侧卷扬机升降速度一致，受力正常。同时应检查钢丝绳有无跳槽和护梁铁瓦有无窜动脱落情况。梁体吊离支承面 20 ~ 30 mm 时，应暂停起吊，对各重要受力部位和关键处所进行观察，确认一切正常后方能继续起吊。

（5）梁在起落过程中应保持水平。横向倾斜度最大不得超过 2%，纵向倾斜度亦不宜过大。龙门吊机在提梁时，严禁两个动作同时进行，梁下不得站人或有人通行。

（6）梁体就位并支撑稳定后，方可松钩。

（7）起重机使用的钢丝绳，其结构形式、规格、强度必须符合该起重机要求。卷筒上钢丝绳应连接牢固，排列整齐。放出钢丝绳时，卷筒上至少要保留 3 圈以上。收放钢丝绳时应防止钢丝绳打结、扭结、弯折和乱绳。不得使用扭结、变形的钢丝绳。

（8）遇有六级及以上大风或大雨、大雪、大雾等恶劣天气时，应停止起重作业。

4. 用移梁台车纵横移：

（1）纵横移台车每台顶升液压千斤顶必须设置安全液压锁，两侧设置声光报警器。

（2）作业前应检查设备的状况、通信信号、道路、轨道状况。

（3）移梁作业时，必须保证四台液压顶同步起升，保持梁体水平，当顶升高度达到设计要求时，应立即用锁紧装置对液压顶进行锁紧保护。

（4）纵横移台车运行时，应保持同步、平稳。

（5）纵横移轨道两侧严禁堆放物料，每次移梁后应检查横移台车主梁结构焊缝、螺栓等，确保安全。

（6）制动装置、自动控制机构及监视、指示、仪表和报警等装置发生故障应及时修理或更换，否则不得进行移梁作业。

（7）雨雪及大风等恶劣条件下，不得进行移梁作业。

（四）存梁及运输安全防护要求

◆ **存梁**

梁体存放时，存梁支点距梁端的距离应符合设计要求，箱梁存梁台座同端支点顶面相对高差不超过 2 mm，支垫应牢固，不得偏斜。双层存梁时，下层梁应已完成终张拉，上下层梁的支点位置应在同一垂直面上。

◆ **运输**

（1）梁片运输应按《铁路工程施工安全技术规程》（TB 10401.1—2003）附录 C 有关规定执行。

（2）运梁前，应对运输线路的等级、坡度、曲线半径、路面完整情况和已架桥梁的承载能力等进行全面调查，必要时应采取加固措施。

（3）梁片运输时，支点位置应与设计相符，并应制订固定捆绑方案。T 梁运输时，应对其稳定性进行计算，并根据计算配置专用支撑架进行支撑固定。

（4）桥面运梁时，必须在已架设 T 梁之间的横向连接钢板全部焊接完成并经检查合格后方可通行。

（5）梁片起吊装车运输时，两端的高差不得大于 30 cm，牵引车运送梁片时，行驶速度不超过 5 km/h。

（6）运梁时，梁片两端外侧应挂设警示标志，夜间应设置警示灯。

（7）采用火车运梁时，绘制梁体装车图，明确梁体装车的重心偏移量、桥梁装车使用的车型号、运梁支承的结构形式以及梁体装车配重区域及重量。桥梁装车图及方案必须符合铁道部有关规定，并经铁路部门审批，运输前必须经铁路相关部门列检、货检合格。

（8）采用船舶运梁时，应规划航线，调查航道，确定下锚位置及起吊方法，下锚数量，带缆位置，选择临时避风锚地，掌握行期气象预报，了解流速、波浪、风力、风向等情况，与航道及海事部门签订护航协议，办理有关水上运输手续。

（9）梁体装车（船）并检查确认合格后，应在梁体、车船上作出标识，以供押运人员在运途中检查梁体是否发生移位。

（五）预制梁架设安全防护要求

◆ **龙门吊机架设**

（1）选用的2台龙门吊机，其走行速度、提升速度原则上应尽可能一致。

（2）提升卷扬机宜设置双制动装置，高速端采用电力液压块式制动器，低速端设置液压失效保护，同时配备超载限制器、起吊高度限位器及报警装置，主卷扬机设有排绳装置和紧急制动装置。

（3）吊机走行轨道的地基应坚实、稳固、无沉陷，软弱地基应加固，轨距、接头、坡度应符合要求。

（4）捆绑梁片的钢丝绳安全系数 $K=6$。

（5）龙门吊机吊梁横移或跨墩纵移时，应提升至墩顶结构物以上不小于0.5 m，并经检查确认后，方可移动。

（6）龙门吊机拼装、使用、拆除应符合“龙门吊机安全防护”的要求。

◆ **架桥机架设**

（1）选用悬臂式架桥机、单梁式架桥机、双梁式架桥机和铺轨架桥机进行架梁作业时，均应按现行铁道部标准《铁路架桥机架梁暂行规程》（铁建设〔2006〕18 号）中的有关规定执行。

（2）选用其他类型架桥机架梁时，应根据架桥机的性能，按现行国家标准《起重机安全规程》（GB 6067—2009）和《铁路架桥机架梁暂行规程》（铁建设〔2006〕18 号）制定安全操作细则，并经批准后执行。

（3）架桥机拼装与拆除应编制专项安全方案，并严格按照装吊作业有关规定进行作业，拼装作业区应设置围栏，挂设警示标志。

（4）拼装式架桥机结构应按设计制造，并符合现行国家标准《起重机设计规范》的有关规定。临时支架搭设应牢固可靠，并与架桥机的行走轨道相对应。轨道安装应平顺，道床无沉陷，轨距和轨缝应符合安全要求。

（5）拼装式架桥机架梁前应进行静载、动载实验和试运转，静载试验的荷载为额定起重量的1.25倍，动载试验的荷载为额定起重量的1.1倍。架梁时，应安装超载限制器、提升（下降）限位器、缓冲器、制动器、止轮器等装置。架桥机就位后，应使前后支点稳固。用液压爬升（下落）梁体时，爬升杆应同步，其高差不得大于90 mm。梁体在架桥机上纵、横移动时，应平缓进行。

（6）拼装式架桥机到下一桥孔架梁时，台车及前后龙门天车的位置应符合设计规定：

当桥梁的一端在运梁台车上，而另一端在龙门天车上吊起准备前移时，龙门天车与运梁台车应同步。拼装式架桥机应定期对重要部件（如轮、轨、吊钩、钢丝绳等）进行探伤检查。

（7）喂梁前应检查架桥机喂梁空间有无障碍物，前端应设置止轮器。喂梁时应低速缓慢进入，到位后应安装后端止轮器。

（8）架桥机提梁时吊杆安装后螺杆应露出螺母三个丝扣，调整至各吊点受力均匀。起吊时应慢速进行，至梁体脱离运梁车后进行刹车试验，无异常情况后反可继续提升，提升时两端应同步。

（9）架桥机吊梁纵移时，两起重天车走行应平稳同步。纵移接近前支腿时，点动操作，严防梁体碰撞架桥机前支腿。纵移走行速度不得大于 3 m/min，起重天车纵横移两端均应设置止轮器。

（10）落梁时应同步，保持梁体平稳水平。墩位横移时应在低位作业，并缓慢平稳以减少梁体的晃动对架桥机的横向冲击。

（11）架桥机过孔前，应将起重天车移至架桥机后端并进行锁定，清除走行前方各种障碍物，调整配电柜等供电设施至合适的位置。过孔时，应保持中、后小车同步走行。

（12）架梁前应对桥头路基进行压道。压道时，严禁使用已组装的架桥机压道：当压道出现路基下沉严重时，应对路基进行加固。

（13）架桥机通过地段的线路净空应满足架桥机的要求。

（14）在大坡道上停车对位，架梁时，应设专人安放止轮器和操作紧急制动阀。吊梁小车或行车的制动装置必须牢固可靠，并设制动失灵的保险设施。下坡道架梁时，应在架梁列车后方安装脱轨器及防止车辆脱钩的措施。

（15）应有专人防止运梁小车向下方溜动，并备有止溜木模和止轮器。架梁时应由专人检查、加固，非作业人员应撤离架桥作业范围。

（16）风力超过 6 级时，停止架梁作业，并采取相应保护措施。

◆ **“小天鹅”和“天一号”架设**

1. 海上运架船舶安全防护。

（1）施工船舶必须按规定配齐合格船员，通信、消防、救生、防污等各类设备并安全有效。

（2）施工前应与海事监督部门取得联系，制订有关通航、海上施工作业安全等事宜。

（3）配备作业和避风区范围内的海图、潮沙表、航海和航行通告，每日收听气象预报并作好记录。

（4）严格执行船舶供、受油规定，防止泄漏，严禁向海域排放和倾倒船舶油污水和垃圾。

（5）施工船舶在航行、锚泊或作业时按规定显示不同的信号。

2. 在架设箱梁前应拆除施工栈桥。对于确实无法拔出的钢管桩，由潜水员在水下将钢管桩切除至河床面以下。

3. 对桥址区海床情况进行扫描检查，清除抛石、积淤和因施工校桥或拆除核桥遗留在海床上的钢构件。

4. 船舶入港前，驾驶台要密切掌握当日的天气，根据当时的潮高、流速、水位、风向等情况，确认满足作业要求后方能入港。船舶入港时，应缓慢平稳，绞锚应统一指挥，不得擅自行动。

5. 吊具安装后应进行检查，各吊点应受力均匀。梁体提升到安全高度后应检查起重机制动保险装置，确认无误方可离港。

6. 锁定作业前，操作人员应检查夹持器各个部位是否处在正常适用状态，并试运转液压泵和支撑油缸。预制箱梁下落到存梁平台后，操作人员应检查梁体是否进入夹持器，确认无误后启动支撑油缸，各支撑油缸必须均衡受力。

7. 连接锁定支撑构件时，连接用的销子端头应用双螺帽拧紧。船舶航行中，应经常对预制梁锁定情况进行检查。

8. 架梁前应根据架梁区域潮流方向和风浪情况制订船舶进入桥跨的方案，根据潮位确认梁体提升高度。船舶进入桥跨应缓慢平稳，不得碰撞桥墩。

9. 架梁作业应事先向海事部门报告，经海事部门同意后方可作业。

10. 海底管线保护措施。

（1）施工前，根据管线单位提供的有关资料，沿管线走向在大桥轴线两侧每隔 100 m 左右设置浮标，标明海底管线的准确位置及走向。

（2）施工前组织各船船长、大副、调度及有关施工、技术人员进行技术、安全交底，充分了解管线的走向、禁锚区的设置等情况。

（3）禁止施工船舶在海底管线附近水域抛锚避风或停泊，若施工点离管线很近，船舶在管线附近抛锚时，锚缆跨过管线的长度应大于 100 m，未跨过管线的应离开管线不小于 80 m。

（4）在海缆附近作业时，作业船、吊船等的锚上均应设置浮标，便于定位、起锚、跟踪。

11. 浅点通航措施。

（1）航行通过浅点前认真查看海图水深和预计通过浅点时的潮高。适合航行的最低水深 = 船舶实际吃水 + 0.8 m（富余水深）。

（2）通过浅点时充分考虑到水流、让船和风浪对船速的影响，留出足够的通过浅点时间和区域。取用潮高时充分考虑当时的海况可能对潮高的影响，海况不好时要留出一定的水深富余量。

12. 区域限航或封航安全措施。

（1）架梁作业前应向有关管理部门报告起重船舶的位置及占用的水域，作业时安排 2 艘抛锚艇进行警戒，引导过往船舶安全通行。

（2）白天作业时悬挂相应号旗，晚间作业时悬挂相应的号灯，明示我船的作业状态。工作锚应系锚漂，标明其位置和方向。

二、原位制梁施工安全防护

（一）移动模架原位制梁

◆ 设计

（1）移动模架设计应根据使用功能对走行、过孔、混凝土浇筑、预应力张拉等工况进行受力特性分析、抗倾覆分析、抗风性能分析及稳定分析，各类计算分析应按可能出现的最不利荷载进行组合。

（2）在纵坡上行走的移动模架，应考虑设置防溜滑设施，确保模架走行安全。

（3）移动模架前后支腿的设计应充分考虑桥墩墩顶布置及结构受力因素，力求支撑结构稳定，承力墩顶强度满足要求，布置合理、方便操作、便于转运。

（4）吊杆结构应尽量避免采用精轧螺纹钢，必须采用时应增设防电弧损伤和防弯折损伤的设施，并加强检查，发现问题及时更换。

（5）在曲线上采用移动模架时，应考虑横向防倾防滑措施。

◆ 制造及验收

（1）移动模架的制适应选择有资质并具有相应生产经历的专业厂家进行，并派人对生产全过程进行监督和控制。

（2）移动模架所用材料应有质量鉴定报告和出厂合格证。

（3）移动模架承力大梁一般采用焊接结构，应通过焊接工艺评审，其焊接质量应制订相关检验方法及质量要求，关键部位应采取无损探伤进行检查。采用栓接的部位，不得采取气割修孔或扩孔的方式进行错孔处理。

（4）移动模架各类安全设施（如操作平台、栏杆、爬梯等）均应严格按照设计图纸进行布置安装，不得任意变动或不装，不得任意更改材料规格或型号，验收时应对照设计图纸进行核实。

◆ 安装及拆除

（1）移动模架的拼装应制订详细的拼装方案，并报上级部门审查批准。拼装方案应包括安装步骤、各种构件的重量和几何中心、吊装方法及吊重曲线、吊机站位及起吊步骤、临时支护措施及结构、地基承载力及加固方案等内容。

（2）采取地面拼装整体起吊就位方案时，提升站应进行专项设计计算，并编制整体提升、横移方案，并报上级部门审查批准，提升设备宜选用连续千斤顶。

（3）上行式移动模架模板一般在待浇孔分段整体提升安装，临时吊挂固定，提升用卷扬机钢丝绳安全系数 $K \geqslant 3$，千斤用钢丝绳安全系数 $K \geqslant 6$，且提升应平稳、缓慢，固定吊挂应牢固可靠。

（4）移动模架在拼装作业时严格按照、拼装顺序施工，承重钢箱梁起吊时应拴挂溜绳；拼接好的两侧钢箱梁之间及时安装横向连接系，防止倾覆。

（5）移动模架拼装检查合格后，应对模架进行荷载试验。荷载试验的加载应分级进行，其总加载量为设计荷载 1.2 倍（首次使用）或 1.1 倍（重复使用）。

（6）移动模架与墩身的支撑结构，其预埋件应满足设计要求。

（7）移动模架拆除应编制拆除专项方案。

◆ 使用

（1）所有承重结构及构件（如导梁、主梁、销轴连接、螺栓连接、焊接连接、前后支点、吊杆等）在使用过程中每个循环均应进行检查，并填写检查记录，签字存档备查。

（2）采用精轧螺纹钢筋作为吊杆或拉杆时，应采取保护措施，防止电弧灼伤、撞击、弯折破坏。对支撑系统、液压系统、走行系统等必须进行经常性检查，发现有变形、压曲、焊缝裂纹、螺栓脱落或剪断、结构失稳等损伤或异常时，应立即停止作业，找出原因并进行更换或修复后，方可恢复施工。

（3）移动模架上不得随意堆放工具或材料等重物，施工过程中临时存放的材料应对称均匀，不得造成偏载或集中荷载，混凝土灌注前应清除模架上多余的各种材料及不用的设备、工具。

（4）各类安全设施应经常进行检查和维护，如因施工维修或其他原因临时拆除时，应挂设警示牌和指示牌。

（5）模板脱模时，连接结构确认拆除完毕，并检查有无阻碍脱模的障碍物，支点是否稳定可靠，确认无问题后，方可启动脱模。

（6）移动模架走行前应检查走道位置是否正确，固定是否牢靠，前进方向有无障碍物，模架有无附加荷载，液压设备是否正常运行。

（7）浇筑混凝土时，应布设测量观测点，对承重主梁、模板的变形进行观测，并设专人检查关键部位的螺栓、焊缝、销轴、吊杆、拉杆等结构，发现问题及时处理。

（8）当移动模架处于四周空旷或构筑物的最高点时，要在移动模架顶设置防雷接地装置，将电流直接引入地下，不能使电流通过模架构件。

（9）移动模架的走行系统、液压系统、支撑系统及连接系统在每次使用前后，均应进行全面检查，对有问题的构件要及时更换或维修。在受到其他因素暂停施工后，重新投入使用前应对移动模架进行全面检查。

（10）在移动模架施工、走行等过程中，应注意对各种安全设施、警示宣传标志标牌等的保护，模架走行前，可将模架两侧安全网先进行拆除，模架到位后应立即恢复。

（二）现浇支架原位制梁

◆ 设计

（1）支架基础设计应有设计单位提供的地质勘探资料及相关地质参数，无相关资料或资料不全，应进行地质补钻探，确保地质参数准确无误，不宜采取推算的方式选取相关地质参数。

（2）地下水位较高，且在寒冷地区冬季施工时，应考虑土层冻融破坏，在基础范围应考虑排水设施。

（3）支架设计应进行支架强度、刚度及稳定计算，并检算横向稳定性，基础应进行承载力和沉降计算。

（4）水中支架基础应考虑汛期水流冲击、漂浮物及船舶撞击、局部冲刷等因素。

◆ 制造及验收

（1）支架钢结构制造应严格按照《钢结构工程施工质量验收规范》（GB 50205—2001）执行，其质量标准必须满足设计要求及验收标准。

（2）支架结构采用的定型材料（或设备），如钢管脚手架、钢管、贝雷梁、型钢等应满足相应行业各项标准，进场必须进行检查验收，周转使用的材料或设备还应进行锈蚀、损伤评估，对严重锈蚀已经降低承载面积的，应拒绝使用或降低级别使用。

（3）各类连接件、预埋件、分配梁、托架等应严格按照设计图纸进行加工，其焊接质量应满足设计要求。

◆ 安装及拆除

（1）支架安装、预压、拆除应编写专项安全方案。

（2）支墩钢桩现场接高，其对接接头应顺直无弯折、对齐无错牙、顶紧无间隙；当采用焊接接头时，应等强度焊接，且接头应帮焊 4～8 块钢板，以加强接头的焊接强度。

（3）采用钢管脚手架时，支架的搭设应按《建筑施工扣件式钢管脚手架安全技术规范》（JGJ 130—2001）、《建筑施工碗扣式脚手架安全技术规范》（JGJ 166—2008）的要求进行施工，并设上下通道，通道应与架体连接牢固。

（4）支架安装过程中的连接系（包括横向连接系和附墙连接件）应尽快安装，确保结构稳定。

（5）应对支架构件中焊缝、螺栓、销轴、保险销等严格检查，确认符合设计要求，不得漏装或错装。

（6）支架抄垫模块应有限位及固定措施，确保使用期间位置不变、抄垫密实；临时支撑砂筒使用前应按设计吨位进行预压，以消除非弹性变形，并应有防倾覆措施。

（7）支架安装完成后，应按规定进行荷载试验。

（8）现浇支架拆除必须在混凝土强度达到设计要求、预应力体系张拉完成规定步骤后进行，拆除前应办理签证。

（9）支架拆除过程中应始终保持结构整体稳定性，必要时应增设临时稳定结构。

◆ 使用

（1）支架结构在使用过程中，应定期进行检查，并做好检查记录，发现问题应及时处理。支架安全防护设施，应加强维护和保养，确保安全防护设施的有效性和安全性。

（2）水中临近航道的支架，应设置防撞桩；陆地临近公路、施工便道的支架，应设置防撞墩，挂设醒目的安全警示和安全指示标志以及夜间航标灯、反光标志等，并办理航运、交通安全施工有关手续。

（3）跨越公路、铁路的现浇支架，应按既有线（铁路、公路）施工有关规定办理。

（4）支架混凝土筑注过程中，应布设测点进行变形观测，包括基础沉降、支架变形，并与计算值和预压值进行比较分析。

（5）支架混凝土筑注过程中，应按支架设计工况的浇筑顺序进行浇筑，不得随意更改或调整。

（6）现浇支架法施工混凝土结构，在混凝土未达到设计强度，预应力混凝土未完成预应力张拉以前，不得拆除支架或支架任何构件。

三、顶推梁施工安全防护

1. 预应力混凝土采用顶推法施工时，应编制相应的安全技术方案、措施和应急预案。

2. 顶推施工所用的机具设备、材料（如张拉锚具、工具锚、连接件、油压千斤顶、高压油泵、油管、压力表及滑动装置等）使用前，应全面检查，并经试验或鉴定。

3. 墩顶应设置工作平台、栏杆、梯子、人行走道等防护设施，并应验算其在偏压情况下的结构安全性。

4. 墩顶应设有导向装置和调整千斤顶，梁体在顶推过程中不得产生偏移。顶推引起的墩顶位移值，不得超过允许的位移值。

5. 当线路下坡坡度大于 1.5%时，顶推时要增设制动装置。

6. 单点顶推、多点顶推、集中顶推时动力应统一控制，达到同步。

7. 采用多点顶推，主顶和助顶的顶推力应保持恒定不变。保险千斤顶不得产生偏移和倾斜。

8. 在顶推梁体时，应及时对导梁、桥墩、临时墩、滑道、梁体位置等进行观测。当出现下列现象时应暂停顶推：

（1）梁段偏离较大。

（2）导梁杆件变形、螺栓松动，导梁与梁体连接有松动和变形。

（3）未压浆的预应力筋锚具松动。

（4）牵引拉杆变形。

（5）桥墩（临时墩）变形超过计算值。

（6）滑道有移动。

9. 落梁时应符合下列规定：

（1）拆除临时预应力筋，按照设计文件规定的顺序张拉后期预应力筋。

（2）拆除墩台上的滑动装置和落梁时，应按照设计规定的顺序进行，同一墩台的千斤顶应同步运行。顶落梁时，应有保险设施。

（3）落梁完毕，当拆除千斤顶及其他设备时，都应事先用绳拴好，用吊机吊出，在起吊时应避免撞击梁体。

10. 六级以上大风、暴雨、大雪、大雾、雷电等恶劣天气禁止进行顶推作业。

四、悬浇、悬拼梁施工安全防护

（一）悬浇梁施工

1. 预应力连续梁（刚构）悬臂灌注采用各型挂篮施工时，结构系统强度、刚度和稳定性必须符合设计要求，其稳定安全系数不得小于2.0。

2. 挂篮制造完成后应进行检查验收，提交出厂合格证及原材料检验报告、无损探伤等资料。

3. 施工前，应根据挂篮的型式制订相应的安全技术方案、措施和应急预案。

4. 吊带或吊杆的锚固应牢固可靠。采取销轴锚固时，应安装插口销，采取螺母锚固时，应安装双螺母。吊带、吊杆不宜采用精轧螺纹钢，以避免因电焊电弧或弯折损伤吊杆，造成安全隐患。

5. 悬臂拼装应按组拼程序平衡、对称进行。其平衡总重量不得超过设计允许值，挂篮组拼后，应做静载实验。

6. 底篮部分整体提升安装时，各吊点应保持同步，受力相同，确保均匀平稳提升。底篮提升吊点布置应考虑结构受力和变形的要求，必要时应设置分配梁进行应力分配。

7. 挂篮主精架拼装时，应首先安装支点并临时固定，然后安装底平台框架，使挂篮在平面上形成稳定的结构，最后再垂直拼装三脚架或指架。垂直拼装时，应设置临时支撑或缆风，横联应尽快安装，确保挂篮在拼装过程中的稳定安全。

8. 挂篮主析了架半悬臂安装时，底平台安装后应及时安装中支承和后锚，经检查无误后方可提升底篮。

9. 走行滑道安装应确保平整、顺直，两滑道间距满足设计要求，且滑道与已浇梁段应锚固，滑道底与梁段面抄垫密贴，滑板座安装位置正确。

10. 挂篮走行前，应检查各支点是否已经完全脱空，前方是否有障碍物，底篮是否与挂篮脱离（分别走行），底篮模板是否与已浇梁段脱离（同时走行），各类吊点、锚固点是否已经松开。滑道是否顺直，滑道下是否抄垫密实，锚固是否安装牢固。挂篮走行时，应匀速且左右同步，行走速度不应大于 0.1 m/min，限位器应设置牢固。

11. 挂篮使用过程中要对挂篮的锚固系统使用的精轧螺纹钢筋、螺栓等进行保护，防止电弧灼伤、撞击破坏。各种吊杆、吊带等吊挂系统必须进行经常性检查，不得使用有损伤变形的吊挂构件。

12. 挂篮使用时必须使挂篮在其允许的荷载下工作，重物堆放时要保证两侧挂篮不偏载，在挂篮钢筋、混凝土施工时要注意施工顺序且始终维持两侧挂篮基本平衡。

13. 挂篮四周应设置防护栏杆，挂设安全网，进出施工区域必须有安全通道。冬季施工应对进入挂篮施工作业区的各种通道及挂篮上的积雪进行即时清除，避免挂篮由于冰雪堆积造成超载。

14. 当挂篮处于四周空旷或构筑物的最高点时，要在挂篮顶设置防雷接地装置，将电流直接引入地下，不能使电流通过挂篮构件。

15. 挂篮施工应有安全通道及安装、张拉、压浆等工作平台，平台四周须设置防护栏杆，四周及底部挂设安全网。

16. 挂篮的锚固系统、吊挂系统及走行系统在每次使用前后，都应进行全面检查，对有问题的构件要及时更换或维修。

17. 浇筑混凝土时两侧及横桥向均应对称均匀布料，偏载不得超过设计要求。

18. 挂篮使用中应制定“挂篮走行检查签证”制度。每次挂篮走行前必须对挂篮进行全面检查，经检查合格签字确认后方可进行挂篮走行操作。

19. 挂篮使用中应制定“挂篮浇筑混凝土前检查签证”制度。混凝土浇筑前应再次对挂篮悬挂和锚固结构进行复查，同时对模板系统、预应力系统、钢筋系统进行检查验收，合格并签证后方可浇筑混凝土。

（二）节段梁施工

1. 吊架施工。

（1）吊架拼装应编制安全技术方案，并严格按照有关安全规定执行，吊架拼装完成后，应经检查验收，并按规定进行荷载试验。

（2）悬拼吊架走行时的抗倾覆稳定安全系数不应小于 1.5。吊架走行过孔时起重小车应置于吊架后端，下坡走行应设置防溜保险绳。

（3）吊架走行应同步、等距，其允许差值不得大于 30 cm。走行时，滑道上应设限位器。

（4）起吊梁段前应检查吊架锚固是否牢靠、吊点是否正确，联结是否完好，限位是否灵便，各支点是否牢靠。同一 T 构上的两端节段吊架应同时对称悬拼。

（5）悬拼吊架起吊梁体节段时，梁体应保持平衡。当起吊梁段走行至拼装位置时，吊机尾部应用锚杆锚固。节段安装稳固后，方准拆除临时锚固或临时支架。

（6）拆装吊具、安装吊挂、涂刷胶结材料、预应力作业应设置专用吊篮脚手，专用吊篮应满足安全有关规定。

2. 造桥机施工。

（1）造桥机拼装应编制安全技术方案，并严格按照有关安全规定执行，造桥机拼装完成后，应经检查验收，并按规定进行荷载试验。

（2）拼装造桥机需要在跨中设置临时支墩时，支墩及基础应通过设计计算，临时支墩应牢固，无沉降，并确保其稳定性。

（3）墩顶应按施工要求设置施工平台、围栏等安全设施，其安全设施应满足有关规定和要求。

（4）造桥机底盘拼装好后，应立即与墩身锁定，确保稳定安全。

（5）造桥机拼装完成后，应进行检查，并先试运转和试吊。试吊时，应做好应力测试，合格后方可使用。

（6）移动小车、起重小车、电动或液压卷扬机、造桥机走行系统的限位和制动装置，应安全可靠。

（7）造桥机下一定区域内（包括抛物发散地），应设置高围栏和密目网，严禁人员出入，并派专人管理，水上应设置禁航标志，并派船只管理指引。

（8）挂梁用的吊杆若采用精扎螺纹钢筋，应有防电弧灼伤的措施，并在挂梁作业时禁止焊接作业。

（9）起吊时速度要均匀，在梁顶过梁时，起吊梁段超过已装梁面高度应根据造桥机实际净空计算确定，且梁面不得有障碍物。

（10）造桥机过孔前，造桥机和梁底之间的泊顶必须全部松开，造桥机和墩顶的约束必须全部解除，起重天车吊具起升至安全高度，天车龙门走行轮上止轮器栓紧，解除所有联系，检查墩顶支点、液压千斤顶、滑道、滑槽。

（11）牵引时两侧泊顶应同时对称张拉，保证两侧同步前移。造桥机到位后，应及时安装墩顶连接和约束。

五、钢梁施工安全防护

（一）一般要求

1. 安全设施。

（1）钢梁架设作业面均应按要求搭设临时工作平台、施工脚手、通道和上下步梯，平台四周力口设栏杆和安全网，通道下部应设立踢脚板，护栏侧面、通道底部应按要求在设置安全网。

（2）在墩顶、钢梁面等高处作业，墩顶周边及钢梁杆件顶面应按要求设置栏杆、上下爬梯等防护设施，并按要求挂设防护安全网。

（3）钢梁上下弦应设置横、纵向人行通道，并设置栏杆和踢脚板，护栏高度不低于 1.2 m，所有安全设施应定期进行检查，发现不合格或损坏应立即予以更换。

（4）参加高处作业的人员，架梁前必须进行身体检查，凡不合格者不得参加架梁作业。非架梁人员不得进入架梁作业区。

2. 钢梁存放及运输。

（1）钢梁杆件采取装船水运时，应采取防滑移、防变形措施，严格堆码层数，每层间按要求支垫，支垫物不得损伤杆件油漆面或喷铝面。杆件棱角应设置护木。

（2）钢梁杆件装船时严格禁止超载、偏载，必要时应加配重、调整平衡，卸船时应均匀分层卸运。

（3）钢梁上、下弦杆及桥面板采用运输平车运输时，运输线路路基要求平整、安全可靠。运输过程中，大节点竖直向上或向下，不得平放。部分超宽、超长杆件应按规定设置超限标记、信号，确保钢梁运输车辆的安全运行。

（4）运梁平车上应安装专用支架，并捆扎牢靠，防止钢梁杆件在运输过程中的变形及滑移。

（5）桥上轨道运输钢梁杆件时，运梁轨道前端应设止轮器，运梁速度要求不大于 5 km/h。

3. 钢梁预拼。

（1）钢梁预拼存放场内运输线路应布局合理，安全标志设置完备，钢梁杆件应分类存放，并按安装顺序排列，其支点和高度应按规定办理，横梁、纵梁多片排列存放时，应用角钢、螺栓彼此连接牢固，并设支撑。

（2）弦杆、竖杆、斜杆、平联、横联、桥面板等预拼台座基础应有足够的承载力，台面平整、坚实。组拼时，台座不得产生下沉和偏斜。

（3）杆件起吊时应确认起吊杆件的重量和重心位置，必须捆绑牢靠。吊具的夹角不得大于 60°，并且应拴上溜绳。起吊杆件的吊具与杆件拐角接触处，应用橡胶垫好。

（4）钢梁预拼对孔时应用冲钉和拼装撬棍的尖端探孔，严禁用手指伸进孔眼内检资。平面拼装孔眼应用安全冲钉，防止冲钉坠落伤人。预拼击打冲钉时，应防止冲钉或铁屑飞出伤人。锤击冲钉正对面严禁站人。

（5）预拼场内龙门吊机起重作业必须设专人指挥，且吊机的线路必须符合设计要求。吊机使用前，必须按规定试吊，严禁超重。

（6）被吊物体必须捆扎牢固。起吊点必须符合规定要求，起吊时要平稳垂直起吊，禁止用起重机斜拉、拖拽物体，起吊物下禁止站人，禁止起吊物长时间停留在空中。

4. 钢梁架设。

（1）钢梁吊装。

① 钢梁杆件吊装前严格按照要求对起重机械安全性能、吊重、吊高限位装置等进行联合检查并签证。

② 对起重吊具、卡环、钢丝绳等进行严格检查，必要时应进行探伤检测，确保安全。

③ 钢梁吊装作业中应严格执行“十不准”规定，防止发生起重伤害事故。

④ 起吊杆件时吊具与杆件棱角的接触处应用胶皮垫好。

⑤ 钢梁杆件单件吊装、整体节段吊装时，应明确杆件重量、重心位置，确定好吊点位置，选用与杆件重量相匹配的吊具、钢丝绳进行吊装。对单件重量较大的杆件，起吊前先试离地面 10 ~ 20 cm，观察起重机械安全状态，确定无误后，方可吊装。

（2）冲钉、高栓作业。

① 钢梁杆件拼装击打冲钉、高栓施拧作业点，应搭设好施工平台，平台应满铺脚手板，不得留有空挡，周边应设置防护栏杆，并安全要求挂设安全网。施工人员必须系好安全带。

② 拼装脚手架结构必须牢固，连接螺栓必须拧紧，脚手板应采用合格材料，其厚度不得小于 50 mm，跨度不得超过 2 m，并不得使用腐朽木料，脚手板必须钉牢，不得有缝隙和探头板，板边缘应有 100 mm 高的挡板，并装设栏杆。脚手架应与钢梁节点杆件固定良好，防止滑动。

③ 双层作业时应采用安全防护措施，击打冲钉时不要用力过猛，严禁用大锤猛击单个冲钉过孔，且对面不准站人以防止冲钉飞出伤人。

④ 运输螺栓冲钉及脚手架的平车不准溜放，必须有专人看管刹车，并注意避让运梁车辆。

⑤ 扳手、冲钉、螺栓等物件应用工具袋装好，严禁上抛下掷，多余料具要及时清理干净，留用的要堆放在安全可靠的位置，安装时避免螺栓和冲钉坠落砸伤钢梁或施工人员。

⑥ 脚手架拆除时，严禁将架杆、扣件等向下抛掷。

5. 钢梁焊接、涂装作业。

（1）钢梁现场焊接，应保证电焊机接地良好，作业人员应戴防护手套，穿防护服。

（2）现场焊接或切割作业使用的氧气、乙炔、丙烷气瓶应按要求放置规范，严格控制氧气、乙炔使用距离。气瓶吊装时应采用吊篮，严禁顺桥面随意滚动。

（3）油漆库房应注意隔绝火源，干燥通风，环境湿度适宜，备有足够的消防设备，并挂设“严禁烟火”标牌。

（4）库房内不准调配油漆，配漆房与库房应保持一定距离，油漆筒每次使用后，进库前必须将桶盖拧紧，用完后应放在指定地点，且定期清理，以免自燃，引起火灾。

（5）喷涂人员须戴好口罩、手套及披风帽等防护用品。喷砂除锈的工作场地附近应安装防护设施和“禁止通行”的警示牌。喷砂除锈作业时，操作人员应站在上风方向。

（二）膺架法钢梁架设

1. 钢梁采用膺架法架设时，膺架不得有沉陷、变形，连接应牢固，垂直度应满足要求。膺架安装完毕后，必须经过检查验收后方能使用。

2. 支架临时支墩顶部应安装施工平台、栏杆、上下步梯等防护设施。临边作业遵循高挂低用原则系好安全带。

3. 水中临时墩、墩旁托架应设置防撞设施，托架底部钢管桩基础周边应设置禁航警示标识，夜间施工应在墩顶四周设置安全警示灯。

4. 钢梁架设过程中应及时观测膺架沉降情况及结构变形情况，发现沉降，应及时通过墩顶起顶设施予以调整，确保钢梁架设线形要求。沉降过大，应停止钢梁架设，查明原因，处理后方可恢复架设。

（三）悬臂法钢梁架设

1. 在通航桥孔进行悬臂拼装时，应事先同港监部门协商，办理封锁航道、设置航标等事宜，并发出公告。在架梁施工过程中，水上应配备救生船和救生设备。救生船应停靠适当地点，船上人员不得擅离岗位。

2. 在悬臂孔和通航孔的下面必须挂设串联安全网。其每侧宽度应超出钢梁两侧外端不小于 4 m。

3. 在引桥和路基上拼装平衡梁时，应保持平衡和稳定，其平衡梁的抗倾覆系数应大于 1.30。

4. 平衡梁需压重时，重量应准确，支点应牢固，压重应对称平稳安装。若采用浮箱注水压重时，浮箱不应漏水，以防压重不足使钢梁失去稳定。压重设施应派专人观测。

5. 在移动吊机前，必须检查吊机的制动设备是否良好，前方走道是否铺设完毕，吊机定位的钢梁节间是否已闭合。各节点上的冲钉螺栓是否上足拧紧等，经确认符合要求后方可移动。

6. 吊机移动时，后方应设置防滑溜绳，并应有专人照看电缆。移动完毕后，立即收紧。停机位置的轨道上应安好止轮器。吊机到位后，应前支后锚，经专人检查合格后，方可使用。

7. 停止架梁作业时，应将吊钩升至最高位置，或将吊钩挂牢，关闭总电源。

8. 采用水上吊船进行架梁作业时，应注意因风浪等而引起船舶的颠簸，吊船在移位时，不得将重物吊悬在空中，不得边移位边工作。吊船应停靠在桥中线的下游一侧，必须有可靠的锚锭设备，并应有防止漂流物碰撞的防护设施。

9. 大跨度钢梁全悬臂拼装，当接近前方桥墩，悬臂端出现较大振荡时，应安设消振装置，防止发生共振。

10. 钢梁上弦平面应铺设安全走道，其宽度不得小于 1.5 m，纵横向人行道均应设置栏杆和踢脚板。桥上临时运梁轨道中间，应密铺脚手板。轨道两侧各加 1.2 m 宽人行道或临时避车台。

11. 杆件对孔时，起吊指挥及对孔人员应互相配合，操作准确。当主桁冲钉螺栓上足 50%，其他杆件上足 30%时，吊机方可松钩。

12. 吊索架起顶时，应按规定的程序进行。起顶过程中，两桁应进行监控。张拉后的吊索不得碰撞。

13. 吊索架行走就位时，应保持梁上吊机行走前后吊索的曲度一致，使吊索设备平衡向前移动。行走过程中，应随时调整锚梁小车至吊索架的距离。行走系统应安设制动装置。

14. 墩顶布置中的各层钢垫块、千斤顶、钢垫板、钢垫梁及工钢组之间均应加垫 3 mm 厚的石棉板，以防止打滑。

15. 墩顶周边设施多、施工面窄，应在墩顶周边按要求设置护栏、布置好走道及上下步梯。墩顶顶梁用千斤顶、油泵、油管接头等应连接牢靠，防止漏泊。

16. 纵横移应使用同类型的千斤顶，且应并联，在操作过程中，主桁千斤顶要保持同步。

17. 千斤顶顶推作业时，人员应站立在千斤顶两侧，严禁站在千斤顶工作的正前方及高压油管接头部位，防止人员受伤。千斤顶工作中泄漏的油污，应及时清理，以防人员滑倒。

18. 体系转换调整支点受力时，并联的油压千斤顶应支垫平稳。在起卸顶时，应对称、平衡起落。

19. 顶落架所用的油压千斤顶均须附有球形支承垫、保险圈、升程限孔。共同作用的多台千斤顶应选用同一类型，并用油管并联，油压千斤顶、油泵、油管、压力表等在使用前均应进行试验和鉴定。

20. 顶落梁时，应有保险设施，随着活塞起落及时安放或撤除，拼梁与顶落梁两道工序不应同时进行。施顶或纵横移时，应缓慢平稳。

21. 顶落梁时必须设置保险支座。千斤顶安放在墩顶及梁底的位置均应严格按设计规定安放，并不得随意更改。

22. 钢梁合龙处应搭设合龙施工平台、脚手架、防护栏杆、上下步梯，钢梁合龙杆件底部及相邻杆件周边应按要求挂设安全网，进行垂直双层作业时应设置隔离棚、安全防护通道。

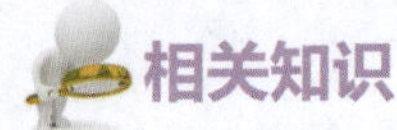

相关知识

梁 桥

梁桥（Beam Bridge）是以受弯为主的主梁作为承重构件的桥梁。主梁可以是实腹梁或桁架梁。实腹梁构造简单，制造、架设和维修均较方便，广泛用于中、小跨度桥梁，但在材料利用上不够经济。桁架梁的杆件承受轴向力，材料能充分利用，自重较轻，跨越能力大，多用于建造大跨度桥梁。按照主梁的静力体系，分为简支梁桥、连续梁桥和悬臂梁桥。

梁桥是我国古代最普遍、最早出现的桥梁，古时称作平桥。它的结构简单，外形平直，比较容易建造。把木头或石梁架设在沟谷河流的两岸，就成了梁桥。早在原始社会时，我国就有了独木桥和数根圆木排拼而成的木梁桥。战国时期，单跨和多跨的木、石梁桥已普遍在黄河流域及其他地区建造。1972 年，在春秋战国时期齐国的京城山东临淄的考古挖掘中，首次发现了梁桥的遗址和桥台遗迹，两处桥梁的跨径均在 8 m 左右。北魏郦道元《水经注》记录了在山西省汾水上有一座始建于春秋时期晋平公时的木柱木梁桥。桥下有 30 根柱子，每根柱子直径五尺。这是见于古书记载的最早的一座桥。

简支梁桥是指主梁以孔为单元，两端设有支座，是静定结构。一般适用于中、小跨度，结构简单，制造、运输和架设均甚方便，多做成标准设计，以便于构件生产工艺工业化、施工机械化，提高质量，降低造价。如洛阳黄河桥（67 孔跨径 50 m，全长 3 429 m，1977 年建成）。郑州黄河桥（28 孔跨径 20 m、62 孔跨径 50 m、47 孔跨径 40 m，全长 5 550 m，1986 年建成）、开封黄河桥（31 孔跨径 20 m、77 孔跨径 50 m，全长 4 475 m，1989 年建成）均为公路预应力混凝土 T 形简支梁桥。

连续梁桥是指主梁若干孔为一联，连续支承在几个支座上，是超静定结构。当跨度较大时，采用连续梁较省材料，更适合用悬臂拼装或悬臂灌筑、纵向拖拉或顶推法施工。如京石公路永定河桥，为预应力混凝土箱形连续梁，1988 年建成；武汉长江大桥、南京长江大桥为钢桁架连续梁桥。

悬臂梁桥是指上部结构由锚固孔、悬臂和悬挂孔组成，悬挂孔支承在悬臂上，用铰相连。有单悬臂梁桥（三跨构成，中跨较大以满足通航要求）和双悬臂梁桥（可构成多跨的长大梁桥）。如陕西省咸阳渭河桥（主跨 174 m，全长 448 m，1954 年建成）为钢筋混凝土悬臂梁桥。梁桥为桥梁的基本体系之一，使用广泛，在桥梁建筑中占有很大比例，其上部结构可以是木结构、钢结构、钢筋混凝土结构、预应力混凝土结构或钢筋混凝土桥面板和钢梁的组合结构。

技能训练

技能训练一　连续梁施工挂篮结构安全检查

序号	检查部位	检 查 标 准	检查情况	备注
一	模架拼装前检查内容	检查标高、中线是否满足设计及规范要求；结构系统强度、刚度和稳定性必须符合设计要求；施工前，是否根据挂篮的型式制订相应的安全专项措施，并进行安全技术交底；项目部、工区是否建立包保体系，责任是否落实到人		
二	拼装验收	模架拼装完成，是否经厂家验收合格，并出具验收报告，工区、项目部是否逐级组织验收，并出具验收报告，其安全稳定性是否满足《铁路工程施工安全技术规程》等有关安全要求		
三	主桁梁	1. 各部位焊缝完好，无裂纹 2. 主桁无明显变形 3. 主桁前、后支撑完好、有效，无明显变形 4. 主桁后锚与梁体连接精轧螺纹不少于2根，且紧固、可靠 5. 后锚精轧螺纹钢筋、螺帽、连接器完好、无损伤		
四	滑道	1. 滑道各段连接螺栓完好，连接可靠 2. 滑道与梁体间连接螺栓完好，连接可靠 3. 滑道顶面平顺，并涂有润滑剂，行走速度不应大于 0.1 m/mim，限位器应设置牢固 4. 滑道结构安全，无明显变形		
五	模板系统	1. 内、外导梁无明显变形，调节自如 2. 各块模板之间螺栓完好，连接可靠 3. 模板各部位焊缝完好，无裂纹 4. 内外模板拉杆不得缺少，且连接可靠 5. 模板平顺，无明显变形 6. 底模纵梁无明显变形		
六	吊挂系统	1. 吊挂精轧螺纹钢筋、螺帽、连接器完好、无损伤 2. 吊带完好、无损伤 3. 前、后横梁完好，无明显变形 4. 吊点处无明显变形，焊缝完好，无裂纹		
七	压重系统	1. 水箱焊缝完好，无裂纹，无漏水 2. 水箱安装位置准确		
八	牵引系统	1. 千斤顶有效、可靠 2. 精轧螺纹钢筋、螺帽、连接器完好、无损伤 3. 千斤顶滑道支撑完好，无明显变形		
九	安全设施	1. 前上横梁操作平台稳固可靠，无明显变形 2. 底模操作平台稳固可靠，无明显变形 3. 侧模操作平台稳固可靠，无明显变形 4. 上、下梯子安装可靠，无明显变形 5. 防风缆绳安装可靠		

序号	检查部位	检 查 标 准	检查情况	备注
十	电器系统	1. 电气箱、盘、柜完好，门有锁，外壳接地良好 2. 各部分电缆、电线无损伤或破损，绝缘良好 3. 各部分开关箱内漏电断路器完好、动作可靠，15 天内做一次接地试验 4. 墩旁托架接地良好，接地电阻 $R \leqslant 4\,\Omega$ 5. 闸刀盖、插座盖完好；无用铜丝、铁丝代替保险丝现象，保险丝与受控设备容量匹配		
十一	制度措施	1. 现场是否建立安质检查登记表；安全检查表检查落实是否到位 2. 各级包保体系是否完善，运转是否正常 3. 施工、技术、安全、质量负责人、监理是否把关监控到位 4. 安全技术措施是否落实到位 5. 应急预案中人员、物资、设备等是否落实到位，预案是否经过演练		
十二	其他	1. 悬臂拼装应按组拼程序平衡、对称进行，其平衡总重量不得超过设计允许值；挂篮组拼后，应做静载试验 2. 在墩上进行零号块施工的工作平台边缘处，应安装防护设施；墩身两侧与平台之间搭设的人行道板应连接牢固 3. 挂篮的结构及其使用的材料、机具、设备等应符合要求，不合格的不得使用 4. 挂篮前后锚筋，张拉平台的保险绳应坚韧、牢固、可靠 5. 挂篮牵移时，必须匀速、左右同步、方向顺直、牵力平衡；主梁前端应及时加垫，后端设锚加压		

技能训练二　支架法制梁安全检查

序号	检查部位	检 查 标 准	检查情况	备注
一	施工方案	是否按程序逐级报批，是否经过安全评估		
二	模架拼装前检查内容	1. 垫石标高、中线、强度是否满足设计及规范要求 2. 支座是否经过检验合格、安装是否正确 3. 结构系统强度、刚度和稳定性必须符合设计要求 4. 施工前，是否制订相应的安全专项措施，并进行安全技术交底 5. 项目部、工区是否建立包保体系，责任是否落实到人		
三	拼装验收	1. 模架拼装完成，工区是否逐级验收合格，并出具验收报告，项目部是否组织复验，并出具复验报告 2. 其安全稳定性是否满足《铁路工程施工安全技术规程》等有关安全要求		

序号	检查部位	检　查　标　准	检查情况	备注
四	立柱	1. 临时基础预埋钢板位置准确，立柱是否垂直受力 2. 横纵向剪力支撑必须满足要求，确保支架的稳定性 3. 所有焊缝无裂纹，所有立柱与支撑焊缝必须双面满焊并饱满，螺栓均上满拧紧，螺栓外露丝扣不少于2丝 4. 基础承台与立柱联结必须采用预埋螺栓，联结密贴紧固		
五	贝雷梁安装与架设	1. 贝雷梁安装、拆除，施工单位负责人、技术负责人、安质负责人必须“三位一体”现场把关盯岗，监理工程师必须旁站监理 2. 作业人员必须经安技交底学习培训，做到人人明白本岗位职责、安全主控项目内容与要求，分工明确，知道程序会操作 3. 特殊工种作业人员必须持有效证件上岗；各种机器具、设备、材料准备齐全，规格、型号符合要求，并保持良好 4. 支架周边应设安全围栏或挂设安全网		
六	沙箱	1. 漏沙螺栓上满 2. 装沙用水密实 3. 水准仪测量调整至设计标高		
七	贝雷梁	1. 所有接头的连接均符合设计要求，所有螺栓均上满拧紧，螺栓外露丝扣不少于2丝 2. 贝雷梁焊缝无裂纹和其他隐患，贝雷片无变形，各部位状态良好 3. 贝雷梁挠度线型满足设计及工艺要求 4. 贝雷梁之间的联结系应符合设计要求 5. 抗风拉杆销子无遗漏，螺丝拧紧到位，控制贝雷梁侧弯		
八	模板系统	1. 底模分配梁槽钢连接焊缝无裂纹，构件自身无质量缺陷和隐患 2. 底模、侧模及侧模撑杆安装质量符合设计要求，螺栓均上满拧紧 3. 预拱度设置正确，模板尺寸精度满足规范及验标要求 4. 模板拼缝严密，打磨平整，无错台、无漏浆隐患 5. 预埋件位置满足设计及验标要求，综合接地端子、连接体、连接装置、保护构件布置符合设计要求，焊缝要求与箱梁钢筋相同		

序号	检查部位	检 查 标 准	检查情况	备注
九	用电安全	1. 施工用电必须符合“三级配电二级保护”规定，开关箱离用电设备距离不得大于 3 m，严禁一闸多机 2. 电线路布设合理，架子、模板上所有电线必须采用电缆，无破皮、无裂痕，所有配电箱、开关箱外壳必须做接地保护 3. 支架制梁用电应采用“三相五线制”，并按规定要求做好接地保护、接零保护		
十	制度措施	1. 现场是否建立安质检查登记表；安全检查表检查落实是否到位 2. 各级包保体系是否完善，运转是否正常 3. 施工、技术、安全、质量负责人、监理是否把关监控到位 4. 安全技术措施是否落实到位 5. 应急预案中人员、物资、设备等是否落实到位，预案是否经过演练		
十一	满堂式支架	1. 基础处理必须满足承载力要求并做相关检测试验，雨季施工时场地周围要有截排水设施，周围有排水去向，确保不浸泡基础 2. 脚手架材料要有厂家提供生产许可证和材质证明，并经现场验收合格；碗扣式脚手架构件要求焊缝饱满，没有咬肉、夹渣、裂纹等缺陷，钢管应无裂缝、凹陷、锈蚀 3. 脚手架搭设下部必须设置扫地杆，横杆立杆间距必须符合方案设计间距要求，下部顶托设置在方木上要平衡，为了保持顶托横向稳定性，顶托插入钢管时的长度不得小于 300 mm；搭设时应确保接头锁紧，相邻的两个碗扣在同一水平面上；不得将缆风绳、泵送混凝土输送管等固定在脚手架上。 4. 剪力撑采用扣件与立杆扣紧，6 m 长斜拉杆连接点不少于 5 个，2 m 长时不少于 3 个；剪力撑须顶到地面上，顶部到顶；剪力撑搭接长度不小于 1 m，搭接处应采用两个扣件扣紧 5. 模板安装必须按模板的施工设计进行，严禁任意改动；模板及其支撑系统在安装过程中，必须设置临时固定设施，严防倾覆；在竖立模板过程中，上模板工作人员的安全带拴于牢固地点；模板吊装前，使模板连接牢固，内撑、拉杆、箍筋上紧，吊点正确牢固；起吊时，拴好溜绳，并听从信号指挥 6. 预压前编制预压方案，并经报批；明确加载顺序和每次的加载量；使用砂子作为预压材料时要做好砂子的重量计算，雨天时做好砂子覆盖，严禁雨水侵入砂子增加重量；预压材料的堆码按设计梁体的结构自重和分布形式堆放，加载时对称等载预压布置，防止支架偏压失稳；加载中由技术人员现场控制；加载过程中有专人指挥，起重作业范围内严禁人员进入；卸载时卸载量、卸载顺序、卸载部位由技术人员现场控制，禁止在某处集中卸载		

序号	检查部位	检 查 标 准	检查情况	备注
十一	满堂式支架	7. 预压时在支架基础外侧5 m处划定警戒区域并进行封闭，并设置警示标志，严禁无关人员进入；加载过程中由测量人员对支架的沉降量和支架的稳定性进行观测，观测方法及频率符合预压方案的要求，当支架沉降量大于规定值时，停止加载并采取措施 8. 拆模前应以混凝土强度报告为依据，待梁体混凝土强度达到设计值的80%后进行初张拉，初张拉后方可拆除内模和外模；拆除模板必须经施工负责人同意后方可拆除；拆除翼缘模及侧模时，可用撬棍轻撬轻敲，不可强行撬拉，野蛮拆卸；操作时须由专人指挥，施工人员统一行动，以免模板、方木落下砸伤人员，模板拆除时，要在下面标出警戒区域，严禁非操作人员进入作业区；模板拆除多人同时操作时，应注意配合，统一信号和行动		

任务完成

（一）小组讨论

将班上学生分成小组，各小组选一位组长带领组员，完成对事故案例的分析，找出事故发生的原因和总结事故教训，并向班上同学讲解其小组理解的几点梁施工安全控制措施。

（二）小组评价

预防梁施工过程中安全事故发生应知应会的知识有哪些？

（三）综合评价

综合评价包括小组内的自评、互评和老师对各小组工作的系统评价。主要评价项目见附录。

作 业

1. 简述桥梁的梁的各种施工过程中可能发生的安全事故类型。
2. 简述桥梁的梁的各种施工过程中预防安全事故发生的措施。

学习任务二

各种类型桥梁施工过程安全控制

事故案例

案例一：布鲁克林大桥建成于 1903 年，全长 1 834 m，主跨 486.3 m，是当年世界上最长的悬索桥，也是世界上首座钢缆悬索桥。在主缆装配的过程中，发生了一些严重事故。1878 年 6 月，一股锚固在纽约端锚锭的索在调索过程中脱出，飞过纽约端主塔掉入东河，巨大的甩脱力瞬间切断了一个装配工的脖子，并将另一个击落锚锭。

案例二：2002 年 8 月 15 日，河南省南阳市内乡县宝天曼旅游公路上正在建设的万沟拱桥折断坍塌，正在大桥顶端施工的 17 名民工从 24 m 高的作业面上坠落，10 名民工当场死亡，两名重伤，直接经济损失 90 多万元。

思考一下

在各类桥梁施工作业中可能会发生哪些安全事故？如何避免或者减少这些事故发生？

任务描述

经过20世纪80年代的“学习和追赶”、90年代的“跟踪和提高”两个重要发展阶段，我国已成为桥梁大国。随着我国公路、铁路大规模的发展，我国桥梁数量比世界上任何一个国家都至少多2～3倍，而且拱桥、梁桥、斜拉桥三种桥型的跨度记录都突破了世界纪录，并还在超越，我国是当之无愧的桥梁大国。

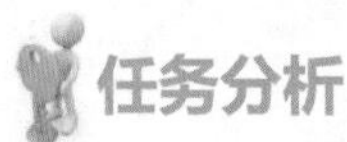

任务分析

一、拱桥施工安全控制要点

（1）拱架制作与安装，应按设计要求，具有足够的强度、刚度和稳定性。拱架须经验算，必须经试验或预压，并满足防洪、流水、排水、航运等安全要求。

采用土牛拱架（胎）时，应采取相应的安全措施，保证拱圈砌筑的安全。

（2）拱石加工或砌筑石拱工程时，除按规定穿戴安全防护用品外，并应注意锤头或飞石伤人，作业人员应保持一定的安全距离。

（3）均工（石、砖及混凝土预制块）拱桥施工前，拱架支立安装方法、拆落拱架程序、机械设备等，均应经检查符合安全技术规定，方可施工。

人工抬运上坡，应平行前进，落肩同步。抬运石料时，应用绳索捆扎结实。不宜装得过满。

（4）拱石或预制混凝土块，应按砌筑程序编号，依次运到工地，随用随运，不得堆积在拱架或脚手架上。

（5）拱石或预制块砌筑时，底下严禁站人，操作人员的手指不得伸入砌筑面，拱石或预制块就位时，应用撬棍或绳索工具等扶稳，缓慢堆放。

（6）砌筑拱圈，应按施工要求搭设脚手架及作业平台，严禁用拱架代替脚手架。主拱、拱上建筑施工，必须严格按设计加载程序分段、对称、同时进行。

（7）拱圈砌筑，严禁拱下站人，并应随时注意观测拱架变形状况。必要时，须进行调整，以控制拱圈变形过大。卸架装置应有专人负责检查。

（8）卸架前，应检查砌筑砂浆强度是否达到设计要求。拆除工作必须按设计程序进行。当拱架脱离拱圈后，经检查确认安全后，方可继续进行拱架拆除工作。

拆除拱架时，应听从统一指挥。严禁在拱架上、下同时进行双重作业。拱架拆除，严禁捶击或用机械强拽拱架使之脱离或倾倒的做法。

（9）采用无支架施工修建拱桥时，应按设计和施工方法选定适宜的吊装机具设备。采用吊装机具施工，除按吊装机具的有关安全要求，加以控制外，还应做到以下几个方面。

① 大中跨径拱桥施工，应验算拱圈的纵、横向稳定性，保证有一定的横向稳定系数。分段吊装单肋合龙后应用缆风绳稳固。并须采取悬扣边肋和次边肋，用横夹木临时横向连接等措施。

② 双曲拱、箱形拱桥施工时，在墩、台顶设置的扣架，底部固定应牢靠，架顶应设风缆，风缆设置必须对称，与构件轴线应符合设计要求，风缆地锚环应埋设坚固，并应设置备用环。

③ 拱肋分段拼装时，基肋应设置固定风缆，拱肋接头处，应加横向连接，以保证其横向稳定。

④ 多孔装配式拱桥上部安装时，除要遵守一般安全规定外，还必须按加载程序，由桥台或制动墩起，逐孔吊装。相邻两孔安装进度，不应相差过大，以减少对相邻桥墩产生的单向推力。

⑤ 装配式桁架拱或刚架拱桥施工时，除要遵守一般安全规定外，还必须在已安装的桁架或刚架拱片上，安装横向联系构件，以增强横向稳定性。

⑥ 在河流中设置缆风绳时，必须采取可靠的防护措施。

二、斜拉桥、悬索桥施工安全控制要点

（1）斜拉桥和悬索桥（吊桥）的索塔施工，属于高处或超高处作业，应根据结构、高度及施工工艺的不同情况，制订相应的专门的安全施工组织设计、安全作业指导书（操作细则）。

一般情况，混凝土、钢筋混凝土及预应力混凝土索塔，参照墩台施工及滑模施工的安全控制要点。

电气设备和线路的绝缘必须良好，各种电动机械必须接地，接地电阻不得大于 4 Ω，电气设备和线路检修时，应先切断电源。

施工现场要有防火措施并备有消防器材，要防止电焊火花溅落在易燃物料上。

（2）索塔分节立模浇筑前，应搭好脚手架、扶梯、人行道及护栏。每层脚手架的缝隙处，应设置安全网。两层间距不得超过 8 m。

（3）浇筑塔身混凝土，应按规定挂好减速漏斗及保险绳，漏斗上口应堵严，以防石子下落伤人。

（4）塔底与桥墩为铰接时，施工中，必须将塔底临时固定。塔身建筑到一定高度后，必须设置风缆。斜缆索全部安装并张拉完成后，方可撤除缆风并恢复铰接。

（5）斜拉桥的塔底与墩固结时，脚手架必须在墩上搭设。当索塔与悬臂段同时交错施工，并分层浇筑索塔时，脚手架不得妨碍索塔的摆动。

（6）施工期间，应与当地气象站建立联系，密切注意天气变化，大风、雷雨时，应立即停止作业。

高处作业，其风力应根据作业高处的实际风力确定。如未设风力测定仪，可按当地天气预报数值推测作业高处的风力。

（7）随着索塔升高（到 20 m 以上，或高度已不足 20 m 的索塔但郊区或平原区施工或附近无高大建筑物提供防雷保护时）防雷电设施必须相应跟上，避雷系统未完善前，不得开工。

（8）缆索的制作与安装作业，应该做到：

① 缆索施工时，不得撞伤锚头。锚头发生移位时，不得用铁锤强击复位。

② 缆索的防护层，不得有折损或磨伤，否则应在修补后安装，或作标记，安装后修补。

③ 悬索桥的主索及斜拉桥的斜缆索，应进行破断试验，其破断力应满足设计要求。

④ 锚具、套筒，应用超声波或射线探伤仪检查，内部有损伤者，不得使用。

⑤ 主索及斜缆索顶张拉时，应选择适当场地，埋设足够强度的地锚。并在张拉台前设置防护墙。对张拉设备，应严格检查，以确保安全。

⑥ 锚具和孔道在未封口前，应临时予以防护，以防雨水浸入和锚头被撞击。

⑦ 斜拉桥的斜拉索如为工地自行制作时，还要做到：编束时，应用梳型板梳编，每 1.5 ~ 2.0 m 段用铁丝绑扎，防止扭曲；制成的斜拉索应架空放置，严防在地面上拖拉或硬性弯折，同时，应进行预拉以检查冷铸锚，测定每索钢丝拉力、延伸和回缩；测定的钢索测力仪的读数，应在张拉时校核。

⑧ 采用成品斜拉索时，应做到：放索时，应有制动设施，并防止卷盘的缆索自由散开时造成伤害。放开展平的缆索应防止在地上拖磨。锚头应加设防护，防止碰撞。缆索应保持顺直，不得扭曲。

（9）缆索套管内采用压注水泥浆防护时，水泥浆应从下往上压入。索塔超过 50 m 时，应分段向上压注，以防灌注压力过大，套管破裂伤人。

（10）采用钢叠合梁与钢一混叠合梁施工时，应做到：

① 成品钢构件应编号成套，对号存放，防止损坏变形。

② 起吊前，应了解所吊构件的重量、重心位置，以采取相适应的起吊方法。

③ 构件组拼前应进行全面检查，如有缺陷、变形，应在组拼前加以矫正。

④ 钢构件组拼时，必须用 50%的冲钉定位。钢构件全部插入高强螺栓后，方可松除吊钩。

（11）悬索桥施工中，临时架设的工作索、牵引索安装完毕后，应对索具、吊具等进行全面、仔细检查。索夹如采用高强螺栓旋紧时，螺栓的拧合扭矩，应先经试验。

索夹下的吊杆承受全部荷载时，索夹应与主索连接紧密，不得在主索上向下滑移。为防止主索磨损，可在索夹与主索之间垫物隔离。

施工中使用的吊篮、平台等应具有足够的强度，设置的防护围栏高度不得小于 1.2 m。索塔应设置上下扶梯和塔顶作业平台。索鞍的安装应保证位置准确。

（12）悬索桥采取重力式锚锭时，对锚锭体的施工，应按照有关安全规定浇筑混凝土或砌体工程。锚锭体必须达到坚实牢固。

采用山洞式锚锭时，对锚洞的开凿及爆破工程，应按有关凿岩及爆破安全规定施工，并应符合下列要求：

① 采用凿岩爆破时，宜采用浅眼爆破法，对炮眼的深度、装药量等，应严加控制，使非开挖部分的岩层，保护完整。

② 锚洞顶部混凝土衬砌与岩层应紧密结合。

（13）斜拉桥主梁施工，采用悬臂浇注钢筋混凝土或预应力混凝土时，采用悬臂拼装梁体时，采用顶推法施工时，采用转体或其他方法施工时，应遵照相对应的安全控制要点。

（14）悬索桥安装加劲和构（梁）时，应该做到：

① 利用主索吊装加劲和构（梁）构件时，应在平台上进行组拼。组拼后，利用主索吊运到位，与索夹、吊杆同时安装。施工前，应检查机具设备是否完好。吊装时，应按照有关吊装的安全规定作业。

② 加劲和构（梁）的吊装，宜从跨中向两岸进行。索夹与吊杆应配合加劲和构（梁），同时安装，不得先安装索夹及吊杆。

③ 索塔下端为固结时索鞍将逐步向河心偏移，施工中，应对索鞍偏移量进行观测和控制，防止超过设计允许偏斜量而影响塔架的安全。

④ 索塔下端为铰接时，亦应按设计观测，并控制索塔的偏斜量。

（15）斜拉桥、悬索桥在施工中应配备水上救护船。

三、钢桥施工安全控制要点

（1）钢梁杆件组装，应在平整的作业台上进行，其基础应有足够的承载力。钢梁拼装前，应按设计图检验杆件和零部件是否达到设计标准，并做到：

① 组装前，应清除杆件上的污秽、冰层、积雪及泥土等。

② 杆件宜事先组拼，组合后，宜用吊机吊装，以减少钢箱梁安装过程中的高处作业量。

③ 高强螺栓、螺母、垫圈必须是合格产品，使用前应做探伤检查。

④ 对接焊缝，应进行超声波探伤，对接接头内部，应进行探伤检验。

（2）浮运吊装时，应按照水上运输和起重吊装作业安全控制要点进行。

浮运钢梁时，桥位附近应设有拼梁和布置滑道的场地并适于吊装条件。浮运宜从下游逆水进入桥孔。

（3）悬臂拼装法安装大跨径钢桥时，可按照悬臂拼装法施工安全控制要点进行。

（4）钢梁上的各种电动机械和电缆线、照明线路等，必须保持绝缘良好，应有专人值班进行管理。

（5）拼装杆件时，应安好梯子、溜绳、脚手架。斜杆应安拴保险吊具。杆件起吊时，先提升 0.3 m 左右，确认安全再继续起吊。

（6）装拆脚手架、上紧螺栓、铆合等作业，应上下交替进行，避免双层作业。杆件拼装对孔时，应用冲钉探孔、严禁用手伸入检查。

（7）杆件对孔作业中，吊车驾驶员、信号员、架梁人员应动作协调、操作准确。

（8）架梁用的扳手、小工具、冲钉及螺栓等物应使用工具袋装好，严禁抛掷。多余的料具要及时清理，并堆放在安全地点。

（9）在通航的江河上施工，应与当地的港航管理部门联系，取得水上施工许可证，并按照水上作业的有关安全控制要点进行作业。

（10）钢梁表面涂漆作业，应有防毒保护措施。

相关知识

一、斜拉桥的代表桥梁

世界上建成的著名斜拉桥有：俄罗斯岛大桥（主跨 1 104 m），苏通长江大桥（主跨 1 088 m），以及 1999 年日本建成的世界最大跨度的多多罗大桥（主跨 890 m）。我国至今已建成各种类型的斜拉桥 100 多座，其中有 50 余座跨径大于 200 m。开创了我国修建 400 m 以上大跨度斜拉桥的先河。我国已成为拥有斜拉桥最多的国家，在世界 10 大著名斜拉桥排名榜上，中国有 8 座，尤其是苏通长江大桥主跨 1 088 m，为世界斜拉桥第一跨。

2013 年世界前 10 名大跨度斜拉桥（截至 2012 年 8 月）

序号	桥名	国家	主跨/m	建成年份
1	俄罗斯岛大桥	俄罗斯	1 104	2012
2	苏通大桥	中国	1 088	2008
3	香港昂船洲大桥	中国	1 018	2008
4	鄂东长江大桥	中国	926	2010
5	多多罗大桥	日本	890	1999
6	诺曼底大桥	法国	856	1995
7	南京长江三桥南汊桥	中国	648	2005
8	南京长江二桥南汊桥	中国	628	2001
9	武汉白沙洲长江大桥	中国	620	2008
10	福州青州闽江大桥	中国	618	2000
11	上海杨浦大桥	中国	605	2001
12	上海徐浦大桥	中国	602	1993

二、我国悬索桥的发展

悬索桥是特大跨径桥梁的主要形式之一，除苏通大桥、香港昂船洲大桥这两座斜拉桥以外，其他的跨径超过 1 000 m 以上的都是悬索桥。如用自重轻、强度很大的碳纤维作主缆，理论上其极限跨径可超过 8 000 m。

悬索桥的历史是古老的。早期热带原始人利用森林中的藤、竹、树茎做成悬式桥以渡小溪，使用的悬索有竖直的、斜拉的，或者两者混合的。婆罗洲、老挝、爪哇原始藤竹桥，都是早期悬索桥的雏形。不过具有文字记载的悬索桥雏形，最早的要属中国，直到今天，仍在影响着世界吊桥形式的发展。

远在公元前三世纪，在中国四川境内就修建了“笮”（竹索桥）。秦取西蜀，四川《盐源县志》记：“周赧王三十年（公元前 285 年）秦置蜀守，固取笮，笮始见于书。至李冰为守（公元前 256—251 年），造七桥。”七桥之中有一笮桥，即竹索桥。可见至少在公元前三世纪，我国已经记录了竹索桥。

早在公元前 50 年（即汉宣帝甘露 4 年）已经在四川建成长达百米的铁索桥。1665 年，徐霞客有篇题为《铁索桥记》的游记，曾被传教士 Martini 翻译到西方，该书详细记载了 1629 年贵州境内一座跨度约为 122 m 的铁索桥。1667 年，法国传教士 Kircher 从中国回去后，着有《中国奇迹览胜》，书中记有见于公元 65 年的云南兰津铁索桥。该书曾译成多种文字并多次再版。据科技史学家研究，只是在上述书出版之后，索桥才传到西方。可见，中国古代的悬索桥是独创发明并领先的。有名的四川大渡河上由 9 条铁链组成的泸定桥，是在 1706 年建成的。

在云南亦较早就出现了悬索桥，据《徐霞客游记・滇游日记》记云南龙川东江藤桥云：“龙川东江之源，滔滔南逝。系藤为桥于上以渡……”

近代中国的悬索桥发展，自 1938 年，湖南建成一座公路悬索桥，可运行 10 t 汽车，随后又有一批公路悬索桥建成。新中国成立后，共建成 70 多座此类桥，但跨径小，宽度窄，荷载标准低，发展大大滞后。90 年代后，中国悬索桥掀开了新的历史篇章。主跨 452 m 的广东汕头海湾大桥被誉为中国第一座大跨度现代悬索桥，其主跨位居预应力混凝土加劲悬索桥世界第一；西陵长江大桥，主跨 900 m，是国内自主设计的第一座全焊接钢箱加劲梁悬索桥；江苏江阴长江大桥，主跨为 1 385 m 的钢箱加劲悬索桥，列为世界第五的大跨径悬索桥；2005 年竣工的江苏润扬长江公路大桥南汊大桥，主跨为 1 490 m，为世界第三的大跨径悬索桥；不久前竣工的舟山西堠门跨海大桥，主跨 1 650 m，位居世界第二。可见，我国已进入了世界先进行列。矮寨特大悬索桥，位于湖南湘西矮寨镇境内。矮寨悬索桥，距吉首市区约 20 km，跨越矮寨镇附近的山谷，德夯河流经谷底，桥面设计标高与地面高差达 330 m 左右。桥型方案为钢桁加劲梁单跨悬索桥，全长 1 073.65 m，悬索桥的主跨为 1 176 m。该桥跨越矮寨大峡谷，主跨居世界第三、亚洲第一。

我国现代悬索桥的建造起于 19 世纪 60 年代，在西南山区建造了一些跨度在 200 m 以内的半加劲式单链和双链式悬索桥，其中较著名的是 1969 年建成的重庆朝阳大桥；1984 年建成的西藏达孜桥，跨度达到 500 m。90 年代的交通建设高潮使我们终于迎来了建造现代大跨度悬索桥的新时期。跨度为 452 m 的广东汕头海湾大桥采用混凝土加劲梁；广东虎门大桥为跨度达 888 m 的钢箱梁悬索桥；主跨超过 1 200 m 的江阴长江大桥正在设计之中。3 座悬索桥的同时建造将使我国的桥梁科学技术迅速赶上世界先进水平。

技能训练

各种类型桥梁施工安全检查

序号	检查项目	检 查 内 容	检查情况	备注
1	拱桥施工	拱架是否经过验算，强度、刚度或稳定性是否不足		
		是否按设计程序拆除拱架		
2	跨线桥及通道桥施工	跨越铁路、公路施工是否设置防护措施		
		作业时是否损坏铁路信号设施的		
3	斜拉桥及悬索桥施工	成品索放索时有无制动设施		
		索夹及索夹螺栓是否经检验合格而使用		
		吊篮、平台等强度是否足够		
		索塔是否设避雷器		
		水上施工时是否配备救护船只		
4	钢桥施工	钢梁上的电路绝缘是否良好		
		拼装对孔时是否用手指深入检查		
		架梁人员是否抛掷小工具		
		表面涂漆作业时个人防护是否充足		

任务完成

（一）小组讨论

将班上学生分成小组，各小组选一位组长带领组员，完成对事故案例的分析，找出事故发生的原因和总结事故教训，各组分别画一幅不同桥型的桥梁，并指出哪些部位是安全关键部位。

（二）小组评价

预防各种类型桥梁施工过程中安全事故发生应知应会的知识有哪些?

（三）综合评价

综合评价包括小组内的自评、互评和老师对各小组工作的系统评价。主要评价项目见附录。

作　业

1. 简述拱桥施工安全控制要点。
2. 简述斜拉桥施工安全控制要点。
3. 简述悬索桥施工安全控制要点。
4. 简述钢桥施工安全控制要点。

学习任务三

其他桥梁施工方法安全控制

事故案例

2013 年 5 月 21 日下午 5 时 50 分许，资阳市雁江区在建的沱江三桥东岸，施工用缆索吊装起重机钢支架在拆除过程中发生倒塌事故，导致 5 死 2 伤。

思考一下

桥梁的施工方法除了前面两个任务所讲的方法之外，还要用到缆索吊装法、顶推及滑移模架法、转体法、拖拉法和预应力张拉施工等施工方法，在这些施工方法的使用中可能会发生哪些安全事故？如何避免或者减少这些事故发生？

节段吊桥

任务描述

随着人类对科学技术知识掌握的进步，在桥梁建造领域也取得了长足的进步。桥梁行业的发展离不开桥梁施工方法的提高和发展。随着桥梁所处的位置、工程的特点、环境的影响，桥梁施工中缆索吊装法、顶推及滑移模架法、转体法、拖拉法和预应力张拉施工法经常用到。

任务分析

一、缆索吊装法施工安全控制要点

（1）吊装前，应针对工程的具体情况，制订和实施相应的安全施工组织设计，其中必须包括安全防护设施标准要求和具体的安全技术措施，对施工人员进行安全教育。

（2）安装时，应有统一的指挥信号。

（3）登高操作人员应携带工具袋。

（4）安全带不得挂在主索、扣索、缆风绳等上面。

（5）牵引卷扬机启动要缓慢，行进速度要平稳。构件在吊运时，起重卷扬机要协调配合，并控制好构件在空中位置。起重卷扬机不得突然起升和下降构件，避免产生过大弹跳。构件吊运至安装部位时，作业人员要等构件稳定后再进行操作。

（6）构件不能垂直就位而需旁侧主索吊具协助斜拉时，指挥信号要明确，各组卷扬机要协调动作。

（7）缆索吊装大型构件时，应事先检查塔架、地锚，扣架、滑车、钢丝绳等机具设备。正式吊装前必须进行吊载试运行。

（8）缆索跨越公路、铁路时，应搭设架空防护支架。在靠近街道和村镇的地方应设立警示标志。

（9）在通航航道上空吊装作业，应与当地港航主管部门取得联系，获得批准后方可进行。吊装作业宜采取临时封航措施。

二、顶推及滑移模架法施工安全控制要点

（1）采用顶推法施工，除在桥台后面设置适当的预制场地外，在墩台上，也要有足够的工作面，以便更换滑道及留出安装支座的空间，并应验算在偏压情况下墩台结构的安全度。

（2）顶堆施工所用的机具设备、材料（如拉锚器、工具锚、连接件、油压千斤顶、高压油泵、油管、压力表及滑动装置等）在使用前，应全面检查、验收和试验。

（3）使用油压千斤顶，应附有球形支承垫、保险圈及升程限孔。共同作用的多台千斤顶，应选用同一类型。

（4）设计应提供主梁最大悬臂状态下允许挠度值及顶推各阶段的墩顶反力和顶推力，应换算为油压读数和允许的墩顶位移值，以便控制位移量。

顶推施工中，应随时进行必要的监测，以控制施工安全。

（5）采用多点顶推或单点顶推，其动力均应有统一的控制手段，使其能达到同步、纠偏、灵活和安全可靠。

（6）上下桥墩布梁上作业时，应设置扶梯、围栏、悬挂安全网等安全防护设施。使用的工具、材料等，均应吊运传递，不得向下抛掷。

（7）顶推施工中，应有统一的指挥信号。必要时，应备有便利的现场通信设备。

（8）落梁完毕，拆除千斤顶及其他设备时，应先用绳拴好，用吊机吊出。在吊运时，应防止撞击梁体。

（9）在各顶推点，应派专人进行测量，随时将墩顶的位移情况，报告给指挥人员。

（10）用滑移模架法浇筑箱梁混凝土时，应遵守下列规定：

① 模架支撑于钢箱梁上，其前后端和架梁必须用优质高强螺栓连接好并拧紧。

② 钢箱梁及桁架梁下弦底面装设不锈钢带，在滑撬上顶推滑行之前，应检查有无障碍物及不安全因素。所用机具设备及滑行板等，均须进行检查和试验。

③ 浇注混凝土之前，应进行全面的安全检查，确认安全合格后，方可施工。

④ 牵引后横梁和装卸滑撬时，要有起重工协同配合作业。牵引时，应注意牵引力作用点，使后横梁在运行时，与桥轴线保持垂直。

⑤ 滑移模架行走时，必须听从指挥信号。对重要部位，应设专人负责值班观察，并注意人员及设备的安全，在滑道上要及时刷油。

⑥ 上岗作业必须穿防滑鞋、戴安全帽，拆卸底模人员，必须系好安全带。

（11）涵管采用顶入法施工时，施工前应做好施工点的调查。对顶入涵管的原有通车公路、铁路路段，应与当地公路、铁路管理部门联系，并签订施工协议。

施工前应采取必要的加固措施，以保证顶入作业中通车线路的安全。当火车、汽车通过时，应暂停挖土或顶入，必要时作业人员应暂时离开作业面。

（12）顶入工作坑的边坡，应根据土质情况进行放坡或者支护。靠铁路、公路一侧的边坡，其上端应与铁路和公路保持一定安全距离。工作坑的后背墙（后背梁）应采取安全防护措施。

（13）为避免边缘坍塌，在工作坑坡顶的一定范围内，不得堆放弃土、料具。

（14）顶入法施工的现场应备有一定数量的木料或草袋，以备因雨水或其他原因引起路基变形时抢修加固路基，确保线路行车安全。

（15）顶入施工应连续进行。施工中要阻止地下渗水造成路基坍塌。顶推作业遇有发生塌方，设备扭曲变形时应停止作业。

（16）机械挖土不得碰撞已挖好的洞内土壁。人工清理开挖面时，机械应及时退出。

（17）施顶时，非作业人员应撤离工作坑。严禁作业人员跨越或接近顶铁。

（18）顶入机械发生故障时，应停机检修，严禁带病作业。

（19）顶入施工的接缝应采取封闭措施，以防土石方掉落伤人。

（20）施工中地下水位较高时，应有防止塌方、流沙等安全防护措施。顶入法施工，不宜在雨季进行。

三、转体法及拖拉法施工安全控制要点

（1）桥梁上部如为预制钢筋混凝土或预应力混凝土结构，采用转体架桥法或纵横向拖拉法施工时，除按设计要求进行施工外，搭设支架（或拱架）、支立模板、绑扎钢筋、焊接及浇注混凝土等，均应遵守相应的安全规定。

（2）转体法修建大跨径拱桥应建立统一的指挥机构并配备通信联络工具。

（3）转体法施工前，应合理选择有利地形。

采用平转法，桥体旋转角应小于 180°，转动设施在拆架后，悬臂体应转动方便，并符合安全施工的要求。转体时，悬臂端应设缆风绳。

（4）平衡重转体施工前，应先利用配重作试验，进行试转动，检查转体是否平衡稳定。试转的角度应大于实际需要转动的角度，并悬挂一定时间。如不符合要求，必须先进行调整。

（5）环道上的滑道，其平整度应严格控制。如上下游拱肋需同时作配重转体时，应采用型号相同的卷扬机，同步、同速、平衡转动。重量大的转体转动前，应先用千斤顶将转盘顶转后，再由卷扬机牵引。

（6）无平衡重平转法施工的扣索张拉时，应检查支撑、锚梁、锚锭、拱体等，确认安全后方可施工。

（7）采用纵向、横向拖拉法架梁时，施工前应全面检查所用机具设备及各项安全防护设施的实际情况。

（8）使用万能杆件或枕木垛作滑道支撑墩时，其基础必须稳固。枕木垛应垫密实，必要时应做压重试验。

（9）梁体及构件运行滑道应按设计铺设。采用滑板和辐轴时，滑板应铺平稳。梁体、构件拖拉或横移到达前方墩台时，应采取引导措施，便于辐轴进入悬臂端的滑道内。搬抬辊轴时，作业人员要配合好。

（10）拖拉或横移施工中，应经常检查钢丝绳、滑车、卷扬机等机具设备是否完好，发现问题应立即处理。施工中，钢丝绳附近不得站人，无关人员不得进入作业区。

（11）拖拉或横移施工中，应听从统一指挥，发现问题或隐患，应及时报告，立即处理。

四、预应力张拉施工安全控制要点

（1）预应力钢束（钢丝束、钢绞线）张拉施工前，应做好下列工作。

① 张拉作业区，应设警告标志，无关人员，严禁入内。

② 检查张拉设备工具（如千斤顶、油泵、压力表、油管、顶模器及液控顶压阀等）是否符合施工安全的要求。压力表应按规定周期进行检定。

③ 锚环和锚塞使用前，应认真仔细检查及试验，经检验合格后，方可使用。

④ 高压油泵与千斤顶之间的连接点各接口必须完好无损，螺母拧紧。油泵操作人员要戴防护眼镜。

⑤ 油泵开动时，进、回油速度与压力表指针升降保持一致，并平稳、均匀。安全阀保持灵敏可靠。

⑥ 张拉前，操作人员要确定联络信号，张拉两端应设便捷的通信设备。

（2）在已拼装或悬浇的箱梁上进行张拉作业，应事先搭好张拉作业平台，并保证张拉作业平台、拉伸机支架要搭设牢固，平台四周应加设护栏。高处作业时，应设上下扶梯及安全网。施工的吊篮，应安挂牢固，必要时可另备安全保险设施。

张拉时，千斤顶的对面及后面严禁站人，作业人员应站在千斤顶的两侧，以防锚具及销子弹出伤人。

（3）后张法张拉时，应检查混凝土强度，必须达到设计要求强度后，方可进行张拉。

（4）钢束张拉应严格按规定程序进行。在事先穿好钢丝束，并经检查确认合格后，方可张拉。张拉作业中，应集中精力，仪表要看准，记录要准确无误。

（5）张拉操作中，若出现异常现象（如油表振动剧烈，发生漏油，电机声音异常，发生断丝、滑丝等），应立即停机进行检查。

（6）张拉钢束完毕，退销时，应采取安全防护措施，防止销子弹出伤人。卸销子时，不得强击。

（7）张拉时和完毕后，对张拉施锚两侧均应妥善保护，不得压重物。张拉完毕，尚未灌浆前，梁端应设围护和挡板。严禁撞击锚具、钢束及钢筋，不得在梁端附近作业或休息。

（8）先张法张拉施工，除遵守张拉作业一般安全规定外，还要遵守下列要求。

① 先张法张拉台座结构，应满足设计要求。张拉前，对台座、横梁及各种张拉设备、仪器等进行详细检查，合格后方可施工。

② 先张法张拉中和未浇注混凝土之前，周围不得站人和进行其他作业。浇注混凝土时，振捣器不得撞击钢丝（钢束）。用卷扬机滑轮组张拉小型构件时，张拉完成后，应切断电源和卡固钢丝绳。现浇混凝土，不得停留时间过长。养生期内应妥善防护，确保安全。

（9）精轧螺纹钢筋张拉前，除对张拉台座检查外，还应对锚具、连接器进行试验检查。

（10）预应力钢筋冷拉时，在千斤顶的端部及非张拉端部均不得站人，以防钢筋断裂，螺母滑脱，张拉设备出现事故而伤人。

（11）钢筋张拉或冷拉时，螺丝端杆、套筒螺丝必须有足够的长度，夹具应有足够的夹紧能力，防止锚夹不牢，滑出伤人。

（12）管道压浆时，应严格按照规定压力进行。施压前应调整好安全阀，进行检验，确认无误后，方可作业。

管道压浆时，操作人员戴防护眼镜和其他防护用品。关闭阀门时，作业人员应站在侧面，以确保安全。

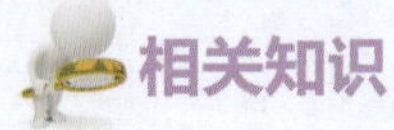

相关知识

一、缆索吊装施工法

缆索吊装施工法：通过缆索系统把预制构件吊装成桥梁的方法。缆索吊装系统按其工作性质可分为四个基本组成部分：主索、工作索、塔架及锚固装置。其中工作索包括起重索、牵引索和扣索等。缆索吊装的工作原理是利用主缆承受吊重和作为跑车的运行轨道，主索跑车上的起重装置和牵引装置将构件吊起、升降、运输和安装。缆索吊装示意图如右图。

二、顶推法

多应用于预应力钢筋混凝土等截面连续梁桥和斜拉桥梁的施工。指的是梁体在桥头逐段浇筑或拼装，用千斤顶纵向顶推，使梁体通过各墩顶的临时滑动支座面就位的施工方法。顶推施工是在桥台的后方设置施工场地，分节段浇筑梁体，并用纵向预应力筋将浇筑节段与已完成的梁体连成整体，在梁体前安装长度为顶推跨径0.7倍左右的钢导梁，然后通过水平千斤顶施力，将梁体向前方顶推出施工场地。重复这些工序即可完成全部梁体施工。

顶推法最早是1959年在奥地利的阿格尔桥上使用，其特点是：由于作业场所限定在一定范围内，可于作业场上方设置顶棚而使施工不受天气影响，全天候施工。连续梁的顶推跨径30～50 m最为经济有利，如果跨径大于此值，则需要临时墩等辅助手段。逐段顶推施工宜在等截面的预应力混凝土连续梁桥中使用，也可在组合梁和斜拉桥的主梁上使用。用顶推法施工，设备简单，施工平稳，噪声低，施工质量好，可在深谷和宽深河道上的桥梁、高架桥以及等曲率曲线桥、带有曲线的桥和坡桥上采用。

顶推施工的方法可分为单点顶推和多点顶推。

三、转体施工法

转体施工法主要用于桥梁施工。转体施工法是20世纪40年代以后发展起来的一种架桥工艺。它是在河流的两岸或适当的位置，利用地形使用简便的支架先将半桥预制完成，之后以桥梁结构本身为转动体，使用一些机具设备，分别将两个半桥转体到桥位轴线位置合拢成桥。其特点有：可利用地形，方便预制；施工不影响交通；施工设备少，装置简单；节省施工用料。施工工序简单，施工迅速；它适合于单跨和三跨桥梁，可在深水、峡谷中建桥采用，同时也适应在平原区及城市跨线桥。

转体施工分为竖转法、平转法和平竖结合法。

平转法是将桥体上部结构整跨或从跨中分成两个半跨，在桥台处设置转盘，将预制的整跨或者半跨悬臂桥体置于其上，待混凝土达到设计强度后脱架，以桥台和锚锭体系或锚固桥体重力平衡，再用牵引系统牵引转盘，使桥体上部结构平转至对岸成跨中合龙。再浇灌接头混凝土，达到设计强度后，封固转盘，完成施工。

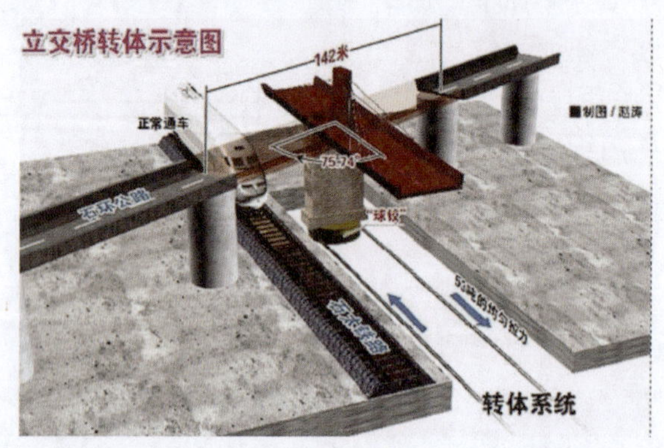

石家庄市石环公路跨石太铁路分离式立交转体施工图

竖转法主要适用于转体重量不大的拱桥或某些桥梁预制件。其转动体系由转动铰、提升体系、锚固体系等组成。

技能训练

其他桥梁施工方法安全检查

序号	检查项目	检 查 内 容	检查情况	备注
1	预制构件安装	有无安装方案及统一指挥系统		
		有无大吨位构件两端同时顶起或下落现象		
2	悬臂浇筑	挂篮组拼后是否全面检查并作静载试验		
		挂篮行走速度是否超过 0.1 m/min		
3	悬臂拼装	吊机是否作了静载试验		
		构件起升后运载车辆（船只）是否迅速撤出		
4	缆索吊装	吊装前是否经过试吊		
		缆索跨越公路、铁路时是否搭设了架空防护支架		
5	顶推及滑移模架施工	桥面后面的预制场地是否不平整、杂乱		
		是否有统一指挥系统及足够通信设备		
		顶入跨线涵管时安全距离是否足够		
		作业人员有无跨越或接近顶铁		

序号	检查项目	检 查 内 容	检查情况	备注
6	转体及拖拉施工	转体施工前是否进行过试转动		
		拖拉或横移施工时，钢丝绳附近有无站人		
7	预应力张拉	张拉设备、工具是否经检查合格而使用		
		油泵操作人员是否佩戴防护眼镜		
		张拉时千斤顶对面及后面是否站人		
		张拉后对锚具钢束保护是否足够		
		压浆时是否按规定压力进行		

任务完成

（一）小组讨论

将班上学生分成小组，各小组选一位组长带领组员，完成对事故案例的分析，找出事故发生的原因和总结事故教训，形成各小组的成果，并向班上同学展示。

（二）小组评价

预防缆索吊装法、顶推及滑移模架法、转体法、拖拉法和预应力张拉施工过程中安全事故发生应知应会的知识有哪些？

（三）综合评价

综合评价包括小组内的自评、互评和老师对各小组工作的系统评价。主要评价项目见附录。

作　业

1. 简述缆索吊装法、顶推及滑移模架法、转体法、拖拉法和预应力张拉施工桥梁时可能发生的安全事故类型。

2. 简述缆索吊装法、顶推及滑移模架法、转体法、拖拉法和预应力张拉施工桥梁时如何预防安全事故发生。

情境八

特殊环境下施工安全防护

建筑是人类自然和社会活动的成果，随着社会和自然的进化，桥梁也在同步经历着进化过程。由过去的跨越河流到跨越山谷和各类线路营业线，还有城区为了缓解交通而建造的层次越来越多，高度越来越高的立交桥……

 学习目标

1. 能够预见在一些特殊环境下施工中可能存在的常见安全问题。

2. 能够在工程师的指导下理解并执行对这些常见安全问题的解决方案。

3. 能够检查现场常见的安全设施的安全隐患。

学习任务一

铁路营业线及公路营业线施工安全防护

事故案例

案例一：2008 年 1 月 23 日 20 时 48 分，D59 次动车组列车（济南车辆段 CRH2037A、053A 号，编组 16 辆）运行至济南局胶济线安丘一昌邑间 K131 + 200 处，与擅自强行上道的中铁十六局作业人员相撞，列车停于 K129 + 861 处。造成 18 人死亡，9 人受伤。

案例二：2007 年 4 月 21 日凌晨零时 30 分许，一群铁路施工人员在广深线东莞火车站附近的股道旁施工时，一列由深圳开往广州的火车疾驶而过，强大的气流将来不及跑开的工人掀起，致使 2 人当场死亡，4 人受伤。

思考一下

在铁路营业线或者公路营业线中施工存在哪些安全隐患?

任务描述

随着工程事业的发展，现在越来越多新建

或改建工程将会是在铁路或公路营业线上或旁边进行，因此，会给营业线的运营带来影响，同时也存在着各种安全隐患。

任务分析

一、一般安全要求

（一）铁路营业线

1. 营业线上施工必须贯彻执行铁道部现行《铁路技术管理规程》（2006 年发布）、《铁路工务安全规则》（2006 年发布）、《铁路线路维修规则》（2006 年发布）等营业线上施工的有关规范、规定及标准，同时应满足施工所在地铁路局的有关施工安全要求。

2. 营业线上施工必须根据铁路机车车辆限界和基本建筑限界制订施工临时行车限界。施工临时行车限界不得小于机车车辆限界每边各加 150 mm（曲线上按规定加宽）。施工中搭设脚手架、堆放工程材料或机具设备等，严禁侵入临时行车限界。

3. 施工单位应与设备管理单位和行车组织单位分别签订施工安全协议，明确双方的安全责任和义务，及时协调施工与运营的关系，解决行车与施工中的安全问题。

4. 增建二线及营业线技术改造施工，涉及设备管理部门的施工项目，设备管理部门应协助施工单位核查既有设备。施工前双方应对地下管线、电缆设施的位置等予以确认，划定防护范围，经设备管理部门同意且派人参与把关后方可施工。

5. 营业线施工中，施工单位和设备管理单位应经常监视与保持线路、桥涵、隧道、房屋、通信、信号等建筑物和设备处于完好状态，发现异常必须立即停工处理。施工地段营业线设备发生损坏时，施工单位应及时通知设备管理单位组织抢修，尽快恢复正常使用。

6. 营业线施工项目开工前应申报审批，未经审批严禁施工。

7. 营业线在封锁区间或限速运行条件下施工时，应按运输部门的规定，办理封锁区间或限速的申请。施工结束后应及时办理销点手续。

8. 营业线施工应按《铁路技术管理规程》和《铁路工务安全规则》相关规定设置施工安全防护，并应同时符合下列规定：

（1）施工单位应派驻站联络员与车站进行联系，驻站联络员与车站应及时准确地将施工命令及列车运行情况通知工地防护员及施工负责人。

（2）驻站联络员向工地防护员发出预报、确报或变更通知时必须进行复诵。

（3）当发出停工命令时，施工人员应立即撤除妨碍行车的一切障碍，按规定整修好线路，迅速下道避让。

（4）防护人员应由指定的、经培训考试合格的施工单位正式员工担任。

9. 在自动闭塞区段施工时，应保持轨道线路绝缘良好。工具、机具等导电物体不得同时接触两根钢轨以及钢轨绝缘接头两端。

10. 不宜在营业线附近堆放器材、工具。因地势所限必须堆放时，严禁侵入铁路建筑限界。严禁在桥上、隧道内和沿铁路线两侧放置易燃易爆及有毒物品。

11. 靠近营业线施工时，必须符合下列规定：

（1）应听从指挥，注意防护人员所发信号，及时避让列车。

（2）不得改变铁路设施原有状态。

（3）不得戴无听孔的防寒、防雨帽工作。

（4）不得在铁路建筑接近限界以内的地方坐、卧、休息。

（5）不得钻车、扒车、跳车及从车底下传递工具。

（二）公路运营线

1. 施工前必须和公路部门相关的产权单位联系，办理审批程序。在运营线影响范围内施工时，按交通部有关规定程序办理审批手续。

2. 因施工需要，临时拆除各类封闭栅栏或其他原有设施时，或需要临时设置各类围墙、栅栏、防护桩等防护设施时，应报原管理单位审批并签订安全生产协议，明确并履行双方的责任、义务和内容，及时协调施工与运营的关系，解决交通运输与施工中的安全问题。

3. 在营业线两侧施工时，须采取可靠措施，防止雨水或施工用水淤积在原道路，造成路基塌陷，影响行车。要制订防洪预案，做好防洪准备。加强雨中和雨后的检查，对于可能危及行车安全的地点，在危险处所派人看守。

4. 严格按照批准的施工方案组织施工，严禁随意扩大施工范围。落实关键岗位责任制和领导干部包保制，关键工序实行检查签证制度。作业中必须按规定佩戴劳动防护用品和正确使用防护用具，严格执行安全技术操作规程。

5. 施工前，应按相关规定设置施工安全防护，驻站联络员、现场防护人员等由经过考试合格的、责任心强的专职人员担任。严格执行登消记制度。

6. 各类结构物应确保具有良好的稳定性、平顺性、耐久性，结构构造应便于检查和养护。严禁在影响营业线路稳定的范围内挖沟、掘洞、引水、取土和采砂、采石。

7. 行车、特种作业人员，机械设备、工具操作人员，必须经专业安全技术培训考试合格后，方可持证上岗。机械施工必须严格执行“一机一人”制度进行防护，并配备机动吊机，以备出现故障时抢险。

8. 运营线作业区来往方向应设置警示标志和减速标志，夜间应设置警示灯。设置位置距施工作业点的距离按照交通部管理部门相关规定执行。

9. 施工作业区应设置护栏，侵入行车区域时，应设置防撞护桩。跨越公路施工时，应搭设防护棚，防护棚的净高、净宽应满足公路行车要求。

10. 施工过程中实行 24 小时全程观测检查，发现路基有沉降、路面开裂等现象时，应立即停止施工，并及时采取安全保护技术措施，必要时拦停车辆，确保行车安全。

11. 在进行危及行车安全的作业时，按规定向道路管理部门提交道路封锁、单行或改道报告，得到批准后，按封锁、单行、改道施工命令组织施工。解除封锁、单行、改道前，防护人员应仔细检查，排除各类异物，并报道路管理部门验收批准后，方可恢复车辆通行。

12. 吊装作业，吊机吊臂旋转方向应注意不得侵入车辆通行范围。施工中各种沟槽开挖，必须进行施工调查，对各种电力、通信、信号电缆做出必要的防护。

二、跨营业线施工安全

1. 跨营业线施工应搭设安全防护设施，编制专项施工组织方案，制订安全防护方案和安全应急预案，报铁路、公路管理部门审批，并严格按照批准后的方案组织施工。

2. 与铁路或公路管理部门签订施工安全协议，办理跨铁路线施工限速、要点及道路改线或设置单行线报批手续，经批准方可施工。

3. 跨线施工应搭设安全防护棚架，防护棚架、临时墩施工时，应设置防护围栏，挂设安全警示标志和限速标志。防护棚架基础施工，应按既有线旁施工有关规定执行，防护棚架施工，铁路或公路应要点封锁。

4. 跨线防护棚架的净高、净宽应满足铁路、公路通行的净空要求。公路路面以上基础及支墩应涂刷荧光漆及夜间警示灯，并设置防撞墩或防撞框架，挂设警示标志，施工区域两侧各 100 m 范围内设置施工安全警示标志和警示灯。

5. 采用悬臂挂篮施工时，作业点下方应采取可靠的安全防护设施，实行全封闭施工，防护设施要充分考虑高空坠物和防漏水、防接触网触电等因素。营业线接触网导线应加绝缘护套，挂篮底部加设聚乙烯绝缘板。

6. 采用转体进行跨铁路或公路施工时必须采取“要点施工计划”，即铁路（公路）封锁、接触网断电、现场防护员、远端防护员、驻站联络员按规定到位防护。

7. “要点施工计划”充分考虑在营业线内防护棚架施工的时间，并提前做好施工准备，确保规定的时间内完成预定的施工作业。

8. 悬臂挂篮施工或转体施工时，挂篮四周应进行封闭，梁面设置防护栏杆并挂安全立网进行封闭，桥面作业严禁抛掷工具、起重臂和起吊重物，不得伸出封闭区域的空间以外。

三、营业线旁施工安全

1. 按规定办理有关施工手续，签订施工安全协议。

2. 了解施工区域地下电缆、管线等隐蔽物的类别和具体位置，并加以标识、保护，确保电缆、管线的安全。必要时配合探测仪器对地下管线予以确认。

3. 铁路施工安全防护人员应及时掌握来往列车通过时间，来车时，应提前通知现场作业人员停止施工，并撤离到营业线铁路限界或道路以外的安全地带避让。

4. 营业线旁施工应设置防护栏隔离，挂设警示标志。公路旁施工还应设置防撞墩，并在施工区域两侧各 100 m 范围内设置施工安全警示标志和警示灯。

5. 施工机械、作业人员以及作业人员使用的工具、物件和机械转动部分与电线、接触网等供电设备带电部分之间必须保持安全距离。

6. 在营业线附近运输材料和施工时，长、大物体要水平放置，严禁竖放。各种设备、材料均不得侵入铁路限界和公路车道。

7. 在营业线旁进行钻孔桩施工时，应加大钢护筒入土深度，加强泥浆指标的控制，防止孔壁坍塌，钻机应摆放稳固，并有防倾倒措施。

8. 承台基坑开挖施工，应制订基坑支护方案和安全措施方案并报铁路、公路管理部门批准。施工过程中应加强基坑支护及路基的检测，合理组织、快速施工，尽快回填。

9. 吊装作业时应根据周边环境条件，在确保不得侵入营业线的前提下，事先确定吊机站位、起吊角度、吊距、起重臂回转方向以及吊装步骤，并严格执行。吊装长大构件时，应拉好缆风。

四、车站旁施工安全

1. 在车站旁（内）进行作业，必须严格执行铁道部、铁路局营业线施工相关安全管理规定，施工前必须与工务、电务、供电、车务、通信等设备单位签订施工安全配合协议，同时还应当与车务段下属车站以及公安派出所签订安全协议，明确双方的安全责任。

2. 作业前，施工单位应与相关设备单位取得联系，共同确认施工现场管线及电缆的径路、走向，切实做好防护，在没有确认前对任何管线及电缆都应视同在用设备。作业应以非机械施工为主，严格控制机械特别是大型机械的施工。

3. 施工时按规定设置驻站联络员、现场防护员、两端防护的“三位一体”防护，驻站联络员要及时了解和掌握列车的运行情况，及时、准确地通知工地防护员提前做好防护工作，确保行车安全。

4. 在繁忙站场和调车场及驼峰上、下的线路或道岔群上作业时，工地应有防护员瞭望列车，发现本线或邻线来车时，立即通知作业人员下道避车或停止作业。

5. 在站内线路、道岔上进行作业影响设备使用时，应事先登记，并经车站值班员签认方可开始施工。

五、营业线桥涵施工安全

1. 营业线桥涵改建施工应符合下列规定：

（1）改建施工中应随时观测营业线线路与桥涵状态的变化。当需要降低地下水位施工时，不得影响原有建（构）筑物的稳定。

（2）当采用轨束梁加固线路时，轨束应用钢箍固紧，并向两端延伸涵身高度的 1.5 倍，枕木垛应满足地基承载力需要，当采用低高度便梁时，梁端支承处应垫硬木。

（3）在加固线路时，应保持轨道线路绝缘良好。在无缝线路施工前，当需变更线路锁定范围时，应与有关部门协商处理后，方可施工。

（4）顶进桥涵作业应在列车运行的间隔时间内进行。开挖工作坑时，坑顶缘距最外侧铁路中心线的距离不得小于 3.2 m。当工作坑需要度过汛期时，路基边坡应加固防护。

2. 营业线桥梁墩台改建应符合下列规定：

（1）墩台顶帽加高或减低应满足下列要求：

① 顶梁时严禁两端同时施顶。同一端使用的两个千斤顶，其规格、型号、起落速度应一致，保持梁体平衡。千斤顶使用前应经过检验。每次升降顶程不得大于 10 cm。

② 起落梁时桥头两端线路应同步起落，并做好轨道的养护。

（2）墩台混凝土需拆除，不宜采用爆破施工。确需采用爆破施工时，应有安全措施。

3. 改造桥涵用框架式排架支撑时，应分段分层开挖，随挖随撑，并经常检查支撑及线路的变化。当有异常时，应及时采取防护措施。

4. 桥梁扩孔采用架空方法施工时，应对营业线线路进行加固。

5. 增建第二线桥涵施工应符合下列规定：

（1）基础打桩施工时，应从营业线一侧逐排向外打，不得用射水或振动法施工。

（2）涵洞接长需在对接口处处理原有混凝土和砌体时，严禁采用爆破施工。

（3）当墩台基础采用沉井施工时，应按沉井施工的有关规定执行。对营业线行车安全有影响时，应停止施工，并采取相应措施。

（4）架梁时，所选方案不得影响营业线行车。

（5）人工架梁，当梁体需要横过营业线时，必须要点封锁，严禁用营业线轨道或桥梁支座作牵引索地锚。

6. 框架式桥涵顶进应符合下列要求：

（1）顶进时，应对各观测点变化情况进行仔细观测。发现异状，应立即停止顶进，待问题处理后再顶进作业。

（2）顶进中应做到随挖随顶。挖好的工作面不得长时间暴露，严禁超前挖土。

（3）当施工需要开挖路堤边坡时，应派人监护。发生异常情况时，应立即撤离危险区，并向开来的列车发出停车信号。

（4）有下列情况之一者，严禁挖土：

① 掏洞取土或倒坡挖土时；

② 列车通过时；

③ 机械设备发生故障时；

④ 顶进暂停期内；

⑤ 雨天时；

⑥ 开挖面未设上下扶梯，作业平台搭设不牢或未经检查认定。

（5）在工作坑坡顶的一定范围内，不得堆放料具和弃土。当采用机械开挖时，铲斗不得碰撞梁体或桥涵主体结构。

（6）严禁施工人员接近或跨越顶铁，或站在已经就位的顶铁上。

（7）顶进过程中，每当油泵油压升高 5 ~ 10 MPa 时，应停泵观察。若有异状，应及时处理。需要调整桥涵顶进位置时，应针对实际问题，制订相应的安全技术措施。

（8）顶进过程中每顶完一次作业或列车通过后，应对线路进行检查。如发现线路异常，经整修后方可放行列车。

7. 圆形涵洞顶进应符合下列规定：

（1）管节顶进应连续作业，当顶管前方发生坍塌，遇到障碍物，顶力超过管口允许承受能力时，应停止顶进。

（2）管前挖土长度，在铁路道床下，不宜超出管端以外 10 cm，道床以外不得超出 30 cm 并做到随挖随顶。

（3）当用帽沿式铜板刃角处理土质较差又易出现明塌的路基（道床）时，应按规定安装钢板刃角。

相关知识

一、营业线施工，行车安全“十严禁”

1. 严禁无安全协议进行施工。
2. 严禁无施工领导人、无安全技术交底、无防护进行施工。
3. 严禁在视线不良或通信不良地段不增设防护进行施工。
4. 严禁未经培训合格上线作业。
5. 严禁点前施工准备影响行车安全。
6. 严禁材料机具侵限。
7. 严禁施工完毕不清理施工现场。
8. 严禁不具备放行列车条件放行列车。
9. 严禁擅自设置铁路临时道口。
10. 严禁未交验行车线路不指派专人养护维修。

二、营业线施工，人身安全“十不准”

1. 不准扒车代步或上下班走道心、枕木头。
2. 不准在钢轨、枕木头上或车下坐卧、乘凉、休息、避雨和钻车。
3. 不准与通过列车抢道，坚持“一站二看三通过”。
4. 不准雷雨时在大树下、电杆旁和涵洞内躲藏。
5. 邻线来车时，本线不准作业。
6. 不准无防护进行线路作业。
7. 不准在两线间避车。
8. 不准作业人员跳车、钻车、扒车和由车底下、车钩上传递工具材料。
9. 不准在停留的车辆 5 m 范围内绕行。
10. 不准作业人员所带工具材料侵入供电带电设备 2 m 禁区。

三、防止挖断地下电缆“十严禁”

1. 严禁在地下管线不明时施工。
2. 严禁无探测设备、无安全防护、安全保护措施、未交底进行施工。
3. 严禁未经安全教育的人员上岗作业。
4. 严禁未做探挖就野蛮施工。
5. 严禁暴露在外的电缆未做防护，进行其他作业。
6. 严禁代班人员和设备管理单位安全监督人员不到位擅自施工。
7. 严禁大型机械在地下管线未查明处或安全防护不落实进行施工。
8. 严禁挖伤电缆不报告。

9. 严禁在地下管线附近乱挖、乱推、乱刨。

10. 严禁在暴露的电缆附近烤火取暖。

四、防止施工出现红光带（联电）“十严禁”

1. 严禁使用绝缘不良的工具、机具上道作业。
2. 严禁两根引线相连。
3. 严禁一条线路的两股钢轨相连。
4. 严禁绝缘接头两侧钢轨相连。
5. 严禁钢轨的跳线和没有安装跳线的钢轨相连。
6. 严禁在道岔上起道时，起道机把与相邻一股钢轨接触。
7. 严禁在道岔极性绝缘接头处用起道机起道。
8. 严禁抬运钢轨、尖轨、钢筋垂直过股道时，同时放在两股钢轨上。
9. 严禁用钢尺在两股钢轨上直接丈量。
10. 严禁更换钢轨不安装回流线。

五、接触网附近作业，人身安全“九严禁”

1. 严禁培训后不合格的人员上岗作业。
2. 严禁坐在接触网支柱基础上休息。
3. 严禁未停电攀登接触网支柱。
4. 严禁从接触网下停留的车顶上翻越。
5. 严禁从挂有机车的车辆底部钻过和两辆货车车钩顶部越过。
6. 严禁携带工具、材料进入接触网 2 m 之内禁区。
7. 严禁在接触网带电部分 2 m 范围内不停电作业。
8. 严禁在接触网带电部分 2 m 范围内浇水养生。
9. 严禁在接触网上方抛掷管线、工具、绳索等。

技能训练

如何做好劳动安全“八防”措施

一、防止车辆伤害

1. 线路上作业必须按规定设置防护，穿好黄色防护服（夜间穿着带有荧光反射的黄色防护服），注意瞭望，安全避车。

2. 通过桥梁、道口或横越线路时，必须做到“一站、二看、三通过”。

3. 严禁抢越、跳车、钻车和由车底下、车钩上传递工具材料及穿越两车间隙。

4. 严格扒乘机车车辆以车代步。绕行停留车辆时其距离应不少于 5 m，并注意车辆动态和邻线开来的列车。

5. 作业人员下道避车时要面向列车，防止列车门窗、坠落物或绳索伤人。

6. 严禁在钢轨上、车底下、枕木头、道心内、棚车顶上坐卧、站立或行走。

二、防止高处坠落

1. 高处作业必须戴好安全帽，按规定使用安全带（绳、网）。

2. 安全带、安全帽、安全绳应严格执行定期检验（静荷载试验、冲击试验）制度。

3. 脚手架必须按规定搭设，作业前必须确认机具、设施和用品完好。

4. 禁止随意攀登石棉瓦等屋（棚）顶。

5. 禁止在 6 级及以上大风时登高作业。

6. 严禁患有禁忌症人员登高作业。

7. 登高扫、抹、擦、架设、堆放时，作业面下必须设置防护。

三、防止触电伤害

1. 维修电器设备，必须持证操作，按规定穿戴好防护用品。

2. 电器设备、线路必须保持完好，禁止使用未装漏电保护器的各种手持式电动工具和移动式设备。

3. 必须严格按规定在高压线下进行作业。

4. 电力设备作业必须按规定执行工作票和监护制度，挂“禁止合闸有人作业”牌。

5. 在电气化区段通过或使用各种车辆、机具设备不得超过机车车辆限界，作业人员和工具与接触网必须保持 2 m 以上的距离。

6. 在距离接触网带电部分 2 ~ 4 m 的建筑物上施工时，接触网可不停电，但必须由接触网工或经专门培训的人员现场监护。

7. 施工中，任何作业均不得影响接触网支柱、地锚等设施的稳定。

8. 在电气化区段清除危石、危树，进行爆破作业时，应有供电部门人员配合。有碍接触网及行车安全时，应先停电后作业。

9. 使用发动机、空压机、搅拌机等机电设备时，应有良好的接地装置。在可能带电部位，应有“高压危险”的明显标志和防护措施。各种机械与车辆不准用水冲洗。施工用的水管不准跨越接触网，不准用射水方式进行圬工养生。

四、防止起重伤害

起重作业人员必须持证操作，严禁多人或无人指挥。严禁在吊物下方站立和行走，应按规定操作。

五、防止物体打击

1. 进入作业区，必须按规定使用好安全帽等劳动保护用品。
2. 高处和双层作业时，不得向下抛掷料具。无隔离设备时，严禁双层同时垂直作业。
3. 列车通过时，必须面向列车避车，防止落物击伤。
4. 搬运重、大、长物时，必须有专人指挥，动作协调。

六、防止机具伤害

1. 上道使用的机具必须通过产品认证，未经认证的不得上道使用。
2. 各种机具必须有切合实际的安全操作规程。
3. 机具设备严禁带病或超负荷运转，安全防护装置必须齐全、良好。
4. 机具使用前应确认油、水、电、连接件是否符合使用要求，防护装置是否齐全可靠，显示仪表是否正常，整机是否符合现行的安全使用方法。
5. 多种机械配合作业时，应明确施工负责人与安全负责人之间，机械与机械之间的联系方式，并由施工负责人负责现场指挥。在时间允许的情况下，任何一台机械的起动或停机，都应提前通知施工负责人和安全负责人，并及时通知相关机械的操作人员。作业中机械突发故障需紧急处理时，应先停机、切断电路、风路、动力油路等，撤离线路建筑限界以外进行处理。
6. 多人在一起作业时，应统一指挥，相互间应保持一定的安全距离，防止工具碰撞伤人。

七、防止炸药、锅炉、压力容器爆炸

1. 为防止炸药、锅炉、压力容器爆炸伤害，必须严格按有关规定进行作业和贮存，作业人员必须持证操作，无压设备、设施严禁有压运行。
2. 使用氧气乙炔设备时，操作人员必须按规定穿戴劳动保护用品，其他人员应远离喷嘴前方，防止烧伤。乙炔瓶不得靠近热源和电器设备。乙炔瓶与明火的距离不得小于 10 m，与氧气瓶间的距离不得小于 5 m。
3. 压力容器必须按国家规定进行检验，未经检验或检验不合格的严禁使用。压力容器操作人员必须有授权单位颁发的有效操作证。
4. 压力容器上应安装压力表和安全阀，并按规定进行压力试验，未经试验或超过试验期的容器不得使用。安全阀保证该设备压力容器的安全系数应符合设计规范。
5. 压力容器应放置在通风阴凉处，在规定的距离范围内不准进行金属切割、焊接及其他加热的工作。

八、防止中毒、窒息

1. 使用有毒物品的场所，作业前必须采取通风、吸尘、净化、隔离等措施，并正确使用劳动防护用品。
2. 对有毒作业场所要定期监测，作业人员要定期进行体检。

任务完成

（一）小组讨论

将班上学生分成小组，各小组选一位组长带领组员，完成对事故案例的分析，找出事故发生的原因和总结事故教训，形成各小组的成果，并向班上同学展示。

（二）小组评价

预防铁路营业线及公路营线施工过程中安全事故发生应知应会的知识有哪些？

（三）综合评价

综合评价包括小组内的自评、互评和老师对各小组工作的系统评价。主要评价项目见附录。

作　业

1. 简述铁路营业线及公路营线施工过程中可能发生的安全事故类型。
2. 简述铁路营业线及公路营线施工过程中预防安全事故发生的措施。

学习任务二

城区和山区施工安全防护

事故案例

2009 年南京地铁元通站附近一工地，工地外围未设防，无关人员可以进入，正在施工的地方也没有足够的安全措施，一名工人行走在作业场所时，不慎从地面坠下至约 20 m 深的通道中受伤。

思考一下

在城区和山区施工时可能会发生哪些安全事故？如何避免或者减少这些事故发生？

任务描述

改革开放逐步深入，经济的飞速发展，使得富裕起来的人民对生活条件和居住环境有了更高的要求。而正是在这种背景下，建筑工地存在的问题更趋突出。

任务分析

一、城区文明施工要求

1. 城区施工必须认真执行当地政府关于建筑工地安全文明施工的具体规定，并积极参与当地安全文明工地和安全标准工地的评选活动。

2. 施工工地采取封闭围挡，市区主要路段的工地周围设置围挡高度不低于 2.5 m；一般路段的工地周围设置围挡高度不低于 1.8 m。

3. 新建围挡墙必须使用符合规定要求的彩色喷塑压型钢板或砖砌，做到坚固、平稳、整洁、美观。

4. 围挡墙内外保持整洁，禁止依靠围挡墙堆放物料、器具等。禁止用围挡墙做挡土、挡水墙或做宣传牌、机械设备等的支撑体。

5. 围挡墙应采用符合城市管理规定的形式进行美化、亮化，并反映企业文化特点。

6. 应对围挡墙进行验收，验收合格后方可使用，并建立巡查制度和巡查记录。恶劣天气条件下必须进行重点检查。

7. 施工中的建筑物应当使用符合国家标准要求的密目式安全网实施封闭围挡。密目式安全网应用棕绳或尼龙绳绑扎在脚手架内侧，不得使用金属丝等不符合要求的材料绑扎。

8. 工地道路、生产区和生活区地面应进行硬化，空余场地应布置绿化。

9. 工地道路无大面积积水，排水系统畅通，泥浆和污水有定向排放措施。

10. 工地大门口应当设置车辆冲洗设备，驶出工地的机动车辆必须经冲洗干净后，方可上路行驶，严禁车辆带泥进入城市道路。

11. 建筑垃圾应集中、定点堆放，及时清运；生活垃圾应采用封闭式容器分类存放，日产日清。垃圾清运应委托有资格的单位处置，不得有焚烧垃圾等污染环境的行为。

12. 易产生扬尘污染的作业区应进行封闭作业，堆放、装卸、运输等易产生扬尘污染的物料应采取有效的遮盖、封闭、洒水等措施。风速四级以上天气应停止易产生扬尘的作业。严禁从施工围挡内向外或从高处向地面抛扬垃圾。

13. 施工的噪声大于 85 dB 时，要采取降噪措施。需要夜间施工时要按规定到当地环保部门办理相关手续。

14. 夜间尽量停止产生强光的施工作业，如因施工需要，应在靠近居民区方向用挡板进行隔离。

15. 夜间的灯光全部朝向工地内部，避免灯光直接射向居民区。夜间作业时的普通照明也需做屏蔽处理。

16. 施工工地设有固定的大门、门楼，并有门卫管理制度，在大门明显处按规定设置统一样式的“七牌两图”。并在醒目位置，设置含安全内容的标语、宣传牌等。员工穿戴统一的工作服和工作卡。

17. 办公区和生活区应有防蚊虫电措施，灭虫药物应由专人妥善保管。

18. 生活区应设置员工业余学习场所、娱乐场所，并由专人管理。

19. 厕所应定时打扫，并符合卫生要求。

20. 炊事员应经过有关培训，持体检合格证，食堂卫生应有定期检查记录。

21. 生产区、生活区和办公区应分别备有保健药箱及常用药品，保管人员应懂得一般急救处理知识。

22. 项目部的治安保卫制度得到有效落实，效果明显。

二、城区地下和空中电力、通信、管道安全防护

1. 工程施工前，项目部应会同建设单位、设计单位、监理单位和给排水、燃气、通信、供电等有关单位，对施工可能造成周围建（构）筑物、地下管线、地下文物等损坏的地方进行现场勘查，双方现场确认建（构）筑物、管线和地下文物位置及尺寸，并制订相应的防范措施，确保施工和地下管线设施和地下文物的安全。

2. 工程的安全设施必须与主体工程实行“三同时”制度。

3. 及时编制应急预案，成立应急组织且保持与地方应急指挥中心的信息畅通。

4. 根据第 1 条确认相关图纸资料及现场预置的标识、标识情况，办理好相关交底，并根据施工情况增设安全标识、警戒线和保护区域线。

5. 电力电缆线路保护区：

地上电缆保护区参见第 18、19、21 条；

地下电缆保护区为线路两侧各 0.75 m 所形成的两平行线内的区域。

海底电缆保护区一般为线路两侧各两海里（港内为两侧各 100 m），江河电缆一般不小于线路两侧各 100 m（中、小河流一般不小于各 50 m）所形成的两平行线内的水域。

石油天然气管保护区为管道中心线两侧各 5 m。

6. 保护区内应采用人工开挖探沟，探清管线数量及线路走向，发现管线路图与实际管线路不符合时，应请有关部门核实后再按要求施工。

7. 在管线路保护区内不宜采取爆破作业，在保护区外 50 ~ 500 m 爆破作业应事先征得管线路主管单位同意。

8. 员工不随意进入保护区，更不能移动或损坏保护区内标识和设施。经协商被移动的设施，完成任务后尽快恢复原状。

9. 不准在保护区内取土、弃土、堆放材料，不攀登架空设施，不利用杆塔固定绳索或充当地锚。

10. 不宜在保护区内动火。

11. 在保护区的水域严禁捕鱼、游泳、抛锚作业和停工作船。

12. 施工便道尽量避开保护区。如无法避开的则应在车辆通过的位置用混凝土加固路面或铺设钢板。

13. 需要对管线路迁移（下埋或架空）、设置安全或避雷体时，应委托管线路主管单位处置，并签订专项安全协议。

14. 施工工程与管线路交叉或重合时，要与其主管单位商定特别的安全防护措施。

15. 管线路需变动时，一般可采取硬塑管材等进行管线外套防护，并进行相应的支撑或吊挂。

16. 在外电架空线路附近开挖沟槽时，必须会同有关单位采取加固措施，防止外电架空线路电杆倾斜、悬倒。

17. 不得在外架空线路正下方施工、搭设作业棚、建造生活设施。

18. 施工现场的机动车道与外电架空线路交叉时，架空线路的最低点与路面的最小垂直距离应符合下表规定。

施工现场的机动车道与架空线路交叉时的最小垂直距离

外电线路电路/kV	<1	1～10	35
最小垂直距离/m	6.0	7.0	7.0

19. 起重机严禁越过无防护设施的外电架空线路作业。在外电架空线路附近吊装时，起重机的任何部位或被吊物边缘在最大偏斜时与架空线路边线的最小安全距离应符合下表规定。

起重机与架空线路边线的最小安全距离

电压/kV 安全距离/m	<1	10	35	110	220	330	500
沿垂直方向	1.5	3.0	4.0	5.0	6.0	7.0	8.5
沿水平方向	1.5	2.0	3.5	4.0	6.0	7.0	8.5

20. 施工时，当达不到上述安全距离时，必须采取绝缘隔离防护措施，并悬挂醒目的警告标志。

21. 架设防护设施时，必须经有关部门批准，采用线路暂时停电或其他可靠的安全技术措施，并应有电气工程技术人员和专职安全人员监护。

防护设施与外电线路之间的安全距离不应小于下表规定。

防护设施与外电线路之间的最小安全距离

外电线路电压等级/kV	<1	1～10	35
最小安全距离/m	6.0	7.0	7.0

防护设施应坚固、稳定，且对外电线路的隔离防护应达到IP30级。

22. 当规定的防护措施无法实现时，必须与有关部门协商，采取停电、迁移外电线路或改变工程位置等措施，未采取上述措施的，严禁施工。

三、城区临时车行、人行通道安全防护

1. 开辟临时车行、人行通道要与交通管理、城市管理行政执法及其他有关部门（单位）协商研究后，制订行道施工和行道安全方案，经有关部门签认后依方案执行。

2. 按规定和方案设置路标、路栏、防撞桶（袋）、防撞墩等；按规定和方案悬挂警示、导向、限速标志；按规定和方案安装照明设施，并保证其完整有效。

3. 在交通高峰时或全天候派专人管理交通，并在雨、雾、雪、尘等特殊天气采取特定措施，保证行道安全。

4. 当车、人行道平行穿越施工工地时，穿越部分全线做隔离墙，有靠近且高出隔离墙施工的，必须做好该部分工程的隔离防护。木工间和易燃品不准在隔离墙边修建和堆放。

5. 当车、人行道下方穿越施工工地时，除保证照明和排水外，必须按规定建造防护棚，防护棚的宽、高尺寸按交管部门批准的方案执行，防护棚的长度按穿越长度加 2 倍的坠落半径计。

坠落半径根据作业高度划分，分别是：作业高度（h）2 ~ 5 m 时，坠落半径（r）为 2 m；作业高度（h）5 ~ 15 m 时，坠落半径（r）为 3 m；作业高度（h）15 ~ 30 m 时，坠落半径（r）为 4 m；作业高度（h）30 m 以上时，坠落半径（r）为 5 m。

6. 当车、人行道上方穿越施工工地时，宜采用全封闭式防护。

7. 工程完工后，要及时拆除所有施工设施，恢复道路原貌。

四、城区既有建筑物旁施工安全防护

1. 在建筑物旁开挖基槽或深坑，一般不许超过原建筑物的基础埋深，若需超过原基础深度，需经设计部门验算通过。开挖后，应及时设置固壁支撑。

2. 开挖后的渣土避免堆积在既有建筑物附近，需及时清运。

3. 建筑物附近有深基坑作业时，需加强对周围建筑物和道路的变形监测和日常监护，防止发生不均匀沉降。

4. 使用有旋转机构的机械设备时，要有专人盯控，其停车位至既有建筑物的距离应在旋转半径外，并要限制旋转和变幅角度，防止扒杆、挖斗等撞到建筑物。

5. 若施工区域周边既有建筑物属危房等易受震动影响的，应联合相关部门对邻近建筑基础予以加固，并采取措施，减少施工中的震动，如改变交通线路、禁止大吨位车辆通行等。

6. 在既有建筑物的方向采用全封闭式隔离防护。

五、城区城市不良环境施工安全防护

（一）饮水水源区

1. 跑、冒、滴、漏的机械设备不准进场使用。
2. 严禁向水中直接排放泥浆、渣土、混凝土和生活污水。
3. 定期接受主管部门的环境监察和环境检测。

（二）储罐区

1. 公布宣传储存区物质的性质和安全注意事项。
2. 不在其下风区域建造办公区和生活区。
3. 不在其上风区域动用明火。

（三）人口密集区

1. 严格落实门卫制度，非施工人员不准进入工地。
2. 进一步加强孔洞防护措施。
3. 不宜使用有规律性振动的工艺。
4. 不使用声源大于 85 dB 的机械设备。

（四）名胜风景区

1. 确保废渣、废水、废气的排放符合环保标准。
2. 移植、砍伐树木必须经绿化管理部门批准。
3. 名贵树木应采取隔离保护。
4. 发现地下文物应及时停止施工，加强保护并报告文物管理部门。
5. 古建筑周围不宜进行较大振动的施工。

（五）机　场

1. 邀约建设方与机场方协商施工安全事工页，并编入施工组织设计。
2. 高大设备、施工设施和在建建筑物顶部按规定设置警示标志和警示灯光。
3. 夜间工地的照明布置应符合机场方的要求。

六、山区临时车行、人行道安全防护

1. 施工便道施工前应查明地质情况，并编制专项施工方案，根据地质、气候条件，对填料的材质、压实度、边坡坡度等进行明确，在施工时严格按施工方案进行；施工便道应避开灾害性地质、地貌，如不能避开不良地质地段，必须采取路基和边坡加固等措施。

2. 在路肩处设置沉降位移观测点：根据现场实际情况，每隔 10 m 设置一个沉降观测点，沉降点应采用混凝土浇筑，并加强保护，每天必须至少观测一次，并做好记录，发现异常及时向施工负责人进行汇报，并采取相应措施。

3. 路基边坡必须进行刷坡，坡度不得小于 1∶0.75，为了防止雨水冲刷，边坡必要时采取植草或喷射混凝土防护，防止行车道发生边坡坍塌现象。

4. 为了防止路基石块滑落造成安全隐患，可在施工便道路基外侧砌筑片石挡墙，挡墙高度、宽度及长度根据实现现场定。

5. 为了防止山体上滚石对路基人行或车行道的威胁，施工前应预先对施工便道上方边坡的危石进行清除，然后对边坡进行处理，处理方案可根据实际情况采取锚杆支护等措施。

6. 在上山施工便道坡下侧，设置一道防护网，再沿防护网开挖设置一条 2 m 宽的防护沟，防止山上土石滚落山下。

7. 施工过程中，专人负责对高陡边坡危岩进行观察。

8. 在挖方路基边坡坡顶以外或山坡路堤上方适当地点设置山体截水沟，用以拦截并排除路基上方流向路基的地面径流，减轻边沟的水流负担，保护挖方边坡和填方坡脚不受流水冲刷。截水沟的横断面形式一般为梯形，边坡视土质而定，一般采用1∶1~1∶1.5，深度及底宽不宜小于0.5 m。

9. 在人行及车行道两侧设置边沟，边沟必须与山体截水沟相连，边沟横断面形式与截水沟相同，一般为梯形，底部必须进行抹面，同时，设计边沟时，必须对流水量进行估算确定边沟尺寸，保证边沟满足现场使用功能。

10. 在人行及车行道横向设置排水管道，施工便道根据现场实际情况，设置横向排水管道，管道应采用钢管或水泥管，抗压强度必须符合实际需要。并根据流量计算管道具体尺寸大小。

11. 在施工便道两侧根据实际情况设置各类安全警示、防护标志牌，在便道转弯处设置广角镜及提示标识。

12. 便道必须设置足够的夜间照明设施，以利车辆的夜间行驶，并按有关要求设置交通信号装置。

13. 临时人行、车行道曲线外侧需设置防撞墩，防撞墩每2 m可采用浆砌片石砌筑，高度不小于50 cm。同时，防撞墩内侧贴反光膜或红白油漆，保证醒目及夜间行车安全。

14. 为了增加便道路面的防滑性能，路面表层不得采用黄土等透水性较差的土方做表层，应尽量采用碎石等做表层，并经碾压密实。

15. 冬季加强对急弯、陡坡、狭路等危险路段和阴坡易积雪冰冻路段的检查监测，及时组织人员清扫积雪，撒铺防滑料。

16. 场内道路应经常维护，保持畅通。载重车辆通过较多的道路，其弯道半径一般不小于15 m，特殊情况不得小于10 m。手推车道路的宽度不小于1.5 m。急弯及陡坡地段应设置明显交通标志。场内道路易滑地段应铺设碎石、砂做以防滑。

七、山区陡坡及深沟防护

1. 生产区、生活区的选址尽量避免靠近陡坡或深沟。施工现场的临时设施，必须避开泥沼、悬崖、陡坡、泥石流、雪崩等灾害性区域，应选在水文、地质良好的地段。

2. 在桥址陡坡影响范围既有道路底部外侧先采用浆砌片石砌筑挡墙，挡墙高度及长度根据实际现场确定，主要防止在陡坡上施工时滚石滑落或危岩明塌对既有道路产生威胁。

3. 山坡、边坡设置一道被动防护网，距便道中线开挖设置一道防护沟。防护网、沟设置过程中尽量不破坏山体植被，以保持山林的原始状态。

4. 在雨季或恶劣气象条件下，提前做好各项防范措施，保护各类机械设备，组织专人对滑坡区及危险区实施24小时监测，发现险情及时报告，必要时采取及时撤离等措施。

5. 一旦发生滚石或泥石流，及时疏通滑坡体前缘堆积土体、石块，用沙袋临时在滑坡体前缘实施支挡，对滑坡体后缘的潜在变形体实施清除，填埋滑坡体及外围区域上的裂缝，防止地表水的集中渗入而引发局部滑坡。

6. 将滑坡周边50~100 m范围区域设置为滑坡灾害危险区，限制人员出入，停止滑坡区的施工作业，防止引发新的滑坡灾害。在易发生山体滑坡、泥石流的区域设置醒目安全警示标志。

7. 做好陡坡监控测量工作，在陡坡边缘部位设置沉降及位移观测点，每天进行观测，并做好记录，同时，每天设专人对高陡边坡进行观察，并做好记录，发现问题及时处理。

8. 保护好陡坡、深沟现有水系，保持水流畅通。

9. 雨季前检查各沟、渠，清理沟渠内石块等杂物，雨后及时检查其排水状况，确保水流畅通不淤积。

10. 如因施工需要，改变现有水系的，应做好导流工作，防止该边坡含水量过大，发生滑坡、坍塌。

11. 傍山、深沟里的施工现场做好防滑坡塌方的工作，应经常检查、评估、监测山坡稳定情况，预防可能的拥塌、滑坡和滚石等地质危害及雨季可能发生的泥石流危害。

12. 弃土下方和有滚石危及范围内的道路，应设警告标志，作业时坡下严禁通行；坡面上的操作人员对松动的土、石块必须及时清除，严禁在危石下方作业、休息和存放机具。

13. 边坡开挖中如遇地下水涌出，应先排水，后开挖；岩溶地区施工，应认真处理岩溶水的涌出，以免导致突发性的明陷。泥沼地段施工，应有必要的防范措施，避免人、机下陷。挖出的废土应堆置在合适的地方，以防汛期造成人为的泥石流。

14. 施工中如发现山体有滑动、崩明迹象危及施工安全时，应暂停施工，撤出人员和机具，并报上级处理。

八、山区山体基坑开挖防护

1. 山体基坑工程应先设计后施工，先支撑后开挖，边施工边监测，边施工边治理。严禁坑边超载，严禁相邻基坑施工不防范相互干扰。

2. 加强山体基坑工程的监测和预报，包括对支护结构、周围环境及对岩土变化的监测，通过监测分析和及时预报完善施工措施，防止隐患扩大。

3. 土方挖掘方法、挖掘顺序应根据支护方案和降排水要求进行，当采用局部或全部放坡开挖时，放坡坡度应满足其稳定性要求。

4. 支撑安装必须按设计进行，严禁随意变更。支撑的安装和拆除顺序必须与设计工况相符合，并与土方开挖和主体工程的施工顺序相配合。分层开挖时，应先支撑后开挖。同层开挖时，应边开挖边支撑。支撑拆除前，应采取换撑措施，防止边坡卸载过快。

5. 基坑施工除降低地下水水位外，基坑内尚应设置明沟和集水井，以排除暴雨和其他突然而来的明水倒灌，基坑边坡视需要可覆盖塑料布，防止大雨对土坡的侵蚀。

6. 石方爆破作业须由有爆破资质的单位实施，爆破器材的管理、加工、运输、检验和销毁等工作均应按国家现行的《爆破安全规程》（GB 6722—2011）执行。

7. 加强日常监控测量，掌握围岩和支护动态，了解支护构件的作用及效果。

8. 加强基坑内外观察，每次开挖后观测一次，填写工作面状态记录，发现地质条件恶化，应立即通知施工负责人采取应急措施。

9. 对坑壁支护完成区段的观察每天应至少进行一次，确保支护结构稳定。

10. 基坑开挖前必须做好降（排）水，防止地表水、施工用水和生活废水侵入基坑内或冲刷边坡。

11. 严格按施工方案进行开挖，及时进行基坑支护作业，开挖应从上而下逐层挖掘，基坑开挖应遵循“先撑后挖，层层分挖，严禁掏（超）挖”的原则。

12. 当基坑深度超过 2 m 时，周边必须设两道防护栏杆，危险处夜间设红色警示灯。

13. 作业时要随时注意检查坑壁变化，发现有裂纹或部分塌方，必须采取果断措施，将人员撤离，排除隐患，确保安全。

14. 基坑内必须设置明沟和集水井，以排除暴雨突然而来的明水。

15. 施工时间宜安排在枯水或少雨季节进行，防止基坑开挖后山坡地表水及土层中的浅层渗透水，以降低施工风险，节约工程费用。施工开挖后，应争取最为有利施工环境，连续快速施工，不能怠慢。

16. 确定合理的山体和基坑开挖边界尺寸，在开挖边界以外的适当安全距离设置防止地面水流入开挖范围（基坑）的防排水措施，如截水沟等，必要时可设置人工沟渠，形成完整的防、引排水系统。

17. 基坑开挖弃土应按设计要求进行压实，防护及排水工程设置不得影响排洪，不得加剧岸坡冲刷。当工程地质和水文地质条件不良时，应采取防护与加固措施，配足抽排水机具，以确保开挖山体坡面及基坑的稳定。

18. 开挖面及基坑壁坡度应按工程地质条件，基坑深度及具体施工方法确定。基坑边缘附近如有表面水时，应开挖排水沟或排水槽及时排除，不得使水流沿基坑边缘流下。

19. 基坑开挖至水位以下部分时，由于强风化及弱风化砂岩裂隙均有发育，基坑坑壁 及基底存在渗水问题，采取小导管压浆止水的施工方案。水位以下每层基坑爆破开挖前对岩体裂隙及基坑壁进行小导管压浆堵渗加固处理，压浆一层开挖一层。

20. 开挖过程中应设专人随时检查排水系统的安全运行情况及山体、坑壁边坡上有无裂缝和现塌等危险先兆（特别是雨后和解冻时期）如果发现有异常现象应立即采取防护加固措施，及时排除险情。

21. 爆破作业必须按国家现行标准《爆破安全规程》（GB 6722—2011）要求，编制爆破设计方案，制订相应的技术措施。

22. 爆破作业应根据地形、地质和施工地区环境的具体情况，特别是对山坡下方的人员和设备应采取相应的防护措施。

23. 导火索起爆时，点炮人员必须有计划地依次点炮并选好撤离线路及躲炮地点。每人每次点火应以信号雷管控制点炮时间。信号雷管的引线长度应比最短的点炮引线短 0.8 m，其总长不得小于 1 m；火花起爆必须用导火索或专用点火器材，严禁用火柴、烟头和打火机，爆破中应记录起爆个数，最后一炮响后 20 min，方准进入爆破区检查。

24. 当近处有闪电和雷声或云雨弥漫可能突然发生雷电时，严禁使用电雷管起爆：同一施工地段有若干工点同时爆破时，必须统一指挥，在全部警戒和防护工作未完成之前，严禁任何一处起爆。起爆器的手柄应由爆破组长一人保管。

相关知识

一、滑坡的定义

滑坡是指斜坡上的土体或者岩体，受河流冲刷、地下水活动、雨水浸泡、地震及人工切坡等因素影响，在重力作用下，沿着一定的软弱面或者软弱带，整体地或者分散地顺坡向下滑动的自然现象。俗称“走山”“垮山”“地滑”“土溜”等。

二、滑坡的危害

滑坡常常给工农业生产以及人民生命财产造成巨大损失、有的甚至是毁灭性的灾难。

滑坡对乡村最主要的危害是摧毁农田、房舍，伤害人畜，毁坏森林、道路以及农业机械设施和水利水电设施等，有时甚至给乡村造成毁灭性灾害。

位于城镇的滑坡常常砸埋房屋，伤亡人畜，毁坏田地，摧毁工厂、学校、机关单位等，并毁坏各种设施，造成停电、停水、停工，有时甚至毁灭整个城镇。

发生在工矿区的滑坡，可摧毁矿山设施，伤亡职工，毁坏厂房，使矿山停工停产，常常造成重大损失。

三、滑坡的防治措施

（一）简　介

滑坡的防治要贯彻“及早发现，预防为主；查明情况，综合治理；力求根治，不留后患”的原则，结合边坡失稳的因素和滑坡形成的内外部条件。

（二）消除和减轻水的危害

滑坡的发生常和水的作用有密切的关系，水的作用往往是引起滑坡的主要因素。因此，消除和减轻水对边坡的危害尤其重要，其目的是：降低孔隙水压力和动水压力，防止岩土体的软化及溶蚀分解，消除或减小水的冲刷和浪击作用。具体做法有：防止外围地表水进入滑坡区，可在滑坡边界修截水沟；在滑坡区内，可在坡面修筑排水沟。在覆盖层上可用浆砌片石或人造植被铺盖，防止地表水下渗。对于岩质边坡还可用喷混凝土护面或挂钢筋网喷混凝土。排除地下水的措施很多，应根据边坡的地质结构特征和水文地质条件加以选择。

常用的方法有：① 水平钻孔疏干；② 垂直孔排水；③ 竖井抽水；④ 隧洞疏干；⑤ 支撑盲沟。

（三）改善边坡岩土力学强度

通过一定的工程技术措施，改善边坡岩土体的力学强度，提高其抗滑力，减小滑动力。常用的措施有：

（1）削坡减载。用降低坡高或放缓坡角来改善边坡的稳定性。削坡设计应尽量削减不稳定岩土体的高度，而阻滑部分岩土体不应削减。此法并不总是最经济、最有效的措施，要在施工前作经济技术比较。

（2）边坡人工加固。常用的方法有：① 修筑挡土墙、护墙等支挡不稳定岩体；② 钢筋混凝土抗滑桩或钢筋桩作为阻滑支撑工程；③ 预应力锚杆或锚索，适用于加固有裂隙或软弱结构面的岩质边坡；④ 固结灌浆或电化学加固法加强边坡岩体或土体的强度；⑤ SNS 边坡柔性防护技术等；⑥ 镶补沟缝。对坡体中的裂隙、缝、空洞，可用片石填补空洞，水泥砂浆沟缝等以防止裂隙、缝、洞的进一步发展。

（四）滑坡的应对措施

当遇滑坡发生时，至少应当做到如下几点：

（1）当处在滑坡体上时，首先应保持冷静，不能慌乱。要迅速环顾四周，向较安全的地段撤离。一般除高速滑坡外，只要行动迅速，都有可能逃离危险区段。跑离时，向两侧跑为最佳方向。在向下滑动的山坡中，向上或向下跑都是很危险的。当遇无法跑离的高速滑坡时，更不能慌乱，在一定条件下，如滑坡呈整体滑动时，原地不动，或抱住大树等物，不失为一种有效的自救措施。如 1983 年 3 月 7 日发生在甘肃省东乡县的著名的高速黄土滑坡——洒勒山滑坡中的幸存者就是在滑坡发生时，紧抱住滑坡体上的一棵大树而得生。

（2）当处于非滑坡区，而发现可疑的滑坡活动时，应立即报告邻近的村、乡、县等有关政府或单位。如群测群防站或县、市、地区及省政府，均设有“国土资源局”。该机构应责无旁贷地担当此项责任。并立即组织有关政府、单位、部队、专家及当地群众参加抢险救灾活动。

（3）政府部门应立即实施应急措施（或计划），迅速组织群众撤离危险区及可能的影响区。并通知邻近的河谷、山沟中的人们做好撤离准备，密切注视灾情的漫延和转化。如滑坡常在暴雨、洪水中转化为泥石流灾害（即次生灾害）。注意：因滑坡可能危害到的某些生命线工程（如水库、干线铁路、干线公路、发电厂、通信设备、干线渠道等）所引发的次生灾害或第三次灾害的发生，如火灾、洪水等。注意调查滑坡是否有间歇性活动特点，尽可能确定其再次活动的可能性和时间。如果必要的话（需经有关专家或科技人员论证），应迅速设立观测点（站）或观测网，密切注视其变化动态，“亡羊补牢，犹未为晚”。

技能训练

技能训练一　城区安全文明施工做法

（一）现场围挡

1. 围挡的高度按当地行政区域的划分，市区主要路段的工地周围设置的围挡高度不低于 2.5 m；一般路段的工地周围设置的围挡高度不低于 1.8 m。

2. 围挡材料应选用砌体、金属板材等硬质材料，禁止使用彩条布、竹笆、安全网等易变形材料，做到坚固、平稳、整洁、美观。

3. 围挡的设置必须沿工地四周连续进行，不能有缺口或个别处不坚固等问题。

（二）封闭管理

1. 为加强现场管理，施工工地应有固定的出入口。出入口应设置大门便于管理。

2. 出入口处应有专职门卫人员及门卫管理制度，切实起到门卫作用。

3. 为加强对出入现场人员的管理，规定进入施工现场的人员都应佩戴工作卡以示证明，工作卡应佩戴整齐。

4. 出入大门口的形式，各企业各地区可按自己的特点进行设计。

（三）施工场地

1. 工地的地面，有条件的可做混凝土地面，无条件的可采用其他硬化地面的措施，使现场地面平整坚实。但像搅拌机棚内等处易积水的地方，应做水泥地面和有良好的排水措施。

2. 施工场地应有循环干道，且保持经常畅通，不堆放构件、材料，道路应平整坚实，无大面积积水。

3. 施工场地应有良好的排水设施，保证畅通排水。

4. 工程施工的废水、泥浆应经流水槽或管道流到工地集水池统一沉淀处理，不得随意排放和污染施工区域以外的河道、路面。

5. 施工现场的管道不能有跑、冒、滴、漏或大面积积水现象。

6. 施工现场应该禁止吸烟，防止发生危险，应该按照工程情况设置固定的吸烟室或吸烟处，吸烟室应远离危险区并设必要的灭火器材。

7. 工地应尽量做到绿化，尤其在市区主要路段的工地应该首先做到。

（四）材料堆放

1. 施工现场工具、构件、材料的堆放必须按照总平面图规定的位置放置。

2. 各种材料、构件堆放必须按品种，分规格堆放，并设置明显标牌。

3. 各种物料堆放必须整齐，砖成丁，砂、石等材料成方，大型工具应一头见齐，钢筋、构件、钢模板应堆放整齐用木方垫起。

4. 作业区及建筑物楼层内，应随完工随清理。除去现浇筑混凝土的施工层外，下部各楼层凡达到强度的随拆模随及时清理运走，不能马上运走的必须码放整齐。

5. 各楼层内清理的垃圾不得长期堆放在楼层内应及时运走，施工现场的垃圾也应分别类型集中堆放。

6. 易燃易爆物品不能混放，除现场有集中存放处外，班组使用的零散的各种易燃易爆物品，必须按有关规定存放。

（五）现场住宿

1. 施工现场必须将施工作业区与生活区严格分开不能混用。在建工程内不得兼作宿舍，因为在施工区内住宿会带来各种危险，如落物伤人，触电或内洞口，临边防护不严而造成事故。如两班作业时，施工噪声影响工人的休息。

2. 施工作业区与办公区及生活区应有明显划分，有隔离和安全防护措施，防止发生事故。

3. 寒冷地区冬季住宿应有保暖措施和防煤气中毒的措施。炉火应统一设置，有专人管理并有岗位责任。

4. 炎热季节宿舍应有消暑和防蚊虫叮咬措施，保证施工人员有充足睡眠。

5. 宿舍内床铺及各种生活用品放置整齐，室内应限定人数，有安全通道，宿舍门向外开，被褥叠放整齐、干净，室内无异味。

6. 宿舍外周围环境卫生好，不乱泼乱倒，应设污物桶、污水池，房屋周围道路平整，室内照明灯具低于 2.4 m 时，采用 36 V 安全电压，不准在 36 V 电线上晾衣服。

（六）现场防火

1. 施工现场应根据施工作业条件订立消防制度或消防措施，并记录落实效果。

2. 按照不同作业条件，合理配备灭火器材。如电气设备附近应设置干粉类不导电的灭火器材；对于设置的泡沫灭火器应有换药日期和防晒措施。灭火器材设置的位置和数量等均应符合有关消防规定。

3. 当建筑施工高度超过 30 m 时，为解决单纯依靠消防器材灭火效果不足问题，要求配备有足够的消防水源和自救的用水量，立管直径在 2 寸（1 寸 = 6.67 cm）以上，有足够扬程的高压水泵保证水压和每层设有消防水源接口。

4. 施工现场应建立动火审批制度。凡有明火作业的必须经主管部门审批（审批时应写明要求和注意事项），作业时，应按规定设监护人员；作业后，必须确认无火源危险时方可离开。

（七）治安综合治理

1. 施工现场应在生活区内适当设置工人业余学习和娱乐场所，以使劳动后的人员也能有合理的休息方式。

2. 施工现场应建立治安保卫制度和责任分工并有专人负责进行检查落实情况。

3. 治安保卫工作不但是直接影响施工现场的安全与否的重要工作，同时也是社会安定所必需，应该措施得利，效果明显。

（八）施王现场标牌

1. 施工现场的进口处应有整齐明显的“五牌一图”。

五牌：工程概况牌
管理人员名单及监督电话牌
消防保卫牌
安全生产牌
文明施工牌

一图：施工现场总平面图

如果有的地区认为内容还应再增加，可按地区要求增加。五牌内容没有作具体规定，可结合本地区、本企业及本工程特点进行要求。

2. 标牌是施工现场重要标志的一项内容，所以不但内容应有针对性，同时标牌制作、标挂也应规范整齐，字体工整。

3. 为进一步对职工做好安全宣传工作，所以要求施工现场在明显处，应有必要的安全内容的标语。

4. 施工现场应该设置读报栏、黑板报等宣传园地，丰富学习内容，表扬好人好事。

（九）生活设施

1. 施工现场应设置符合卫生要求的厕所，有条件的应设水冲式厕所，厕所应有专人负责管理。

2. 建筑物内和施工现场应保持卫生，不准随地大小便。高层建筑施工时，可隔几层设置移动式简易的厕所，以切实解决施工人员的实际问题。

3. 食堂建筑、食堂卫生必须符合有关卫生要求。如，炊事员必须有卫生防疫部门颁发的体检合格证，生熟食应分别存放，食堂炊事人员穿白色工作服，食堂卫生定期检查等。

4. 食堂应在明显处张挂卫生责任制并落实到人。

5. 施工现场作业人员应能喝到符合卫生要求的白开水。有固定的盛水容器和有专人管理。

6. 施工现场应按作业人员的数量设置足够使用的淋浴设施，淋浴室在寒冷季节应有暖气、热水，淋浴室应有管理制度和专人管理。

7. 生活垃圾应及时清理，集中运送装入容器，不能与施工垃圾混放，并设专人管理。

（十）保健急救

1. 较大工地应设医务室，有专职医生值班。一般工地无条件设医务室的，应有保健药箱及一般常用药品，并有医生巡回医疗。

2. 为适应临时发生的意外伤害，现场应备有急救器材（如担架等）以便及时抢救，不扩大伤势。

3. 施工现场应有经培训合格的急救人员，懂得一般急救处理知识。

4. 为保障作业人员健康，应在流行病发季节及平时定期开展卫生防病的宣传教育。

（十一）社区服务

1. 工地施工不扰民，应针对施工工艺设置防尘和防噪音设施，做到不超标（施工现场噪声规定不超过 85 dB）。

2. 按当地规定，在允许的施工时间之外必须施工时，应有主管部门批准手续，并做好周围工作。

3. 现场不得焚烧有毒、有害物质，应该按照有关规定进行处理。

4. 现场应建立不扰民措施。有责任人管理和检查，或与社区定期联系听取意见，对合理意见应处理及时，工作应有记载。

技能训练二　城区安全文明施工检查

序号	检查项目		检 查 标 准	有	无	发生部位地点
1	保证项目	现场围挡	在市区主要路段的工地周围未设置高于2.5 m 的围挡的			
			一般路段的工地周围未设置高于1.8 m 的围挡的			
			围挡材料不坚固、不稳定、不整洁、不美观的			
			围挡没有沿工地四周连续设置的			
2		封闭管理	施工现场进出口无大门的			
			无门卫和无门卫制度的			
			门头未设置企业标志的			
3		施工场地	工地地面未做硬化处理的			
			道路不畅通的			
			无排水设施、排水不通畅的			
			无防止泥浆、污水、废水外流或堵塞下水道和排水河道措施的			
			工地有积水的			
			工地未设置吸烟处，随意吸烟的			
			温暖季节无绿化布置的			
4		材料堆放	建筑材料、构件、料具不按总平面布局堆放的			
			料堆未挂名称、品种、规格等标牌的			
			堆放不整齐的			
			未做到工完场地清的			
			建筑垃圾堆放不整齐，未标出名称、品种的			
			易燃易爆物品未分类存放的			
5		现场住宿	在建工程兼作住宿的			
			施工作业区与办公、生活区不能明显划分的			
			宿舍无保暖和防煤气中毒措施的			
			宿舍无消暑和防蚊虫叮咬措施的			
			无床铺、生活用品放置不整齐的			
			宿舍周围环境不卫生、不安全的			
6		现场防火	无消防措施、制度或无灭火器材的			
			灭火器材配置不合理的			
			无消防水源（高层建筑）或不能满足消防要求的			

<table>
<tr><th>序号</th><th colspan="2">检查项目</th><th>检 查 标 准</th><th>有</th><th>无</th><th>发生部位地点</th></tr>
<tr><td rowspan="3">7</td><td rowspan="15">保证项目</td><td rowspan="3">施工现场标牌</td><td>大门口处挂的五牌一图内容不全的</td><td rowspan="3"></td><td rowspan="3"></td><td rowspan="3"></td></tr>
<tr><td>标牌不规范、不整齐的</td></tr>
<tr><td>无安全标语的</td></tr>
<tr><td rowspan="7">8</td><td rowspan="7">生活设施</td><td>厕所不符合卫生要求的</td><td rowspan="7"></td><td rowspan="7"></td><td rowspan="7"></td></tr>
<tr><td>无厕所，随地大小便的</td></tr>
<tr><td>食堂不符合卫生要求的</td></tr>
<tr><td>无卫生责任制的</td></tr>
<tr><td>不能保证供应卫生饮水的</td></tr>
<tr><td>无淋浴室或淋浴室不符合要求的</td></tr>
<tr><td>生活垃圾未及时清理，未装容器，无专人管理的</td></tr>
<tr><td>9</td><td>保健急救</td><td>无保健医药箱的，扣 5 分</td><td></td><td></td><td></td></tr>
<tr><td rowspan="3">10</td><td rowspan="3">社区服务</td><td>无防粉尘、防噪声措施的</td><td rowspan="3"></td><td rowspan="3"></td><td rowspan="3"></td></tr>
<tr><td>夜间未经许可施工的</td></tr>
<tr><td>现场焚烧有毒、有害物质的</td></tr>
<tr><td colspan="7">检查总体情况：

检查人员：</td></tr>
</table>

任务完成

（一）小组讨论

将班上学生分成小组，各小组选一位组长带领组员，完成对事故案例的分析，找出事故发生的原因和总结事故教训，形成各小组的成果，并向班上同学展示。

（二）小组评价

预防城区和山区施工过程中安全事故发生应知应会的知识有哪些？

（三）综合评价

综合评价包括小组内的自评、互评和老师对各小组工作的系统评价。主要评价项目见附录。

作 业

1. 简述城区和山区施工过程中可能发生的安全事故类型。
2. 简述城区和山区施工过程中预防安全事故发生的措施。

学习任务三

水上施工安全防护

事故案例

案例一：2007 年 12 月 19 日凌晨，位于监利县白螺镇的在建荆岳长江大桥工地突发安全生产事故，5 名四川籍工人在钢筋笼内焊接钢筋时，承载钢筋笼的钢丝绳突然断裂，导致 5 人溺水身亡。

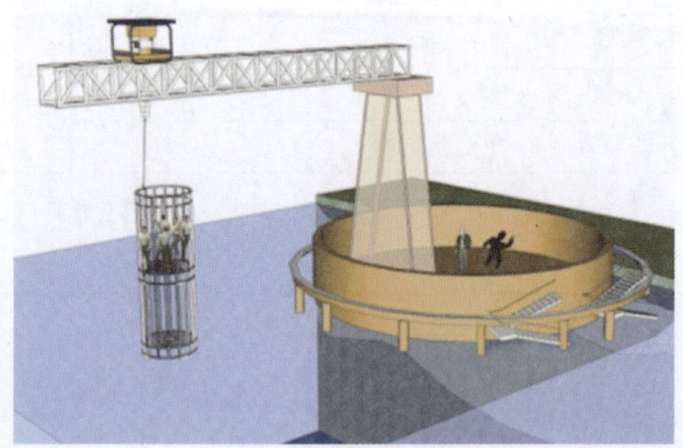

案例二：6 月 14 日上午 9 时左右，在广深沿江高速公路（深圳段）——深圳高速公路股份有限公司代建的广东省交通工程重点项目，第3合同段大铲湾特大桥10号桥墩，6 名工人在进行架桥机作业时，架桥机前支腿脚架失稳坠落，6 名工人全部坠落入海，5 人死亡，1 人受伤。

思考一下

在水上施工作业时可能会发生哪些安全事故？如何避免或者减少这些事故发生？

任务描述

水，对于每个人来说是再熟悉不过的东西，每天都要与水打交道。水，给人类造福，也给人类造祸，如洪灾发生时，损毁财产、淹死大量人群，给人类造成重大灾难。但是，水患是可以预防和避免的，特别是在水上活动中发生的溺水死亡。

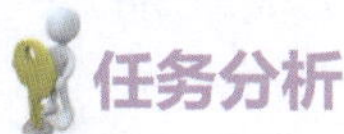

任务分析

一、一般安全要求

1. 严格遵守《中华人民共和国海上交通安全法》（1984 年 1 月 1 日）、《中华人民共和国内河交通安全管理条例》（2002 年 8 月 1 日）、《中华人民共和国水上水下施工作业通航安全管理规定》（2000 年 1 月 1 日）的等相关法律法规的规定。

2. 施工前，项目部应在规定的期限内，向施工作业所在地的主管部门提出施工作业通航安全审核申请，编制水上作业专项安全技术措施和防污染措施，取得《水上水下施工作业许可证》后，方可进行施工。如作业项目、地点、范围等发生变更，项目部必须重新申请，领取新的许可证，原许可证交发证机关注销。

3. 提前同航道、海事部门协商，划出专门的施工水域，布设航标，引导船只安全通行。施工用的船舶、机械严禁侵占航道。

4. 积极配合海事、航道部门的例行检查和指导。水上作业的浮吊、船只必须做到性能良好，符合航务部门的相关规定。

5. 施工船舶应持有有效的船舶国籍证书或船舶登记证书。按照有关规定配备有效的水域专用图。实施施工作业的船舶和船员，必须持船舶证书和船员远任证书。

6. 实施施工作业的船舶、排径、设施必须按有关规定在明显处昼夜显示规定的号灯、号型。项目部在施工作业期间应按港监确定的安全要求，设置必要的安全作业区或警戒区，设置有关标志或配备警戒船。在现场作业船舶或警戒船上配备有效的通信设施，施工作业期间指派专人警戒，并在指定的频道上守听。

7. 项目部进行施工作业前，应按有关规定向航道、海事等部门申请发布航行警告、航行通告。

8. 施工船舶进出港前必须办理签证手续。不经常进出港口的作业船舶应到海事部门办理定期签证。

9. 施工船舶的适航区域要符合航区要求。所有的施工船舶，包括打桩、起重船、驳船、交通船、运输船等，都应持有船检部门签发的有效适航证书。

10. 施工船舶在航行、锚泊或作业时，除应按规定的信号外，根据不同的施工状况，显示不同的信号。

11. 在各施工作业点，夜间应按规定显示警戒灯标或采用灯光照明，避免航行船舶碰撞水中桩墩。在显示灯光照明时应注意避免光直射水面，影响船舶人员的瞭望。

12. 项目部有责任清除其遗留在施工作业水域内的碍航物体。严禁向施工水域倾倒废弃物。

13. 划定与施工作业相关的安全作业区，必须报经当地航道、海事部门核准、公告，与施工作业无关的船舶、排缆、设施不得进入施工作业安全作业区，不得擅自扩大施工作业安全作业区的范围。

14. 临时码头、校桥、水上平台的搭设，必须严格执行当地主管部门的相关规定，不得破坏河堤，侵占航道，并要有一定的防撞能力，面向来船方向要设置警示灯。

15. 施工船舶应加强值班制度，保持高频电话的收听和对周围情况的观察了解。船上应有夜间照明设备，设有发电设备，应备有防风灯和电池灯具。

16. 交通船、施工船上必须配有足够的救生衣、救生圈和救生艇等救生设备，并配有足够的消防器材等设施。

17. 船上应设有安全紧急通道，并将安全通道示意图上墙。并严禁堆放任何物品，同时应做好冬季防冻、防滑工作。

18. 应按照项目部调度室指定的航行线路、停靠站点和时间航行，定点靠泊。

19. 船上应按核定的载人数量运送员工上下班，不得超载。

20. 交通船上严禁装运和携带易燃易爆、有毒有害等危险物品，如因工作需要，必须携带此类物品，应事先与船长联系并进行妥善处理，严禁人货混装。

21. 装载设备及材料运输的船舶，必须按核定吨位装载，不得超载和偏载；装载的设备、料具应摆放平稳均匀，并捆绑牢靠。

22. 船长、轮机长应经常检查、保养和维修船舶的机械设备和安全设施，确保运行安全，夜间航行应有足够的照明和信号显示。

23. 遇有六级以上大风和大雾、雷雨、风暴等恶劣天气时，禁止施工船舶进行水上作业和运行，并到海事部门指定的锚地锚泊避风。

24. 船舶接放缆绳的船员必须穿好救生衣，站在适当位置，待船到位靠稳后拴牢缆绳，搭好跳板，并做好人员上下船的保护，以防不测。

25. 乘坐交通船的员工必须自觉遵守乘船规定，听从船员统一指挥，待船靠稳拴牢后依次上下，不得抢上抢下或船未靠稳后就跳船，不得站立和骑坐在船头、船尾或船帮处；严禁擅自跨越上下船或酒后登船。

26. 非驾驶人员禁止进入驾驶台，严禁随意乱动船上一切救生、消防等设施，严禁非驾驶人员擅自操作。

27. 水上施工作业及船上流动作业人员应按规定穿着救生衣。符合高处作业条件的，还应按高处作业的规定系好安全带。

28. 定期对水上锚锭系统进行定位测量，校正锚锭位置。

29. 施工船舶应按照划定的施工作业区范围进行船舶作业，以避免发生锚链缠绕、碰撞等海损事故。

30. 与施工作业无关的船舶严禁进入施工作业区，严禁施工船舶进入和穿越其他施工作业区。

31. 锚锭系统实行24小时值班制度，值班人员要注意观察、加强瞭望，时刻注意锚锭系统（锚绳、锚链）变化情况，以及上下游江面情况，发现锚锭系统异常或江面有船舶或其他漂浮物靠近定位船、围堪，要及时采取应急措施，并迅速向值班调度报告。

二、内河水上施工安全防护

1. 凡水上作业每班前均要进行安全交底，向作业人员讲明需要注意的事项，存在的危险源及安全防护要点。

2. 施工人员水上作业前戴好安全帽、穿好救生衣及防滑软底鞋，扎紧袖口，衣着灵便；严禁酒后作业，严禁在精神状况不良情况下上岗。

3. 严禁安排单人作业。

4. 夜间作业应具有良好的照明。

5. 水上作业必须搭设施工人员步行上下的专用通道，且需封闭防护。

6. 临边、洞口必须使用安全网封闭。

7. 施工作业场所和船舶上配备的救生设备要妥善保管，除用于救人以外任何人不得借故移作他用。

8. 严禁擅自移动水上作业场所和船舶上设置救生设施、消防设施、安全设施、安全警示牌、告示牌等。

9. 水上施工所用的跳板、脚手板必须搭稳、捆牢，冬季使用要做好防滑措施。脚手板、跳板应使用厚度不小于50 mm的红、白松木板：板宽应为200～300 mm，板长为3～6 m，端部用10～14号钢丝绑扎，以防开裂；不得使用腐朽、虫蛀、扭曲、破裂和大横透节的木板。

10. 水上作业时必须备齐救生器材，在水上平台作业面的四个方向，至少应各放置一套救生圈和安全绳，船舶救生圈及安全绳配备应符合船舶使用安全规定。

11. 涌潮、台风期间严禁水上作业。

12. 当遇有大雾能见度小于50 m时船舶不得进行水上作业。

13. 船舶抛锚时，锚链滚滑附近不得站人，以防被链绳带落入水。

14. 船舶靠岸后（或在两船间倒运货物时）应搭设跳板，经试踏稳定牢固后方可上下人或装卸货物。

15. 船舶夜航应保证信号灯完好，停靠码头亮信号灯示警。

三、沿海及近海施工安全防护

1. 了解施工作业区和避风区范围在内的海图、潮沙表、航海和航行通告。每日收听气象预报并做好记录，了解和掌握水文、气象、助航标志、水下碍航物等海区环境情况。

2. 昼夜保持通信畅通，按规定显示有效的航行、停泊和作业信号。

3. 严格按核准干舷（吨位）转运货物。载货不得超高、超载，并须进行有效绑扎，防止因货物移动发生意外事件。

4. 严格执行船舶供、受泊规定，防止泄漏。船舶油污水和垃圾要集中回收并作好记录，严禁向海域排放和倾倒。施工船舶上的生活垃圾及塑料制品等不得任意抛入海内，生活垃圾必须装入加盖的储集容器里，并定期运至岸上倾倒。对经过粉碎处理、粒径小于 25 mm 的，可在距最近陆地 3 海里以外投弃；未经粉碎处理的，应距最近陆地 12 海里以外投弃。

5. 严格执行《海上交通安全法》《水上水下施工作业通航安全管理规定》《沿海港口信号》等各项涉及水上安全的法律规定，认真填写航海轮机日志，谨慎操作，确保安全。

6. 严格执行个人劳动保护的各项制度。上甲板工作必须穿好救生衣，人员上下通道应挂设安全网，跳板要固定，水上工作平台四周要安装符合标准的栏杆和安全网。同时应做好防冻防滑工作。

7. 认真落实施工作业区施工平台设施、桥桩、海底管线的安全警戒保护措施，不得擅自扩大施工作业安全作业区的范围，确保作业区人、船、物的安全。

8. 各施工作业队应选派有经验、责任心强的人员负责海上作业安全管理，保障人员、船舶、作业区、和水域环境安全的各项管理制度和防范措施的落实，以及海上施工作业安全应急预案的实施。

9. 施工船舶的适航区域应符合沿海航区要求，任何内河船舶和遮蔽航区船舶不能参加施工。

10. 施工船舶在航行、锚泊或作业时，除应按《国际海上信号规则》规定显示信号外，还应按交通部《沿海港口信号规定》根据不同的施工状况，显示不同的信号。

11. 每月对海上施工船舶安全情况自检，包括安全设备和器材、消防、救生、演习等安全制度执行情况，各类安全管理台账及有无违章事故记录等。每半年申请海事主管机关对施工船舶进行一次安全检查。

12. 定期组织进行海上施工作业安全教育培训，并根据海上施工作业实际情况，组织施工船舶单位开展现场经验交流和应急预案演练。邀请海事、气象、渔政等各方面专家，对施工船舶有关人员进行专门安全知识教育、培训。

13. 为了保障施工作业顺利进行和渔业生产安全，施工船舶在进入施工作业前，必须报请业主及时同有关部门商定禁捕区水域范围，并报主管机关备案，在海图上标绘，作为审批施工作业区时的依据。

14. 沿海及近海施工受台风影响较为频繁，为及时躲避台风灾害的影响，确保施工作业和人员生命的安全，应提早做好各项应急准备，根据台风级别提前选择避风港。

15. 施工船舶应根据预报风力、船舶抗风等级、风期长短，加固锚缆，绑扎易动物件，检查船机及救生设备，并加强值班，显示信号，昼夜保持通信畅通。

16. 大雾天气船舶航行应采取雾航措施，船长上驾驶台，显示相应雾中信号并发布船位报告，使用雷达等手段加强瞭望，减速航行，以策安全。但视程小于 500 m 时应择地抛锚防雾。

17. 项目部调度人员应每天查阅当日潮汐资料，对照海图确定施工区实际最低水深并及时通知各施工船舶，以防船舶搁浅。

四、防洪安全防护

（一）准备工作

成立防洪领导小组，配合地方各级政府做好防洪工作，并做好应急处理准备工作。结合本单位的实际情况，建立相应的防洪应急预案，切实做好储备足够的防洪石料和抢险料具、运输工具的工作。

（二）洪前防洪检查制度

认真组织洪前对已施工的结构、在施工的构件及临时结构设施、装吊机械进行全面检查，并主动和地方水文及气象部门了解施工范围内的沿线水库、水渠、河水倒灌等历年防洪有关资料，准确掌握防洪危险、重点处所，做到病害状况洁、危险处所明、处理问题快。全面检查结束后，结合施工点实际情况，认真制订各项措施和对策。

（三）降雨量警戒制度

（1）进入洪期后，当降雨量达到“注意警戒线”时，对工程施工质量和安全造成影响应立即停工，现场施工人员要随时观察作业面的动态变化，发现问题立即处理、及时汇报。

（2）当降雨量达到“注意警戒线”时，项目部各部门要加强雨中、雨后的检查，立即派人对未完成的结构或地段进行巡回检查；当降雨量达到“危急警戒线”时，立即组织足够人员，对未完成的结构或地段进行交叉巡查，在雨停 48 h 后方准撤销巡查。

（3）当发现危及结构安全或情况不明时，要坚决贯彻“先防护后处理”的原则，果断采取加固或拆除等措施。

（4）通信联络制度。

项目部各值班人员在工地巡查时发现危及结构安全情况时，要立即向值班领导汇报情况，领导小组应立即组织劳力抢修。

（5）防洪值班制度。

特大暴雨灾害天气要坚持干部昼夜值班制度，洪期要安排专人值班，确保信息畅通。随时掌握气象、雨情、灾情及抢险工作动态等防洪信息，各类水害信息汇报一定要及时、规范、准确、实事求是，同时要准备好交通工具，确保信息畅通，做到随叫随到，保证检查、抢险顺利进行。

（6）人员物资设备保障。

项目部物资部门要储备足够的抢险、抢修所需工具和材料及防护备品，认真落实物资供应商，一旦发生情况能够及时调拨到所需物资，配备必需的机械设备、运输工具、通信器材和发电照明设备等，汽车或渡船司机必须 24 小时值班，其他机械设备操作者也应当积极待命，做到随叫随到，确保料具和人员的运输。

同时要与地方政府、单位、当地村民签订联防协议和抢修机械租用协议，落实沿线各段防洪抢修人员和抢修机械，确保发生水害抢修时人员和交通物资设备到位。

（7）防洪应急措施。

① 对施工栈桥的防护，施工找桥通常为工程施工机械主干道，在汛期来临前，首先要对

校桥的结构进行加固，可在两侧打临时锚桩用钢束力加固。加固后设立警戒水位刻度线，24小时派专人监测水位的上涨速度和洪水流速，并准备好大量的石块和草袋。当洪水水位超过警戒水位后，洪水流速过快，对校桥基础冲击较大时，在基础两侧抛填石块和草袋，减缓洪水对基础冲击的力度，从而保护技桥的安全，为抢险作业和人员、财产物资的安全转移提供通畅的道路。

② 对海口码头的防护，码头施工经常遭遇大风、大雨的袭击，对其在汛期的安全防护尤为重要。汛期前，各作业队必须对码头附近的作业船舶、施工机械（主要为龙门吊、塔吊等）、人员等进行详细登记和严格检查，船舶是否靠岸，锚固设施是否健全，施工机械是否已加固稳定等，24小时做好警戒水位的测量和监控，测定码头沿边的河床标高以及观测洪水的流速和冲刷力度。当洪水对河床冲刷严重时，可采用抛石固基的方式进行加固，保证码头的安全。

③ 跨线施工桥梁汛期对铁路线的防护，跨线施工在任何情况下不能影响到铁路营运线的正常运营，汛期前后不得在铁路线沿线 50 m 范围内进行大型开挖作业，沿铁路两侧设立合理安全的排水系统，防止造成路基拥塌影响铁路运营。防洪过程中，派专人紧盯铁路路基，建立巡检值班制度，一旦有路基明塌趋势，立即组织人员协助铁路设备管理单位迫行处理。

相关知识

淹溺又称溺水，是人淹没于水或其他液体介质中并受到伤害的状况。水充满呼吸道和肺泡引起缺氧窒息；吸收到血液循环的水引起血液渗透压改变、电解质紊乱和组织损害；最后造成呼吸停止和心脏停搏而死亡。淹溺的后果可以分为非病态、病态和死亡，其过程是连续的。淹溺发生后患者未丧失生命者称为近乎淹溺。淹溺后窒息合并心脏停搏者称为溺死，如心脏未停搏则称近乎溺死。

人体溺水后数秒钟内，本能地屏气，引起潜水反射（呼吸暂停、心动过缓和外周血管剧烈收缩），保证心脏和大脑血液供应。继而，出现高碳酸血症和低氧血症，刺激呼吸中枢，进入非自发性吸气期，随着吸气水进入呼吸道和肺泡，充塞气道导致严重缺氧、高碳酸血症和代谢性酸中毒。可有两种情况：

（一）干性淹溺

喉痉挛导致窒息，呼吸道和肺泡很少或无水吸入，占淹溺者的 10%～20%。人入水后，因受强烈刺激（惊慌、恐惧、骤然寒冷等），引起喉头痉挛，以致呼吸道完全梗阻，造成窒息死亡。当喉头痉挛时，心脏可反射性地停搏，也可因窒息、心肌缺氧而致心脏停搏。所有溺死者中 10%～40%可能为干性淹溺（尸检发现溺死者中仅约 10%吸入相当量的水）。

（二）湿性淹溺

人淹没于水中，首先本能地引起反应性屏气，避免水进入呼吸道。但由于缺氧，不能坚持屏气而被迫深呼吸，从而使大量水进入呼吸道和肺泡，阻滞气体交换，引起全身缺氧和二氧化碳滞留，呼吸道内的水迅速经肺泡吸收到血液循环。由于淹溺的水所含的成分不同，引起的病变也有差异。

（1）淡水淹溺。江、河、湖、池中的水一般属于低渗，统称淡水。水进入呼吸道后影响通气和气体交换；水损伤气管、支气管和肺泡壁的上皮细胞，并使肺泡表面活性物质减少，引起肺泡塌陷，进一步阻滞气体交换，造成全身严重缺氧；淡水进入血液循环，稀释血液，引起低钠、低氯和低蛋白血症；血中的红细胞在低渗血浆中破碎，引起血管内溶血，导致高钾血症，导致心室颤动而致心脏停搏；溶血后过量的游离血红蛋白堵塞肾小管，引起急性肾衰竭。

（2）海水淹溺。海水含3.5%氯化钠及大量钙盐和镁盐。海水对呼吸道和肺泡有化学性刺激作用。肺泡上皮细胞和肺毛细血管内皮细胞受海水损伤后，大量蛋白质及水分向肺间质和肺泡腔内渗出，引起急性非心源性肺水肿；高钙血症可导致心律失常，甚至心脏停搏；高镁血症可抑制中枢和周围神经，导致横纹肌无力、扩张血管和降低血压。

技能训练

技能训练一　救生衣的穿着和注意事项

（一）救生衣的穿着

1. 穿着前应检查救生衣有无损坏，腰带、胸口及领口的带子是否完好。

2. 将腰带部分置于身前，再把头部套进救生衣内。

3. 将左右两根腰带于身体正面交叉后，如过长分别绕到身后再到身前，打死结系牢，再系好胸口、领口的带子即可。

（二）穿着救生衣的注意事项

1. 要注意救生衣是否能正反两面穿用，有的救生衣正反两面穿用皆可，救生性能一样。有的救生衣仅能正面穿着，穿反了就不合适。如仅在一面配置了救生衣灯、反光膜的救生衣，若把有灯的一面穿在里面，灯光就发挥不了作用。

2. 要将带子打死结、扣子等紧固件扣牢靠。若未扣牢，在跳水时受水的冲击可能会松开，或在水中漂浮较长时间后沿脱。

技能训练二　溺水救援方法

（一）不会游泳者的自救

1. 落水后不要心慌意乱，一定要保持头脑清醒。发现周围有人时，立即呼救。

2. 冷静地采取头顶向后，口向上方，将口鼻露出水面，此时就能进行呼吸。

3. 放松全身，呼吸要浅，吸气宜深，让身体漂浮在水面上，将头部浮出水面，用脚踢水，防止体力丧失，等待救援。

4. 身体下沉时，可将手掌向下压。

5. 如果在水中突然抽筋，又无法靠岸时，立即求救。如周围无人，可深吸一口气潜入水中，伸直抽筋的那条腿，用手将脚趾向上扳，以解除抽筋。

6. 切记，千万不能将手上举或拼命挣扎，因为这样反而容易使人下沉。

（二）会游泳者的自救

1. 一般是因小腿腓肠肌痉挛而致溺水，应心平气静，及时呼人援救。

2. 自己将身体抱成一团，浮上水面。

3. 深吸一口气，把脸浸入水中，将痉挛（抽筋）下肢的拇指用力向前上方拉，使拇指翘起来，持续用力，直到剧痛消失，抽筋自然也就停止。

4. 一次发作之后，同一部位可以再次抽筋，所以对疼痛处要充分按摩和慢慢向岸上游去，上岸后最好再按摩和热敷患处。

5. 如果手腕肌肉抽筋，自己可将手指上下屈伸，并采取仰面位，以两足游泳。

（三）互　救

1. 救护者应镇静，尽可能脱去衣裤，尤其要脱去鞋靴，迅速游到溺水者附近。

2. 对筋疲力尽的溺水者，救护者可从头部接近。

3. 对神志清醒的溺水者，救护者应从背后接近，用一只手从背后抱住溺水者的头颈，另一只手抓住溺水者的手臂游向岸边。

4. 如救护者游泳技术不熟练，则最好携带救生圈、木板或用小船进行救护，或投下绳索、竹竿等，使溺水者握住再拖带上岸。

5. 救援时要注意，防止被溺水者紧抱缠身而双双发生危险。如被抱住，不要相互拖拉，应放手自沉，使溺水者手松开，再进行救护。

（四）医疗或第一目击者现场急救

1. 第一目击者在发现溺水者后立即拨打 120 或附近医院急诊电话请求医疗急救。

2. 第一目击者或急救医务人员到达现场后，首先将溺水者救上岸。

3. 立即清除溺水者口鼻淤泥、杂草、呕吐物等，并打开气道，给予吸氧。

4. 进行控水处理（倒水），即迅速将患者放在救护者屈膝的大腿上，头部向下，随即按压背部，迫使吸入呼吸道和胃内的水流出，时间不宜过长（1 min 即够）。

5. 现场进行心肺复苏，并尽快搬上急救车，迅速向附近医院转送。作为救护者一定要记住：对所有溺水休克者，不管情况如何，都必须从发现开始持续进行心肺复苏抢救。

（五）发现有人溺水时的救护方法

方法一：可将救生圈、竹竿、木板等物抛给溺水者，再将其拖至岸边；

方法二：若没有救护器材，可入水直接救护。接近溺水者时要转动他的髋部，使其背向自己然后拖运。拖运时通常采用侧泳或仰泳拖运法。

特别强调：未成年人发现有人溺水，不能贸然下水营救，应立即大声呼救，或利用救生器材呼救。

（六）岸上急救溺水者

1. 迅速清除口、鼻中的污泥、杂草及分泌物，保持呼吸道通畅，并拉出舌头，以避免堵塞呼吸道。

2. 将溺水儿童举起，使其俯卧在救护者肩上，腹部紧贴救护者肩部，头脚下垂，以使呼吸道内积水自然流出。但不要因为控水而耽误了进行心肺复苏的时间。

3. 进行口对口人工呼吸及心脏按压。

4. 尽快联系急救中心或送溺水儿童去医院。

任务完成

（一）小组讨论

将班上学生分成小组，各小组选一位组长带领组员，完成对事故案例的分析，找出事故发生的原因和总结事故教训，形成各小组的成果，并向班上同学展示。

（二）小组评价

预防水上施工过程中安全事故发生应知应会的知识有哪些？

（三）综合评价

综合评价包括小组内的自评、互评和老师对各小组工作的系统评价。主要评价项目见附录。

作　业

1. 简述水上施工过程中可能发生的安全事故类型。
2. 简述水上施工过程中预防安全事故发生的措施。

情境九

特殊季节与夜间施工安全控制

在实际施工过程中，安全管理工作意义重大、任重道远，管理者应不断深入地研究和探讨，把安全生产贯彻到企业管理的每一个环节，使施工过程中发生事故的可能性减小到最低限度，从而有利于安全生产目标的实现。为了实现这一目标，特殊季节及夜间施工的安全管理也不可忽视。

学习目标

1. 能够预见特殊季节与夜间施工过程中存在的常见安全问题。
2. 能够在工程师的指导下执行对这些常见安全问题的解决方案。
3. 能够查找特殊季节与夜间施工过程中常见的安全隐患。

学习任务一

雨季和冬期施工安全防护

事故案例

2007 年 03 月 14 日，南京栖霞区万寿村，为给道路拓宽工程做准备，负责拆迁栖霞区万寿村土岗 110 号房屋的 4 名工人冒雨施工。上午 9 点 40 左右，吊完第六块水泥板时，雨突然变大了。为尽快完成起吊工作，不影响砸墙工人施工，四人决定冒雨继续吊水泥板。吊第七块水泥板时，吊车钢丝绳不慎碰到 10 kV 高压线，两名工人当场触电身亡，另外一名工人受重伤。

思考一下

在雨季下雨比较多的天气和在冬季天气比较冷的时候进行施工可能发生哪些安全事故？如何避免或者减少这些事故发生？

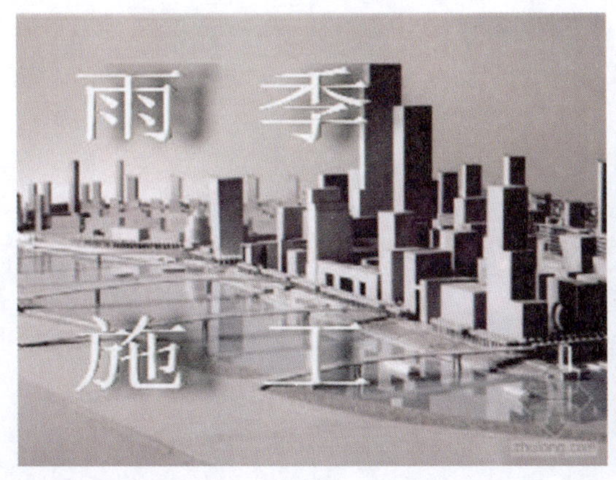

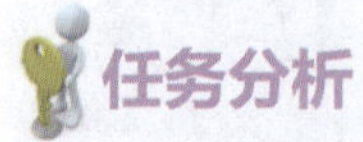

任务描述

夏季施工面临雨多、风大、高温等不利环境因素的影响，并能直接危及生产安全，给企业带来无法估量的损失。因此科学合理组织施工，采取安全技术措施，积极应对雨期施工面临的各种危险状况，对提高抗风险能力、保障企业生产安全，具有重大意义。

冬季气候干燥、寒冷，且伴有大风，受北方寒流影响，作业面及道路结冰打滑，既影响生产的正常进行，又给安全带来隐患；同时由于施工需要和办公宿舍取暖，使用明火等原因，容易发生火灾和中毒事故；冬季人们衣着笨重、动作不灵敏，容易发生意外事故。因此，应当对职工加强安全教育。

任务分析

一、雨季合理组织安排施工生产

根据雨季施工的特点，将不宜在雨季施工的工程提早或延后安排，对必须在雨季施工的工程制订有效的措施。晴天抓紧室外作业，雨天安排室内工作。注意天气预报，做好防汛准备。遇到大雨、大雾、雷击和 6 级以上大风等恶劣天气，应当停止进行露天高处、起重吊装和打桩等作业。

二、雨季施工的安全措施

（一）基础工程

基础工程受雨水影响较大，如不采取有关防范措施，将可能对施工安全质量产生严重影响。因此在雨期施工时注意以下几点：

（1）雨期开挖基坑时，应注意边坡稳定。必要时可适当放缓边坡度或设置支撑。施工时应加强对边坡和支撑的检查控制；对于已开挖好的基坑要设置支撑；正在开挖的一般基坑以放缓边坡为主，辅以支撑；对于河道附近的深基坑，要边挖边支护，且要求严格按照深基坑支护方案做好支护。

（2）基坑四周要设置截水沟，避免外部水流进基坑，基坑开挖到位后在基坑底四周设置排水沟，并安装好排水设施，随时可为基坑内排水；雨水影响较大时停止施工。

（3）雨期施工的工作面不宜过大，应逐段、逐片地分期完成，基础挖到高程后，及时验收并浇筑混凝土垫层；如被雨水浸泡后的基础，应做必要的挖方回填等恢复基础承载力的工作；重要的或特殊工程应在雨期前完成任务。

（4）对雨前回填的土方，应及时进行碾压并使其表面形成一定的坡度，以便雨水能自动排出。

（5）基础施工完毕，应抓紧进行基坑四周回填工作。

（二）混凝土工程

（1）模板隔离层在涂刷前要及时掌握天气预报，雨天及时覆盖，以防隔离层被雨水冲掉。

（2）雨期施工时，应加强对混凝土粗细集料含水率的测定，及时调整用水量，在砂石料堆放场地搭设雨棚。

（3）大面积的混凝土浇筑前，要了解 2 ~ 3 天的天气预报。尽量避开大雨。混凝土浇筑现场要准备大量的防雨材料，以备浇筑时突然遇雨进行覆盖。

（4）模板支撑下回填要夯实，并加好垫板，雨后及时检查有无下沉。

（三）模板工程

（1）大模板存放场地必须进行硬化处理，并设置排水坡度，将雨水及时排到排水沟内，防止场地内积水。

（2）大模板堆放其自稳角要符合要求（75° ~ 80°），吊装、运输、装拆、存放，必须稳固可靠。

（四）雨季高空作业

（1）雨季施工期间，应特别注意架子的搭设质量和安全要求，应经常进行检查，发现问题及时整改。

（2）搭设架子的地面要求夯实，并注意排水，立杆下端应垫通长厚木板，架子应设扫地杆、斜撑、剪力撑，并与建筑物拉结牢固。

（3）马道的坡度要适当，钉好防滑条，防滑条间距不大于 300 mm，并定期派人清扫马道上的积泥。

（4）雨后高空作业人员应穿胶底鞋，注意防滑。

（5）雨季施工期间对架子工程安排专人巡查维修，特别是雨后地面容易下沉，防止架子悬空及下沉、确保使用安全。

（6）外防护的脚手架高于建筑物应做好防雷接地。

（7）雷雨天气应注意安排工作，避免作业人员直接暴露在建筑物最高处，防止雷电直接伤人。

（五）吊装工程

（1）龙门吊架桥机等起重设备雨天后应及时检查，观察基础沉陷情况，并作好观测记录，如有沉降应立即进行处理，保证塔吊使用时的安全。

（2）大雨、暴雨及大风时应停止吊装作业。

（3）高空操作人员雨后施工，要注意防滑，要穿胶底鞋，不准穿硬底鞋上高空操作。

（4）龙门吊接地电阻值要进行实测，其电阻值不大于 4 Ω。

（5）龙门吊轨道基础四周挖 200 mm × 300 mm 的排水沟与现场临时排水沟连接，内侧抹灰，沟底向临时排水沟方向设 5%的流水坡度。塔基上设置四个沉降观测点，定期及雨后进行沉降观测，发生问题及时处理。

（六）机电设备

在雨季到来之前，必须做好机电设备的防雨、防淹、防潮、防霉、防锈蚀、防漏电、防雷击等项措施，管好、用好施工现场机电设备，确保施工任务的顺利完成。

（1）对露天放置的大型机电设备要防雨、防潮，对其机械螺栓、轴承部分要经常加油并转动以防锈蚀，所有机电设备都要严格执行“一机一闸一保护”制度，投入使用前必须做好保护电流的测试，严格控制在允许范围内。在现场的最高机械起重机上加装避雷针，施工现场的低压配电室应将进出线绝缘子铁脚与配电室的接地装置相连接，作防雷接地，以防雷电波侵入。

（2）要对在施工现场比较固定的机电设备（对焊机、电锯、电刨等）搭设防雨棚或对电机加防护罩；不允许用塑料布包裹。

（3）对于变压器、避雷器的接地电阻值必须进行复测（电阻值不大于 40 Ω），不符合要求的必须及时处理。对于避雷器要作一次预防性试验。

（4）机电设备的安装、电气线路的架设必须严格按照临时用电方案措施执行。

（5）各种机械的机电设备的电器开关，要有防雨、防潮设施。

（6）雨后对各种机电设备、临时线路、外用脚手架等进行巡视检查，如发生倾斜、变形、下沉、漏电等迹象，应立即标志危险警示并及时修理加固，有严重危险的立即停工处理。

（7）施工现场的移动配电箱及施工机具全部使用绝缘防水线。用后应放回工地库房或加以遮盖防雨，不得放在露天淋雨，不得放在坑内，防止雨水浸泡、淹没。

（8）加强用电安全巡视，检查每台机器的接地接零是否正常，检查线路是否完好，若不符合要求，及时整改。

（9）雨天作业，机械操作人员应戴绝缘于套、穿雨靴操作。

（七）施工机械的防雨防雷及施工现场的用电

（1）防雨。所有机械棚要搭设固牢，防止倒塌淋雨；机电设备采取防雨、防淹措施，可搭设防雨棚或用防雨布封存，机械安装地点要求略高，四周排水较好；安装接地装置；移动电闸箱的漏电保护装置要可靠灵敏。

（2）防雷击。夏季是雷电多发季节，在施工现场为防止雷电袭击造成事故，必须在钢管脚手架安装有效的避雷装置。

（3）防触电。施工现场用电必须符合三级配电两级保护，三级电箱作重复接地，电阻小于 10 Ω；电线电缆合理埋设，不得出现老化或破损的电缆；职工宿舍安置安全电压，遇暴风雨天气，要安排专业电工现场值班检查，必要时立即拉闸断电；所有职工下班前必须将各设备工具电源断开。

三、冬季施工的安全措施

（一）爆破法破碎冻土应当注意的安全事项

（1）爆破施工要离建筑物 50 m 以外，距高压电线 200 m 以外。

（2）爆破工作应在专业人员指挥下，由掌握爆破知识和受过安全知识教育人员担任。

（3）爆破之前应有技术安全措施，经主管部门批准。

（4）现场应设立警告标志、信号、警戒哨和指挥站等防卫危险区的设施。

（5）放炮后要经过 20 min 才可以前往检查。

（6）遇有瞎炮，严禁掏挖或在原炮眼内重装炸药，应该在距离原炮眼 60 m 以外的地方另行打眼放炮。

（7）硝酸甘油类炸药在低温环境下凝固成固体；当受到震动时，极易发生爆炸，酿成严重事故。因此，冬季施工不得使用硝酸甘油类炸药。

（二）人工破碎冻土应当注意的安全事项

（1）注意去掉模头打出的飞刺，以免飞出伤人。

（2）掌铁模的人与掌锤的人不能脸对脸，应当互成 90°。

（3）机械挖掘时应当采取措施注意行进和移动过程的防滑，在坡道和冰雪路面应当缓慢行驶，上坡时不得换挡，下坡时不得空挡滑行，冰雪路面行驶不得急刹车。发动机应当做好防冻、防止水箱冻裂准备。在边坡附近使用、移动机械要注意边坡可承受的荷载，防止边坡明塌。

（4）蒸热法溶解冻土应防止管道和外溢的蒸汽、热水烫伤作业人员。

（5）土电热法溶解冻土时应注意的安全事项：

① 此法进行前，必须有周密的安全措施；

② 应由电气专业人员担任通电工作；

③ 电源要通过有计量器、电流、电压表、保险开关的配电盘；

④ 工作地点要设置危险标志，通电时严禁靠近；

⑤ 进火警戒区内工作时，必须先切断电源；

⑥ 通电前工作人员应退出警戒区，再行通电；

⑦ 夜间应有足够的照明设备；

⑧ 当遇到含有金属夹杂物或金属矿石的冻土时，禁止采用电热法。

（6）采用烘烤法溶解冻土时，会出现明火，由于冬天风大、干燥、易引起火灾，因此应注意以下安全事项：

① 施工作业现场周围不得有可燃物；

② 制订严格的责任制，在施工地点安排专人值班，务必做到有火就有人，不能离岗；

③ 现场要准备一些沙子或其他灭火物品，以备不时之需。

（7）春融期间在冻土地基上施工。春融期间开工前必须进行工程地质勘察，以取得地形、地貌、地物、水文及工程地质资料，确定地基的冻结深度和土的融沉类别。对有坑洼、沟槽、地物等特殊地段的建筑物场地应加点测定。开工前，对坑槽沟边坡和固壁支撑结构应当随时进行检查，深基坑应当派专人进行测量、观察边坡情况，如果发现边坡有裂缝、疏松、支撑结构折断、走动等危险征兆，应当立即采取措施。

（8）脚手架、马道要有防滑措施，及时清理积雪，外脚手架要经常检查加固。

（9）现场使用的锅炉、火坑等用焦炭时，应有通风条件，防止煤气中毒。

（10）防止亚硝酸锅中毒。

亚硝酸锅是冬季施工常用的防冻剂、阻锈剂，人体摄入 10 mg 亚硝酸锅即可导致死亡。由于外观、味道、溶解性等许多特征与食盐极为相似，很容易误作为食盐食用，导致中毒事故。可采取以下有效措施，加强使用管理，以防误食：

① 使用前应当召开培训会，让有关人员学会辨认亚硝酸钠（亚硝酸钠为微黄或元色，食盐为纯白）。

② 工地应当挂牌，明示亚硝酸钠为有毒物质。

③ 设专人保管和配制，建立严格的出入库手续和配制使用程序。

（11）大雪、轨道电缆结冰和 6 级以上大风等恶劣天气，应当停止垂直运输作业，并将吊笼降到底层（或地面），切断电源。

（12）风雪过后作业，应当检查安全保险装置并先试吊，确认无异常方可作业。

（13）井字架、龙门架、塔机等缆风绳地锚应当埋置在冻土层以下，防止春季冻土溶化，地锚锚固作用降低，地锚拨出，造成架体倒塌事故。

（14）塔机路轨不得铺设在冻胀土层上，防止土壤冻胀或春季融化，造成路基起伏不平，影响塔基的使用，甚至发生安全事故。

四、冬季防火和用电要求

冬季施工现场使用明火处较多，管理不善很容易发生火灾，必须加强用火管理。

（1）施工现场临时用火，要建立用火证制度，由工地安全负责人审批。用火证当日有效，用后收回。

（2）明火操作地点要有专人看管。看火人的职责：注意清除火源附近的易燃、易爆物。不易清除时，可用水浇湿或用阻燃物覆盖。检查消防器材的配置和工作状态情况，落实保湿防冻措施。检查木工棚、库房、车间等场所，不得用火炉取暖，周围 15 m 内不得有明火作业。施工作业完毕后。对用火地点详细检查，确保无死灰复燃，方可撤离岗位。

（3）供暖锅炉房宜选建在施工现场的下风方向，远离在建工程，易燃、可燃建筑，露天可燃材料堆场，料库等；严格值班检查制度，锅炉开着火以后，司炉人员不准离开工作单位，值班时间绝不允许睡觉或做无关的事。

（4）照明线路、照明灯具应远离可燃的材料。

（5）准备轻、便消防器材。入冬前应将泡沫灭火器、干粉灭火器等放到有采暖的地方，并套上保温套。

（6）重点做好施工区、生活区、库房、材料站、机械设备和吸烟、用火、用电的管理工作。

（7）现场照明严禁使用腆鸽灯，严禁使用电炉子取暖。

（8）以多种形式做好防火安全宣传教育工作，增强职工的法制观念和对火灾危害的认识，提高防范意识和消防技能。

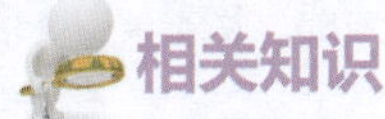

相关知识

一、雨季施工现场的准备工作

（一）施工场地的排水

（1）根据施工总平面图、排水总平面图，利用自然地形确定排水方向，按规定坡度挖好排水沟，确保施工工地的排水畅通。

（2）严格按防汛要求，设置连续、通畅的排水设施和其他应急设施，防止泥浆、污水、废水外流或堵塞下水道和排水河沟。

（3）若施工现场临近高地，应在高地的边缘（现场的上侧）挖好截水沟，防止洪水冲入现场。

（4）雨季前应做好傍山的施工现场边缘的危石处理，防止滑坡、坍塌威胁工地。

（5）雨季应设专人负责，及时疏浚排水系统，确保施工现场排水畅通。

（二）运输道路的防护

（1）对路基易受冲刷部分，应铺石块、焦砟、砾石等渗水防滑材料，或者设涵管排泄，保证路基的稳固。

（2）雨季应指定专人负责维修路面，对路面不平或积水处应及时修理。

（3）场区内主要道路应当硬化。

（三）临时设施及其他准备工作

（1）施工现场的大型临时设施，在雨季前应整修加固完毕，应保证不漏、不塌、不倒，周围不积水，严防水冲入设施内。选址要合理，避开滑坡、泥石流、山洪、坍塌等灾害地段。大风和大雨后，应当检查临时设施地基和主体结构情况，发现问题及时处理。

（2）雨季前应清除沟边多余弃土，减轻坡顶压力。

（3）雨后应及时对坑槽边坡和固壁支撑结构时行检查，深基坑应当派专人进行认真测量，观察边坡情况，如果发现边坡有裂缝、疏松、支撑结构折断、走动等危险征兆，应当立即采取措施。

（4）雨季施工中遇到气候突变，发生暴雨、水位暴涨、山洪暴发或因雨发生坡道打滑等情况应当停止土石方机械作业施工。

（5）雷雨天气不得露天进行电力爆破土石方，如中途遇到雷电时，应当迅速将雷管的脚线、电线主线两端连成短路。

（6）大风大雨后作业，应当检查起重机械设备的基础、塔身的垂直度、缆风绳和附着结构，以及安全保险装置并先试吊，确认无异常方可作业。轨道式塔机，还应对轨道基础进行全面检查，检查轨距偏差、轨顶倾斜度、轨道基础沉降、钢轨不直度和轨道通过性能等。

（7）落地式钢管脚手架底应当高于自然地坪 50 cm，并夯实整平，留一定的散水坡度，在周围设置排水措施，防止雨水浸泡脚手架。

（8）遇到大雨、大雾、高温、雷击和 6 级以上大风等恶劣天气，应当停止脚手架的塔设和拆除作业。

（9）大风、大雨后，要组织人员检查脚手架是否牢固，如有倾斜、下沉、松扣、崩扣和安全网脱落、开绳等现象，要及时进行处理。

二、冬季施工的概念和特点

（一）冬季施工的概念

根据当地多年气象资料统计，当室外日平均气温连续 5 天低于 5 ℃ 即进入冬季施工；当室外日平均气温持续 5 天高于 5℃时解除冬季施工。

（二）冬季施工的特点

（1）冬季施工由于施工条件及环境不利，是各种安全事故多发季节。

（2）隐蔽性、滞后性。即冬天施工的工程，大多数在春季才开始暴露出问题，因而给事故处理带来很大的难度，不仅给工程带来损失，而且影响工程的寿命。

（3）冬季施工的计划性和准备工作时间性强。这是由于准备工作时间短、技术要求复杂，有一些安全事故的发生，往往都是由于这一环节跟不上，仓促施工造成的。

技能训练

技能训练一　冬、雨季施工安全检查

序号	检查项目		检查情况	整改时间和要求
1	冬季施工	脚手架和上人梯、斜道、浇筑混凝土的临时运输马道等是否有可靠的防滑措施		
2		脚手架和上人梯、斜道、浇筑混凝土的临时运输马道等上的雪冰是否及时清除		
3		在解冻期内对砌体是否进行加固		
4		在解冻期内是否对脚手架的稳定情况进行检查		
5		用煤或焦炭作燃料取暖时，通风措施是否良好		
6	雨季施工	雨季前应检查照明和电气设备是否存在漏电现象		
7		施工现场的机电设备是否有可靠的防雨措施		
8		脚手架、井架底脚基础是否牢固		
9		开挖的基坑排水设施是否良好		
10		基坑边坡是否有坍塌现象		
11		堆放构件的地基是否平整坚实，是否有排水措施		
12	极端天气	气温在 38 ℃ 以上，雷、暴雨、冰雹、大雪、6 级以上大风等极端天气，是否露天作业		
13		严禁在高耸建构筑物、长臂机械、井架、塔架、架空线附近、防雷接地设施旁避雷		

技能训练二 施工现场冬季施工危险源辨识

序号	作业活动	危险因素	可能导致事故	危险等级	控制措施
1	外电线路未做防护	大风刮断线路，电线搭在现场，造成短路或对地放电	人身触电	1	搭设外电线路、电网、变压器护栏设施
2	高大起重设备设施未加固	大风刮倒设备设施	砸伤人员	2	增加缆风绳固定,增强设备稳定性
3	野外施工、高大设备无避雷	造成雷击	雷电击伤	1	高大金属设备安装避雷装置
4	架空线路未有防缠绕措施	分路电线被大风一吹，造成线路缠绕，造成短路烧坏电气器具	人身触电 引起火灾	2	多路线路安装分路隔离器具
5	电闸箱支架为固定加固	大风把电闸箱刮倒，造成电箱内线路短路	触电事故 引起火灾	2	电闸箱支架与相邻固定设施连接固定
6	发电机无防风雪设施	冬季大雪落在发电机接线端子上，雪水造成相间短路	触电事故 引起火灾	1	搭设防风防雪操作棚或安装在室内
7	移动式照明支架未固定	大风把支架刮倒，灯具破碎，灯丝外露造成短路	触电事故 引起火灾	2	移动照明支架与固定设施连接固定
8	宿舍内私拉乱接线路	非电工接电，不符合用电规范要求，使用不符合安全要求的器具	人身触电	2	加强安全教育，非电工严禁接电
9	现场架线电杆未加固	大风把电线杆吹倒，造成线路断裂，短路现象	人身触电 引起火灾	2	电线杆应增加缆风绳或扒杆固定
10	现场架体稳定性不强	大风天气易造成架体倒塌	多人事故	1	架体增设拉结点和缆风绳固定
11	高处作业	大风大雪天气，高处施工人员站立不稳	高空坠落事故	2	作业部位设防护栏，作业人员系安全带
12	雪后作业	脚手架、人行马道，桥面施工，积雪未清扫干净	滑倒到伤人事故	2	雪后清扫积雪，增设防滑措施
13	机械操作	未搭设操作棚，大风大雪天气操作不稳定	机械伤害事故	1	机械加工区域，搭设操作防护棚
14	吊装作业	大风大雪天气吊装作业不稳定，视线不清，操作不灵活	吊装设备损坏伤人事故	1	坚持“十不吊”，六级以上大风不进行吊装作业
15	电气焊操作	无防风雪设施，造成火花乱窜，点燃易燃物品	火灾伤人事故	1	搭设防风雪设施，控制火花飞溅挡板
16	潮湿环境施焊作业	未铺设绝缘板，施焊人员未穿绝缘鞋	触电事故	2	潮湿环境施焊应采取绝缘防护措施
17	明火烘烤冻结的压力管	烤着胶性压力罐管，已造成火灾	着火伤人事故	2	利用热水或暖气解冻
18	明火烘烤管道	用明火烘烤管道易造成火灾	着火伤人事故	2	利用热水加热缓化管道
19	乱倒污水	随意乱倒污水造成结冰	滑倒伤人	2	加强教育，严禁乱泼乱倒污水
20	消防器材短缺	冬季气候干燥发生火灾时，影响及时灭火需要	火势加大伤人	2	增设消防器材，随时更换加压

任务完成

（一）小组讨论

将班上学生分成小组，各小组选一位组长带领组员，完成对事故案例的分析，找出事故发生的原因和总结事故教训，形成各小组的成果，并向班上同学展示。

（二）小组评价

预防雨季和冬期施工过程中安全事故发生应知应会的知识有哪些？

（三）综合评价

综合评价包括小组内的自评、互评和老师对各小组工作的系统评价。主要评价项目见附录。

作　业

1. 简述雨季和冬期施工过程中可能发生的安全事故类型。
2. 分析案例中的事故发生的原因，并提出几点事故预防措施。
3. 简述如何对雨季和冬期施工现场进行安全隐患排查。

学习任务二

防台风、防汛施工安全防护

事故案例

2011 年 10 月 3 号，某施工队在台风过后强行施工，湛江雷州市调风镇圩区在建南天戏楼突然发生坍塌事故，造成 1 名施工人员死亡，7 人受伤。

思考一下

在台风和汛期时进行施工可能会发生哪些安全事故？如何避免或者减少这些事故发生？

任务描述

一年有四季，有多雨的时节也有多风的时节，不管在什么时候，安全总是关系着千家万户，不因四时而改变……

任务分析

一、制订防台风、防汛安全措施

（1）加强防台风、防汛的组织领导，制订科学的管理措施和应急预案。

（2）及时与当地气象部门合作，加强对台风的监测和预测。

（3）加强对防台风的教育和宣传，提高从业人员安全意识。

二、防台风、防汛的应急管理工作

（1）在汛期期间，办公室安排人员 24 h 负责通信，时刻与当地气象、水文部门保持联系，尽早获得洪水、洪峰、洪峰次数等信息。

（2）项目部制订汛期值班制度，现场 24 h 固定人员值班，发现险情及时排查，并报告指挥组长，作好下一步准备。

（3）在汛期用于防汛的物质，严禁作其他用，并根据汛情发展趋势，及时补充备用物质。

（4）派专人监视水位变化，向指挥者提供直接信息，做到靠前指挥。

三、建立防台风、防汛组织机构

为做好防台风、防汛工作，应建立防台风、防汛组织机构。组织机构由主要负责人任总指挥、副总指挥。要充分发挥组织机构领导作用，做好对台风、暴雨的监测预警、预案修编与演练、抢险救援队伍建设与应急物资设备储备、加强防汛防台风宣传与教育等工作。

相关知识

一、台 风

台风是热带气旋的一个类别。在气象学上，按世界气象组织定义：热带气旋中心持续风速在 12 级至 13 级（即 32.7 ~ 41.4 m/s）称为台风（Typhoon）或飓风（Hurricane），飓风的名称使用在北大西洋及东太平洋；而北太平洋西部（赤道以北，国际日期线以西，东经 100 度以东）使用的近义词是台风。

台风经过时常伴随着大风和暴雨或特大暴雨等强对流天气。风向在北半球地区呈逆时针方向旋转（在南半球则为顺时针方向）。在气象图上，台风的等压线和等温线近似为一组同心圆。台风中心为低压中心，以气流的垂直运动为主，风平浪静，天气晴朗；台风眼附近为漩涡风雨区，风大雨大。

台风的由来

《科技术语研究》2006 年第 8 卷第 2 期刊登了王存忠《台风名词探源及其命名原则》一文。文中论及“台风一词的历史沿革”，作者认为：在古代，人们把台风叫“飓风”，到了明末清初才开始使用“颱风”（1956 年，“颱风”简化为“台风”）这一名称，“飓风”的意义就转为寒潮大风或非台风性大风的统称。关于“台风”的来历，有两类说法。第一类是“转音说”，包括三种：一是由广东话“大风”演变而来；二是由闽南话“风台”演变而来；三是荷兰人占领台湾期间根据希腊史诗《神权史》中的人物泰丰 Typhoon 而命名。第二类是“源地说”，也就是根据台风的来源地赋予其名称。由于台湾位于太平洋和南海大部分台风北上的路径要冲，很多台风是穿过台湾海峡进入大陆的。“台风”是音译词，英文中 Typhoon 是根据中文粤语发音 Toi fong 音译至英文，再进入普通话词汇中。

二、汛 期

江河由于流域内季节性降水或冰雪融化，引起定时性的水位上涨时期，叫汛期。

“汛”就是水盛的样子，“汛期”就是河流水盛的时期，汛期不等于水灾，但是水灾一般都在汛期。

河流径流的变化，主要取决于河流的补给条件，我国河流的补给来源有雨水、冰雪融水、地下水等，而以雨水补给为主要，有的河流冰雪融水能够形成春汛，但是一般不会成灾。

各地由于降雨时间的差异，汛期并不一致。长江以南的河流，在初夏就能够形成水灾。在中东部地区，在雨量集中的七八月份，容易引发洪灾。

“凌汛”是北方河流春季解冻时，在特殊地理环境下的一种现象。有的北方河流，某些区段的流向是由南向北，如黄河河套的甘肃宁夏到内蒙古段和黑龙江的一些区段，春季解冻时，上游先解冻，浮冰顺水而下，而下游尚未解冻，造成浮冰堵塞，引起水位上涨，而且浮冰切割堤岸，更容易穿堤造成水灾。如果发生这种情况，现在经常采用爆破方法排除险情。

我国的北方河流，受到凌汛威胁的主要是黄河和黑龙江，黄河的凌汛是在 3 月，黑龙江晚一些。

每年 5 月 1 日—10 月 20 日是汛期，上海地区在汛期降雨明显比其他月份多，故江河水位比冬天要高，但上海地区江河水位受潮汐影响较大，每年 5—10 月由于日、月引潮力大，高潮位高，故习惯上我们把 5—10 月称汛期（上海地区一般 3 月下旬起就有可能出现暴雨，到 10 月下旬暴雨消失）。

技能训练

技能训练一　台风期间急救

台风期间，可能会发生溺水、触电等各种意外事故。万一碰上这种情况，如何自救或救人呢?

一、溺水的救助方法

溺水表现：患者有昏迷、皮肤黏膜苍白和发绀、四肢厥冷、呼吸和心跳微弱或停止，口、鼻充满泡沫或淤泥、杂草，腹部常隆起伴胃扩张。其具体救助方法参考“情境八　学习任务三　水上施工安全防护”的“技能训练二”。

二、塌方伤、雷击急救方法

5—10 月是洪涝灾害好发季节。由于暴雨、山洪，在短期内造成水位迅速上涨，建筑物被淹，房屋倒塌。暴雨来临时，又往往夹着雷击等，因此一旦发生洪涝灾害，容易发生塌方伤、溺水、雷击伤、触电、毒蛇咬伤、毒虫咬蜇伤、外伤等。

◆ **塌方伤急救**

（1）迅速救出伤员；

（2）救出现场时，搬动要细心，严禁拖拉伤员而加重伤情；

（3）清除口腔、鼻腔泥沙、痰液等杂物，对呼吸困难者或呼吸停止者，作人工呼吸；大出血伤员须止血；骨折者就地固定后运送。颈椎骨折者搬运时需一人扶住伤员头部并稍加牵引，同时头部两侧放砂袋固定；

（4）伤员清醒后喂少量盐开水；

（5）送医院急救。

◆ 雷击伤急救

当呼吸停止或呼吸微弱时应立即进行口对口人工呼吸，直至恢复其自动呼吸能力。心跳停止或呼吸、心跳均停止时宜作心肺复苏术。

◆ 狂风天气防身术

1. 大风中要在轻型车上放一些重物，或者慢速行驶，必要时还要停车。

2. 不要在广告牌和老树下长期逗留。有的广告牌由于安装不牢，在强大风力的作用下有可能倒塌。

3. 走路、骑车少走高层楼之间的狭长通道。因为狭长通道会形成“狭管效应”，风力加大，会给行人带来危险。

4. 强风中尽量少骑自行车。顺风虽不会对骑车造成太大危险，但是一旦侧风向骑行，很有可能被大风刮倒，造成摔伤。

◆ 严防触电事故

电力部门指出，台风期间是电网最脆弱的时刻，电力线路倒杆、漏电、短路的情况经常发生。广大市民在台风期间要注意以下事项：

一是尽量不要外出。必须外出时要注意远离电力线路，并注意人体上空的情况。

二是不要赤脚涉水，路面积水容易导致断落的电力线路和伏设在地底下的电力线路向水中送电。

三是地面上的电器设备和插座要事先断开电源，修理或清理被水淹的电器设备前要确认已经断开电源。

四是电器设备（尤其是机床）的金属外壳要做好接地保护。

五是不要贪图一时的方便，私拉乱接自备机组电源线。

六是不要为了节省，而使用已经破损的插头。

七是发现触电事故时，不要用手去拉触电者，要使用干燥的绝缘物体移开电源或触电者。

此外，家里要常备验电笔和绝缘钳，检查或修理家用电器时要先验电。

技能训练二　洪水急救

（一）洪水到来之前的准备

1. 根据当地电视、广播等媒体提供的洪水信息，结合自己所处的位置和条件，冷静地选择最佳路线撤离，避免出现“人未走水先到”的被动局面。

2. 认清路标，明确撤离的路线和目的地，避免因为惊慌而走错路。

3. 自保措施：

（1）备足速食食品或蒸煮够食用几天的食品，准备足够的饮用水和日用品。

（2）扎制木排、竹排，搜集木盆、木材、大件泡沫塑料等适合漂浮的材料，加工成救生装置以备急需。

（3）将不便携带的贵重物品作防水捆扎后埋入地下或放到高处，票款、首饰等小件贵重物品可缝在衣服内随身携带。

（4）保存好尚能使用的通信设备。

（二）洪水到来时的自救

1. 洪水到来时，来不及转移的人员，要就近迅速向山坡、高地、楼房、避洪台等地转移，或者立即爬上屋顶、楼房高层、大树、高墙等高的地方暂避。

2. 如洪水继续上涨，暂避的地方已难自保，则要充分利用准备好的救生器材逃生，或者迅速找一些门板、桌椅、木床、大块的泡沫塑料等能漂浮的材料扎成筏逃生。

3. 如果已被洪水包围，要设法尽快与当地政府防汛部门取得联系，报告自己的方位和险情，积极寻求救援。

注意：千万不要游泳逃生，不可攀爬带电的电线杆、铁塔，也不要爬到泥坯房的屋顶。

4. 如已被卷入洪水中，一定要尽可能抓住固定的或能漂浮的东西，寻找机会逃生。

5. 发现高压线铁塔倾斜或者电线断头下垂时，一定要迅速远避，防止直接触电或因地面“跨步电压”触电。

6. 洪水过后，要做好各项卫生防疫工作，预防疫病的流行。

掌握有关溺水的急救知识很有必要，因为在洪水现场及时进行急救对保住患者的生命是非常重要的。

任务完成

（一）小组讨论

将班上学生分成小组，各小组选一位组长带领组员，完成对事故案例的分析，找出事故发生的原因和总结事故教训，形成各小组的成果，并向班上同学展示。

（二）小组评价

预防在台风和汛期施工时发生安全事故应知应会的知识有哪些?

（三）综合评价

综合评价包括小组内的自评、互评和老师对各小组工作的系统评价。主要评价项目见附录。

作　业

1. 简述台风和汛期施工时可能发生的安全事故类型。
2. 简述台风期间和汛期时发生安全事故如何进行急救。

学习任务三

高温季节和夜间施工安全防护

事故案例

案例一：2011 年 10 月 17 日晚，佘大爷的小儿子佘刚（化名）驾驶摩托车，行至合肥北一环铁路立交桥附近的施工地时，不慎撞上一堵施工墙，还没来得及送往医院，就已经气断身亡。经调查，该墙是施工单位为进行道路改造施工需要，临时搭建的一堵施工墙，同时允许车辆从施工墙一侧通行，但由于在施工墙附近或者直接在施工墙面上没有提醒过往车辆、行人“减速避让”的字眼，在夜间光线不好的情况下没有设置警示灯，这才导致了佘刚的不幸身亡。

案例二：2013 年 6 月 29 日，福州一位建筑工人，就是因为在 36 °C 的高温下，毫无防护措施连续作业，中暑身亡。

思考一下

在高温季节和夜间施工时可能会发生哪些安全事故？如何避免或者减少这些事故发生？

任务描述

在夏日炎炎的高温中，在灯光昏暗的黑夜里，总有我们建筑大军的身影，他们在烈日下挥洒汗水，在黑夜里忍受疲劳，留下了一件件建筑作品，然而……

任务分析

一、夜间施工的特点

夜间施工容易出现疲劳作业，光线暗、照明不足给施工带来很大难度，同时使施工现场的危险因素增多，大大增加了发生安全生产事故的可能性，另外超时施工容易造成噪声扰民，这是夜间施工的特点。

二、夜间施工的安全措施

夜间施工安全技术措施要点如下：

（1）夜间施工期间，现场必须有符合操作要求的照明设备，施工驻地要设路灯。

（2）施工中的小型桥涵两侧及穿越路基的管线等临时工程，应设置围栏。并悬挂红灯示警标志。

（3）大型桥梁攀登扶梯处应设有照明灯具。

（4）夜间作业船只或在通航江河上长期停置的锚船、码头船等应按港航监督部门规定，配置齐全的夜航、停泊标志灯。船只停靠码头应设照明灯。

三、高温季节要合理组织安排施工生产

夏季是施工的高峰期，为避免中暑等职业危害的发生，应合理安排时间，调整工序，要在施工作业中，抓两头、放中间，及时增加夜间施工设施，避开高温时段施工。

四、高温季节的安全措施

（1）对职工进行防暑降温知识的宣传教育，使职工知道中暑症状，学会对中暑病人所应

采取的应急措施。利用黑板报、墙报、广播、安全人员讲座与示范等形式开展教育活动。

（2）合理调整作息时间，避开中午高温时间作业。高温作业是指在高温、高湿或强烈辐射的环境下从事作业。当工作需要时，应加强防晒防暑保护措施，严格控制加班加点，高温作业人员的工作时间要适当缩短。保证工人有充足的休息和睡眠时间。

（3）对在容器内和高温条件下的作业场所，要采取通风和降温措施。

（4）对露天作业中的固定场所，应搭设歇凉棚，防止热辐射并要经常洒水降温。

（5）对高温作业人员，需经常进行健康检查，发现有作业禁忌者，应及时调离高温作业岗位。

（6）要保证及时供应符合卫生要求的茶水、清凉含盐饮料、绿豆汤等。

（7）要经常组织医护人员深入工地进行巡回医疗和预防工作，重视年老体弱、中暑者和血压较高的工人身体情况的变化。

（8）及时给职工发放防暑降温的急救药品和劳动保护用品。

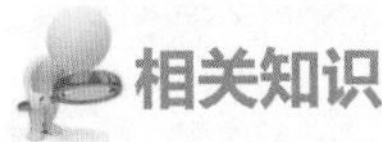

相关知识

中暑是高温影响下的体温调节功能紊乱，常因烈日曝晒或在高温环境下重体力劳动所致。

◆ **重度中暑**

重度中暑还可继续分为：

中暑高热，即体内大量热蓄积。中暑者可出现嗜睡、昏迷、面色潮红、皮肤干热、无汗、呼吸急促、心率增快、血压下降、高热，体温可超过 40 °C。

中暑衰竭，即体内没有大量积热。中暑者可出现面色苍白、皮肤湿冷、脉搏细弱、呼吸浅而快、晕厥、昏迷、血压下降等。

◆ **中暑痉挛**

即与高温无直接关系，而发生在剧烈劳动与运动后，由于大量出汗后只饮水而未补充盐分，导致血钠、氯化物降低，血钾亦可降低，而引起阵发性疼痛性肌肉痉挛（俗称抽筋），口渴，尿少，但体温正常。

◆ **中医对中暑的论述与救治**

暑者，形同而病别，延医亦各不同。暑之为气，时应乎夏。在天为热，在地为火，在人为心。暑之伤，先着于心。其症：头痛眩晕，心烦面垢，身热口渴，其脉虚濡。昏仆不知人，亦与中风相似。名曰中暑。中暑者，中气虚而受于暑也。中寒治以温散；中暑治以清凉。先候天时，次随症治。大小须则形殊，病症漫同一例，因时视症，举一隅而类三隅

切忌饮冷水，不可令卧冷地。当急移阴处，用大蒜捣烂，加路上热土和水去渣灌之。再掬路上热土，拥挤脐间作窝，令众人尿满，暖气透脐即苏。

又法：急以姜汤或童便乘热灌下，外用布蘸热汤熨脐下三寸穴立醒，醒后忌饮冷水，饮之立死。

又曰：暑月晒衣，不可便入箱柜之中，恐冬月服之，有中暑者。若吹透再收，便无此患。

加味人参白虎汤：人参，石膏（生），知母（生），粳米，甘草，苍术，水，煎服。

技能训练

中暑野外防患措施及事后的紧急处理

1. 户外作业者长时间曝晒在猛烈的阳光下，体内的热温未能充分散发，使体温升高，脑内部的体温调节中枢连受破坏而停止活动，这就是中暑。

2. 中暑者头痛、发高烧、呕吐或昏倒，有时会造成死亡，因此野外作业者不可不注意防范及急救，最好戴上遮阳帽，并防止曝露在阳光下太久。

3. 万一有中暑现象，应该赶快急救，以免虚脱而毙。首先，将病者移到阴凉的地方，松开或脱掉他的衣服，让他舒适地躺着，用东西将头及肩部垫高。

4. 以冷湿的毛巾覆在他的头上，如有水袋或冰袋更好。将海绵浸渍酒精，或毛巾浸冷水，用来擦拭身体，尽量扇凉以降低他的体温到正常温度。

5. 最后测量他的体温，或观察患者的脉搏率，若在每分钟 110 以下，则表示体温仍可忍受；若达到 110 以上，应停止使用降温的各种方法，观察约 10 分钟后，若体温继续上升，再重新给予降温。

6. 恢复知觉后，供给盐水喝，但不能给予刺激物。此外，依患者之舒适程度，供应覆盖物。

7. 高温影响下，体内热积蓄过多或体温调节中枢功能出现紊乱，致生命活动受到危害的一种急症。人体能维持体温 37 °C 左右，是由于体内各器官、组织的新陈代谢和运动时所产生的热量，能够通过皮肤表面、呼吸和出汗等途径所散失的热量，在体温中枢的调节下达到平衡。当环境温度高于皮肤温度且湿度过大时，蒸发散热受阻，大量热积蓄，如不及时采取措施，就会引起中暑。野外作业者、过度疲劳者、久病者、老年人以及产妇等均属易中暑者。

8. 轻度中暑时表现为精神恍惚、疲乏无力、头昏、心慌、大汗、恶心、体温超过 37.5 °C 等症状。有这些症状的人，如及时离开高温环境，一般休息 3～4 小时后可以恢复。重症中暑常有四种类型：① 中暑衰竭：此类型最为常见。由于大汗及周围血管扩张致血容量不足而引起。起病较急，常在站立或劳动时突然昏倒，多见于老年人和未能及时适应高温者。② 中暑痉挛：大汗后畅饮又未及时补充钠盐，致骨骼肌收缩时发生阵发性疼痛、抽搐，多见于青壮年。③ 日射病：烈日暴晒头部（大脑温度可达 40～42 °C），引起脑组织充血、水肿。以剧烈头痛、呕吐为特征，重者昏迷，但体温不一定升高。④ 中暑高热：患者体内大量热能滞留，体温高达 41 °C 以上，皮肤干燥无汗，意识模糊，精神失常、躁动以至昏迷。对中暑者，应使之立即移至阴凉通风处休息，补充含盐清凉饮料或注射葡萄糖生理盐水。对重症病人首要措施是降温：用冰水、井水或酒精擦洗全身；在头部、腋下、腹股沟等大血管处放置冰袋；或将全身（头部除外）浸光在 4 °C 水浴中，努力使体温回降，并送医院急救。

任务完成

（一）小组讨论

将班上学生分成小组，各小组选一位组长带领组员，完成对事故案例的分析，找出事故发生的原因和总结事故教训，形成各小组的成果，并向班上同学展示。

（二）小组评价

预防夜间和高温季节施工过程中安全事故发生应知应会的知识有哪些?

（三）综合评价

综合评价包括小组内的自评、互评和老师对各小组工作的系统评价。主要评价项目见附录。

作 业

1. 简述夜间和高温季节施工可能发生的安全事故类型。
2. 分析案例中的事故发生的原因，并提出几点事故预防措施。
3. 简述如何对夜间和高温季节施工现场进行安全隐患排查。

附 录

教学评价体系

每个任务评价：学生自评占 20%、互评占 25%、组长评价占 25%、教师评价占 30%，由此得到每个任务的总评。

期末总评由每个任务总评的加权平均成绩确定，其加权平均成绩的权重由下表确定。

<table>
<tr><th>序号</th><th>情境</th><th>情境内容</th><th>任 务</th><th>任 务 内 容</th><th>学时</th><th>任务所占权重</th></tr>
<tr><td rowspan="2">1</td><td rowspan="2">学习情景一</td><td rowspan="2">安全管理机构设置</td><td>学习任务一</td><td>安全生产文件管理和机构设置</td><td>4</td><td>6%</td></tr>
<tr><td>学习任务二</td><td>从业人员安全生产权利、义务和职责的履行</td><td>2</td><td>3%</td></tr>
<tr><td rowspan="2">2</td><td rowspan="2">学习情景二</td><td rowspan="2">安全生产基础知识教育</td><td>学习任务一</td><td>学习安全生产基本术语和施工人员一般安全行为习惯</td><td>3</td><td>4.5%</td></tr>
<tr><td>学习任务二</td><td>劳动保护用品的使用和安全标志的设置</td><td>3</td><td>4.5%</td></tr>
<tr><td rowspan="10">3</td><td rowspan="10">学习情景三</td><td rowspan="10">施工现场作业安全控制</td><td>学习任务一</td><td>高处作业的安全事故预防</td><td>2</td><td>3%</td></tr>
<tr><td>学习任务二</td><td>搬运、堆放物品安全事故预防</td><td>2</td><td>3%</td></tr>
<tr><td>学习任务三</td><td>拆除作业安全事故预防</td><td>2</td><td>3%</td></tr>
<tr><td>学习任务四</td><td>模板、支架和脚手架安全事故预防</td><td>2</td><td>3%</td></tr>
<tr><td>学习任务五</td><td>钢筋加工安全事故预防</td><td>2</td><td>3%</td></tr>
<tr><td>学习任务六</td><td>焊接工程安全事故预防</td><td>2</td><td>3%</td></tr>
<tr><td>学习任务七</td><td>混凝土施工安全事故预防</td><td>2</td><td>3%</td></tr>
<tr><td>学习任务八</td><td>消防安全事故预防</td><td>2</td><td>3%</td></tr>
<tr><td>学习任务九</td><td>生活区安全问题管理</td><td>2</td><td>3%</td></tr>
<tr><td>学习任务十</td><td>现场急救知识学习</td><td>2</td><td>3%</td></tr>
<tr><td rowspan="2">4</td><td rowspan="2">学习情景四</td><td rowspan="2">施工临时用电安全控制</td><td>学习任务一</td><td>临时用电配电系统设置</td><td>2</td><td>4%</td></tr>
<tr><td>学习任务二</td><td>触电事故预防</td><td>2</td><td>4%</td></tr>
<tr><td rowspan="2">5</td><td rowspan="2">学习情景五</td><td rowspan="2">桥梁基础施工安全控制</td><td>学习任务一</td><td>基坑施工安全防护</td><td>4</td><td>5%</td></tr>
<tr><td>学习任务二</td><td>桩基础施工安全防护</td><td>2</td><td>4%</td></tr>
<tr><td rowspan="2">6</td><td rowspan="2">学习情景六</td><td rowspan="2">桥梁墩台工程安全施工安全控制</td><td>学习任务一</td><td>工程危险源辨识及其危害分析</td><td>2</td><td>4%</td></tr>
<tr><td>学习任务二</td><td>桥墩施工安全防护</td><td>2</td><td>4%</td></tr>
</table>

序号	情境	情境内容	任务	任务内容	学时	任务所占权重
7	学习情景七	桥梁上部结构施工安全控制	学习任务一	梁施工安全控制	2	3%
			学习任务二	各种类型桥梁施工过程安全控制	2	3%
			学习任务三	其他桥梁施工方法安全控制	2	3%
8	学习情景八	特殊环境下施工安全防护	学习任务一	铁路营业线及公路营线施工安全防护	2	3%
			学习任务二	城区和山区施工安全防护	2	3%
			学习任务三	水上施工安全防护	2	3%
9	学习情景九	特殊季节与夜间施工安全控制	学习任务一	雨季和冬期施工安全防护	2	3%
			学习任务二	防台风、防汛施工安全防护	2	3%
			学习任务三	夜间和高温季节施工安全防护	2	3%

共29个学习任务，分组学习时，每个小组成成员不能超过6人。

学生课堂自评表

组别：　　　　组名：　　　　姓名：

	编号	内容	次数	得分	前10项小计
	1	基本分 （本项总分80分）			
扣分项	2	本次课是否迟到？ （本项总分20分，迟到每次扣20分）			
	3	本次课是否早退？ （本项总分20分，迟到每次扣20分）			
	4	本次课中是否有玩手机？ （本项总分20分，迟到每次扣5分）			
	5	本次课中是否有睡觉情况？ （本项总分20分，迟到每次扣5分）			
加分项	6	本次课是否参与了讨论？ （本项总分20分，参与每次加5分）			
	7	本次课是否提出过合理的建议？ （本项总分20分，提过每次加5分）			
	8	本次课是否参与了展示？ （本项总分20分，参与得20分）			
	9	本次课是否有举手提问？ （本项总分20分，有提问每次加5分）			
	10	对本次课的知识技能掌握的程度？ （本项总分20分，分熟练、良好、一般、无，四等加分对应20、10、5、0）			
	11	你觉得本次课上课的方式好不好？有什么优点？有什么缺点？有哪些改进意见？ （本项总分20分，有合理意见加20分）			
得分/2 总计					

注：本表的基本分值为80分，在扣分项的得分上写负数，在加分项写正数。

学生课堂组内互评表

组别：　　　　　　组名：　　　　　　姓名：

<table>
<tr><th rowspan="2"></th><th rowspan="2">编号</th><th rowspan="2">内　　容</th><th colspan="5">姓　名</th></tr>
<tr><th></th><th></th><th></th><th></th><th></th></tr>
<tr><td></td><td>1</td><td>基本分
（本项总分80分）</td><td>80</td><td>80</td><td>80</td><td>80</td><td>80</td></tr>
<tr><td rowspan="5">扣分项</td><td>2</td><td>本次课是否迟到？
（本项总分10分，迟到扣10分）</td><td></td><td></td><td></td><td></td><td></td></tr>
<tr><td>3</td><td>本次课是否早退？
（本项总分10分，早退扣10分）</td><td></td><td></td><td></td><td></td><td></td></tr>
<tr><td>4</td><td>本次课是否旷课？
（本项总分20分，旷课扣20分）</td><td></td><td></td><td></td><td></td><td></td></tr>
<tr><td>5</td><td>本次课中是否有玩手机？
（本项总分10分，有扣10分）</td><td></td><td></td><td></td><td></td><td></td></tr>
<tr><td>6</td><td>本次课中是否有睡觉情况？
（本项总分10分，有扣10分）</td><td></td><td></td><td></td><td></td><td></td></tr>
<tr><td rowspan="6">加分项</td><td>7</td><td>本次课是否参与了展示？
（本项总分10分，有参与加10分）</td><td></td><td></td><td></td><td></td><td></td></tr>
<tr><td>8</td><td>本次课是否参与了讨论？
（本项总分10分，有参与加10分）</td><td></td><td></td><td></td><td></td><td></td></tr>
<tr><td>9</td><td>他（她）的意见总是对我很有帮助。
（本项总分10分，参与加10分）</td><td></td><td></td><td></td><td></td><td></td></tr>
<tr><td>10</td><td>他（她）能够按时完成应该做的那份工作和学习任务。
（本项总分10分，参与加10分）</td><td></td><td></td><td></td><td></td><td></td></tr>
<tr><td>11</td><td>在大部分时间里他（她）踊跃参与，表现积极。
（本项总分10分，参与加10分）</td><td></td><td></td><td></td><td></td><td></td></tr>
<tr><td>12</td><td>如果还有机会我非常愿意与她（他）再分到一组。
（本项总分10分，参与加10分）</td><td></td><td></td><td></td><td></td><td></td></tr>
<tr><td colspan="3">得分/1.4 小计</td><td></td><td></td><td></td><td></td><td></td></tr>
</table>

学生课堂组长评价表

组别：　　　　　　　　组名：　　　　　　　　组长姓名：

	编号	内　　容	姓　名					
	1	基本分 （本项总分 80 分）	80	80	80	80	80	80
扣分项	2	本次课是否迟到？ （本项总分 10 分，迟到扣 10 分）						
	3	本次课是否早退？ （本项总分 10 分，早退扣 10 分）						
	4	本次课是否旷课？ （本项总分 20 分，旷课扣 20 分）						
	5	本次课中是否有玩手机？ （本项总分 10 分，有扣 10 分）						
	6	本次课中是否有睡觉情况？ （本项总分 10 分，有扣 10 分）						
加分项	7	本次课是否参与了展示？ （本项总分 10 分，有参与加 10 分）						
	8	本次课是否参与了讨论？ （本项总分 10 分，有参与加 10 分）						
	9	他（她）的意见总是对我很有帮助。 （本项总分 10 分，有加 10 分）						
	10	他（她）能够按时完成应该做的那份工作和学习任务。 （本项总分 10 分,能按时完成加 10 分）						
	11	在大部分时间里他（她）踊跃参与，表现积极。 （本项总分 10 分，积极参与加 10 分）						
	12	他（她）经常鼓励/督促小组其他成员积极参与协作。 （本项总分 10 分，有加 10 分）						
	13	他（她）对小组的贡献突出。 （本项总分 10 分，有参与加 10 分）						
	14	我对他（她）的表现满意。 （本项总分 10 分，有参与加 10 分）						
得分/1.6 小计								

教师对学生课堂表现评价表

课程名称：　　　　　　　　　　本课上课内容：

	编号	内容	姓　名					
	1	基本分 （本项总分 80 分）	80	80	80	80	80	80
扣分项	2	本次课是否迟到？ （本项总分 10 分，迟到扣 10 分）						
	3	本次课是否早退？ （本项总分 10 分，早退扣 10 分）						
	4	本次课是否旷课？ （本项总分 20 分，旷课扣 20 分）						
	5	本次课中是否有玩手机？ （本项总分 10 分，有扣 10 分）						
	6	本次课中是否有睡觉情况？ （本项总分 10 分，有扣 10 分）						
加分项	7	本次课是否参与了展示？ （本项总分 10 分，有参与加 10 分）						
	8	本次课是否参与了讨论？ （本项总分 10 分，有参与加 10 分）						
	9	他（她）的意见总是对我很有帮助。 （本项总分 10 分，有加 10 分）						
	10	他（她）能够按时完成应该做的那份工作和学习任务。 （本项总分10分,能按时完成加10分）						
	11	在大部分时间里他（她）踊跃参与，表现积极。 （本项总分10分，积极参与加10分）						
	12	他（她）经常鼓励/督促小组其他成员积极参与协作。 （本项总分 10 分，有加 10 分）						
	13	他（她）对小组的贡献突出。 （本项总分 10 分，有参与加 10 分）						
	14	我对他（她）的表现满意。 （本项总分 10 分，有参与加 10 分）						
得分/1.6 小计								

每个任务学生总评得分表

学生姓名	自评得分（20%）	互评得分（25%）	组长评得分（25%）	教师评得分（30%）	任务总评得分

参考文献

[1] 中华人民共和国行业标准. JTJ 076—95 公路工程施工安全技术规程. 北京：人民交通出版社，1995.

[2] 中华人民共和国行业标准. JGJ 46—2005 施工现场临时用电安全技术规范. 北京：中国建筑工业出版社，2005.

[3] 瞿义勇. 公路工程安全员培训教材[M]. 北京：中国建材工业出版社，2010.

[4] 李彦武. 公路水运工程施工企业安全生产管理人员考核培训教材[M]. 北京：人民交通出版社，2011.

[5] 陈重等. 建设工程安全生产技术[M]. 北京：中国建筑工业出版社，2008.

[6] 陈重等. 建设工程安全生产法律法规[M]. 北京：中国建筑工业出版社，2008.

[7] 北京土木建筑学会. 建筑施工安全技术手册. 武汉：华中科技大学出版社，2008.

[8] 肖敏敏. 道路交通安全工程. 北京：中国建筑工业出版社，2012.

[9] 王贵生. 安全生产技术. 北京：中国建筑工业出版社，2012.

[10] 张力霆. 图解铁路桥梁基础施工安全. 北京：中国铁道出版社，2012.